"十四五"职业教育江苏省规划教材

大学生安全教育与应急防护训练

（第二版）

DAXUESHENG ANQUAN JIAOYU YU YINGJI FANGHU XUNLIAN

主　编　黄　辉　王晓初
副主编　周晓炜　宋叙生

中国教育出版传媒集团

高等教育出版社·北京

内容提要

本书是"十四五"职业教育江苏省规划教材。

本书包括绪论及国家安全、财物安全、人身安全、网络安全、校园突发事件与公共安全、消防安全、交通安全、心理安全、实验室安全、实践与实习安全等十章内容。书末附录提供有全国大学生安全知识竞赛模拟试题及参考答案。本次修订，秉承与时俱进的原则，主要更新了政策、法规等方面的内容，新增了实验室安全，调整合并了部分章节，优化了各章的内容结构，突出应急防护训练，使教材更科学、合理，更适用、实用。为了利教便学，本书另配有微课视频等资源，部分资源（如微课）以二维码形式提供在相关内容旁，可扫描获取。

本书既可作为高等职业院校安全教育类课程教材，也可用作有关人士了解安全知识的读物。

图书在版编目（CIP）数据

大学生安全教育与应急防护训练/黄辉，王晓初主编. —2版. —北京:高等教育出版社,2023.8

ISBN 978 - 7 - 04 - 060990 - 5

Ⅰ. ①大… Ⅱ. ①黄… ②王… Ⅲ. ①大学生-安全教育-高等职业教育-教材 ②大学生-自救互救-高等职业教育-教材 Ⅳ. ①G641②X4

中国国家版本馆 CIP 数据核字(2023)第 146976 号

| 策划编辑 | 雷　芳 | 责任编辑 | 雷　芳　范冰玥 | 封面设计 | 张文豪 | 责任印制 | 高忠富 |

出版发行	高等教育出版社	网　　址	http://www.hep.edu.cn
社　　址	北京市西城区德外大街 4 号		http://www.hep.com.cn
邮政编码	100120	网上订购	http://www.hepmall.com.cn
印　　刷	浙江天地海印刷有限公司		http://www.hepmall.com
开　　本	787 mm×1092 mm　1/16		http://www.hepmall.cn
印　　张	17	版　　次	2016 年 9 月第 1 版
字　　数	374 千字		2023 年 8 月第 2 版
购书热线	010 - 58581118	印　　次	2023 年 8 月第 1 次印刷
咨询电话	400 - 810 - 0598	定　　价	37.00 元

第二版前言

近年来，教育部不断加大高校校园安全管理工作力度，相继出台了《教育部办公厅关于进一步加强学校安全管理工作的紧急通知》（教电〔2022〕111号）、《教育部办公厅关于进一步加强职业院校安全管理工作的通知》（教职成司函〔2022〕3号）等文件，对于校园安全管理，明确"党政同责、一岗双责、失职追责"，要求在教育系统开展安全专项整治三年行动和安全大检查工作，要求各高校聚焦重点领域，严守安全底线，紧盯安全薄弱环节和事故易发频发领域，补齐安全管理短板，保障校园安全稳定。

为了在大学生中更好地普及安全防范知识，使大学生增强自我防范意识，提高安全防范能力，最大限度地降低人身伤害事故、财产损失等案件的发生率，建设平安示范高校，我们对第一版进行了修订。修订后的本书具有以下特色。

（1）用好思政元素。在国家安全案例中融入爱国主义教育、在生命安全案例中融入生命教育，关注学生关心的问题，增强课程吸引力、凝聚力。

（2）体现"以学生为中心"的编写理念。本书遵循学生的认知规律，采用"案例导入＋安全知识＋防护训练"的体系结构编排内容。以近年来在高校经常发生的安全事故为案例引出知识点，在每章末安排应急防护训练任务，学生在完成任务的过程中，进一步巩固课程内容，提高应急防护操作能力。

（3）引入最新政策法规。本书加入了国家出台的最新安全政策、法律法规等，使学生知法、守法、用法。

（4）实现教学做一体化。本书在教给学生安全理论知识的同时，还教会学生习得安全技能，提高学生应对突发事件的能力、避免生命及财产受到威胁的安全防范能力与应变能力、遇到人身伤害时的自我保护能力与防卫能力，以及抵御违法犯罪方面的能力等。

本书编排了国家安全、财物安全、人身安全、网络安全等十章与大学生密切相关的内容。在第一版的基础上，修订后的本书对一些章节内容进行了增补、删减与合并。增加了对最新政策文件的解读，如在国家安全中增加了总体国家安全观内容；在消防安全、交通安全中，增加了最新法律法规内容；新增实验室安全，这与近年来国家越来越重视实验室安全的要求导向一致。

本书由沙洲职业工学院的黄辉、王晓初、周晓炜、宋叙生等人修订。其中，黄辉、王晓初任主编，周晓炜、宋叙生任副主编。编写的具体分工如下：本书的编排框架由黄辉、王晓初确定，绪论、第一章、第二章、第四章、第六章、第七章、第九章、第十章及附录由黄辉修订；第三章、第五章中的"校园食品安全""食品中毒及预防措施"由周晓炜修订；第五章中除"校园食品安全""食品中毒及预防措施"以外的内容由黄辉修订；第八章由宋叙生、黄辉修订。本书由黄辉统稿、陈在铁主审。

本书在修订过程中参考了一些文献资料，在书末已一一列出，沙洲职业工学院徐勇俊等帮助整理了资料，在此一并表示感谢！限于编者能力，本书在理论深度、特色研究方面仍有可以进一步发展之处，望广大读者批评、指正。

编　者

2023 年 7 月

目　录

绪　论

　　安全作为人类生存与发展的基础保障之一，是经济发展与社会建设中不变的主题。当前，经济与社会的高速发展，离不开安全和谐的社会环境。高校作为社会的有机构成部分，肩负着教育和培养国家人才的重大职责，为广大师生提供一个安全的科研、学习环境至关重要。当前，我国处于社会发展的转型时期，校园安全工作也在一定程度上受到挑战。加之，近年来全国高校纷纷探索开展开放式办学模式，高校不再是一个封闭的"小社会"，校外人员可以自由进出校园，违法犯罪分子有了可乘之机；招生规模不断扩大，师生人数成倍增长，给校园安全保卫工作增加了难度。校园的不安全因素，严重干扰和破坏了校园的正常教学科研秩序，对师生人身安全及财产安全构成重大威胁。校园安全管理工作面临新的挑战。

　　近年来，围绕校园安全工作的新要求、新特点，各高校积极开展安全校园创建工作，建立健全高校安全制度，提高安全管理队伍素质，不断更新管理模式，为校园安全管理工作科学发展提供了丰富的工作经验。但从目前高校安全保卫管理现状来看，高校安全管理工作还存在一些突出的问题，迫切需要对师生开展安全教育与应急防范训练。

第一节　　高校校园安全管理概述

一、高校校园安全的内涵和特点

（一）高校校园安全的内涵

　　安全通常是指个体不受威胁、不存在危险、不遭受危害和损失的一种状态。《现代汉语》对安全有如下定义：没有危险，平安。学术界对安全有不同的理解，具有代表性的有：一是安全指人在生活和社会生产中不受、没有或免除损伤侵害以及威胁的情况；二是安全指事物的危险程度能为人接受的一种状态；三是人的活动的过程以及结果均没有发生人身伤害、物质损失的情况。我们认为，安全是指个体人身不受伤害、财产不受损失、精神不受威胁的一种客观状态，它包括人身安全、财产安全、精神安全等多项内容。随着人们生活水平的不断提高，个体对于安全的关注不断加强，对安全的要求也在不断提升，人身安全和财产安全已经成为安全的最低标准，人们开始追求精神安全，并渴望生活在一个安全的环境中。同时，安全不再仅仅局限于传统的生产过程中的伤害，更包含人们在日常生活学习或生产过程中的方方面面①。

结合安全的定义，我们可以这样理解：校园安全是指在高校校园范围内个体人身不受伤害、财产不受损失，精神不受威胁以及校园财物不受损失的一种状态。校园安全是一种相对安全，而不是一种理想化状态下的绝对安全。因此，从这个角度来看，校园安全是指学校在教学活动中存在的各类威胁和事故处于学校环境中的个体在生理和心理上可接受的状态②。

（二）高校校园安全的特点

1. 客观存在性

人类生活在自然界会遇到各种不同的隐患，这些隐患是客观存在的。校园环境中存在的隐患自然也不例外。认识校园安全问题的客观存在，是正视校园安全问题、消除校园安全隐患的前提之一。

2. 突发危害性

近年来，校园安全突发性事故时有发生，由于高校群体的特殊性，校园安全突发性事故对学校和社会的稳定造成了一定的危害，应对校园安全的突发性事件已经成为当前校园安全管理研究的重点之一。

3. 可防可控性

虽然校园安全问题普遍存在，但通过加强校园安全管理，采取一定的管理措施，大部分校园安全事故是可以避免的。只要发挥主观能动性，校园安全问题就可以预防③。

（三）校园安全文化

一个单位的安全文化是个人和集体的价值观、态度、能力和行为方式的综合产物。可见，所谓的安全文化，即将关于安全的一切观念、思想、看法、情感、心理、行为等进行综合而内化于心并外化于客观世界的一种精神体系。校园安全文化是深入人心的一种无形资产和精神财富，它集中反映了全校师生员工的精神状态。校园安全文化是学校实现可持续发展的内在推动力，是开展校园管理的根基。理想的校园安全文化应该是从被动服从的"要我安全"文化向自我管理的"我要安全"文化转变。校园安全文化与高校师生的安全素质教育有紧密的联系。校园安全人文环境对在校学生的学习成长和个体性格的形成和发展有着直接或间接的影响作用。加强校园安全文化体系建设对改善校园安全环境具有必要性和迫切性。

二、高校校园安全管理的内涵和功能

（一）高校校园安全管理的概念

管理涉及社会及生活的各方面，大到整个国家，小到一个家庭，都离不开管理的参与。管理是人类发挥主观能动性的创造性行为。它是指个体在一定的客观环境下，为了实现预设的目标，对现有的人力、物力、财力等各类资源进行计划、使用、整合、调度和控制，并最终达到既定目标的一种过程。当今社会，管理不仅是一门学问，更是一门科学的方法论。科学的管理模式，有利于合力的形成，有利于工作效率的提高，有

①②③　夏涛，高校校园安全管理研究——以 H 大学为例，华中师范大学，2014。

利于既定目标的实现。安全管理是社会学领域的一个概念。克弗洛和萨德曼对安全管理做了如下定义：安全管理，从广义上看，它是指借助系统化的管理手段，运用科学的方法处理事故。在安全管理中，管理者要有忧患意识，即保持及时处理随时可能发生的各类事件的心态，做好预警措施及解决计划[①]。从这个角度来看，安全管理是管理者的一种心理预案和实际处理措施的综合体。无论是预防危险发生的措施，还是实际处理事故的举措，都属于安全管理范畴。管理大师罗伯特·希斯在《危机管理》一书中对安全管理进行了过程描述：安全管理从预案设置到事后事故处理共包含五个过程，只有在每个过程中实施安全管理，才能从根本上降低风险和损失。我们认为，安全管理是指以安全为最终目标，对现有的人力、物力、财力等各类资源进行计划、使用、整合、调度和控制，防控危险及事故发生的一种科学管理活动。

关于高校校园安全管理概念的界定，张玉堂教授认为，高校校园安全管理分为广义的高校校园安全管理和狭义的高校校园安全管理。广义的高校校园安全管理是指高校主体在教育工作中，以防控危险和事故的发生，最大程度地减少事故造成的损失为目的，开展预案防控、科学决策、协调机构和人员、整合资源等活动的过程。狭义的高校校园安全管理是指高校管理者在教学过程中，以防控危险和事故的发生，最大程度地减少事故造成的损失为目的，开展预案防控、科学决策、协调机构和人员、整合资源等活动的过程[②]。由此可见，校园安全管理的最终目的在于通过预防和处理危险事故，以实现高校教育教学的和谐发展，学生受教育活动的有序进行。

所谓高校校园安全管理，即高校主管部门、高校管理者以遵守国家相关法律法规为前提，运用科学的管理手段，防控危险隐患，妥善处理事故，领导和协调全校师生实施的安全维护活动，其目的是保障师生人身安全和财产安全，校园教学活动正常开展，校园财物不受损害，校园秩序维护良好。

（二）高校校园安全管理的结构

高校校园安全管理的结构包括精神层、制度层、物质层三个层面，三个层面是辩证统一、不可分割的。其中，精神层是制度层和物质层的思想内涵，是校园安全管理的核心和灵魂；制度层是校园安全管理的骨架，没有严格的规章制度，校园安全文化建设就无从谈起；物质层则体现了校园安全管理的外在表现，是精神层和制度层的物质载体，它所表现的是校园安全管理的程度。

校园安全管理的精神层是指学校的领导和师生员工共同信守的安全基本准则、信念、安全价值和标准等，是校园安全管理的核心和灵魂。校园安全管理精神层的形成是一个学校形成了自己安全文化的标志，若一个学校从领导到师生员工自觉树立"我要安全"的思想理念，并自觉按安全要求约束、规范自己的行为，就可以说这个学校已形成了一定的安全管理文化。

校园安全管理的制度层是校园安全管理结构的中间层，主要是指对师生员工的安全行为产生规范性、约束性影响的部分，它主要规定了学校成员在共同的教学、管理、服务活动中所应遵循的安全行为准则。如校园安全责任制度、巡查制度、消防制度、交

① 夏涛，高校校园安全管理研究——以 H 大学为例，华中师范大学，2014。
② 张玉堂，学校安全工作的三个基本概念，教育科学论坛，2008（1）。

通管理制度、卫生防疫制度、应急预案制度、责任追究制度等一系列的安全管理制度和操作规程。

校园安全管理的物质层是校园安全管理结构的外在表现，是精神层的载体，是校园安全管理的物质基础，它所折射出的是校园的安全运行理念和意识，包括校园内的各类建筑和教学实验设施、安全宣传栏、安全警示牌、防火设施、安防监控系统等。

（三）高校校园安全管理的功能

加强校园安全管理建设，无论是从国家层面还是从学校层面看，都具有重要意义。

1. 国家层面

（1）构建富强民主文明和谐美丽社会。党的二十大报告提出了全面建成社会主义现代化强国，以及分两步走的总战略安排：从 2020 年到 2035 年基本实现社会主义现代化，从 2035 年到本世纪中叶把我国建成富强民主文明和谐美丽的社会主义现代化强国；提出未来五年是全面建设社会主义现代化国家开局起步的关键时期，需要实现一系列主要目标任务，其中"国家安全更为巩固，建军一百年奋斗目标如期实现，平安中国建设扎实推进"是主要目标任务之一。高校作为社会的有机构成部分，校园安全是富强民主文明和谐美丽的社会主义现代化强国的重要构成要素。

（2）为国家经济发展提供人才保障。高校肩负着教育和培养国家经济发展所需人才的重大职责，为广大师生员工提供一个安全的学习科研环境对于人才综合素质的提升至关重要。因此，安全已然成为高校开展各项教育工作的前提条件。

2. 学校层面

（1）导向功能。通过教育、宣传、奖惩等手段，促使师生员工不断提高安全修养，树立"安全第一，预防为主"的安全意识与理念，从无意识、被动式实施安全转变成自觉地遵纪守法，认真地维护校园安全，维护自身安全。

（2）凝聚功能。通过改变师生员工的兴趣、爱好和娱乐方式，使大家融于其中，当安全价值观被师生员工认同后，它就会成为一种黏合剂，把师生员工团结起来，使全体师生员工达成观念、目标、行为准则上的一致，形成心理认同的整体力量，表现出强大的凝聚力和向心力。

（3）激励功能。通过发挥人的主动性、创造性、积极性，使师生员工从内心产生一种情绪高昂、奋发进取的精神，主动为建设平安校园、确保自身安全和校园安全而努力。

（4）约束功能。制度化的校园安全管理对校园内每个师生员工的思想和行为都具有约束和规范作用，特别是对相关单位和相关人员，安全责任的追究是严厉的，也是广大师生员工非常关注的。

（5）规范行为功能。校园安全的观念、伦理道德在师生员工的思想上扎根后，师生员工的安全文化素质就会不断提高，师生员工就会积极主动地了解掌握校园安全知识，自觉地按学校安全管理的要求去规范自己的行为。

三、校园安全事故的类型

这里以一所高等职业院校为例，主要从财产安全事故、人身安全事故、网络安全事故、突发公共卫生事故、消防安全事故、交通安全事故、实践实习安全事故等方面展开调查。

表 0-1　校园安全事故类型

校园安全事故类型	选择人次数	占有效调查人数百分比（$N=364$）
盗窃、诈骗等严重侵害财产安全事故	281	77.20
伤害、斗殴等严重危害人身安全事故	131	35.99
网络安全事故	125	34.34
食品中毒等突发公共卫生事故	108	29.67
消防安全事故	60	16.48
交通安全事故	58	15.93
实践实习安全事故	49	13.46

（一）财产安全事故

1. 盗窃案件

食堂、教室是盗窃案件的多发地，其盗窃案件几乎占盗窃案件总数的 50% 以上。针对学生宿舍实施的盗窃行为其主要作案手段是溜门盗窃，即多半利用寝室无人、大门未锁或者学生对私人财产疏于保管等机会而实施盗窃。在图书馆、教室、操场等公共活动场所发生的盗窃案件以"顺手牵羊"为主要作案手段。在食堂发生的盗窃案件以扒窃居多，实施扒窃行为的以混入校园内的外来人员为主，他们利用师生在食堂就餐时警惕性不高、人员拥挤等机会实施盗窃。

2. 诈骗案件

诈骗案件多发生在开学初及大一新生报到时。开学时，人员流动频繁，校外推销人员借此时机混入学生寝室实施各种推销活动，导致学生被骗。特别是初入校园的大一新生，因对学校安全状况不太了解，容易盲目轻信他人，其受骗事件时有发生。有的学生以高价购得低劣的电脑、日用品等商品；有的学生一心想勤工俭学，却被以缴纳所谓的直销入会费的形式骗去生活费；针对校园学生实施的诈骗手段越来越多，并出现了以学生为依托，借以诈骗学生家长的诈骗新趋势。诈骗案件已经成为校园安全隐患中不容忽视的一类案件。加强对在校学生的防骗教育是当前亟需解决的问题。

（二）人身安全事故

广义的人身安全事故指校园生活中生命权、健康权和行动自由权等方面受到威胁，存在风险，包括挑衅滋事、打架斗殴、毒品犯罪等。挑衅滋事是对校园秩序的破坏扰乱，对学生无端挑衅、侵犯乃至伤害的行为。打架斗殴是指对立双方或多方在矛盾发展到极点时以对他人身体造成伤害为目的的一种行为。毒品犯罪是涉及毒品的犯罪，应当追究刑事责任，予以刑事处罚。

（三）网络安全事故

网络已成为大学生日常生活中不可或缺的重要平台，为大学生获取知识和各种信息提供便利。然而网络是把"双刃剑",大学生网络行为安全面临以下问题:一是非法入侵,网络行为主体利用自身所掌握的电脑技术对他人的网站或网页进行攻击,破坏他人计算机的安全使用;二是传播不良信息;三是侵犯他人权利;等等。

(四)突发公共卫生事故

突发公共卫生事故大多具有危机的因素,或者说具有向危机事件转化的倾向,因此,在一定意义上突发公共事件可称为突发公共危机事件。在高校中,突发公共卫生事故表现为由校园疾病、校园食品等引发的事故。

1. 校园疾病事故

有些大学生忽视疾病防治中的安全问题,如到无证诊所求医问药,不注重传染病预防,带病参加剧烈运动等,最终造成身体伤害和病情延误,甚至失去了宝贵的生命。

2. 校园食品安全事故

这主要涉及食用过期的、不洁的食品引发的疾病或食物中毒,以及采用了不正确的治疗方法或急救措施。如表0-2所示,68.13%的学生购买食品等物时会主动关注食品、药品的生产日期、保质期等标志,但仍有31.87%的学生(约占调查人数的1/3)表示不会关注或偶尔关注一下。对于食物中毒的急救措施,61.26%的学生表示不了解。

表0-2　突发公共卫生事故

突发公共卫生事故	是否会注意食品、药品的生产日期、保质期等标志		是否了解食物中毒的急救措施	
	会	不会/偶尔会	了解/比较了解	不了解
人　　数	248	116	141	223
占有效调查人数百分比($N=364$)	68.13	31.87	38.74	61.26

(五)消防安全事故

俗话说:"水火无情。"火灾无疑是校园安全隐患的重要因素之一。对于消防安全,大学生要做到警钟长鸣,要认识到任何消防事故都是大事故。学生寝室区是消防安全的重点关注区。学生寝室人员密集,部分学生违规乱搭网线,违规使用大功率电器,不正确地使用电器,这些都给校园安全埋下了隐患。如表0-3所示,仍有49.17%的学生在宿舍使用过大功率电器,有48.63%的学生不是每次都将电器插头从插座上拔下来。

表0-3　消防安全事故

消防安全事故	是否在宿舍使用大功率电器	占有效调查人数百分比($N=364$)	离开宿舍时是否会将电器插头从插座上拔下来	占有效调查人数百分比($N=364$)
总是	24	6.59	187	51.37
有时	51	14.01	112	30.77
很少	104	28.57	52	14.29
从不	185	50.83	13	3.57

（六）交通安全事故

如表 0-4 所示，大学生选择出行的交通方式排在第一位的是公共交通工具，其次是步行、电动自行车与自行车。随着经济的发展，人们生活水平的快速提高，工作与生活节奏也加快了，有少部分学生选择自己驾驶汽车上学或出行。大学生易发交通安全事故的原因在于交通意识薄弱，如表 0-5 所示，有 46.70% 的学生搭乘过"黑"摩托车出行，超过 70% 的学生对道路交通标志、标线等不是很了解。

表 0-4　交通出行方式

交通出行方式	选择人次数	占有效调查人数百分比（$N=364$）
公共交通工具	224	61.54
步行	177	48.63
电动自行车	148	40.66
自行车	99	27.20
自己驾驶汽车	7	1.92

表 0-5　交通安全事故

交通安全事故	是否搭乘"黑"摩托车				是否熟悉道路交通标志、标线			
	经常	有时	很少	从不	非常熟悉	熟悉	稍微了解	不了解
人　　数	10	66	94	194	35	71	131	127
占有效调查人数百分比（$N=364$）	2.75	18.13	25.82	53.30	9.61	19.51	35.99	34.89

（七）实践实习安全事故

大学生经常会利用课余时间勤工俭学，有人是为了赚取报酬，也有人是想多积累点社会实践经验。大学生也会根据教学计划安排课程实习。一些不法分子利用学生急于找到工作的心理，或收取不同数额的抵押金，或要求学生将身份证、学生证作为抵押物，或克扣、少付酬金，更有学生因此陷入传销组织。如表 0-6 所示，只有 40.66% 的学生表示不会在求职网站留下个人身份信息，57.97% 的学生表示不会向相关机构提供相关证件作为抵押。

表 0-6　实践实习安全事故

实践实习安全事故	是否会在求职网站留下个人信息	占有效调查人数百分比（$N=364$）	是否会向相关机构提供证件作为抵押	占调查人数百分比（$N=364$）
会	60	16.48	23	6.32
不会	148	40.66	211	57.97
视情况而定	156	42.86	130	35.71

第二节　大学校园安全教育、管理现状与对策

一、大学校园安全教育、管理现状

为了了解大学校园安全教育、管理现状，本书编者开展问卷调查、访谈、文献研究，并从人防、制防、物防层面提出新时代大学校园安全教育、管理的对策。

（一）调研基本情况

问卷调查以江苏苏州张家港地区高校为例，采用随机抽样调查方法，通过网络调查平台发放电子调查问卷 400 份，回收问卷 400 份，回收率 100%；回收的问卷中有效问卷 364 份，有效率 91%。有效问卷中女生占 36.8%，男生占 63.2%。

访谈对象以江苏苏州地区高校为例，访谈对象包括教育者和教育对象。在学校安全教育中，承担主要职责的是保卫处、学生管理部门、院系党支部书记、辅导员、班主任等，访谈对象中保卫处的工作人员占比为 10%，学生管理部门的工作人员占比为 10%，院系党支部书记、辅导员、班主任占比为 25%，思政课教师占比为 5%。学生安全信息员既是教育对象，也是积极参与安全教育的重要学生群体，占被调研对象的35%，普通学生占 15%。

文献研究以中国知网上学术期刊为研究对象，见表 0-7，通过对"大学生安全教育与管理"等主题的检索结果进行分析，可知调查研究较少，表明对大学校园安全教育、管理现状进行调查的必要性；关键词主要分布在安全教育与管理、大学生安全、女大学生安全、大学生安全意识、意识形态安全教育、思想政治教育等方面，为调研结论与本书内容编排提供参考。

表 0-7　在中国知网上对"大学生安全教育与管理"等主题的检索结果

主　题	学术期刊（篇）	关键词分布
大学生安全教育与管理调查	19	安全教育与管理、大学生安全、安全教育、女大学生、大学生安全意识
大学生安全教育与管理研究	150	安全教育、大学生安全、对策研究、大学生安全意识、思想政治教育
大学生安全教育与管理	767	大学生安全、安全教育与管理、女大学生安全、大在学生安全意识
大学生安全教育	1742	安全教育、网络安全教育、大学生安全意识、意识形态安全教育、女大学生

（二）调研结论

1. 高校层面

（1）高度认同实施安全教育的必要性，但对相关政策文件认知模糊。通过调研可知，高校在安全教育的必要性上取得高度的认同。但对近年来教育部印发的《关于加强大中小学国家安全教育的实施意见》《大中小学国家安全教育指导纲要》《关于加快

构建高校思想政治工作体系的意见》《全面推进"大思政课"建设的工作方案》等文件中关于安全教育特别是国家安全教育目标要求解读不够、研究不深入。近35%的访谈对象对上述4个文件均不了解。

（2）普遍重视安全教育，但在严格执行文件方面仍存在不足。通过调研可知，高校普遍重视安全教育，一些高校配备专职安全教育教师，开设安全教育必修课或选修课，实现安全教育进课堂，在重要节日和时间节点举行安全主题教育活动等。但大部分高校没有开设安全教育课程，特别是国家安全教育课程，在实现安全教育计划、师资、课时、教材四落实上仍然存在改进的空间。一些高校通过定期或不定期的讲座、主题班会、主题活动进行安全教育，一些高校的安全教育散见于各类公共必修课中，如马克思主义基本原理概论、习近平新时代中国特色社会主义思想概论、形势与政策、军事理论等课程，其中，军事理论、形势与政策这两门课承担了最多的国家安全教育内容。

（3）安全教育形式多样，教育教学内容、方法、教师队伍建设上仍有待丰富创新。通过调研可知，大部分高校能够采取多种多样的安全教育形式，除课堂教育外，还开展安全教育讲座、新生入学安全教育、重要节假日安全教育、寒暑假安全教育、毕业季安全教育、秋冬季消防安全教育等。但在教育内容上，以传统领域安全内容为主，如在国家安全课程具体教学内容上，主要仍然围绕着军事安全、国土安全和政治安全等传统领域安全内容开展，对非传统领域安全特别是资源安全、科技安全、核安全、生态安全等内容的讲授还不够深入。在教育教学方式上，以教师讲授、学生聆听的传统教学手段为主，对于"线上线下混合式教学""翻转课堂"等教学方法运用不多。教育教学场所以校园内为主，还需要走出校园，利用好地方安全教育资源，共建安全教育基地，打造"行走的安全教育课堂"，开展沉浸式、实境性安全教育。配备专职安全教育教师的高校还不多，大多数高校安全教育教学由思政课程教师、保卫处、学生管理部门工作人员、党支部书记、辅导员等兼任。安全演练还没有常态化、制度化。一些安全主题教育活动对于大学生并没有足够的吸引力，一些大学生并没有参与到活动中去。

2. 大学生层面

（1）大多数学生有主动了解安全知识的意愿，但缺乏自觉规范约束自身行为的安全意识，表现为三个方面。

一是大部分学生国家安全、消防安全等意识不强。调查显示，大多数学生对财产安全、食品安全等方面的安全常识掌握得较好，离开宿舍而宿舍无人时会有意识地锁上宿舍门；在教室或图书馆等地上自习时，去洗手间不会把手机等贵重物品放在桌上；会注意食品、药品的生产日期、保质期等标志。这表明，财产、食品安全方面的案例，学生接触较多，或教师、家长强调较多，大部分学生形成了一种自觉的日常安全防范意识。同时，大部分学生在国家安全、消防安全等方面的安全知识欠缺、安全防范意识不强，大多数学生偶尔或完全不关心社会上的暴力恐怖事件；只有少部分的学生会主动了解学校教学楼、宿舍、食堂等地的灭火器摆放与逃生通道所处位置，大部分的人表示一点都不了解或只了解一点；只有不到1/3的人进入公共场所时会留意安全出口标志，大部分的人表示从不留意或偶尔留意一下；有48.63%的学生不是每次都习惯将电器插头从插座上拔下来；超过70%的学生对校园内外道路交通标志、标线等不是很了解；等等。

二是安全应急技能欠缺。调查显示，大多数学生缺乏必要的安全应急技能，只有少量的人掌握正确使用消防栓和灭火器的方法；大部分的人不了解食物中毒的急救措施。主要原因是大多数学生没有接受过安全应急防护训练，有些学校虽然组织了应急防范训练，但大多流于形式，学生并没能真正掌握好正确的安全应急技能。

三是缺少互救意识。调查显示，遭遇安全事故后，大多数学生有自救意识，但缺少互救意识，如对于"遇到自然灾害（洪水、地震）时的处理措施"，大部分的人选择了"拨打报警电话""跟随大部分人逃跑""找安全地方躲藏"，只有少数人在选择以上措施后还选择了"协助组织人员疏散"。无论是当自身受到不法侵害或发生安全事故，还是当看到同学受到不法侵害或发生安全事故，最先采取的措施是：向老师寻求帮助、报警、向家长寻求帮助，"向同学寻求帮助""主动帮助同学"选择的人次数较少，这正是互救意识缺失的表现。

（2）对学校目前的安全措施不是很满意。主要有：制度不全，责任不明。感觉没有一套完整的校园安全管理规章制度，没有建立完善的领导责任制、奖惩与责任追究制等。选择因"治安防范措施差，使本人或同学遭受过盗、抢等侵害""门卫或保安人员没有履行其职责"而不满意的，占不满意学生总数的69.37%。选择因"报告老师，不了了之""报告警方，不了了之"而不满意的，约占不满意学生总数的18.91%。信息不畅，没有建立"纵向到底，横向到边"的信息传递机制，对于学校创建高质量校园，只有15.11%的学生非常了解，大部分学生不清楚或只是一般了解，这从一个方面反映了学校缺乏快速、有效的信息传递机制。

（3）"以人为本"的校园安全文化尚不健全。如前所述，校园安全文化是安全教育的最高目标，是校园安全工作的最高体现。它把安全作为一种文化来科学地认识和研究，有三个层面：精神层、制度层、物质层，包括四部分内容：观念文化、行为文化、管理文化和物态文化，具有导向、凝聚、更新、规范、传播激励等功能。"校园安全文化"是校园文化的重要组成部分，是由全体师生共同参与的，以学校安全理念和安全价值观为核心的观念文化，把行为文化、管理文化和物态文化相统一的具有时代特征的一种群体文化。其中，校园安全文化环境是校园安全管理结构中的物质层面，是制度层与精神层的外在表现，是通过校园内的各类建筑和教学实验设施、安防监控系统、安全宣传栏、安全警示牌、课程、讲座、活动、安全演练等体现出来的。调查显示，超过90%的学生认为高校很有必要开设安全教育类课程。而现实状况是，高校普遍缺少安全教育类课程、讲座、主题教育、主题活动等，安全教育的宣传途径单一，并没有发挥新媒体的主导作用。

二、构筑"人防、物防、制防"三位一体的防范体系

人防在安全防范中起重要作用，是指高校师生具有较强的安全防范意识与防范技能。保安人员负责学校整体的治安，为师生提供一个安定的生活环境。高校首先要保证校园保卫队伍的高水平，提高相关人员的整体素质，提供相应的保安培训；培养安全信息员；开展好安全教育第一课堂与第二课堂建设。

人防是我国高校安全防范的主要手段，在新形势下还要辅以物防。随着科技的发展和社会的进步，防范范围和难度都明显加大。为了提高防范精度、扩大防范范围，不仅要完善防范技术设施，还要使用高技术的防范手段。超前的安全防范工作将工作重心放在危险发生之前，投入更多的人力物力进行安全治理，取得了很好的效果。相关部门的领导和负责人一定要提高思想觉悟，充分认识物防的必要性，给予充足的财力和物力进行相关设施的建设，不断提高科技水平和防护设施，并不断完善技防设备，奠定充足的物质基础。要加强相关设备的管理和使用，以可操作性和实用性为基本原则，保证各项设备能够充分发挥作用。对于学校的重点区域和事故多发区，要设置全面的监控系统，做到不留死角全面监控。此外，要做到全方位 24 小时不间断监控，对于办公楼、实验楼等重要部门，尤其要加大监控和管理力度，建立完善的报警消防系统。同时，为了妥善处理突发事故，要建立事故快速处理小组。为了确保处理的及时性，要配备方便快捷的通信工具和交通工具。此外，要根据重要性设置完善的安全防范措施；对于重要的部门要更加重视，安装防盗门和防盗窗，设立安全警示牌；为了避免交通事故的发生，还要在道路上设置减速带。

制防是人防与物防开展的保障。要建立健全安全管理规章制度，包括建立"职责明确，分工合作"的责任机制、"校地合作，家校共建"的联动机制、"反应迅速，处理及时"的应急机制、"纵向到底，横向到边"的信息传递机制等。

总之，学校的安全管理体系涉及面很广，"人防、物防、制防"三方面都要重视。只有建立"人防、物防、制防"三位一体安全防范体系，才能共同维护高校环境的安全稳定。

（一）增强安全防范意识

1. 组建具备较高安全知识水平的教师队伍

全校师生员工既是校园安全管理的受益者，更是校园安全管理的实施主体。要充分发动全校师生员工的主动性，鼓励他们参与校园安全管理建设。首先，校园安全保卫部门在保护学生安全的同时，给予学生安全知识与安全防范技能指导，将表现突出的学生骨干培养成安全信息员，发挥他们的带头示范作用，实现学生安全教育和学校安全管理双赢。其次，鼓励具有较高安全专业素养的教师参与校园安全教育。面向学生，他们可以开设安全课程、讲座，指导社团活动等。最后面向教职员工，定期开展校园安全知识培训，提高广大教职员工的安全知识和防范技能，增强其安全素质和组织能力。

2. 开展安全知识第二课堂活动

（1）开展安全志愿者活动。鼓励学生自发参加维护校园安全工作，让学生亲自接触校园安全文化，熟知校园安全现状。

（2）鼓励学生参加安全知识竞赛。通过比赛促进安全知识的习得和安全防范技能的提高。

（3）邀请安全专业指导教师或相关行业资深人员开设讲座，宣传安全防护知识，进行必要的法制教育，建立安全知识的第二课堂。

（4）通过主题班会等活动使广大师生增强安全防范意识，认识到违法犯罪等的危害。

3. 进行安全教育类课程建设

开展安全教育不仅能够提高个人的安全素质，还能发展安全精神需求。学校加强对全校师生员工的安全教育宣传，有利于促使其形成正确的安全意识和安全理念，便于全校师生员工自觉地遵守安全规章制度，按照安全规范开展学习、教学活动。借助教育宣传安全知识的手段提高师生员工的安全素养是校园安全建设的目标，也是校园安全建设的核心。大学生安全教育工作是高校教书育人、管理育人、服务育人的重要内容和体现，是一项系统工程。应建立以学校教育为主导、以部门为依托、以个人为关键的安全教育体系。不仅需要各个部门齐抓共管、通力合作，充分发挥部门优势和教育的安全功能，还要让学生积极参与校园安全管理，完善学生的"自我教育、自我管理、自我服务"，增强学生的安全防范意识，提高防范技能。安全教育工作不是单靠一个职能部门就可以做好的，它需要学校所有相关的管理部门和人员集体的努力。这就要求相关部门完善和落实学校的各项安全教育制度和规定，职能部门负责专职教育和防范，其他相关部门全力配合，不断强化、具体落实，并把全面教育与专题教育、面上教育与点上教育、正面教育与反面教育、自我教育与管理有效地结合起来，形成安全教育的正常化、专题化和网络化。首先，在一年级学生中开设安全教育类课程。课程实施可以安排在新生入学教育阶段，也可在正常教学时段，课程内容分为理论与实操两个部分，课程列为必修课进行考核。其次，在其他年级学生中开设选修课，安全类选修课的内容可以是安全内容中的一个或几个专题。最后，加强网上安全教育类课程的建设。

（二）制定全方位、多层次的校园安全防范制度

首先建立一系列完整的校园安全管理规章制度，使学校的安全管理工作做到有据可依、有章可循。如建立、健全各项内部管理和安全防范措施制度，并根据治安形势的发展变化，对管理制度进行及时修订和补充；健全管理档案，落实守护力量，执行重点单位和要害部门管理制度等。其次，组建一支高效、专业的安全保卫队伍，在案件多发的重要时段和区域进行巡防，对校园内部的重点单位、要害部门进行定期检查回访。只有建立健全各项规章制度，完善安全管理机制，依靠高效、专业的保卫队伍经常进行安全检查，才能掌握主动、赢得先机。

1. 建立"渠道全面，反馈顺畅"的信息网络

政治安全是学校各项工作顺利进行的保证。加强学校政治安全工作，要充分发挥学校管理体系的优势，充分发挥信息网络队伍和专职思想政治工作队伍的作用，紧紧依靠学校党务系统、学生工作系统、共青团系统、学生社团系统，建立群防群治与专防专治相结合的、全方位的信息网络，以便安全管理部门能够及时、准确地获得可靠信息，及时掌握群体性、苗头性、倾向性的信息，随时关注影响学校稳定的"热点""焦点"问题，及时掌握师生员工思想动态，从而积极协助有关部门化解各类矛盾和纠纷，确保校园和谐、安全和稳定。稳定工作必须以信息为龙头，只有信息灵，才能反应快。

建立安全信息员队伍（每班一名学生，每部门一名教师），定期召开例会，一旦出现问题，就能及时获取信息，及时为决策提供可靠信息。建立以学校党委、学工部、

保卫处、院系党（团）总支、安全信息员为核心，多层次、全方位的安全信息网络（图0-1）。通过"党总支（党支部）—党员安全信息员—全体党员—全院校职工"工作信息渠道，及时收集教职工反映的情况，特别是青年教师中的热点问题；学生信息渠道通过两条线，一是"学工部—党总支（副）书记—辅导员—学生干部（安全信息员）—全体学生"，二是"学工部—团总支—学生干部（安全信息员）—班干部—全体学生"，及时掌握学生的情况，发现并收集异常动态；通过"保卫处—保卫干部—安全信息员—全校师生"深层次信息渠道，全面收集情报信息，重点掌握异常动态，特别是收集深层次、预警性的情况。建立和实行学生议事会议制度，通过这种新途径和载体，反映和维护学生的正当利益，吸收更多的学生参与学校的管理和建设中来，同时这也是获取信息最直接、最有效的途径。

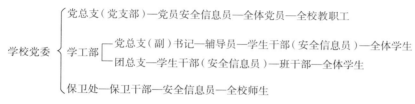

图 0-1　多层次、全方位的安全信息网络图

2. 建立"职责明确、分工合作"的责任机制

严格的责任机制包括三个方面。

一是学校领导层面，建立治安综合治理领导小组，制定《平安校园创建工作实施意见》《平安校园创建活动实施计划》等，针对校园安全管理工作的目标任务进行责任分解。每年年初，学校领导层面按照"谁主管、谁负责"的原则与下属学院及各行政部门签订《安全管理综合治理责任书》，将安全管理的目标责任落实在各个部门。与各院系学生代表签订《学生安全责任协议书》。

二是部门层面，各个部门将责任落实到所属的各个系，明确每一个部门人员的责任，从每一个工作的细节进行处理。同时，建立、健全配套的责任追究制和奖惩制度。对于因个人原因而导致的安全责任事故严格追究其个人及主管领导的责任，给予相应的惩罚。对校园安全管理工作有突出贡献的师生及职工，给予适当奖励，进一步促进工作积极性。这样，让领导干部、全体师生都自觉接受安全教育，明确工作职责，落实责任追究，形成全校齐抓共管的良好风气和工作局面。

三是明晰校园安全保卫管理部门职责。就高校校园来看，行使校园安全保卫管理的职能部门一般为保卫处（部、科），其职责如下。

（1）信息公开。知情权是社会公民普遍享有的一项重要权利。高校师生员工的知情权主要集中在对校园治安状况、校内违法犯罪情况信息的知晓。校园安全保卫管理部门有义务将校内治安情况、近期违法犯罪情况的相关信息以一定的形式定期向全校师生员工公布。这一方面是对管理部门的工作的监督，另一方面也增强了全校师生员工的安全意识，起到一定的教育警示作用。

（2）危险告示。主要包括：对校内存在危险隐患的设施、地段进行告示，并采取必要措施进行合理防范，做好日常的预警和预防工作。对校外周边的治安环境适时进行通报和预警，避免师生员工在校外周边消费场所活动时人身、财产受到损害。针对校园开展的各项校外活动、大型集体活动进行危险预警，做到防患于未然。

（3）提供人身、财产保护。主要包括：要采取合理措施，避免师生员工受到他人的侵害。采取一定的心理干预措施，避免师生员工发生因心理问题导致的自残、自杀性行为。保护师生员工免受危险设施和危险环境带来的意外侵害。

（4）限制他人行为。一方面，对校外人员在本校内实施的针对校内师生员工的人身和财产的损坏行为予以制止。另一方面，对校内师生员工间因个人恩怨而实施的对师生员工人身和财产的侵害行为予以制止。

3. 建立"校地合作、家校共建"的互动机制

我国高校安全管理部门对校园环境熟识，发生校园安全事故时能够第一时间到达案发现场，然而因无执法权，相关案件处理工作无法及时推进。高校所在的公安机关却因环境、人力等因素，存在对校园安全事故处理不到位、不及时的情况。因此，首先，高校与公安局的紧密联系能够更好地维护高校安全，避免危险事情的发生。其次，高校加强学校周边环境的监管，建立完善的校园治安援助机制。与公安机关、交通部门等政府相关部门联合起来，积极地在学校周边开展治安管理工作，为了预防突发事件的发生，要加强学校周边环境的监管力度，消除隐患。再次，高校建立与学生家庭的联系机制。每个学生在思想水平、道德素质、身心特点等方面存在差异，学校教育很难顾及每个学生。家长不仅熟悉自己子女的行为习惯、思想品德状况，而且也熟悉自己子女的兴趣爱好和性格特征。高校通过召开家长会、家长联谊会等形式，加强学校和家庭的联系，及时了解学生的动态，有利于安全校园的建设。最后，建立完善的教育机制，广泛宣传安全防护知识。可以邀请专业指导员或行业资深人员开展讲座，宣传防护知识，进行必要的法制教育，建立安全知识的第二课堂，让广大师生深刻认识到犯罪违法的危害。

4. 建立"提前预案、处理及时"的预警应急机制

建立、健全预警应急机制，制定完善的突发事件应对措施，降低安全事故的损失，是当前开展高校安全管理工作的主导趋势。首先，要建立、健全狭义的安全预警方案，加强对校内及周边环境安全隐患的排查，收集可能发生的安全隐患信息，做好相关调查研究分析，形成预警方案，备案保存。此外，还应定期组织师生员工开展校园安全应急演练，通过演练使得全校师生员工知晓相关安全应急常识和技能，了解自救知识，提高自救能力和防灾减灾能力。其次，建立、健全心理辅导机制。学生由学习、就业、经济等因素导致的压力越来越大，学校应积极地帮助学生疏导不良情绪，减少由学生不良情绪而引发的恶性事件。再次，建立、健全突发事故应急处置机制。校园安全事故发生后，要第一时间启动预警方案，做好人力、物力、财力的调动与安排，发生人员伤亡的，要及时联系医疗机构，做好伤员的就医安置工作。发生财产损失的，及时做好财产损失记录，并采取相应措施避免损失扩大。同时，在事故处理过程中要保障信息及时发布，避免师生员工产生不必要的恐慌。要做好善后工作，对于出现事故的家长和学生，要尽量安抚其紧张不稳定的情绪。第四，要建立、健全校园安全危机解除机制和

重建机制。危机解除和重建是校园安全工作的重要一环。校园安全事故在一定程度上给校园环境、校内师生造成了有形或者无形的损坏。如果不及时修复全校师生校园安全心理，则会降低师生对校园安全的信任，不利于校园安全管理工作的开展。故此，建立危机解除和修复计划，有助于受害主体恢复到事故前的心理状态，甚至更好的状态。最后，还要建立完善的反馈系统，这能为以后的工作留下宝贵的经验。

（三）构建以人为本的校园安全文化环境

"以人为本"的校园安全文化环境具有导向、凝聚、激励、约束、规范行为等功能，能够促进师生员工的安全价值观、伦理道德观、安全理念的形成，提高师生员工的安全科技知识和安全文化素质，造就具有健康完善的心理素质和正确的安全伦理道德、科学的思维方式、高尚的行为取向和文明安全秩序的师生员工群体；能够实现"要我安全"向"我要安全""我会安全"的转变；能够树立"安全发展"的科学理念、"以人为本"的价值观念、"知法守法"的行为模式和"人人有责"的公共意识；能够形成"关爱生命、关注安全"的良好氛围。

1. 强化校园安全基础设施建设

校园基层设施建设是校园安全文化的物质载体。良好的基础设施能够增强全校师生职工对校园安全文化的形象认知感和理念认同感。要进一步改善师生员工的学习工作环境和生活环境，建设颇具校园特色的、风格相对一致的校园建筑。加强校园监控探头和监控摄像设备的安装和维护，完善校园安全设施。对现有校园安全基础设施进行逐一排查，对不符合安全要求的设施及时改造。对存在安全隐患的校园环境重新进行安全规划和安全设备安装，为安全文化建设奠定良好的物质基础。

2. 发挥宣传媒体的主导作用

可以借助广播、电视、校报、黑板报、校园网等各种宣传媒体广泛开展多层次、多角度、全方位、灵活多样的安全教育活动。第一，可以利用校报、广播等有针对性地报道校园外的安全事故的起因和危害后果，发挥校园媒体的优势，经常发布一些关于安全教育的信息，分析典型案例；可以利用专题板报、宣传手册、宣传海报、安全警示标志牌等，向学生宣传法律法规、校纪校规知识，加强学生防火防盗等安全知识。第二，有关部门和各院系要密切关注网上动态，了解学生反映校园安全管理方面的问题，及时回答和解决学生提出的问题；要通过网络将有关校园安全管理的各种信息及时发布，通报情况，加大宣传工作力度，以此发挥网络在安全防范教育方面的作用。第三，可以采取班会等形式及时对学生进行宣传教育，发挥预警功能。可以通过发送电子邮件或建立群等，发挥网上谈心服务或思想交流这一现代化教育载体功能，及时了解可能影响校园及师生安全的人和事，把事故消除在萌芽阶段。

为什么要开设
这门课程

如何学习
这门课程

构建校园安全
文化，我们
能做什么

第一章　国家安全

案例导入 >

案例 1-1　　　　　　　　　　求职遇到"热心人" ①

大学生小李近期一直关注网上的兼职信息。一天，小李添加一个陌生人为好友，对方自我介绍是一家军民融合企业的职员，正在进行军民融合项目调研，能提供兼职岗位。在交流中，小李向对方透露自己曾参加空军招飞，知晓一些涉军资料信息等，对方对此大加称赞，不时发送问候祝福信息。不久，小李就接到兼职任务：提供一些军事杂志的图片、海军阅兵、国庆阅兵的信息等。小李通过图书馆、网上媒体报道等渠道，先后搜集了 700 多张图片，将图片压缩后传送给对方，共收到酬金 2 900 元。对方还多次打听他参加招飞的情况，特别关注被淘汰的人员的去向。

很快，学校辅导员找他谈话，市国家安全局的侦察员也找到他，并扣押了他的手机和电脑。经过进一步调查取证，侦察员发现和小李联系的所谓的军民融合企业的职员，实际上是境外间谍情报机关人员，他以兼职为由利诱小李从事窃密活动。国家安全机关依法没收小李的非法所得，并做出进一步的处理。

引导讨论：

1. 间谍行为主要表现在哪些方面？

2. 从事间谍活动要承担哪些法律责任？

3. 大学生如何预防落入间谍的陷阱？

案例 1-2　　　　　　　　　　个人私欲泄机密

某大学的几个学生，在导师的指导下，经过几年的苦心钻研获得了一些科技学术研究成果，其中有一些涉及国家机密。他们当中有人想尽快得到国际上的认可，有人想拉关系出国，私自将研究资料寄出境外。结果寄出去的东西石沉大海，在相隔一年之后被改头换面变成了他人的成果。

引导讨论：

1. 国家秘密的范围、密级、保密期限是什么？失密、泄密要承担哪些法律责任？

2. 如何保守国家秘密？

---

① 澎湃新闻·澎湃号·政务。

田某是某高校新闻系学生，长期收听境外反华媒体广播节目，经常浏览境外大量有害政治信息，逐渐形成反动思想。后来，田某开通境外社交媒体账号，同境外反华敌对势力人员进行互动，经境外反华媒体记者引荐，成为某西方知名媒体北京分社实习记者，并接受多个境外反华敌对媒体邀请担任驻京记者。在此期间，田某大量接收活动经费，介入炒作多起热点敏感案（事）件，累计向境外提供反动宣传素材 3 000 余份，刊发署名文章 500 余篇。在境外反华势力的蛊惑教唆下，田某创办了一个境外反动网站，大肆传播各类反动宣传信息和政治谣言，对我国进行恶毒攻击，又受境外反华媒体人邀请秘密赴西方某国，同境外 20 余个敌对组织接触，同时接受该国 10 余名官员直接询问和具体指令，秘密搜集污蔑抹黑我国的所谓"证据"。

田某与境外反华组织开展的一系列渗透活动，严重危害我国政治安全。国家安全机关通过严密侦查，依法将田某抓捕归案，法院对此案进行了非公开审理。

引导讨论：

1. 什么是国家安全？

2. 危害国家安全的行为有哪些？

3. 维护国家安全，我们能做什么？

案例点评：

从案例 1-1、1-2、1-3 可以看出，国家安全是集政治安全、国土安全、军事安全、经济安全等于一体的总体国家安全体系。在复杂多变的国际国内局势面前，大学生必须树立国家安全意识，自觉履行维护国家安全的义务。

第一节   国家安全概述

国家安全是一个国家生存和发展最基本、最重要的前提，是安邦定国的重要基石，没有国家的安全稳定，民族振兴、人民幸福皆无从谈起。以习近平同志为核心的党中央高度重视国家安全工作，坚持总体国家安全观，把国家安全贯穿到党和国家工作各方面全过程，设立中央国家安全委员会，完善国家安全法治体系、战略体系和政策体系，实现高质量发展和高水平安全的良性互动，注重防范化解影响我国现代化进程的重大风险，严密防范和严厉打击敌对势力渗透、破坏、颠覆、分裂活动，顶住和反击外部极端打压遏制……出台一系列重大决策部署，推动新时代国家安全工作发生历史性变革、取得历史性成就，国家安全得到全面加强，经受住了来自政治、经济、意识形态、自然界等方面的风险挑战考验，为党和国家兴旺发达、长治久安提供了有力保证。

维护国家安全是所有国家机关、社会组织和公民的义务和职责。当前我们面临百年未有之大变局，国际经济、科技、文化、安全、政治等格局发生深刻调整，世界进入新的动荡变革期，单边主义、保护主义、霸权主义对世界和平与发展构成威胁，极端主义、恐怖主义不断蔓延，传统安全与非传统安全问题复杂且交织……我们比以往任何时候更迫切需要加强国家安全教育。2015 年 7 月 1 日，第十二届全国人民代表大会常务委员会第十五次会议通过的国家安全法将每年的 4 月 15 日确定为全民国家安全教育日，充分反映了党和国家对新形势下加强全民国家安全教育的高度重视。

作为社会主义事业的建设者和维护国家安全的有生力量，大学生了解国家安全基本知识、具有国家安全意识、拥有维护国家安全的能力，对新时代我国兴国安邦，全面建设社会主义现代化国家具有重要意义。在大学生中进行国家安全教育，要构建具有中国特色的国家安全教育体系，系统推进国家安全教育进课程、进教材、进校园，全面增强大学生的国家安全意识，提升其维护国家安全能力。要把国家安全教育与爱国主义教育结合起来，培养大学生的爱国主义情感，提高爱国主义觉悟，弘扬和培育大学生的民族精神，为培养社会主义合格建设者和可靠接班人打下坚实基础。

一、国家安全的内涵

（一）国家安全的概念

我国国家安全的内涵和外延不是一成不变的，而是不断与时俱进。我国 5 000 多年的中华文明史，在历史流变中，并不是一帆风顺的，之所以能化险为夷，一个很重要的原因就是无数有着家国情怀的仁人志士、英雄豪杰、爱国人士、革命先烈为了家和国兴前赴后继、生生不息。古有"位卑未敢忘忧国"的陆游、"人生自古谁无死，留取丹心照汗青"的民族英雄文天祥，还有于谦的"粉身碎骨浑不怕，要留清白在人间"、林则徐的"苟利于国家生死以，岂因祸福避趋之"……激励着一代又一代中华儿女，为祖国繁荣富强而自强不息、不懈奋斗。可见，从中华优秀传统文化的家国情怀角度看，国家安全就是国强民安、国弱民苦，就是要树立全民国家安全意识。

国家安全有三层含义：一是国家没有外部威胁与侵害的客观状态，二是国家没有内部混乱与疾患的客观状态，三是国家在没有外部和内部威胁与侵害的条件下，能够得以正常存续。国家安全不仅指国家安全状态，也指为了国家安全状态采取的一系列举措和措施。随着科技的发展，特别是网络技术的迅速普及，网络安全等成为国家安全的重要内容。国家安全包括传统国家安全和非传统国家安全。随着非传统威胁的出现，国家安全的内涵不再局限在军事、政权等传统安全领域，很多新的非传统因素被囊括到国家安全的领域中来，如经济安全、生态安全等。

国家安全观是对于国家安全的主观认识，在此基础上形成对本国安全实际相契合的国家安全策略。总体国家安全观是以习近平同志为核心的党中央在推进国家安全理论和实践创新过程中所形成的一种新型国家安全观。

2014 年 4 月 15 日，习近平总书记在中央国家安全委员会第一次会议上创造性提出了总体国家安全观，他指出："当前我国国家安全内涵和外延比历史上任何时候都要丰富，时空领域比历史上任何时候都要宽广，内外因素比历史上任何时候都要复杂""我们党要巩固执政地位，要团结带领人民坚持和发展中国特色社会主义，保证国家安全是头等大事"。

2015 年 7 月，《中华人民共和国国家安全法》颁布，将"国家安全"界定为：国家政权、主权、统一和领土完整、人民福祉、经济社会可持续发展和国家其他重大利益相对处于没有危险和不受内外威胁的状态，以及保障持续安全状态的能力。

2017年10月，中国共产党第十九次全国代表大会将坚持总体国家安全观纳入新时代坚持和发展中国特色社会主义的基本方略，并写入党章。

2020年10月，中国共产党第十九届中央委员会第五次全体会议将统筹发展和安全作为"十四五"时期经济社会发展指导思想的重要内容，历史性地将安全置于同发展并重的位置，并列专章做出战略部署。

2020年12月，中央政治局就切实做好国家安全工作举行第二十六次集体学习，习近平总书记就贯彻总体国家安全观提出"十个坚持"的重要要求，环环相扣、层层递进，形成关于总体国家安全观的理论体系。

2021年11月，中国共产党第十九届中央委员会第六次全体会议通过的《中共中央关于党的百年奋斗重大成就和历史经验的决议》，提出"五个统筹"要求，把维护国家安全列为党的十八大以来十三个方面重大成就之一。

党的二十大报告首次以专章对"推进国家安全体系和能力现代化，坚决维护国家安全和社会稳定"进行深入系统阐述和全面战略部署，指出：国家安全是民族复兴的根基，社会稳定是国家强盛的前提。必须坚定不移贯彻总体国家安全观，把维护国家安全贯穿党和国家工作各方面全过程，确保国家安全和社会稳定。我们要坚持以人民安全为宗旨、以政治安全为根本、以经济安全为基础、以军事科技文化社会安全为保障、以促进国际安全为依托，统筹外部安全和内部安全、国土安全和国民安全、传统安全和非传统安全、自身安全和共同安全，统筹维护和塑造国家安全，夯实国家安全和社会稳定基层基础，完善参与全球安全治理机制，建设更高水平的平安中国，以新安全格局保障新发展格局。

综上所述，国家安全是指国家政权、主权、统一和领土完整、人民福祉、经济社会可持续发展和国家其他重大利益相对处于没有危险和不受内外威胁的状态，以及保障持续安全状态的能力。现阶段，我们强调构建集"政治安全、国土安全、军事安全、经济安全、文化安全、社会安全、科技安全、网络安全、生态安全、资源安全、核安全、海外利益安全、生物安全、太空安全、极地安全、深海安全"16个安全于一体的国家安全体系。

（二）国家安全的发展历程

1. 四个阶段说

胡洪彬将国家安全发展历程分为四个阶段：基础积累阶段、成长发展阶段、深化拓展阶段、完善创新阶段。

（1）基础积累阶段。这个阶段为从中华人民共和国成立至1978年底。中华人民共和国成立后，为了巩固新生的人民政权，国家安全问题受到党和国家领导人的高度重视。国外一些西方国家不仅对我国实施战略包围，而且采取经济上封锁禁运和政治上不承认的策略，试图将新生的中华人民共和国扼杀于摇篮之中。为了维护新中国的国家安全，恢复生产并创造一个和平的发展环境，党中央将巩固国防与捍卫主权和领土完整的任务摆在了突出的位置。在这一阶段，对国家安全问题的研究主要集中在政治和军事领域，相关研究成果表现为：对党中央第一代领导集体的社会制度、国防、军事和国际战略理论的分析和阐述。

（2）成长发展阶段。这一阶段为从 1978 年底中共十一届三中全会至 1992 年。我国逐步走向对外开放，社会经济发展也开始步入正轨，通过积极吸收和借鉴世界各国的先进技术和发展经验，为推进我国社会经济的发展开了新路。然而，对外开放在给我国带来发展机遇的同时，也给我国的政治、经济、文化、信息等领域的安全带来了严峻的挑战，同时也使有关国家安全的问题进一步受到社会各界的关注。1983 年 7 月 1 日，国家安全部在北京成立。在这一阶段，对国家安全问题的研究集中在维护和平与促进经济发展方面，研究成果停留在对国外（包括美国、苏联等国家）在国家安全问题处理模式的分析和经验借鉴上，结合我国实际进行的专业探讨还较为缺乏。

（3）深化拓展阶段。这一阶段为从 1992 年中共十四大至 2012 年。中共十四大确立了社会主义市场经济体制的改革目标，标志着我国社会经济领域的又一次重大转变。面对新旧体制的逐步转换和对外开放的不断深入，有关社会主义市场经济发展进程中如何确保国家安全和稳定的话题成为社会各界关注的焦点。20 世纪 90 年代初，苏联、东欧剧变和冷战的结束，既带来了国际格局的改变，也使得学界对国家安全重要性的认知得到了进一步发展。中共十六大明确提出要"加强国家安全工作，警惕国际国内敌对势力的渗透、颠覆和分裂活动"。中共十七大、十七届三中全会等对此做出重要阐述，为学界强化该领域的分析和研究注入了活力。在这一阶段，不仅传统领域中的政治和军事安全研究得以深化，而且非传统安全领域中的经济安全、网络安全等也开始受到重视。

（4）完善创新阶段。这一阶段从 2012 年中共十八大召开至今。党中央对完善国家安全的战略和工作机制、确保国家安全做了更为直接和明确的阐述和分析。与以往相比较，十八大开启了对国家安全战略的体系建构和实践操作阶段，这无疑是一个新的飞跃。十八届三中全会做出设立国家安全委员会的重大决定。2014 年 4 月，习近平在国家安全委员会第一次会议上强调要"坚持总体国家安全观，走出一条中国特色国家安全道路"，并首次提出构建集"政治安全、国土安全、军事安全、经济安全、文化安全、社会安全、科技安全、网络安全、生态安全、资源安全、核安全等于一体的国家安全体系"。在这一阶段，学界对国家安全的内涵、价值和路径等进行了深层次的研究。

2. 三个阶段说

有的学者将国家安全发展历程分为三个阶段：冷战时期、进入新世纪、进入新时代。

（1）冷战时期。这一阶段为从 1949 年到 1989 年，维护的是军事、政治、经济等传统领域的国家安全。毛泽东在《中国社会各阶级的分析》一文中提到，我们的革命要有不领错路和一定成功的把握，不可不注意团结我们真正的朋友，以攻击我们真正的敌人。强调的是通过结盟、建设强大国防、建立国际统一战线等途径维护国家安全。邓小平指出，搞社会主义，一定要使生产力发达，贫穷不是社会主义，并强调和平与发展是世界的主题。

（2）进入新世纪。1999 年 3 月 26 日，江泽民在日内瓦裁军谈判会议上发表了题为《推动裁军进程，维护国际安全》的讲话，全面阐述了中国的新安全观。他指出，历史告诉我们，以军事联盟为基础、以加强军备为手段的旧安全观，无助于保障国际安全，更不能营造世界的持久和平。新安全观的核心，应该是互信、互利、平等、合作。各国相互尊重主权和领土完整、互不侵犯、互不干涉内政、平等互利、和平共处五项原则以及其他公认的国际关系准则，是维护和平的政治基础。互利合作、共同繁荣，是维护和平的经济保障。建立在平等基础上的对话、协商和谈判，是解决争端、维护和平的正确途径。只有建立新的安全观和公正合理的国际新秩序，才能从根本上促进裁军进程的健康发展，使世界和平与国际安全得到保障。

（3）进入新时代。党的十八大以来，以习近平为核心的党中央，逐步提出了总体国家安全观。在党的十八届五中全会第二次全体会议上，习近平指出，不发展有不发展的问题，发展起来有发展起来的问题，而发展起来后出现的问题并不比发展起来前少，甚至更多更复杂了。在新形势下，如果利益关系协调不好、各种矛盾处理不好，就会导致问题激化，严重的就会影响发展进程。各种风险往往不是孤立出现的，而很可能相互交织并形成一个风险综合体。在中央国家安全委员会第一次会议上，习近平首次提出总体国家安全观，并首次系统提出 11 种安全：政治安全、国土安全、军事安全、经济安全、文化安全、社会安全、科技安全、网络安全、生态安全、资源安全、核安全。后来又增加了 5 个新型领域的安全：海外利益安全、生物安全、太空安全、极地安全、深海安全。2020 年 12 月 14 日，习近平在中央全面深化改革委员会第十二次会议上强调，要从保护人民健康、保障国家安全、维护国家长治久安的高度，把生物安全纳入国家安全体系。目前的国家安全体系涵盖 16 种安全。

（三）国家安全的特点

贾庆国认为，国家安全至少包括多面性、关联性、变动性、相对性、非唯一性、主观性和社会性等七种特点。

（1）多面性。国家安全涉及的领域很多，从国内安全风险到国际安全风险，从军事安全风险到非军事安全风险，从传统安全风险到非传统安全风险，从局部安全风险到整体安全风险，从线下安全风险到线上安全风险，从短期安全风险到长期安全风险，从相对安全风险到绝对安全风险等方面，涵盖政治、国土、军事、经济、文化、社会、科技、网络、生态、资源、核、海外利益、生物、太空、极地、深海等诸多领域。从这个意义上讲，我们时刻都生活在各类安全风险中。

（2）关联性。政治安全与经济安全、政治安全和领土安全、经济安全与军事安全、国内安全和国际安全、局部安全和整体安全、短期安全和长期安全等长期关联并相互作用，特别是非传统安全与传统安全的关联与相互任务与日俱增，如恐怖主义对国家安全的颠覆性挑战，很大程度地改变了过去国家面临的来自其他国家武装入侵的军事威胁，新冠肺炎疫情在极短的时间内迅速传遍全球，给世界各国造成了巨大伤害，气候变化问题正在成为一个新的、具有更大破坏力的非传统安全威胁等。

（3）变动性。国际安全环境不断变化，给国家安全带来新的挑战和机遇，中国推行的"一带一路"倡议推动了沿线国家基础设施的建设和经济发展，有助于这些国家实现长远的安全和稳定。国家安全在经济安全、军事安全、能源安全、科技安全等各领域的变化，特别是互联网、物联网和5G技术的出现，已影响人们工作和生活的方方面面，5G技术的发展使国家面临维护安全的新挑战。国家综合实力的变化也给国家安全带来新的挑战和机遇，能否以最低成本维护国际秩序从而维护自身利益，是崛起大国必须面临的安全挑战。

（4）相对性。安全从来不是绝对的，而是相对的。如果无视安全的相对性，盲目追求绝对安全，超过某个限度，成本就会陡然上升，收益也会急剧下降，国家最终可能会更不安全。例如，为避免经济制裁、高额关税，就切断经贸合作关系，这样不仅无法享受对外经贸关系带来的比较收益，无法借鉴其他国家的先进技术与管理经验以改进和完善自己，更无法利用全球市场扩大生产规模，降低单位产品生产的成本和提高自身生产效率，导致本国的经济发展效率低下和走向落后，国家最终会更不安全。

（5）非唯一性。一个国家不只为了安全而存在。安全并不是国家追求的唯一价值，对于国家而言，安全固然重要，但其他价值也很重要，也不能被忽视。除安全以外，国家还追求许多其他价值。如我国的社会主义核心价值观——富强、民主、文明、和谐，自由、平等、公正、法治，爱国、敬业、诚信、友善，国家安全是实现这些核心价值的根本保障，但无法取代这些核心价值。在现实生活中，无论是个人还是国家都有其他价值追求，都需要在追求安全和追求其他价值之间进行平衡。

（6）主观性。一个人安全与否，不仅取决于客观情况，也取决于主观认知。面对疾病，有的人可以做到处变不惊，有的人则惊慌失措。处变不惊的人感觉到了危险存在，但并没有夸大这种威胁，而是理性务实地去面对它。惊慌失措的人也感觉到了危险的存在，却夸大这种威胁，因此反应激烈。理性务实地面对疾病，即使治不好，也不会因此加重病情；但是，非理性地对待疾病，过度治疗，小病会变成大病，重病也会加重。尽管国家面对安全的挑战要理性务实得多，但是国家也是由单个的人构成的，因此主观性在所难免。夸大国家面临的安全风险，在此基础上过度反应，会导致安全风险加剧，影响国家安全。

（7）社会性。国家安全不仅取决于一个国家自身的实力和做法，在很大程度上也受到其与他国之间关系性质和程度的影响。国家关系的性质通常指敌对、对抗、冲突、竞争和合作，国家关系的程度通常指敌对、对抗、冲突、竞争和合作的程度。国家安全的社会性决定了一个国家要谋求安全，就需要在国际上多交朋友，少树敌人，特别是处理好与强国和邻国的关系，如加强与相关国家的对话和沟通，通过沟通和协商建立对话机制、通报制度等各类信任措施，建立国家安全合作组织等。

（四）国家安全机构和法律

党的十八大以来，我们党和国家成立了中央国家安全委员会，出台了一系列法律文件，如《中华人民共和国国家安全法》《中华人民共和国反恐怖主义法》《中华人民共和国网络安全法》《中华人民共和国国家情报法》《中华人民共和国核安全法》《中华人民共和国香港特别行政区维护国家安全法》等，国家安全领域的法律制度日趋完善。

（1）中央国家安全委员会。这是我国最高国家安全机构，全称为"中国共产党中央国家安全委员会"，简称"中央国安委""国安委"，是中国共产党中央委员会下属机构。2013年11月12日召开的中国共产党第十八届中央委员会第三次全体会议决定成立中央国家安全委员会。 中央国家安全委员会作为中共中央关于国家安全工作的决策和议事协调机构，向中央政治局、中央政治局常务委员会负责，统筹协调涉及国家安全的重大事项和重要工作。其主要职能有：议事职能，为国家安全与国家利益研究拟订长远的战略，审议重大问题，进行顶层规划；决策职能，面对当前国际环境下的传统安全和非传统安全问题，协调、解决和应对一系列重大事项；统筹职能，为应对跨部门的突发事件发挥作用。例如，突发事件导致海上通道的中断，在这种情况下，仅仅依靠交通运输部门或能源部门可能无法应对，需要从整体上进行协调，调度军队和外交资源。现阶段，我国国安委的主要职责有：制定和实施国家安全战略，推进国家安全法制建设，制定国家安全方针政策，研究解决国家安全工作中的重大问题。

（2）《中华人民共和国国家安全法》。这是为了维护国家安全，保卫人民民主专政的政权和中国特色社会主义制度，保护人民的根本利益，保障改革开放和社会主义现代化建设的顺利进行，实现中华民族伟大复兴，根据《中华人民共和国宪法》制定的。1993年2月22日，第七届全国人民代表大会常务委员会第三十次会议通过，中华人民共和国主席令第68号公布施行过一部国家安全法，主要是规定国家安全机关履行的职责特别是反间谍工作方面的职责。但随着国家安全形势的发展变化，这部法律已难以适应全面维护各领域国家安全的需要。2014年11月1日，十二届全国人大常委会第十一次会议审议通过了《中华人民共和国反间谍法》，相应废止了1993年2月22日通过的国家安全法。2015年7月1日，第十二届全国人民代表大会常务委员会第十五次会议通过新的国家安全法，该法共有7章84条内容，自2015年7月1日起施行。

（3）《中华人民共和国反恐怖主义法》。这是为了防范和惩治恐怖活动，加强反恐怖主义工作，维护国家安全、公共安全和人民生命财产安全，根据《中华人民共和国宪法》制定的。2011年10月29日，十一届全国人大常委会第二十三次会议表决通过了《全国人民代表大会常务委员会关于加强反恐怖工作有关问题的决定》，这是我国第一个专门针对反恐工作的法律文件，对恐怖活动、恐怖活动组织、恐怖活动人员做出界定，为反恐立法迈出第一步。2015年12月27日，中华人民共和国第十二届全国人民代表大会常务委员会第十八次会议通过《中华人民共和国反恐怖主义法》，自2016年1月1日起施行，同时废止了2011年10月29日第十一届全国人民代表大会常务委员会第二十三次会议通过的《全国人民代表大会常务委员会关于加强反恐怖工作有关问题的决定》。《中华人民共和国反恐怖主义法》共10章97条内容。

（4）《中华人民共和国网络安全法》。这是为了保障网络安全，维护网络空间主权和国家安全、社会公共利益，保护公民、法人和其他组织的合法权益，促进经济社会信息化健康发展而制定的法律。2016年11月7日，中华人民共和国第十二届全国人民代表大会常务委员会第二十四次会议通过，自2017年6月1日起施行，包括总则、网络安全支持与促进、网络运行安全、网络信息安全、监测预警与应急处置、法律责任、附则共7章79条内容。

（5）《中华人民共和国国家情报法》。这是为了加强和保障国家情报工作，维护国家安全和利益，根据宪法制定的法律。2017年6月27日，中华人民共和国第十二届全国人民代表大会常务委员会第二十八次会议通过，自2017年6月28日起施行。2018

年 4 月 27 日，第十三届全国人民代表大会常务委员会第二次会议《关于修改〈中华人民共和国国境卫生检疫法〉等六部法律的决定》修正，自公布之日起施行。共 5 章 32 条内容。

（6）《中华人民共和国核安全法》。这是为了保障核安全，预防与应对核事故，安全利用核能，保护公众和从业人员的安全与健康，保护生态环境，促进经济社会可持续发展制定的法律。2017 年 9 月 1 日，中华人民共和国第十二届全国人民代表大会常务委员会第二十九次会议通过，自 2018 年 1 月 1 日起施行。共 8 章 94 条内容。该法案首次将"核安全观"写入其中，体现四个"严"特征：严格的标准、严密的制度、严格的监管、严厉的处罚。

（7）《中华人民共和国香港特别行政区维护国家安全法》。这是全国人大常委会根据十三届全国人大三次会议通过的《全国人民代表大会关于建立健全香港特别行政区维护国家安全的法律制度和执行机制的决定》制定的法律。2020 年 6 月 30 日，十三届全国人大常委会第二十次会议召开。会议表决通过了《中华人民共和国香港特别行政区维护国家安全法》，国家主席习近平签署第 49 号主席令予以公布。该法共 6 章、66 条，是一部兼具实体法、程序法和组织法内容的综合性法律。

二、总体国家安全观

习近平总书记高度重视我国国家安全问题，做出了许多重要论述。他在中央国家安全委员会第一次会议上首次提出"总体国家安全观"的概念，强调要准确把握国家安全形势变化新特点新趋势，坚持总体国家安全观，走出一条中国特色国家安全道路。践行总体国家安全观，要以人民安全为宗旨，以政治安全为根本，以经济安全为基础，以军事、文化、社会安全为保障，以促进国际安全为依托，上述宗旨、根本、基础、保障和依托构成了总体国家安全观的五大要素。践行总体国家安全观，要处理好五对关系，既重视发展问题又重视安全问题，既重视外部安全又重视内部安全，既重视国土安全又重视国民安全，既重视传统安全又重视非传统安全，既重视自身安全又重视共同安全。践行总体国家安全观，还要坚决做到"十个坚持"，落实"五个统筹"。"五大要素""五对关系""十个坚持"和"五个统筹"共同构成了总体国家安全观的核心内涵，思想深刻、内容丰富，闪耀着意蕴深厚的理论光芒和实践光辉。

（一）五大要素

1. 以人民安全为宗旨

以人民安全为宗旨是唯物史观的必然要求，是党的性质、宗旨的重要体现。中国共产党是始终代表广大人民利益的无产阶级政党，党的根本宗旨是全心全意为人民服务。维护国家安全的根本目的，就在于保障人民的生命和财产安全，保障人民生存发展的基本条件，促进人自由而全面的发展。以人民安全为宗旨，就要坚持以民为本、以人为本，坚持国家安全一切为了人民、一切依靠人民，真正夯实国家安全的群众基础。

2. 以政治安全为根本

政治安全是指国家领土主权、政治制度、意识形态等免受各种侵袭、干扰、威胁和危害的状态。政治的核心是国家政权，政治安全直接涉及国家政权的稳固。因此，政治安全在国家安全体系中居于核心地位和最高层次，具有根本性的战略意义。我国作为中国共产党领导的社会主义国家，政治安全不仅包括领土完整、主权独立，而且包括坚持人民民主专政和中国特色社会主义制度的性质、坚持马克思主义意识形态的主导地位不被动摇，确保中国共产党的领导地位和执政地位绝对巩固。以政治安全为根本，就要把政治安全、政权安全放在首要位置，高度敏锐、高度自觉加以维护，为国家安全提供根本政治保证。

3. 以经济安全为基础

冷战结束后，随着世界范围的竞争从军事实力转向以经济实力和高新技术为基础的综合国力的较量，经济因素在国际关系中的地位不断上升。经济全球化加速全球贸易、投资和金融自由化，各国之间经济依存度加深，一个国家和地区的经济问题可能很快演变为世界范围的经济风险。金融危机对国际经济的巨大冲击，就是明显一例。以经济安全为基础，不仅要保障我国自身的经济制度安全、国民经济安全、金融体系安全、国家能源资源安全等，而且要对可能的外部经济冲击有应对之策，确保国家经济发展不受侵害，促进经济持续稳定健康发展，提高国家经济实力，为国家安全提供坚实物质基础。

4. 以军事、文化、社会安全为保障

军事安全直接关系到国家领土和主权完整，关系到国家生死存亡，是其他安全的重要保证。虽然我国经济社会发展取得了重大成就，维护国家安全的手段和选择增多了，但军事手段始终是维护国家安全，有效遏制、抵御外来侵略和颠覆的保底手段。文化安全是确保一个民族有尊严、一个国家独立的重要精神支撑。由于文化在综合国力竞争中的地位和作用不断凸显，信息社会多元文化相互激荡、相互交融，维护文化安全任务更加艰巨，对增强国家文化软实力、中华文化国际影响力的要求更加紧迫。社会安全直接影响着人们生活质量和生活水平，涉及国家安全稳定。以军事、文化、社会安全为保障，就要注意研究这些方面面临的大量新情况、新问题，遵循不同领域的特点规律，建立完善强基固本、化险为夷的各项对策措施，构筑起国家安全的重要屏障。

5. 以促进国际安全为依托

当今世界日益成为一个"地球村"，任何一个国家都不可能脱离别的国家而存在和发展，各国之间从未像今天这样紧密联系。国家安全不是孤立的、零和的、绝对的，任何一个国家的安全都不可能置身于国际大环境影响之外，国际环境的变化是国家安全的重要变量。我国与外部世界在政治、经济、文化、军事等方面的联系日益紧密，很多安全问题越来越具有世界性，越来越离不开国际大环境。以促进国际安全为依托，就要始终不渝地走和平发展道路，在注重维护本国安全利益的同时，注重维护国际安全，推动建设持久和平、共同繁荣的和谐世界。

（二）五对关系

1. 发展问题与安全问题的关系

安全与发展相辅相成，安全是发展的前提，发展是安全的保障。发展是我们党执政兴国的第一要务，是解决中国一切问题的关键，没有经济社会发展，就不可能实现国家长治久安、社会安定有序、人民安居乐业。没有国家安全，就不可能实现经济社会可

持续发展,已经取得的成果也会失去。习近平总书记指出,推动创新发展、协调发展、绿色发展、开放发展、共享发展,前提都是国家安全、社会稳定,没有安全和稳定,一切都无从谈起。因此,我们要统筹发展和安全两件大事,既要善于运用发展成果夯实国家安全的实力基础,又要善于塑造有利于经济社会发展的安全环境,努力实现发展与安全同步推进、动态平衡。

2. 外部安全与内部安全的关系

内部安全和外部安全是国家安全不可分割的两个方面,外部安全是条件,内部安全是根本。面对各种风险挑战,我们要统筹考虑国家安全和国际安全,对内求发展、求变革、求稳定,建设平安中国;对外求和平、求合作、求共赢,建设和谐世界。

3. 国土安全与国民安全的关系

国土安全与国民安全是辩证统一的,国土安全是基本任务,国民安全强调以人民为中心是根本目的。以人民安全为宗旨就是既要重视国土安全,又要重视国民安全。只有把国家安全建立在人民安全基础之上,国家安全才能真正实现,国土安全才有意义。

4. 传统安全与非传统安全的关系

传统安全与非传统安全相互交织、相互融合、相互依赖、相互影响。当今世界,各国面临的共同挑战日益增多,在政治安全、经济安全、文化安全、资源安全等领域,一直兼有传统安全与非传统安全两个方面,国家安全一直是传统安全与非传统安全的融合。在霸权主义、强权政治等传统安全问题没有得到根本解决的情况下,非传统安全问题,如应对气候变化、跨国恐怖主义、国际经济危机等已进入国家间关系的议事日程,增加了当代安全问题的复杂性。

5. 自身安全与共同安全的关系

一个国家要谋求自身发展,必须也让别人发展;要谋求自身安全,必须也让别人安全;要谋求自身过得好,必须也让别人过得好。这与古人所说的"一花独放不是春,百花齐放春满园"是一个道理。中国的发展是世界的机遇,中国越发展,越能给世界各国,特别是亚太地区和中国周边的亚洲邻国带来实惠和机遇。中国在发展的同时也力求为世界做出更大的贡献,求和平,谋发展,促合作,推动构建人类命运共同体。

(三)十个坚持

1. 坚持党对国家安全工作的绝对领导

坚持党中央对国家安全工作的集中统一领导,加强统筹协调,把党的领导贯穿到国家安全工作各方面全过程,推动各级党委(党组)把国家安全责任制落到实处。

2. 坚持中国特色国家安全道路

贯彻总体国家安全观,坚持政治安全、人民安全、国家利益至上有机统一,以人民安全为宗旨,以政治安全为根本,以经济安全为基础,捍卫国家主权和领土完整,防范化解重大安全风险,为实现中华民族复兴提供坚强安全保障。

3. 坚持以人民安全为宗旨

国家安全一切为了人民、一切依靠人民,充分发挥广大人民群众积极性、主动性、创造性,切实维护广大人民群众安全权益,始终把人民作为国家安全的基础性力量,汇聚起维护国家安全的强大力量。

4. 坚持统筹发展和安全

坚持发展和安全并重，实现高质量发展和高水平安全的良性互动，既通过发展提升国家安全实力，又深入推进国家安全思路、体制、手段、创新，营造有利于经济社会发展的安全环境，在发展中更多考虑安全因素，努力实现发展和安全的动态平衡，全面提高国家安全工作能力和水平。

5. 坚持把政治安全放在首要位置

维护政权安全和制度安全，更加积极主动地做好各方面的工作。

6. 坚持统筹推进各领域的安全

统筹应对传统安全和非传统安全，发挥国家安全工作协调机制作用，用好国家安全政策工具箱。

7. 坚持把防范化解国家安全风险摆在突出位置

提高风险预见、预判能力，力争在萌芽状态发现和处置可能带来重大风险的隐患。

8. 坚持推进国际共同安全

高举合作、创新、法治、共赢的旗帜，推动树立共同、综合、合作、可持续的全球安全观，加强国际安全合作，完善全球安全治理体系，共同构建普遍安全的人类命运共同体。

9. 坚持推进国家安全体系和能力现代化

坚持以改革创新为动力，加强法治思维，构建系统完备、科学规范、运行有效的国家安全制度体系，提高运用科学技术维护国家安全的能力，不断塑造国家安全态势的能力。

10. 坚持加强国家安全干部队伍建设

加强国家安全战线党的建设，坚持以政治建设为统领，打造坚不可摧的国家安全干部队伍。

（四）五个统筹

1. 统筹发展和安全

发展是第一要务，安全是头等大事，必须抓好二者的统筹协调，不可偏废。没有发展作为基础，我们要捍卫中国特色社会主义制度、维护国家主权独立和领土完整、增进人民对党和国家的认同，都将成为无源之水、无本之木。正如习近平总书记指出的：从根本上说，没有扎扎实实的发展成果，没有人民生活不断改善，空谈理想信念，空谈党的领导，空谈社会主义制度优越性，空谈思想道德建设，最终意识形态工作也难以取得好的成效。同时，安全是发展的前提，一旦安全全面失守，我们发展取得的成果、积累的财富也可能化为乌有，因此必须着力防范化解各类重大风险挑战，为高质量发展保驾护航。当前，我们尤其需要重点关注发展不平衡、不充分和安全能力的短板和弱项问题，既要推动国家实力不断转化为有效管用的政策工具，加强国家安全体系和能力建设，又要努力营造有利于经济社会发展的安全环境，推动经济社会健康发展，实现高质量发展与高水平安全之间良性互动、同向同行。

2. 统筹开放和安全

实现对外开放是我国的基本国策。我国在对外开放过程中始终坚守安全底线，明确四项基本原则，有效应对外部势力的和平演变和遏制打压，避免了不少发展中国家对西方照抄照搬和过度依附而掉入的政治陷阱，积极应对亚洲金融危机、国际金融危机、美国对华贸易战等对中国的负面影响，在开放环境中维护了自主和安全。面对国内外环境的新变化，我们一方面要继续推进高水平对外开放，以更大力度和决心稳定外贸、吸引外资，打造国际化法治化营商环境，参与双边多边自由贸易谈判，积极参与国际经贸规则制定，巩固中国在全球产业链供应链中的地位，提升中国在国际贸易和全球金融格局中的话语权；另一方面更要树立底线思维，牢牢把握开放的原则和方向，同一切危害我国核心利益和重大原则的势力进行坚决斗争。正如习近平总书记指出的：随着经济全球化出现逆流，外部环境越来越复杂多变，大家认识到必须处理好自立自强和开放合作的关系，处理好积极参与国际分工和保障国家安全的关系，处理好利用外资和安全审查的关系，在确保安全前提下扩大开放。

3. 统筹传统安全和非传统安全

传统安全与非传统安全问题相互交织、叠加共振，增加了安全问题的多样性、复杂性和联动性。百年变局叠加世纪疫情，不仅导致世界多国出现经济衰颓和社会动荡，还加剧了大国之间的政治指责和战略对抗。习近平总书记指出：当前我国国家安全内涵和外延比历史上任何时候都要丰富，时空领域比历史上任何时候都要宽广，内外因素比历史上任何时候都要复杂。因此，我们既要在传统安全议题中更多考虑非传统安全的因素，又要把握非传统安全威胁带来的传统安全影响，辩证认识和统筹应对政治、军事、国土、经济、文化、社会、科技、网络、生态、资源、核、海外利益、太空、深海、极地、生物等领域的安全问题。

4. 统筹自身安全和共同安全

我国主张摒弃零和博弈和以邻为壑的陈旧思维，树立命运与共的理念意识，在国际上高举人类命运共同体旗帜，坚定不移走和平发展道路，维护国际共同安全。

5. 统筹维护国家安全和塑造国家安全

当前和今后一个时期，我国仍然拥有重要战略机遇期，但机遇和挑战都有新的发展变化。我们要充分运用自身发展的战略性有利条件，准确抓住战略机遇，沉静应对风险挑战，既维护国家安全又塑造国家安全，不仅要具备维护国家安全的能力，更要具备塑造国家安全的主动意识和强大能力。

三、大学生国家安全教育

（一）国家安全教育的内涵

国家安全教育是根据维护国家安全的目的和要求，以一定的国家安全观念和国家安全知识，对全体国民思想和行为施以相应影响的一种有计划的活动。国家安全教育的内容与总体国家安全观息息相关，就我国现阶段国家安全的侧重点而言，除领土、领海和领空的安全外，还应包括以国家经济秩序稳定、金融与货币安全、战略资源保障、对外贸易与投资安全为主的经济安全；以环境与生态保护、重大自然灾害控制为主的生态安全；以重大犯罪的防范与控制、重大事故和人为灾害的防范与控制、突发性事件的应急处置为主的社会安全；科技安全、资源安全、核安全；等等。

针对前文提及的国家安全的特点，国家安全教育在开展的时候也应体现如下特点。

（1）系统性。由于国家安全的内容具有多元性，对大学生的国家安全教育应该建立起一个系统的内容体系。

（2）预见性。针对国家安全内容的隐蔽性，大学生国家安全教育应该科学预见某些安全内容所产生的社会危害及其与其他安全内容的连带效应。

（3）更新性。针对国家安全内容的演变性，大学生的国家安全教育应该不断赋予新内容，在不同时期及时调整国家安全教育的重点。

（二）大学生国家安全教育的重要意义 [①]

1. 新时期爱国主义教育的重要内容

1994年8月，中央印发的《爱国主义教育实施纲要》指出：要进行国防教育和国家安全教育。要根据新时期的特点，重视现代国防教育，增强全民的国防意识和国家安全意识，教育全体人民坚决同一切出卖国家利益、损害祖国尊严、危害国家安全、分裂祖国的言行进行坚决的斗争。1996年10月，党的十四届六中全会通过的《关于加强社会主义精神文明建设若干重要问题的决议》指出，要深入持久地开展爱国主义教育，要把现代化建设的伟大成就和宏伟目标、国防和国家安全等作为新时期爱国主义教育的主要内容。2004年9月，党的十六届四中全会通过的《中共中央关于加强党的执政能力建设的决定》强调，针对传统安全威胁和非传统安全威胁的因素相互交织的情况，增强国家安全意识，完善国家安全战略，抓紧构建维护国家安全的科学、协调、高效的工作机制，确保国家的政治安全、经济安全、文化安全和信息安全。党和国务院关于国家安全教育的一系列要求，为大学生国家安全观教育提供了强有力的理论依据。2004年8月，中共中央、国务院在《关于进一步加强和改进大学生思想政治教育的意见》中明确指出，加强和改进大学生思想政治教育的主要任务之一，就是要"以爱国主义教育为重点，深入进行弘扬和培育民族精神教育"。只有时刻关注着国家安危的一代青年，才会深深热爱自己的祖国、热爱自己的民族，才会怀着无比坚定的社会主义信念，将个人的前途命运与国家民族的前途命运紧密地结合起来，积极投身于中华民族伟大复兴的大业。

2. 优化教育内容、丰富教育手段、提升教育效果的需要

新时期的爱国主义教育是一种开放性的教育，要在面向全球开放的环境中搞好爱国主义教育，首先必须做到在全球化环境下维护自己国家的国家安全和国家利益。国家安全教育具有很强的时效性，引入国家安全教育的新素材，能够使爱国主义教育更加贴近时代、贴近社会实际，同时也更加贴近大学生的思想实际。在客观上，国家安全教育要求教育者能够从大学生身边的社会实际出发，密切关注国际国内社会中出现的新情况、新问题，善于捕捉社会热点（同时也是大学生所关注的问题），对国内外重大安全事件快速做出反应，及时地进行深度挖掘，做出权威分析评价，将客观事件上升到国家安全的高度，从维护国家安全的立场、角度，利用课内课外、网上网下等多种形式进行显性与隐性相结合的教育引导，这样做能够将理论与社会实际很好地联系起来，从而解决时下爱国主义教育缺乏新意、理论与实际脱节、教育滞后于国内国际形势变

① 李开翼，大学生国家安全教育研究，苏州大学，2009。

化的需要等问题，提高思想政治理论课程的吸引力和感染力，提升大学生爱国主义教育的效果，满足新时代背景下的创新需求。

3. 促成大学生的健康成长的需要

在复杂多变的国际国内局势面前，开展国家安全教育能帮助大学生做出正确判断与行为选择，提升大学生的爱国主义层次。

西方一些学者提出的"文明冲突论"，认为，未来世界的冲突将会是西方文明与中国的儒家文明和伊斯兰文明联合势力的冲突。这实际上就将中华文明摆在了西方文明的对立面，从而为他们防范和遏制中国提供了理论依据。今天，全球化和对外开放带来的多元文化和各种价值观念的交融与冲突，在客观上容易造成大学生在复杂的环境中分辨不清是非，在西方强势文化和价值观的侵袭下，产生民族国家的认同危机，造成一部分大学生的爱国主义价值取向被削弱。国家安全问题是当代大学生感兴趣的问题，对当前国家安全问题的研究符合大学生心理，切合大学生求知欲望。在大学生思想政治教育中引入国家安全教育，突显出"民族""国家""安全""利益"概念，帮助学生认识到即使在全球化的背景下也根本不存在超越国家、民族界限的普遍意义上的平等，有的只是打着"平等"幌子的实质上的不平等，帮助大学生修正在爱国主义问题上的模糊认识，有利于大学生民族意识的树立和培养；引入国家安全教育，能有效防止西方和平演变策略，战胜西方文化和价值观的影响，引导大学生以全球眼光关注国家安全与国家发展，把对国家、民族的感情和对现实的理性思考结合起来，有利于大学生居安思危、审时度势，将爱国热情化为强国行动；引入国家安全教育，有助于思想政治教育工作者从大学生关注的社会现象和社会问题入手研究大学生的思想变化轨迹，从而为大学生思想、心理和行为准确把脉，探索新时期大学生爱国主义教育与大学生思想实际状况的大交集，进而实现对大学生有的放矢的教育指导，促成大学生的健康成长。

（三）大学生国家安全教育的基本原则

1. 坚持正确方向

以总体国家安全观为统领，坚持和加强党对国家安全教育的领导，增强国家意识，强化政治认同，坚定道路自信、理论自信、制度自信、文化自信，践行社会主义核心价值观。

2. 坚持依法开展

在《中华人民共和国国家安全法》《中华人民共和国反恐怖主义法》《中华人民共和国反间谍法》《中华人民共和国网络安全法》《中华人民共和国教育法》等一系列法律框架内依法开展教育。

3. 坚持统一规划

强化顶层设计，明确国家安全教育目标，落实相关法律法规要求，统筹各领域国家安全教育内容，形成纵向衔接、横向配合、有机融入的教育格局。

4. 坚持遵循规律

符合大学生年龄特征，密切联系学生实际，紧贴世情、社情、国情，适应不同学科专业领域和不同类型教育特点，提升科学性和适宜性。

5. 坚持方式多样

充分利用多种资源，实现专门课程与学科融入相结合，知识学习与实践活动相结合，学校教育与社会教育相结合，使安全教育生动鲜活、易于接受，增强育人实效。

（四）大学生国家安全教育的实施途径

1. 开设专门课程

要依托校内相关教学科研机构，开设国家安全教育公共基础课。要挖掘和利用校内外、地方国家安全教育资源，开设地方课程和校本课程。

2. 开展专题教育

围绕总体国家安全观和国家安全各领域，确定综合性或特定领域的主题。通过组织讲座、参观、调研、体验式实践活动等方式，进行案例分析、实地考察、访谈探究、行动反思，积极引导学生自主参与、体验感悟。

3. 融入各学科专业教育教学

公共基础课及相关专业课要结合本学科本专业特点，明确国家安全教育相关内容和要求，纳入课程思政教学体系。各学科专业教师要强化国家安全意识，通过延伸、拓展学科知识，引导学生主动运用所学知识分析国家安全问题，着力强化学生国家安全意识，丰富国家安全知识；要理解总体国家安全观，掌握国家安全基础知识，结合学科专业领域特点，在课程中有机融入国家安全教育内容，避免简单添加、生硬联系，注重教学实效。

4. 发挥校园文化作用

要充分利用学校各类社团、报刊、广播站、宣传栏等平台，实现国家安全知识传播常态化。鼓励和支持学校网站开设国家安全宣传专栏或在线学习平台，开发适合互联网、移动终端等新兴媒体传播手段的国家安全教育精品资源。结合入学教育、升旗仪式、军训、节日庆典、全民国家安全教育日等重要节点，组织开展形式多样的国家安全教育活动。

5. 充分利用社会资源

充分发挥国家安全各领域专业人才、专业机构和行业企业的作用，开设专题讲座、指导学生开展实践活动、培训师资、提供专业咨询和体验服务等。有效利用各类场馆、基地、设施等，开发实践课程，组织现场教学，强化体验感受。

6. 加强考评督查

坚持发展性，强化教育引导，激发学生学习热情，提升学生国家安全意识，增强爱国主义情感，杜绝随意打分、简单排名。坚持过程性评价，激励学生积极实践，提升学生维护国家安全能力，引导知行合一，避免单一考察知识概念。坚持多元性评价，注重自评与他评相结合、过程评价与结果评价相结合、定性评价与定量评价相结合，保证评价全面客观。教育督导部门要组织开展国家安全教育督导，着重检查教育实效，检验学生思想认识、态度情感、行为表现等方面的状况。

7. 强化管理保障

学校党委负责本校国家安全教育的组织实施，要做好国家安全教育顶层设计，明确工作任务、人员配备、责任机构、条件保障、推进计划等，特别在教师配备、经费投入等方面给予必要保障。根据教育部《大中小学国家安全教育指导纲要》要求，每学年开展国家安全专题教育不少于1次，每次不少于2课时，高等学校国家安全教育公共基础课不少于1学分。

第二节　大学生履行维护国家安全的义务

一、树立国家安全意识

（一）国家安全意识的概念

国家安全意识属于意识的一种，是人所持有的一种对国家安全现实的高级心理反应形式，指公民在履行维护国家安全、荣誉及利益的义务方面所应具备的理性认知、情感态度以及意志观念的总和，是公民世界观、道德观、政治观在国家安全方面的具体体现。国家安全意识不是抽象的，而是具体的。在当代中国，国家安全意识和社会主义在本质上是统一的，从我国的国家安全角度来看，我国的国家安全意识，就是公民对我国新国家安全观的认知、对国家安全教育的感知以及公民民族意志决心构成的统一体。

国家安全意识是人们在维护国家安全利益的活动中对国家安全现实的认识，它和国家安全知识紧密相连，其理论基础是国家安全方面的相关知识，没有对应的国家安全知识，国家安全意识就无从谈起。人的安全意识对人的主观行为具有能动作用，国家安全意识对维护国家安全的活动、进行安全防范具有调节作用，一个人如果能够意识到国家安全的重要性，就会在日常生活、学习、工作中自觉维护国家安全。

（二）国家安全意识的内容

1. 政治安全意识

政治安全是传统国家安全的重要内容，主要指国家主权的安全、国家基本制度的安全、国家意识形态的安全等。政治安全是国家安全的核心，同时也是增强民族凝聚力的重要基础。政治安全意识是指国民有意识地维护国家政治稳定和政治发展的动态平衡和良性互动，自觉维护国家现行的政治制度和意识形态免于干扰和威胁，维护国家在国际交往中的独立平等地位。我国政治安全面临的最大威胁来自各种敌对势力对我国实施"西化""分化"的战略图谋。在这种情况下，我们只有通过不断增强国家的经济实力、国防实力和民族凝聚力来维护我国的政治安全，我国的社会主义制度才能立于不败之地。

培养大学生的政治安全意识，就是使大学生充分认识到政治安全的表现形式是国家主权独立，领土完整，民族尊严不受欺侮，国家获得平等的政治地位，具有选择社会制度、发展道路和生活方式的权利，国家制度和政治权力坚实稳固，最终建立有利于世界各国共同繁荣发展的政治安全机制。大学生必须深刻认识到政治安全是国家安全最根本的象征，是国家利益的最高目标。

2. 国土安全意识

国土安全涵盖领土、自然资源、基础设施等要素，是指领土完整、国家统一、边疆边境、海洋权益等不受侵犯或免受威胁的状态，以及持续保持这种状态的能力。国土安全主要指领陆、领水、领空和领土四个方面的安全，这是传统的国家生存空间范围的安全。随着科学技术的发展以及经济技术开展和经济发展需要，国家生存空间领域也在不断拓展，网域、天域和经济海域等非传统的空间安全也需要引起重视。随着我国进一步发展壮大，国土安全面临的环境较以往更加复杂。国土安全是立国之基，是国家生存和发展的基本条件。维护国土安全是国家安全中极其重要的部分，是一个系统性工程。

培养大学生的国土安全意识，就是要提升维护国土安全能力，要加强边防、海防、空防建设，坚决捍卫领土主权和海洋权益；就是要全面提升我国的综合国力；就是要继续坚持独立自主的和平外交政策，与各国友好往来、平等对待、互利合作，创造有利的外部环境；就是要加强国土安全现状的监测和未来动向趋势的预判分析，并不断完善应急处置机制，妥善应对重大突发事件和紧急状态。

3. 军事安全意识

军事安全是指国家运用军事力量捍卫国家的安全，维护国家的完整主权和长治久安，保卫人民的生命财产，为国家的发展和人民生活提供一个相对稳定的内部和外部环境。党的二十大报告指出：如期实现建军一百年奋斗目标，加快把人民军队建成世界一流军队，是全面建设社会主义现代化国家的战略要求。必须贯彻新时代党的强军思想，贯彻新时代军事战略方针，坚持党对人民军队的绝对领导，坚持政治建军、改革强军、科技强军、人才强军、依法治军，坚持边斗争、边备战、边建设，坚持机械化信息化智能化融合发展，加快军事理论现代化、军队组织形态现代化、军事人员现代化、武器装备现代化，提高捍卫国家主权、安全、发展利益战略能力，有效履行新时代人民军队使命任务。虽然总体国家安全观认为国家安全是由军事、政治、经济、科技、信息、文化等众多因素共同决定的，但我国的领土及主权完整仍然受到霸权主义和强权政治的威胁，因此军事安全仍然在国家安全中占据基础性的突出位置，军事安全直接关系到国家的安全和在国际上的地位及作用。军事安全意识是指公民对国家军事防卫问题所持的思想观念，主要表现为公民对战争和国家军事防卫问题的关注，对国防的义务感和责任感，对党提出的国防建设和国防政策、措施的认同。确保军事安全，是一个国家生存和发展的前提，是维护国家主权、实现国家利益的必然要求。

培养大学生的军事安全意识，就是教育大学生深刻理解军事安全的涵义以及军事安全在新安全观中的基础性突出地位；认识到一个国家的政治安全能否有所保证，往往并不完全取决于这个国家的良好愿望和政治制度，而是必须要有必要的武力保障；热爱和平，反对外来侵略；关心国防建设，依法服兵役，为富国强兵做出自己的贡献；维护军事措施，具有保守军事秘密的意识等。

4. 经济安全意识

经济安全是国家安全的重要组成部分，党的二十大报告强调，没有坚实的物质技术基础，就不可能全面建设成社会主义现代化强国。经济安全是指国家的经济保持持续发展，经济利益处于不受干扰、侵害、威胁或破坏的一种状态。随着全球经济化和经济一体化的发展，经济安全逐渐上升为国家安全的一个重要方面。邓小平提出的"发展才是硬道理"论断中的"发展"就是指发展经济。因此一个国家的发展和繁荣离不开对经济安全的维护，可以说，在当今世界，经济安全是国家安全的核心，是国力的首要保证。中国的经济安全观认为，经济是国家安全的基础，经济安全在国家安全中起着主导和决定作用；以经济建设为中心绝不动摇；经济安全靠发展，只有通过发展才能增强我国的经济实力和综合国力，才能保障国家安全。党的二十大报告中指出，要坚持以推动高质量发展为主题，把实施扩大内需战略同深化供给侧结构性改革有机结合起来，增强国内大循环内生动力和可靠性，提升国际循环质量和水平，加快建设现代化经济体系。

培养大学生的经济安全意识，就是要教育大学生明确认识军事冲突已经不再是当前局势的首要矛盾，经济实力的较量才是各国争夺的重点；当今我国的经济安全面临前所未有的风险与挑战，经济利益是国家和民族赖以生存和得以持续发展的最根本的利益，经济安全是保证国家政治和主权安全的重要方面，是我国综合实力发展的坚实基础。

5. 科技安全意识

科技安全就是国家科学技术的研究、发展及其成果不受内外干扰和破坏的客观状态。国家经济的繁荣和综合国力的提高必须依靠科学技术的发展，军事武装和情报信息的发展也必须依靠科学技术。随着科技竞争日益进入白热化的状态，保障科学技术安全，已经成为维护国家安全的必要环节和关键手段，并且在整个国家安全系统中处于牵一发而动全身的关键地位。保障科技安全，就是间接提高国家安全其他方面的安全程度。我们要坚持"科学技术是第一生产力"的正确方向，通过政治、军事、经济等手段，使国家的科学技术体系以及各项工作免受内部和外部的干扰、破坏，保障我国科学技术的先进性和重要科学技术发展战略计划的顺利实施。

培养大学生的科技安全意识，就是要让大学生明确科学技术在国家安全体系中的关键性地位。目前，有些大学生没有认识到国家科技安全的重要性，保密意识淡薄，给个人和国家都带来损失。案例1-2中的学生由于科技安全意识的淡薄，保密意识、防范意识的缺乏，不能很好地判断是非曲直，被他人利用，在无意识的状态下泄密，给自己带来了意想不到的后果，也危害了国家。另外，西方发达国家的科技优势对我国形成严重威胁的同时也对我国进行技术遏制，这使得我们必须更加清醒地认识到科技强国的重要意义，在科学技术日益渗透到国家社会、军事和经济等各个方面的过程中不断提升自身的文化素养和警惕程度，沉着应对各种复杂的安全挑战。

6. 文化安全意识

国家文化安全是指主权国家根据本国国家利益需要，通过采取切实措施，保持本国的文化传统、意识形态、价值观念、道德标准、民族精神、文化产业等免于遭受来自内部或外部文化因素的侵蚀、破坏或颠覆，保持其所固有的继承性和民族性。保证国家文化安全，不仅能够给国家带来稳定的政治环境，给经济与科技的繁荣带来强大的精神动力，同时其深厚的道德基础还能为人民大众的幸福生活引领方向。在我国，要始终坚持马克思主义的指导地位，努力建设中国特色社会主义文化，增强文化主权意识，提高抵制文化霸权、捍卫文化主权的自觉性，保持文化的先进性，增强文化的传播力。

培养大学生的文化安全意识，就是使大学生具有保护本国优秀的传统文化和价值观免遭异国有害文化的渗透和侵犯的意识。近些年我国文化安全的问题受到了广泛的关注，在圆明园兽首拍卖、星巴克退出故宫等事件中，中华民族的文化安全底线不断被触碰，国人的国家文化安全意识不断被唤醒。在高校，大学生应继承源远流长的中华传统文化，坚守文化的最前沿阵地，与时俱进，接纳世界的先进文明成果，发扬中华民族优秀文化传统，传播优良民族价值观，为维护国家安全提供强有力的精神支持。

7. 生态安全意识

生态安全指的是人类和国家赖以生存和发展的环境（水、土、大气、森林、矿物等）处于一种不受污染和破坏的良好状态。生态安全的提出，是社会、经济可持续发展的现实需求。全球化推进世界经济以前所未有的速度发展，但也使资源、环境问题日渐突出，国家生态安全作为"非传统安全"的重要内容，在国家安全中具有重要的地位和意义。我国的生态安全是实施国家发展战略、建设现代化国家的一个重要方面，新中国成立以来，我国经济建设和社会发展取得了令人瞩目的成就，但生态环境也遭受着巨大的破坏，人与自然之间的矛盾冲突愈演愈烈，任其发展，将会对我国经济社会的健康发展和国家生态安全带来严重的威胁。国务院在 2000 年发布的《全国生态环境保护纲要》中，首次明确提出了"维护国家生态环境安全"的概念，从维护国家整体利益的高度，为我们实施生态安全意识培养提供了引导作用。党的二十大报告中指出：大自然是人类赖以生存发展的基本条件。尊重自然、顺应自然、保护自然，是全面建设社会主义现代化国家的内在要求。必须牢固树立和践行绿水青山就是金山银山的理念，站在人与自然和谐共生的高度谋划发展。我们要推进美丽中国建设，坚持山水林田湖草沙一体化保护和系统治理，统筹产业结构调整、污染治理、生态保护、应对气候变化，协同推进降碳、减污、扩绿、增长，推进生态优先、节约集约、绿色低碳发展。

8. 社会安全意识

社会安全包括社会治安、社会舆情、公共卫生等方面，是社会和谐稳定的基础。维护社会安全必须健全法制，完善体制机制，当面临重大疫情、群体性事件、暴力恐怖活动、新型违法犯罪等威胁时，能提升应对重大新发突发传染病等社会公共安全事件的能力。

大学生树立社会安全意识，就是要树立"生命至上、安全第一"理念，生命只有一次，我们每个人珍爱生命，要保护好自己，保护好身边的每一条生命。要以人为本，坚决维护人民群众根本利益。我们活在社会主义国家，我们都是社会主义的接班人。以人为本，以人为核心，维护好广大人民群众的根本利益是社会主义的性质。要加强社会治安防控体系建设。加强基层社会的公共安全，将人民群众放在第一位，严密防范各种危害国家安全和社会安定的破坏活动，保护人民群众安全。

9. 网络安全意识

网络安全包括网络基础设施、网络运行、网络服务、信息安全等方面，是保障和促进信息社会健康发展的基础。维护网络安全必须践行"没有网络安全就没有国家安全，没有信息化就没有现代化"的理念，当面临网络基础设施安全隐患和网络犯罪等威胁时，不断强化依法治网、技术创新、国际合作等，树立网络空间主权意识。

大学生维护网络安全，就是不窃取或者以其他非法方式获取个人信息，不得非法出售或者非法向他人提供个人信息。应当对使用网络的行为负责，不得设立用于实施诈骗，传授犯罪方法，制作或者销售违禁物品、管制物品等违法犯罪活动的网站、通讯群组，不得利用网络发布涉及实施诈骗，制作或者销售违禁物品、管制物品以及其他违法犯罪活动的信息。发送的电子信息、提供的应用软件，不得设置恶意程序，不得含有法律、行政法规禁止发布或者传输的信息。

10. 资源安全意识

资源安全包括可再生资源安全、不可再生资源安全等方面，是国家战略的命脉和国家发展的依托。维护资源安全只有坚持推进绿色发展、利用好两个市场和两种资源，才能更好地解决面临的资源供需矛盾大、对外依存度高、开发利用水平低等问题。

大学生树立资源安全意识，就是要认识到需要合理利用和保护资源能源，有效管控战略资源能源的开发，加强战略资源能源储备，完善资源能源运输战略通道建设和安全保护措施，加强国际资源能源合作，全面提升应急保障能力，保障经济社会发展所需的资源能源持续、可靠和有效供给。

11. 核安全意识

核安全包括核材料、核设施、核技术、核扩散安全等方面，事关人类前途命运。当面临核事故风险、涉核恐怖活动、核扩散威胁和核对抗挑战等时，维护核安全必须强化政治投入、国家责任、国际合作、核安全文化建设，全面提升核技术能力。

大学生树立核安全意识，就是要致力于推动建设一个持久和平的世界；坚持共建共享，推动建设一个普遍安全的世界；坚持合作共赢，推动建设一个共同繁荣的世界；坚持交流互鉴，推动建设一个开放包容的世界；坚持绿色低碳，推动建设一个清洁美丽的世界。

12. 海外利益安全意识

海外利益安全包括海外中国公民、机构、企业安全和正当权益，海外战略性利益安全等方面。维护海外利益安全是高水平对外开放的必然要求，只有提升海外安全保障能力，加强国际合作，才能更好地解决面临冲突与政局动荡、国际恐怖主义、重大自然灾害、重大新发突发传染病疫情等威胁。

大学生树立海外利益意识，就是要深刻认识我国坚定奉行的独立自主和平外交政策，始终根据事情本身的是非曲直决定自己的立场和政策，维护国际关系基本准则，维护国际公平正义。我国尊重各国主权和领土完整，坚持国家不分大小、强弱、贫富一律平等，尊重各国人民自主选择的发展道路和社会制度，坚决反对一切形式的霸权主义和强权政治，反对冷战思维，反对干涉别国内政，反对搞双重标准。

13. 新型领域安全意识

新型领域安全包括太空、深海、极地、生物等领域的发展探索、保护利用等，是未来国际竞争的新焦点。维护新型领域安全只有推进顶层设计、加快人才培养、深化国际合作等，才能更好地解决面临技术挑战、参与国际规则制定等问题。

大学生树立新型领域安全意识，就是要认识到目前我国国家安全内涵和外延比历史上任何时候都要丰富，时空领域比历史上任何时候都要宽广，内外因素比历史上任何时候都要复杂，每个人都应该安而不忘危、尽责尽力，共同构筑维护国家安全的钢铁长城。

对大学生进行国家安全意识培养，就是要不断提高大学生对国家安全的认识，培养大学生树立人与自然相互依存、和谐发展的生态道德观，教育他们支持国家推进增长方式转变、调整产业结构、发展循环经济、发展环保产业的政策决定，唤起他们关爱生命、善待生物的良知，并把国家安全意识转化为自觉的社会行动。

（三）关注非传统领域国家安全

1. 防范西方外来文化侵扰，维护文化安全

任何一个国家和民族经过长久的历史洗礼后，文化是沉淀和积累下来的宝贵财富之一。在全球化进程中，西方国家从未放弃按照他们的价值取向和意愿去建构、统摄世界的理想，他们希望凭借在当今国际社会中的政治和经济优势，通过市场化和文化的主导与传播，推行文化霸权和文化殖民，使中华文化安全承受着巨大压力。当代大学生正处于世界观、人生观和价值观逐渐定型的关键时期，思想和观念尚未成熟，识别能力较差，容易受到不良思想和观念的误导。因此，文化是影响当代大学生价值观念的重要因素，文化安全是与当代大学生紧密相关的非传统安全之一。

2. 生态环境安全是具有长远影响的安全问题

生态环境安全是 21 世纪国家安全的重要内容。当前，由于人类自身的经济活动而引发的生态环境恶化是多方面的，如滥砍、滥伐热带雨林造成的水土流失和沙化，森林减少、矿物能源的过量使用引起的温室效应和臭氧层的破坏；不合理地开发自然资源和盲目追求经济发展造成的大气、海洋、土壤的污染，生物链的破坏等。随着生态科学的不断发展以及高新技术手段的广泛应用，人们不但看到了当前环境污染和生态破坏的严重性，而且也充分意识到了如果任其持续下去，其后果将直接威胁到人类未来的生存和发展。在现代社会状态下，由环境资源短缺、生态系统承载力下降、大气变暖、跨国界污染等构成的环境问题成为对主权国家非传统安全构成威胁的重要方面之一。

3. 信息安全成为最新发展的非传统安全问题

随着信息社会的到来与互联网的普及应用，信息安全问题应运而生。互联网时代的信息安全比其他领域的安全更加复杂，它关系到个人权益、企业生存、金融风险防范和社会稳定，涉及网络安全、数据安全、信息内容安全、信息基础设施安全、公共信息安全、国家安全。从概念上分，信息安全有广义和狭义之分，广义的信息安全包括经济、政治、科技、军事、文化、社会、生态环境等领域，这些也是人们经常讨论的信息安全的重要内容。而从狭义上来理解，信息安全主要是指网络安全。在信息时代，信息系统不安全，也就谈不上国家的整体安全。国家信息系统的不安全会使国家建设受到毁灭性打击，并引发其他系统的不安全，如政治动荡、经济紊乱、技术落后等，会使整个国家建设陷入被动的境地。而且信息安全不仅会对国内形势产生诸多影响，而且还关系到国家未来的国际地位。

4. 我国坚持宗教信仰独立自主自办原则

宗教团体和宗教事务不受外国势力的支配，是中国宪法确定的原则。中国政府依照宪法和法律，支持各宗教坚持独立自主自办原则，各宗教团体、宗教教职人员和信教公民自主办理宗教事业。坚持独立自主自办原则，不是要断绝中国宗教组织同境外宗教组织的正常联系。中国政府支持和鼓励各宗教在独立自主、平等友好、相互尊重的基础上，开展对外交流交往，建立、发展、巩固同海外宗教界的友好关系，增信释疑，展示良好形象。对境外组织和个人利用宗教从事各种违反中国宪法、法律、法规和政策的活动，控制中国宗教组织、干涉中国宗教事务，甚至企图颠覆中国政权和社会主义

制度，中国政府坚决反对并将依法处置。

二、履行维护国家安全的义务

（一）打击间谍行为

1. 间谍行为

《中华人民共和国反间谍法》第三十八条规定，间谍行为包括以下几种行为。

（1）间谍组织及其代理人实施或者指使、资助他人实施，或者境内外机构、组织、个人与其相勾结实施的危害中华人民共和国国家安全的活动。

（2）参加间谍组织或者接受间谍组织及其代理人的任务的。

（3）间谍组织及其代理人以外的其他境外机构、组织、个人实施或者指使、资助他人实施，或者境内机构、组织、个人与其相勾结实施的窃取、刺探、收买或者非法提供国家秘密或者情报，或者策动、引诱、收买国家工作人员叛变的活动。

（4）为敌人指示攻击目标的。

（5）进行其他间谍活动的。

2. 从事间谍活动的法律责任

（1）境外机构、组织、个人实施或者指使、资助他人实施，或者境内机构、组织、个人与境外机构、组织、个人相勾结实施间谍行为，构成犯罪的，依法追究刑事责任。实施间谍行为，有自首或者立功表现的，可以从轻、减轻或者免除处罚；有重大立功表现的，给予奖励。

（2）在境外受胁迫或者受诱骗参加敌对组织、间谍组织，从事危害中华人民共和国国家安全的活动，及时向中华人民共和国驻外机构如实说明情况，或者入境后直接或者通过所在单位及时向国家安全机关、公安机关如实说明情况，并有悔改表现的，可以不予追究。

（3）明知他人有间谍犯罪行为，在国家安全机关向其调查有关情况、收集有关证据时，拒绝提供的，由其所在单位或者上级主管部门予以处分，或者由国家安全机关处十五日以下行政拘留；构成犯罪的，依法追究刑事责任。

（4）以暴力、威胁方法阻碍国家安全机关依法执行任务的，依法追究刑事责任。故意阻碍国家安全机关依法执行任务，未使用暴力、威胁方法，造成严重后果的，依法追究刑事责任；情节较轻的，由国家安全机关处十五日以下行政拘留。

（5）泄露有关反间谍工作的国家秘密的，由国家安全机关处十五日以下行政拘留；构成犯罪的，依法追究刑事责任。

（6）对非法持有属于国家秘密的文件、资料和其他物品的，以及非法持有、使用专用间谍器材的，国家安全机关可以依法对其人身、物品、住处和其他有关的地方进行搜查；对其非法持有的属于国家秘密的文件、资料和其他物品，以及非法持有、使用的专用间谍器材予以没收。非法持有属于国家秘密的文件、资料和其他物品，构成犯罪的，依法追究刑事责任；尚不构成犯罪的，由国家安全机关予以警告或者处十五日以下行政拘留。

（7）隐藏、转移、变卖、损毁国家安全机关依法查封、扣押、冻结的财物的，或者明知是间谍活动的涉案财物而窝藏、转移、收购、代为销售或者以其他方法掩饰、隐瞒的，由国家安全机关追回。构成犯罪的，依法追究刑事责任。

（8）境外人员违反本法的，可以限期离境或者驱逐出境。

（9）当事人对行政处罚决定、行政强制措施决定不服的，可以自接到决定书之日起六十日内，向做出决定的上一级机关申请复议；对复议决定不服的，可以自接到复议决定书之日起十五日内向人民法院提起诉讼。

（10）国家安全机关对依照本法查封、扣押、冻结的财物，应当妥善保管，并按照下列情形分别处理：涉嫌犯罪的，依照刑事诉讼法的规定处理；尚不构成犯罪，有违法事实的，对依法应当没收的予以没收，依法应当销毁的予以销毁；没有违法事实的，或者与案件无关的，应当解除查封、扣押、冻结，并及时返还相关财物；造成损失的，应当依法赔偿。国家安全机关没收的财物，一律上缴国库。

（11）国家安全机关工作人员滥用职权、玩忽职守、徇私舞弊，构成犯罪的，或者有非法拘禁、刑讯逼供、暴力取证、违反规定泄露国家秘密、商业秘密和个人隐私等行为，构成犯罪的，依法追究刑事责任。

（二）保守国家秘密

1. 国家秘密的范围

《中华人民共和国保守国家秘密法》第九条规定，下列涉及国家安全和利益的事项，泄露后可能损害国家在政治、经济、国防、外交等领域的安全和利益的，应当确定为国家秘密。

（1）国家事务重大决策中的秘密事项。

（2）国防建设和武装力量活动中的秘密事项。

（3）外交和外事活动中的秘密事项以及对外承担保密义务的秘密事项。

（4）国民经济和社会发展中的秘密事项。

（5）科学技术中的秘密事项。

（6）维护国家安全活动和追查刑事犯罪中的秘密事项。

（7）经国家保密行政管理部门确定的其他秘密事项。

政党的秘密事项中符合前款规定的，属于国家秘密。

2. 国家秘密的密级、保密期限和知悉范围

国家秘密的密级分为绝密、机密、秘密三级。绝密级国家秘密是最重要的国家秘密，泄露会使国家安全和利益遭受特别严重的损害；机密级国家秘密是重要的国家秘密，泄露会使国家安全和利益遭受严重的损害；秘密级国家秘密是一般的国家秘密，泄露会使国家安全和利益遭受损害。

国家秘密的保密期限，应当根据事项的性质和特点，按照维护国家安全和利益的需要，限定在必要的期限内；不能确定期限的，应当确定解密的条件。国家秘密的保密期限，除另有规定外，绝密级不超过三十年，机密级不超过二十年，秘密级不超过十年。

国家秘密的知悉范围能够限定到具体人员的，限定到具体人员；不能限定到具体人员的，限定到机关、单位，由机关、单位限定到具体人员。国家秘密的知悉范围以外的人员，因工作需要知悉国家秘密的，应当经过机关、单位负责人批准。

3. 失密、泄密的法律责任

《中华人民共和国保守国家秘密法》第四十八条规定，有下列行为之一的，依法给予处分；构成犯罪的，依法追究刑事责任。

（1）非法获取、持有国家秘密载体的。

（2）买卖、转送或者私自销毁国家秘密载体的。

（3）通过普通邮政、快递等无保密措施的渠道传递国家秘密载体的。

（4）邮寄、托运国家秘密载体出境，或者未经有关主管部门批准，携带、传递国家秘密载体出境的。

（5）非法复制、记录、存储国家秘密的。

（6）在私人交往和通信中涉及国家秘密的。

（7）在互联网及其他公共信息网络或者未采取保密措施的有线和无线通信中传递国家秘密的。

（8）将涉密计算机、涉密存储设备接入互联网及其他公共信息网络的。

（9）在未采取防护措施的情况下，在涉密信息系统与互联网及其他公共信息网络之间进行信息交换的。

（10）使用非涉密计算机、非涉密存储设备存储、处理国家秘密信息的。

（11）擅自卸载、修改涉密信息系统的安全技术程序、管理程序的。

（12）将未经安全技术处理的退出使用的涉密计算机、涉密存储设备赠送、出售、丢弃或者改作其他用途的。有前款行为尚不构成犯罪，且不适用处分的人员，由保密行政管理部门督促其所在机关、单位予以处理。

4. 保密工作的常见内容[①]

（1）科学技术保密。包括国家批准的发明，可能成为发明的阶段性成果，国外没有或国外虽有但属先进的科学技术，或国外虽有仍需保密的其他科技研究成果。

（2）经济保密。包括对外经贸、经济计划、统计数字、物价工资、测绘资料等。

（3）涉外保密。包括外事、涉外洽谈、对外技术交流、对外提供资料、引进工作、旅游接待、出国进修等方面的保密工作。

（4）宣传报道保密。包括报纸、新闻、电台广播、电视电影、各类刊物和书籍等。

（5）公文保密。包括公文制发、接收、登记、传阅、保管、携带、交接、清卷、归档等。

（6）会议保密。包括会前准备、会议的审查、会场的选择、预防会议泄密的技术措施、会议的文件管理、会议的传达、新闻拍照与报道等。

（7）政法保密。包括公安机关、检察机关、审判机关等安全机关工作中的保密工作。

（8）军事军工保密。包括关系到国防、军队和军事工业安全和利益，在一定时间

---

① 江苏省教育厅、江苏省高等教育学会高校保卫学研究委员会. 大学生安全教育读本：案例与分析. 东南大学出版社，2014。

内只限一定范围人员接触知悉的事项。

（9）通信中的保密。包括邮政和电信等方面的保密工作。

（10）互联网保密。包括信息存储、采用屏蔽措施等。

5. 保守国家秘密措施

（1）涉外交往中的保密措施。

① 坚持内外有别的原则，在涉外活动中既要做到热情友好，以礼相待，又要提高警惕，防范各种可能的情报窃密活动。

② 向境外投寄论文、稿件和其他资料时，不能涉及国家秘密。

③ 遇到境外机构和人员来电、来信、来访了解情况及索取资料时，应及时向学校有关领导和保卫部门报告，不能擅自回复，更不能在回复中涉及国家秘密。

④ 不能擅自带境外人员去控制开放地区和非开放地区（包括军事设防地区）。

⑤ 出入外国公司、企业和境外人员住处，以及陪同境外人员参观、考察、游览、参加宴会时，不能携带属于国家秘密的资料及其他物品。

⑥ 出境时不能携带属于国家秘密的文件、资料和其他物品。

⑦ 在境外期间应保持警惕，增强保密意识，不要在需要保密的场合谈论国家秘密。

⑧ 利用境外通信设备进行通信联系时以及在国际互联网上，不能涉及国家秘密。

⑨ 出境旅游时，对于一些邪教、反华组织赠送的宣传品，要做到不接受、不传阅、不扩散。

（2）互联网络的保密措施。

① 计算机操作人员必须遵守国家有关法律，不得利用计算机从事违法活动，特别要避免为境外网站搜集信息并提供信息。

② 接入互联网的计算机不得处理涉密资料，存有涉密文件的计算机要有专人管理、专人负责。

③ 凡涉密数据的传输和存贮均应采取相应的保密措施；录有文件的移动存储设备要妥善保管，严防丢失。

④ 严禁私自将存有涉密文件的移动存储设备带出机关，因工作需要必须带出机关的要经领导批准，并有专人保管。

⑤ 使用电子文件进行网上信息交流，要遵守国家有关保密规定，不得利用电子文件传递、转发或抄送涉密信息。

⑥ 各部门凡接入互联网的计算机必须安装防病毒工具，进行实时监控和定期杀毒。并指定专人定期对其部门计算机系统进行维护以加强防护措施。

⑦ 存有涉密文件的计算机如需送到公司外维修，要将涉密文件拷贝后，对硬盘上的有关内容进行必要的技术处理。外请人员到公司维修存有涉密文件的计算机，要事先征求有关领导批准，并做相应的技术处理，采取严格的保密措施，以防泄密。

⑧ 专用于存储财务、人事、纪检、监察、办案等资料和内部文件的计算机由专人使用并设置密码，禁止访问互联网及其他外部网络系统。

⑨ 对重要数据要定期备份，防止因存储介质损坏造成数据丢失，备份介质可选择

光盘、硬盘等介质，并要妥善保存。

⑩ 计算机操作人员调离时要将有关资料、软件等移交有关人员，调离后对应该保密的内容要严格保密。

（3）校园社团活动的保密措施。一些情报搜集活动往往打着商业调查的旗号，具有很大的隐蔽性和危害性。大学生参加社团活动，应该遵守国家有关法律和学校的各项规章管理制度，要在学校有关主管部门的正确引导下开展活动。

（三）反对恐怖活动

1. 恐怖活动

恐怖活动是指以制造社会恐慌、危害公共安全或者胁迫国家机关、国际组织为目的，采取暴力、破坏、恐吓等手段，造成或者意图造成人员伤亡、重大财产损失、公共设施损坏、社会秩序混乱等严重社会危害的行为，以及煽动、资助或者以其他方式协助实施上述活动的行为。与恐怖活动相关的事件通常称为"恐怖事件""恐怖袭击"等。

2. 恐怖主义

恐怖主义是实施者对非武装人员有组织地使用暴力或以暴力相威胁，通过将一定的对象置于恐怖之中，来达到某种政治目的的行为。国际社会中某些组织或个人采取绑架、暗杀、爆炸、空中劫持、扣押人质等恐怖手段，企图实现其政治目标或某项具体要求。

恐怖主义事件主要是由极左翼和极右翼的恐怖主义团体，以及极端的民族主义、种族主义的组织和派别所组织策划的。

恐怖主义属于政治范畴，它是为了达到一种政治目的，是在非理性的社会冲突、民族冲突、宗教冲突、国家冲突中，矛盾双方为了解决矛盾而采取的一种非理性手段。因此，它总是为了并服从于一定的政治目的。

3. 恐怖活动的类型

（1）常规类型。①爆炸，如炸弹爆炸、汽车炸弹爆炸、自杀性人体炸弹爆炸等。②枪击，如手枪射击、制式步枪或冲锋枪射击等。③劫持，劫持人、车、船、飞机等。④破坏，如破坏交通枢纽等重要设施或系统。⑤纵火。

（2）非常规类型。①通过核爆炸或放射性物质的散布，造成环境污染或使人员受到辐射照射。②生物恐怖袭击。利用有害生物或有害生物产品侵害人、农作物、家畜等，如发生在美国 9·11 事件以后的炭疽邮件事件。③化学恐怖袭击。利用有毒、有害化学物质侵害人、城市重要基础设施、食品与饮用水等。如东京地铁沙林毒气袭击事件。④网络恐怖袭击活动。利用网络散布恐怖袭击、组织恐怖活动、攻击电脑程序和信息系统等。

4. 恐怖活动的危害

（1）它漠视国家主权和基本人权，无视联合国在国际安全事务中的地位和作用，造成一种国际范围内的无政府状态，漠视国际人道主义基本原则，滥用暴力或极端手段，造成大量人员伤亡，对国际安全造成威胁。

（2）它通过各种非法渠道敛取钱财，破坏社会人力物力财力资源，损坏社会公共设施，造成财产直接损失，损毁多年积累的人类历史文明成果，毁灭性地破坏人类赖以生存的自然资源环境,对世界经济形成直接或间接危害。

(3)它践踏国际法基本原则,违背世界和平与发展两大主题,对国际政治、经济新秩序,尤其是对国际法律新秩序构成极大威胁。

5. 应对恐怖袭击的紧急防护措施

(1)爆炸。

① 对可疑爆炸物的处理。处理时要注意以下几点:一是不要触动。二是及时报警。三是迅速撤离,疏散时,有序撤离,不要互相拥挤,以免发生踩踏造成伤亡。四是协助警方的调查。目击者应尽量识别可疑物发现的时间、大小、位置、外观,是否被人动过等情况,如有可能,及时进行照相或录像,为警方提供有价值的线索。

② 对匿名威胁爆炸或扬言爆炸的处理。第一,信。要"宁可信其有,不可信其无",不能心存侥幸心理。第二,快。尽快从"现场"撤离。第三,细。细致观察周围的可疑人、事、物。第四,报。迅速报警,让警方了解情况。第五,记。用照相机或者摄像机等将"现场"记录下来。

③ 爆炸发生的紧急应对。第一,卧倒。迅速背朝爆炸冲击波传来方向卧倒,脸部朝下,头放低,在有水沟的地方最好侧卧在水沟里边;在室内可就近躲在结实的桌椅下。第二,张口。避免爆炸所产生的强大冲击波击穿耳膜,引起永久性耳聋。第三,防烟防毒。爆炸瞬间屏住呼吸,捂紧耳朵,逃生时以低姿势为好;不乱跑乱窜、大呼大叫;用毛巾或衣物捂住口鼻。第四,电话呼救。立即拨打 120、110、119 等急救电话。第五,伤员救助。检查伤员受伤情况,迅速清除伤者气管内的尘土、沙石,防止窒息;如呼吸停止,应立即进行人工呼吸和心脏按压;就地取材,对伤者进行止血、包扎和固定,搬运脊柱损伤伤员时注意保持病人水平位置,防止因移位而发生截瘫。

(2)纵火。遇到纵火恐怖袭击时的紧急防护措施在"消防安全"部分有详细的介绍,这里主要介绍遇纵火恐怖袭击时的"七忌"。

① 忌惊慌失措。不可惊慌失措,盲目逃跑或纵身跳楼。要保持冷静,尽快了解所处环境的位置、起火点、起火原因和火势大小,正确选择逃生方法和路线。

② 忌盲目呼喊。现代建筑物燃烧时会散发出大量的烟雾和有毒气体,容易造成毒气窒息死亡。可用湿毛巾捂鼻口,匍匐前进逃离,紧急时刻呼叫时也不能移开毛巾。

③ 忌贪恋财物。不要为穿衣或取贵重物品浪费时间,更不要为入室拿物品而重返火海。

④ 忌乱开门窗。如房间充满烟雾,必需时,可打开门窗,排放烟雾后,应立即重新关闭好,防止长时间开窗致使外面大量浓烟涌入室内,能见度降低,高温和毒气充斥,无法藏身。

⑤ 忌乘坐电梯。一旦着火,电梯就会断电,可能将你困在电梯,使你无法逃生。

⑥ 忌随意奔跑。随意奔跑,不仅容易引火烧身,还会引起新的燃烧点,造成火势蔓延。

⑦ 忌轻易跳楼。在房间无法避难时,也不要轻易做出跳楼的决定,此时可扒住阳台或窗台翻出窗外,等待救援。

(3)枪击。

① 最好选择处于自己与恐怖分子之间的掩蔽物。

② 选择密度质地不易被穿透的掩蔽物。如墙体、立柱、大树干,汽车前部发动机

及轮胎等。木门、玻璃门、垃圾桶、灌木丛、花篮、柜台、场馆内座椅、汽车门和尾部等不能够挡住子弹,虽不能作为掩蔽体,但能够提供隐蔽作用,使恐怖分子不能够在第一时间发现你,为下一步逃生提供时间。

③ 选择能够挡住自己身体的掩蔽物。有些物体质地密度大,但体积过小,不足以完全挡住自己的身体,就起不到掩蔽作用。如路灯杆、树干、消防栓等。

④ 选择形状易于隐藏身体的掩蔽物,如立柱;不规则物体容易产生跳弹,隐蔽其后容易被跳弹物伤及,如假山、观赏石。

（4）化学恐怖袭击。

① 化学恐怖袭击的判断。可依据以下几点进行判断:第一,异常的气味。如大蒜味、辛辣味、苦杏仁味。第二,异常的现象。如大量昆虫死亡、异常的烟雾、植物的异常变化。第三,异常的感觉。一般情况下人受到化学毒剂或化学毒物的侵害后,会出现不同程度的不适感觉。如恶心、胸闷、惊厥、皮疹。第四,现场出现异常物品。如遗弃的防毒面具、桶、罐、装有液体的塑料袋。

② 化学恐怖袭击紧急应对。第一,不要惊慌,进一步判明情况。化学恐怖袭击多以空气为传播介质,使人在呼吸到有毒空气时中毒。常伴有异常的气味、异常的烟雾等现象。第二,尽快掩避。利用环境设施和随身携带的物品遮掩身体和口鼻,避免或减少毒物的侵袭和吸入。第三,尽快寻找出口,迅速有序地离开污染源或污染区域,尽量逆风撤离。第四,及时报警,请求救助。可拨打 110、119、120 报警。第五,进行必要的自救互救。采取催吐、洗胃等方法,加快毒物的排出。第六,听从相关人员的指挥。第七,配合相关部门做好后续工作。

（5）核与辐射恐怖袭击。

① 不要惊慌,进一步判明情况。

② 尽快有序撤离到相对安全的地方,远离辐射源。

③ 利用随身携带的物品遮掩口鼻,防止或减少放射性灰尘的吸入。

④ 及时报警,请求救助。

⑤ 听从相关人员的指挥。

⑥ 配合相关部门做好后续工作。

（6）生物恐怖袭击。

① 判断。可依据以下几点进行判断。第一,事件区发现不明粉末或液体,遗弃的容器和面具,大量昆虫。第二,微生物恐怖袭击后 48 ～ 72 小时或毒素恐怖袭击几分钟至几小时,出现规模性的人员伤亡。第三,在现场人员中出现大量相同的临床病例,在一个地理区域出现本来没有或极其罕见异常的疾病。第四,在非流行区域发生异常流行病。第五,患者沿着风向分布,同时出现大量动物病例等。

② 应对。第一,不要惊慌,尽量保持镇静,判明情况。第二,利用环境设施和随身携带的物品,遮掩身体(尤其是口鼻),避免或减少病原体的侵袭和吸入。第三,尽快寻找出口,迅速有序地离开污染源或污染区域。第四,及时报警,请求救助,可拨打110、119、120 报警。第五,听从相关人员的指挥。第六,不要回家或到人员多的地方,以避免扩大病源污染。第七,配合相关部门做好后续工作。

报警与紧急撤离应注意的问题

1. 在报警时应当注意的问题

（1）保持镇静，不能因为恐慌影响正常的判断。

（2）判明自己目前是否面临危险，如有危险，做好个人防护，迅速离开危险区域或就地掩蔽。

（3）首先报告最重要的内容，包括地点、时间、事件具体内容及后果等。如枪击事件位置、嫌疑人物、体貌特征、衣着打扮、伤亡人数；纵火事件说清发生火灾地点，如哪个区、哪条路、哪个住宅区、第几栋楼、第几层楼，附近有无危险物。

2. 紧急撤离危险现场应注意的问题

（1）保持镇静，判明所处位置，及时撤离。

（2）善选通道，不要使用电梯。

（3）迅速撤离，不要贪恋财物，重返危险境地。

（4）防护自身，注意避险；如用物品遮掩身体易受害部分和不靠近窗户玻璃，不要逆着人流前进，以避免被推倒在地。

（5）紧抓固定物体，巧避人群，溜边前行。拥挤时，如有可能，要抓住牢靠的东西（如楼梯），暂时躲避，待人群过去后迅速离开现场。

（四）抵制邪教组织

1. 邪教的主要特征

邪教组织是指冒用宗教、气功或者其他名义建立，神化首要分子，利用制造、散布歪理邪说等手段蛊惑、蒙骗他人，发展、控制成员，危害社会的非法组织。邪教大多以传播宗教教义、拯救人类为幌子，散布谣言，且通常有一个自称开悟的具有超自然力量的教主，以秘密结社的组织形式控制群众，一般以不择手段地敛取钱财为主要目的。

与正常宗教相比，邪教具有以下特征。

（1）精神控制。邪教的"精神领袖"至高无上，是一切信徒所必须永远服从的。这个"精神领袖"往往在世，也是邪教的创立者。他要么假借其他宗教的躯壳，要么自创一个教派，把自己吹嘘成神或神的化身。信徒必须遵循"精神领袖"的旨意而行动。邪教精神控制之严重，早已超出人们的想象。

（2）非法敛财。邪教敛财的手段是多种多样的。有的邪教要求入会者交纳其年收入的3%作为"会费"；有的通过举办培训班收取费用；有的出版会刊、教刊等，要求会员购买。

（3）组织严密。邪教一般都有以教主为核心的严密组织。

（4）脱离生活。邪教的内部法则高于正常的社会法规，信徒必须首先遵守会规。邪教使信徒脱离社会，就能使信徒失去家庭和朋友的帮助，彻底被纳入邪教内部。有的即使后悔，也难以脱身了。

（5）危害社会。邪教用极端的手段与现实社会相对抗。邪教教主大多有政治野心。当教主感到其"神"的地位受到威胁，便铤而走险，以世界末日来临为号召，煽动信徒暴力相抗，以自杀、枪战、放毒等手段激烈反抗社会，造成严重的社会危害。

2. 邪教与宗教的区别

（1）本质不同。宗教倡导信徒融于社会、服务社会、造福人群、维护社会和谐、拥护中国共产党的领导、拥护社会主义制度。邪教则完全相反，它的本质是反社会、反人类、反科学、反政府的，它蛊惑、煽动成员仇视社会、危害社会，甚至带有政治野心，鼓吹、煽动推翻中国共产党的领导和社会主义制度。宗教是一种思想信仰和精神寄托，是人们对人间力量的一种敬畏和崇拜。邪教的本质在于邪，它讲歪理邪说，属邪门歪道，不但骗人而且害人。

（2）崇拜对象不同。宗教信仰和崇拜的对象是特定的神，是固定不变的，不是活生生的人。邪教崇拜的对象则是教主本人，是活生生的人，邪教头子总是冒用自己是神的替身、代表，只有他可以与神沟通，是至高无上的神，是世界的创造者、主宰者和救世主，并鼓吹自己有着超常、特异的能力，从而达到对成员的精神控制。

（3）目的不同。宗教除了对神的虔诚信仰，还引导人、教化人抑恶扬善，以和为贵，安分守己，多做善事，热爱生活，珍惜生命。而邪教则是披着宗教的外衣，以健身祛病为名，蒙骗群众，聚众闹事，骗取钱财，制造混乱，并编造一些歪理邪说控制人们的精神，致使信徒六亲不认，心理变态，轻视生命，厌恶社会。

（4）组织形式与活动方式不同。宗教有合法登记的团体组织和活动场所，如寺庙、教堂。宗教活动都是公开的、合法的，且都是在法律所允许的范围之内。邪教则秘密建立非法组织，没有公开的活动场所。邪教组织的活动都是诡秘的、地下的、非法的，而且活动场所也不是固定的，常常侵占公共场所，影响人们的正常生活、学习。

（5）法律地位不同。宗教组织都是依法登记、接受年检的社会团体，公民信教自由，信教群众正常的宗教活动和仪式，都受到国家的宪法和有关法律的保护。而邪教组织属于非法社会团体，它的一切组织、人员、活动、财产等都不受国家法律保护。

3. 邪教的严重危害

（1）煽动反对政府，危害基层政权。邪教头子煽动成员发泄对现实的不满，反对政府。

（2）从事违法犯罪活动，危害社会。邪教组织往往使用绑架、非法拘禁、色情勾引、恐吓甚至杀人等手段扩充组织、控制成员。邪教组织用收取"奉献款"、销售邪教用品等名目诈骗群众的钱财。邪教教主欺骗成员"看轻钱财"，自己却大肆挥霍成员上缴的"奉献款"，过着奢侈糜烂的生活。邪教组织非法印制、传播大量邪教书籍和宣传品，宣扬歪理邪说。有的邪教头子玩弄女性，严重摧残妇女的身心健康。

（3）破坏正常的生产生活，危害群众健康。邪教鼓吹"世界末日论"，宣扬吃"赐福粮""生命粮"以及"一切靠神的恩赐"等歪理邪说，致使一些群众受骗上当，因外出传教导致家庭破裂、家破人亡。邪教还宣扬"信主可以免灾，祷告可以治病"，不让患病的成员去医院看病，或用骗术来为成员治病，导致其伤残、精神失常甚至死亡。

（4）侵蚀和毒害青年人与未成年人。邪教利用青年人与未成年人识别判断能力较低的弱点，极力在未成年人中发展成员，对他们的身心健康和成长造成难以挽回的损害。

4. 自觉抵制、防范邪教措施

（1）提高警惕，认清邪教本质。严格遵守国家法律法规和公民道德规范，积极参加健康文明的文体活动，自觉抵制邪教的侵蚀。

（2）态度坚决，抵制邪教宣传。对邪教组织的反动宣传要做到不听、不看、不信、不传。

（3）敢于斗争，打击邪教活动。如发现邪教分子在非法串联、秘密集会、聚众闹事，印刷、偷运、散发、邮寄大量反动宣传品，书写、喷涂、悬挂、张贴邪教内容的反动标语，插播电视广告等，要立即报告公安机关或学校保卫部门；当收到邪教宣传内容的手机短信、电子邮件时，要立即将其删除；当接到邪教宣传内容的骚扰电话时，要直接挂断；当发现家人及亲戚朋友参与邪教活动时，要坚决反对，耐心说服教育和正确引导。

应急防护训练

一、开展一次反邪教、反渗透知识竞赛

1. 目的

（1）了解国家的民族、宗教政策。

（2）认识邪教的本质、特征及危害。

（3）了解我国防范和处理邪教问题的相关法律法规。

（4）掌握大学生的反邪教任务，增强辨别是非能力和防范能力。

2. 方法

（1）教师结合案例讲解邪教的本质、特征及危害。

（2）学生分组讨论宗教与邪教的区别、邪教的危害性、渗透手段及可以采取的防范措施。

（3）讨论结束后，师生共同制作反邪教、反渗透知识卡片。

（4）教师组织学生开展反邪教、反渗透知识竞赛。

二、提交一份环境保护责任书

1. 目的

（1）了解环境保护的产生与发展。

（2）了解目前我国生态环境存在的巨大压力。

（3）培养个人的环保意识，积极行动，保护环境。

2. 方法

（1）分组讨论：环境污染与工业发展与生产、生活存在的联系；个人参与环境保护的可行行为。

（2）选择近期国际、国内关于环境的信息报道（如雾霾、水污染防治及生态保护方面），拟定一份环境保护倡议书，并与同班同学交流，相互督促实施倡议书内容。

3. 活动成长

（1）通过对环境污染典型案例的认识，了解环境污染造成的严重危害及保护环境的重要性和紧迫性，使大学生认识到在环境保护中应尽的义务，明白自己作为当代大学生肩负的环境保护责任。

三、设定场景，模拟应对自己被劫持做人质的危机 [①]

1. 目的

（1）掌握求生技能。

（2）学会自救与互救。

2. 方法

（1）保持冷静，不要反抗。

（2）不对视，不对话，趴在地上，动作要缓慢。

（3）尽可能保留和隐藏自己的通信工具，及时把手机改为静音，适时用短信等方式向警方（110）求救，短信主要内容包括：自己所在位置、人质人数、恐怖分子人数等。

（4）注意观察恐怖分子人数、头领，便于事后提供证言。

（5）在警方发起突击的瞬间，尽可能趴在地上，在警方掩护下脱离现场。

3. 思考

被当作人质是一种充满恐惧和危险的可怕经历。人质求生的基本原则是：被挟持的时间越长，生存的机会就越大。被挟持的最初几分钟是最危险的，如果受到挑衅，恐怖分子会变得非常激动而倾向于暴力；立即逃跑是不可能的，最好听从恐怖分子的命令。

假如你是一组人质中的一个，尽量使自己不要太显眼，不要用眼神接触恐怖分子。不要劝说、贿赂或者与他们争吵、打斗；同时避免与其他人质的交谈被他们看见。如有可能，脱下显眼的衣服、隐藏财物或者代表自身身份的标志。

按照挟持者的吩咐去做，一旦最初的几分钟过去，你便需要做好长期应对他们的准备，始终记住专业的人质救援队会尽力确保你的安全。如果挟持你的人跟你说话，你只要做出简短理智的回答就可以了，防止争论，特别是宗教、政治等敏感的问题。

什么是总体
国家安全观

危害国家安全
的行为有哪些

维护国家安全，
我们能做什么

制作全民国家
安全教育日
手抄报

① 张效民，大学生安全教育与应急处理训练（修订版），商务印书馆，2014.

第二章　财物安全

案例导入 >

案例 2-1　　　　　　　宿舍不锁门，电脑被外盗

某高校男生宿舍在6月份连续发生5起笔记本电脑被窃案，学生损失共计2万余元。面对犯罪分子的疯狂作案，公安机关和学校保卫部门迅速组织力量侦察设伏守候，罪犯在再次行窃时被当场抓获。经查，年轻的犯罪分子顾某系社会无业人员，知道大学生防范意识差，宿舍经常不锁门，于是产生了到高校宿舍偷电脑卖钱的想法。几次在其他高校得手后贼胆越来越大，到处流窜作案，但法网恢恢，顾某最终受到法律的应有制裁。

案例 2-2　　　　　　　留宿他人，惨遭失窃

某高校男生刘某，擅自将网友王某留在宿舍过夜。王某早上起来，发现该宿舍的学生都上课去了，就拿刘某放在宿舍的钥匙打开他的抽屉，偷走现金2 600元，并拿走放在桌上的其他同学的笔记本电脑两台，然后迅速离开宿舍，逃出学校。刘某回宿舍打电话联系不上王某，不光自己损失大量现金，而且使同学也损失严重。

案例 2-3　　　　　　　要好同学，变身小偷

某高校女生顾某发现自己的银行借记卡上被人取走了1 000元钱，遂报案，后通过银行监控查明是同宿舍好友张某所为。大家不禁会问，张某是如何取得顾某的银行卡密码的呢？原来，有一次顾某去银行取钱，约张某同行，张某发现顾某的银行卡密码就是她自己的生日日期，就暗暗记住，加上作案那天发现顾某抽屉未锁，那张银行卡赫然在目，于是轻易得手。

引导讨论：结合案例2-1、2-2、2-3，讨论大学生宿舍盗窃案表现为哪些形式，如何防范。

案例点评：

宿舍是最容易发生盗窃的场所。案例2-1为典型的外盗，从这个案例可看出：同学之间缺乏警惕性，没有随手锁门的习惯，给了他人可乘之机。从案例2-2中可以发现两个安全隐患：一是刘某在宿舍中存放大量现金；二是在宿舍里留宿外人。由此可见，保护好每个同学的财物，防止被盗，不仅是个人的事，也是全宿舍同学共同关心的事。案例2-3告诉我们：防人之心不可无，在和一起住的同学友好相处的同时，注意不要谈论自己的金钱问题，财不外露，尽量不让同宿舍的人知道你有多少钱，也不要每次都把重要东西放在同一个地方，银行卡、身份证、手机等要妥善保管。

第一节　大学生财物安全概述

一、防盗窃

（一）盗窃犯罪的概念及其特征

盗窃犯罪是指以非法占有为目的，秘密窃取公私财物数额较大或者多次盗窃公私财物的一种犯罪行为。所谓秘密窃取，是指在未得到他人许可的情况下，行为人抱着自以为不会被他人及时发觉或者及时维护的心理取得财物的行为。盗窃指向的财物一般是有形的，也包括具有经济价值的某些无形物，如QQ账号、重要技术成果等。据调查，盗窃案在高校各类案件中所占比例最大，大约占70%以上。

学校盗窃案件具有一般盗窃案都有的共同点：实施盗窃前有预谋准备，会熟悉环境；盗窃现场通常遗留痕迹、指纹、脚印、物证等；盗窃手段和方法常带有习惯性；有被盗窃的赃款、赃物可查。学校盗窃案因作案主体和场所的特殊性，还有以下一些特点。

（1）时间的选择性。作案分子一般选择作案地点无人的空隙实施盗窃。根据大学生每天学习生活的作息规律来看，宿舍被盗时间大多是上午上课时间，因为这段时间安排的都是主要课程，绝大多数学生都在教室上课，盗窃容易得手。从四季时间来看，夏季宿舍盗窃事件比较多发，因为天气炎热，学生大多习惯于开门睡觉，容易发生盗窃事件。从整个学期来看，刚开学、临近放假、毕业生离校、周末、节假日、寒暑假期间也是盗窃案件的多发期。

（2）信息的准确性。作案分子对哪个学生有钱或有贵重物品，常放在什么地方，有没有锁在箱子中或柜子里，钥匙放在何处，都比较了解，所以一旦动手，则十分有把握，很容易得手。

（3）技术的智能性。高校中盗窃案的作案分子有时就是大学生，他们盗窃技能高于一般盗窃作案人员。他们经常进行智能性的违法犯罪活动。

（4）作案的连续性。正是由于作案分子第一次作案就很容易得手，"首战告捷"后，作案分子往往产生侥幸心理，加之报案的滞后性或破案的延迟性，作案分子极易屡屡作案。

（5）案件类型的集中性。高校盗窃案从作案主体来分，有外盗（盗窃作案分子为校外社会人员）、内盗（盗窃作案分子为学校内部人员）、内外勾结盗窃（学校内部人员与校外社会人员相互勾结在学校内实施盗窃）三种类型。其中内盗案件占一半以上。

（二）常见校园盗窃案件的行窃方式

常见的行窃方式有如下几种。

（1）顺手牵羊。作案人在学生宿舍、图书馆和食堂等公共场所游荡，见财起意，趁学生不备迅速把钱物拿走，占为己有。

（2）乘虚而入。作案人以找人、推销为名，趁宿舍无人入室行窃。这类盗窃手段要比"顺手牵羊"者更狡猾，其胃口也比"顺手牵羊"者大，不管是现金、信用卡还是贵重物品，只要让他看到，就能一同被盗走。

（3）窗外"钓鱼"。作案人站在窗外用工具将室内财物钩走。有的甚至不惜将纱窗弄坏。住在一楼或其他楼层靠近窗户的同学，如果缺乏警惕性，就容易让作案分子得逞。

（4）翻窗入室。作案人攀越没有牢固防范设施的窗户、气窗等入室行窃。入室窃得值钱财物后，又堂而皇之从大门离去，因此窃贼有时不易被发现。

（5）撬门扭锁。作案人乘学生上课之际，用各种工具撬门锁入室行窃。

（6）偷配钥匙。当事人随手乱丢的钥匙被作案分子获得，作案分子偷配好钥匙，趁当事人不在宿舍时打开当事人房间的锁，包括门锁、抽屉锁、箱子上的锁，从而盗走现金、贵重物品等。这类作案人大多与当事人比较熟悉。

（三）内盗案件对大学生的危害

同学间发生内盗案件，盗窃分子轻而易举地获取了一定数量的钱财，但是忽略了他所失去的或要承担的风险有多大。

（1）引起同学间的相互猜忌，让原本快乐的大学生活蒙上阴影。

（2）影响同学间纯真的友谊。同学们一旦毕业走上社会，更会发现同学之间的这种友谊是多么珍贵，若因此失去，会非常可惜。

（3）无法摆脱负罪感。事过境迁，无论嫌疑人今后成就有多大，财富有多少，在其心里最深处，永远无法摆脱偷走同学钱财、破坏同学友情的负罪感。

（4）案件查清，嫌疑人付出代价惨痛。不仅丧失了同学的信任和友情，而且被学校予以处分，甚至会被移交公安机关给予司法处理。一失足成千古恨，由此产生的污点将伴随整个人生。

二、防诈骗

（一）诈骗犯罪的概念及其特征

诈骗犯罪是指以非法占有为目的，用虚构事实或者隐瞒真相的方法，骗取款额较大的公私财物的一种犯罪行为。在犯罪形式上，犯罪分子多以编造假情况或隐瞒事实真相的方式，诱使受害者陷于一种错误认识，信以为真，仿佛"自愿地"将财物交予犯罪嫌疑人。通常，以下几种心理容易被诈骗分子利用。

（1）虚荣心理。

（2）幼稚、不做分析的同情、怜悯心理。

（3）占小便宜的心理。

（4）轻率、轻信、麻痹、缺乏责任感。

（5）贪求美色、想入非非的不良心理。

（6）易受暗示、易受诱惑的心理。

（二）常见诈骗方式

1. 对新生实施诈骗

新生刚入校，经历了从小学到中学的"十年寒窗"，与社会少有接触，缺乏经验，加之思想单纯，分辨力弱，多不设防，很容易相信他人，遇人遇事，不深究、不细想、难辨真假。他们对于事物的分析多停留在表面上，甚至根本不加分析，从而使诈骗分子有机可乘。常见的诈骗手段有以下几种。

（1）以调查、报名等形式收集学生、家庭及同学信息资料后采取各种手段对学生及家长行骗。

（2）以求助为名主动与学生攀谈、骗取学生信任后伺机行骗。此类骗子多以走失或丢失财物的学生、灾区群众、落难者等名义寻求帮助，进行诈骗。一些诈骗人员以"借用银行卡打钱"等名义进行诈骗，不法分子多选择新入校女生作为目标，先以学生身份取得受害人信任，再取得对方同情，然后实施诈骗。

（3）假冒大学生，以借钱为名，用假身份证、假姓名写借条行骗。

（4）冒充学校某一部门的人员到新生宿舍推销某类产品，以要求先交订金，且最后能退钱等形式进行诈骗活动。

2. 以小利取信，进行诈骗

贪图小利是受害者最大的心理缺点。诈骗分子首先向受害人投以小利，以提起受害人的兴趣，进而提出获得更大利益的办法，使受害人在利益的驱使下，一步步进入设置好的圈套。一些大学生往往为诈骗分子的"好处"所吸引，自认为是用最小的代价获得最大的利益，结果便宜没占着却吃了大亏。

3. 求职诈骗

为了丰富自己的社会实践经验和缓解经济压力，许多在校大学生选择各种兼职工作。但有些同学求职心切，思想单纯，缺乏经验，安全防范意识较差，在求职过程中轻信中介。诈骗分子利用同学急于找到好的兼职、家教的心理，以招钟点工、介绍兼职家教等名义进行诈骗。轻者造成财产损失，重者导致失去人身自由，落入他人设下的陷阱，人财两空。

4. 电信诈骗

电信诈骗是指犯罪分子通过电话、网络和短信方式，编造虚假信息，设置骗局，对受害人实施远程、非接触式诈骗，诱使受害人给犯罪分子打款或转账的犯罪行为。电信诈骗的特点是发展迅速，侵害面大，骗术花样多、翻新快，团伙作案，隐蔽性强。常用手段有以下几种。

（三）不良校园贷

1. 不良校园贷的类型

（1）高利贷。根据最高法院规定，借贷双方约定年利率未超过24%，应予支持；借贷双方约定利率在24%～36%的系灰色地带。若借贷双方约定利率超过36%，则定为高利贷，不予支持。一些不良借贷平台以超低息假象诱骗学生借款，在利滚利的情况下，再加上平台服务费，借贷成为年利率超过24%的超高息贷款，若再加上缴纳的滞纳金，则变为超过36%的非法高利贷。

（2）多头贷。大学生从多个校园贷平台进行贷款，形成一种"以贷还债"式的多头贷。多头贷的问题不仅仅在于校园贷平台不一定正规，更在于从多个校园贷平台进行贷款将直接导致巨额还款压力问题。

（3）传销贷。不法分子借助校园贷款平台招募大学生作为校园代理并要求发展学生下线进行逐级敛财。判断传销的三个标准：是否需要上交会费，是否让发展下线，是否进行逐级提成。卷入传销贷的大学生既是受害者又是作案人，他们中大多数人是因为并不知情和利益驱使而被不法分子利用。

（4）刷单贷。这是不法分子利用大学生求职心理，以贷款购物刷单获取佣金名义进行的新型诈骗。不法分子以帮"刷单"买手机返佣金为诱惑，骗得大学生从事"刷单"购手机工作，在大学生成功分期购买手机后，实际使用方拒不分期付款并消失。此种诈骗与以往刷单兼职诈骗如出一辙。

（5）裸条贷。不法分子通过要挟借贷者以裸照或不雅视频作为贷款抵押证据的行为。裸条贷往往给借贷者造成心理上的压力，致使借贷者不堪其扰而采取极端做法。

（6）培训贷。不法分子以参加培训需交"培训课程费"为由，诱骗大学生参加"即分期"贷款。打着金融创新旗号的"培训贷"实为"校园贷"的新变种，实为诈骗分子通过虚假宣传方式诱骗学生参加贷款缴费。

案例2-4

深陷校园贷无法自拔

为了应付日常的高额消费，大学生小刘通过校园贷借钱供自己和男友花销，结果陷入泥潭。其借来的本金不到 5 万元，欠款却像滚雪球一样越滚越大，最终本息合计高达 50 多万元。由于还不起钱，其裸照在网上被曝光，家人也被催债电话骚扰。

其同学小飞也是如此，陷入校园贷的陷阱中不能自拔。因为觉得请同学吃饭很有面子，他先后在借款平台借了 2 万元用于消费，贷款总额因为"利滚利"而达到 20 万元。因为担心被家人发现，所以小飞只好采取"拆东墙补西墙"的方式。他起初在借款平台到处借钱，后来发展为向借贷公司借钱。

上述案例都是典型的校园贷。犯罪分子在实施犯罪时，通常以利诱方式寻找目标，通过签订翻倍还款借条，制造虚假银行流水，制造逾期、认定违约等套路，一步步地让受害人深陷其中。

2. 不良校园贷的防范和应对

（1）不贪图小便宜。要明白贪小便宜吃大亏的道理。

（2）不随意出借身份证明。遇到借身份证贷款的要求，直接拒绝，不要答应。

（3）理性消费。不追求高消费，不要总是追求一些超出自身消费能力的东西。

（4）正规贷款。如果确实需要贷款，应该去正规的银行办理手续。

（5）一旦陷入不良校园贷，要及时向学院或家人进行求助。

3. 有关借贷的法律依据

（1）《中华人民共和国民法典》第六百七十九条规定：自然人之间的借款合同，自贷款人提供借款时成立。

（2）《最高人民法院关于人民法院审理借贷案件的若干意见》第六条规定：民间借贷的利率可以适当高于银行的利率，各地人民法院可根据本地区的实际情况具体掌握，但最高不得超过银行同类贷款利率的四倍（包含利率本数）。超出此限度的，超出部分的利息不予保护。第十条规定：一方以欺诈、胁迫等手段或者乘人之危，使对方在违背真实意思的情况下所形成的借贷关系，应认定为无效。第十一条规定：出借人明知借款人是为了进行非法活动而借款的，其借贷关系不予保护。第十三条规定：在借贷关系中，仅起联系、介绍作用的人，不承担保证责任。对债务的履行确有保证意思表示的，应认定为保证人，承担保证责任。

《中华人民共和国民法典》关于高利贷的法条

《中华人民共和国民法典》第六百八十条规定：禁止高利放贷，借款的利率不得违反国家有关规定。借款合同对支付利息没有约定的，视为没有利息。借款合同对支付利息约定不明确，当事人不能达成补充协议的，按照当地或者当事人的交易方式、交易习惯、市场利率等因素确定利息；自然人之间借款的，视为没有利息。

三、防抢劫（夺）

（一）抢劫（夺）犯罪特征

抢劫犯罪是指以非法占有为目的，以暴力、胁迫或者其他手段施行的将公私财物据为己有的一种犯罪行为。抢夺犯罪是以非法占有为目的，乘人不备，公然夺取他人财物的一种犯罪行为。这两类犯罪行为都会侵害他人的财产和人身权利，且容易转化为凶杀、伤害、强奸等恶性案件，比盗窃、诈骗等犯罪更具社会危害性。其特点如下。

（1）时间上的规律性。一般发生在校园行人稀少、夜深人静及学校开学，特别是新生报到人员混杂时。

（2）地点上的隐蔽性。一般选择校园内比较偏僻、阴暗、人少的地带，如树林中、小山上、操场边和地下车库；或校园周边地形复杂、夜间无路灯的地段，如正在兴建的建筑物内。

案例2-5

南京某大学大四女生小李，从厦门乘火车返回学校，因火车到达南京火车站时为晚上12时，小李觉得此时回校不安全，就在候车室等候，准备第二天再回学校。结果在候车室休息期间，遇到了一名中年男子，在该男子热情、主动的要求下，两人开始聊天，一直聊到第二天凌晨5时左右。在小李准备回学校时，该男子提出愿意陪其一起走，于是两人一起出了火车站。当走到一僻静处时该男子对小李实施抢劫，抢走了手机一部、现金1 000多元。后经公安机关全力侦察，20多天后犯罪嫌疑人被抓获。

案例2-5中的小李是因为被"朋友"的热情、主动迷惑而遭遇抢劫。大学生在外不要随便交友，不要被对方的"热情"迷惑。

（3）目标上的选择性。多为穿着时髦、携带贵重财物、单身行走及在无人地带谈恋爱的大学生情侣等。

（4）人员上的团伙性。一般为校内或学校附近有劣迹的小青年，熟悉校园环境，往往结伙作案；作案时胆大妄为，作案后快速逃窜。有时也有外地流窜人员伺机作案。

（二）抢劫（夺）犯罪的法律责任

（1）《中华人民共和国刑法》（以下简称《刑法》）第二百六十三条规定：以暴力、胁迫或者其他方法抢劫公私财物的，处三年以上十年以下有期徒刑，并处罚金；有下列情形之一的，处十年以上有期徒刑、无期徒刑或者死刑，并处罚金或者没收财产。

① 入户抢劫的。

② 在公共交通工具上抢劫的。

③ 抢劫银行或者其他金融机构的。

④ 多次抢劫或者抢劫数额巨大的。

⑤ 抢劫致人重伤、死亡的。

⑥ 冒充军警人员抢劫的。

⑦ 持枪抢劫的。

⑧ 抢劫军用物资或者抢险、救灾、救济物资的。

（2）《刑法》第二百六十九条规定：犯盗窃、诈骗、抢夺罪，为窝藏赃物、抗拒抓捕或者毁灭罪证而当场使用暴力或者以暴力相威胁的，依照《刑法》第二百六十三条的规定定罪处罚。第二百六十七条规定：携带凶器抢夺的，依照《刑法》第二百六十三条的规定定罪处罚。

四、传销犯罪

案例2-6

因求职陷入传销

2022年8月，网络上一条云南女孩赴西安面试失联20天的信息，受到各界广泛关注，也得到了西安警方的高度重视。接到报警后，西安市公安局立即安排警力展开调查。经查，失联女孩徐某系云南某大学大四学生，8月4日晚23时许，独自抵达西安咸阳机场，被一男一女接走后失联。经警方连夜侦查，确认徐某系被骗入传销组织，随之迅速展开行动，将徐某安全解救。

该案例是大学生陷入传销案。大学生深陷传销组织，大多是被"招聘、介绍工作"等名头诱骗。一些大学生涉世未深，相对单纯，防范意识薄弱，加上传销组织的手段极具迷惑性，又利用大学生急于找工作的心理实施诱骗，使得一些大学生极易上当受骗。

（一）传销犯罪的概念及特征

传销犯罪指组织者或者经营者发展人员，通过对被发展人员以其直接或者间接发展的人员数量或者销售业绩为依据，计算和给付报酬，或要求被发展人员以交纳一定费用为条件取得加入资格等方式取得非法利益、扰乱经济秩序、影响社会稳定的一种犯罪行为。传销犯罪通常具有以下四个显著特征。

1. 发展上下线

在校女大学生王某加入某传销组织后，很快升级为该传销组织"战略合作伙伴"。在短短四年里，她直接或间接发展各级会员累计达11 749人，为公司收取资金累计900多万元，个人非法获利68万余元。

案发后，王某接到公安机关的电话通知后，主动到公安机关接受讯问，并如实供述自己的犯罪行为，并表示认罪认罚。随后，江苏省某法院公开审理了该案，认为，王某组织、领导传销活动，情节严重，其行为已构成组织、领导传销活动罪，在共同犯罪中起次要作用，系从犯，应当减轻处罚；其自动投案并如实供述自己的犯罪行为，系自首，可以从轻处罚；其自愿认罪认罚，依法可以从宽处理。综合考虑王某的犯罪情节及认罪、悔罪态度，结合社区调查意见，法院最终以王某犯组织、领导传销活动罪，判处有期徒刑一年，缓刑一年六个月，并处罚金10万元。扣押在案的违法所得28万元予以没收，上缴国库，继续追缴其违法所得407 634.4元，予以没收，上缴国库。

我们一方面要提高警惕，不陷入传销组织，另一方面，也不能从事传销等违法犯罪活动。案例中的小王就因为从事组织、领导传销活动，受到了法律制裁。

经营者通过发展人员、组织网络从事无店铺经营活动，上线从下线的营销业绩中提取报酬。先参加者从发展的下线成员所交纳的费用中获取收益，且收益数额由其加入的先后顺序决定，组织者利用后参加者所交纳的部分费用支付先参加者的报酬维持运作。

2. 囤货诈钱

非法传销人员为了迅速致富，往往强迫或诱导被推荐者买一大批"货"，可以是实物、货币、现金卡、资料费等，其目的是从非法传销公司获取尽量多的收入，如奖金。

3. 虚假宣传

非法传销公司或非法传销人员，往往打着合法培训的旗号，用"挂羊头"的方式来卖"狗肉"。他们利用人性的弱点，利用人们想暴富的心理，极力宣扬"迅速致富"的人生道理，为了达到让新人尽快加入的目的，非法传销公司或者非法传销人员往往会以炮制的赚钱发财故事，以及长时间有节奏的掌声和口号，甚至用现代声、光、电等多媒体技术手段来"故意"营造一种超出"常识"的氛围，诱使人们加入传销活动，从而谋取利益。

4. 上交高额入门费

非法传销公司和非法传销人员的"收入"不是来源于把产品或商品销售给消费者后取得的合法收入，而是来源于加入者上交的各种"高额费用"。因此，为了诈取高额利润，传销公司就要收取加入者的高额费用，或强迫其认购上千元甚至上万元的货物，这就是传销公司的赢利"核心"。那些种种只赚不赔的动人计划都是"幌子"，无非是让人眼花缭乱，上当受骗。

非法传销还有产品种类少，价值低，卖价高，没有服务，不能退货，没有上市，没有正规报纸、杂志、实体店的支持等特点。由于传销组织现在已经成了过街老鼠，一些传销公司采用加盟连锁、网络销售、框架营销等说法，掩盖其传销本质，诱人上钩。

（二）传销犯罪的行为方式

1. 揣摩列名单

所谓列名单，就是列出可以用来行骗的对象。一是亲戚类，如兄弟姐妹；二是朋友类，主要是"五同"——同学、同事、同乡、同宗、同好；三是邻居类；四是其他认识的人，如师徒、战友。急于改变现状的人，是传销组织网罗的主要人选。传销组织对这些人的心理还做了充分的分析。对网罗对象心理的揣度，反映出传销组织者乘人之危、落井下石的阴暗心理和罪恶本质。

2. 巧言设骗局

一是邀约。通过打电话等方式，邀请别人加入。打电话时规定"三不谈"：不谈公司、不谈理念、不谈制度。总之，不谈传销的真相。只是根据对方的心态、特长、背景等特点，给出一个甜蜜的诱惑。为了提高骗人的成功率，连打电话时的语气都设定好了；说出的话具有一种神秘感，让对方无据可查；不正面回答对方的提问，不具体解释自己的话题等。

二是接站。接站的整个程序乃至神态和衣着也有明确规定：接站人进车站与对方见面的时候，应该是热情地跑上去几步，先握手；同时，一定衣着光鲜，给人感觉到其人有一定的社会地位；有时直接叫与受骗者联系的亲戚朋友去接，受骗者经过漫长的车程一下车就看到亲戚朋友，自然会备感亲切。引导受骗者上车的时候，会告诉受骗者先洗尘，然后到酒店里或者他们的"家"里吃点便饭，仅花一点时间带受骗者参观城市，使新来乍到的人觉得这个朋友真好，给受骗者一个很温暖的感觉。

3. 魔鬼辞典怪论

为了鼓动受骗者加入，传销往往充斥着许多逻辑怪异、具有较强诱惑力和煽动性的言辞，从某种角度讲，无异于一本"魔鬼辞典"。比如说：传销可以缩短你成功的历程，可以使你一两年内，挣到你几十年挣不到的钱。对欺骗亲友的血汗钱这种罪恶行径，传销者这样开脱："钱本来就是叫人赚的，具体由谁赚无多大区别。如果钱印出来都埋入地下，不让人赚，岂不都成了废纸？"

4. 摊牌翻脸胁迫

不管前面说得如何天花乱坠，美丽的谎言总要被揭穿，传销组织把这叫"摊牌"。"摊牌"的时间为听课前的 5 分钟。这时候，对方已无法脱身。"摊牌"后，就有两种情况，如果对方去听了课，迷迷糊糊，将信将疑时，传销组织就进入了第三个阶段——"跟进"。"跟进"的方式是把受骗者围在屋子里，一大帮人讲他们怎么发了财。如果对方进行了"听课""跟进"这种传销组织主要的洗脑工作后，头脑仍然清楚，看穿骗局，那么传销组织就会进行威胁或跟踪。

5. "直销立法"骗局

借口国家要对直销立法，马上要合法化或是国家暗中支持已经合法化，没有学历的人就不让做了，煽动受骗者马上加入传销组织。鼓吹"能吃苦的人吃一时苦、不能吃苦的人吃一辈子苦"，灌输受骗者少量的金钱投入和吃苦受罪是对美好未来的基础投资，激起受骗者对金钱和成功追求的强烈欲望，加入传销组织。

（三）传销犯罪的危害

传销具有极大的危害性。从宏观上来看，对我国经济的发展具有极大的破坏性和杀伤力，极大地冲击社会秩序和道德体系的和谐发展；从微观上说，受伤害最大的还是老百姓和一个个基本的家庭，成员间失去了彼此之间的亲情、友情、爱情及相互的信任，传销受害者梦醒后出现的自闭、自卑、自暴自弃等心理会更加恶化，有的会对社会不信任，抱有仇视感。具体可以从以下几个方面来加以分析。

（1）传销已不是普通的经济犯罪，而是集诈骗、精神控制、非法拘禁、邪教学说、非法聚集、非法集资等为一体的违法犯罪行为，包括虚假广告、生产和销售伪劣商品、非法吸收公众存款、绑架勒索敲诈、煽动暴力抗法、聚众扰乱社会秩序、聚众冲击国家机关、传授犯罪方法、危害公共卫生、行贿、伪造居民身份证、伪造国家机关公文、编造国家领导人讲话、非法出版销售传销书籍等。传销致使大多数参与者血本无归、无家可归、无业可就，因此也会引发他们参与偷盗、抢劫、械斗、强奸、卖淫等违法犯罪活动，破坏社会稳定。

（2）对参与者的精神心理伤害巨大，即使不参与也会留下传销综合征。对个体参与者及家庭的危害不光是经济上的损失，而且还有精神、心理与名誉上的伤害，影响家庭成员之间的关系，不利于社会的和谐发展。

（3）传销以及变相传销的现状，已经令人担忧，已给市场经济的健康发展造成极其恶劣的影响，传销是一个一直在涌动的暗流，随时可能给国家和社会的稳定造成巨大的破坏。

（4）传销不适合中国的国情，且影响社会稳定。传销组织本身不产生任何经济效益，不创造任何社会价值，只是一个非常简单的金钱再分配游戏，只是传销人员经过洗脑后，都认同这种被宰割的分配制度和游戏规则，最终是大多数的财富流向少数人手里。

（5）传销破坏人与人之间的信任纽带。骗人的话被传销组织说成善意的谎言，谎言的目的是发展新成员，让其交入门费，认购超过价值本身的物品，且大多数情况下根本就无产品。传销组织者让他人接受传销歪理邪说，软禁他人，甚至非法拘禁他人，控制人身自由。高强度的洗脑和精神控制，以及传销组织精心布置的陷阱，使得很多人心理防线一步步瓦解，最终成为新的骗人工具，传销组织者的手段和歪理邪说让人气愤，为了达到目的，他们践踏亲情、友情、爱情。人与人之间最朴素的情感和信任被当作传销组织开始欺诈的基础。

（6）参与传销者不听亲朋好友劝解，仇恨社会，逃避社会。金钱至上的价值观，以及信息封闭的传销组织环境，会让人产生幻想，他们是害人者也是受害者，承受着巨大的压力，渐渐丧失正常人的道德底线，传销参与人员当中所谓的成功人士，即使拥有钱财，最后的结局也是众叛亲离，亲情、友情、爱情尽失。

（7）传销组织者的行为理论荒谬，具有邪教本质，组织者编造扭曲国家领导人的讲话和法律文件，使得长期处于高度兴奋的参与人员，极容易被煽动，以致扰乱社会秩序。部分传销组织与黑社会勾结，以促使传销组织不断壮大。控制传销参与人员正常的人身自由，使得传销组织极容易演变成黑恶势力、邪教组织，也极易被在政治上别有用心的人利用。

总之，传销组织制造每个人都能成功的假象迷惑参与者，让参与者在组织中一步一步地丧失正常的理性分析能力，使善良的人就此被改变、扭曲，这对他们的身心造成极大的影响，对他们的家庭造成伤害。让绝大多数参与者在经济上损失钱财，精神上对传销组织的"短平快"暴富理念产生依赖，心理上自闭、自卑、排外、仇视社会。所以，传销的危害是深层次的，被称为"经济邪教""流行性精神病毒"，和毒品一样被称为"毒瘤"。

与传销有关的法律规定

2013 年 11 月 14 日，最高人民法院、最高人民检察院、公安部联合印发了《关于办理组织领导传销活动刑事案件适用法律若干问题的意见》，对传销罪名认定、处罚细则、人数认定、情节严重等问题一一做出解释。

2009 年 2 月 28 日，第十一届全国人民代表大会常务委员会第七次会议通过了《中华人民共和国刑法修正案（七）》，修正案中新增了"组织领导传销罪"，规定：组织、领导以推销商品、提供服务等经营活动为名，要求参加者以缴纳费用或者购买商品、服务等方式获得加入资格，并按照一定顺序组成层级，直接或者间接以发展人员的数量作为计酬或者返利依据，引诱、胁迫参加者继续发展他人参加，骗取财物，扰乱经济社会秩序的传销活动的，处五年以下有期徒刑或者拘役，并处罚金；情节严重的，处五年以上有期徒刑，并处罚金。组织领导传销罪只将传销活动的组织者、领导者作为组织领导传销者的犯罪主体和打击重点，对一般的传销参与人员则采取行政处罚和教育相结合的措施。

此外，国务院于 2005 年通过并颁布了《禁止传销条例》。

第二节　财物安全的防范措施

一、防盗

大学生要增强防盗意识，提高防盗能力，避免遭遇盗窃事件。

（一）学生宿舍防盗

1. 防范措施

（1）人防。第一，对形迹可疑的人保持警惕。如果楼道内出现东张西望的人，应及时向宿舍管理员报告。第二，遇到进宿舍推销小商品的人，应马上通知宿舍管理员或学校保卫部门来对其处理。事实证明，一些推销人员在溜门窜室过程中，一旦发现宿舍无人，便顺手牵羊，盗窃财物。因此，同学们对进宿舍推销人员切不可掉以轻心，麻痹大意。第三，遵守宿舍管理规定，不留宿外来人员。大学生文明礼貌、热情好客是好事，但不能只讲义气、感情，不讲原则、纪律。如果违反学校宿舍管理规定，随便留宿不知底细的人，丧失警惕，就等于引狼入室，后悔莫及，这种教训是惨痛的。第四，养成随手锁门的习惯。最后一个离开宿舍的同学，即使是去隔壁或附近宿舍玩，一定要锁好门，以防他人入室盗窃。第五，发现可疑人员要提高警惕，加以询问，必要时大声喊叫同学或宿舍管理员，或拨打"110"电话报警。第六，保管好自己的钥匙，不要轻易借给他人。

（2）物防。第一，妥善保管好现金、银行卡等。保管现金的最好办法是存入银行，千万不要在宿舍和身上保留大量的现金。第二，贵重物品要放置在带锁的抽屉、橱柜等安全隐蔽的地方，不要随便放在桌上、床上。寒暑假期间应将贵重物品带走，或托可靠人保管。第三，银行卡和存折要及时修改密码，切记密码不宜选用出生日期、学号等容易让人猜到的数字，平时卡内不要存钱太多，不要与身份证、学生证等证件共同存放，丢失后要立即挂失。银行卡的卡号最好单独记在一个本子上，以防卡丢失后到银行挂失没有卡号而带来一些不必要的烦琐手续。第四，妥善保管校园卡，最好随时携带。如果参加体育锻炼等活动需要更换运动服，应将校园卡锁在橱柜中，保管好自己的钥匙，切忌乱扔乱放。一旦发现校园卡被盗或丢失，应立即挂失，尽量减少损失。

2. 应对办法

下面几点请牢记。

（1）下课回到宿舍，如发现门窗被打开，室内物品被翻得比较乱，这是室内发生盗窃的明显标志。遇到这种情况，头脑要清醒，不要急于到室内查找自己的物品。首先，要保护好犯罪分子留下的现场，任何人都不要进入室内，以便公安人员在现场提取犯罪分子留下的痕迹。其次，要马上报告学校保卫部门或公安机关，请他们来现场调查了解。

（2）发现嫌疑人，应向同学发出警报，组织堵截，力争捉拿，共同制服。若不能制服，应记住嫌疑人的体态特征、衣着、逃跑方向等，见机行事，尽快与宿舍管理人员和保卫部门联系。

（3）配合调查，实事求是地回答公安部门和保卫人员提出的问题。积极主动地提供线索，不得隐瞒情况不报。公安机关和学校保卫部门有义务、有责任为提供情况的同学保密。

（4）如果发现银行卡丢失，要马上到银行挂失。平时若丢失贵重物品，也要及时到学校保卫部门报告，讲明丢失或被盗情况及自己物品的特征，提供查破线索。

拓展阅读 2-1

教育部普通高等学校学生管理规定

《普通高等学校学生管理规定》第四十八条：学校应当建立健全学生住宿管理制度。学生应当遵守学校关于学生住宿管理的规定。

《高等学校校园秩序管理若干规定》第九条：学生一般不得在学生宿舍留宿校外人员，遇有特殊情况留宿校外人员，应当报请学校有关机构许可，并且进行留宿登记，留宿人离校应注销登记。不得在学生宿舍内留宿异性。

（二）校园公共场所防盗

案例2-8

书包占座不可取

某高校三名学生张某、胡某、陶某下课后到学校食堂就餐，他们将三个书包放到餐桌椅占位之后去买饭菜，回来后发现书包不见了，书包里有手机、钱包、书本等。后来小偷在校外销赃时被公安人员抓获。经审查，该小偷是位"瘾君子"，20岁，无业，经常装扮成学生模样，混进附近高校食堂餐厅、图书馆、运动场、自习室等场所，伺机拎包，偷盗自行车、电动自行车，屡屡得手，该小偷最后被劳动教养两年。

除学生宿舍外，教室、图书馆、运动场等校园公共场所发生的盗窃案件也比较多。案例2-8中，大学校园里，教学楼、图书馆、运动场、食堂等众多公共场所，人多复杂，同学们稍有不慎，极易发生被盗事件。如有些同学在食堂就餐时，为了抢占座位，把自己的物品（书包、书等）放在座位上，然后去排队买饭，回来后，物品已不见踪影。类似的情况还有：同学们在图书馆看书，上厕所回来后发现放在桌子上的笔记本电脑不见了。这些案例是作案人在公共场所趁同学不注意实施的，之所以能够屡屡得手，不是因为学校没有防范措施，更不是因为窃贼作案的手段多么高明，而是因为当事人丧失了应有的警惕，被作案人顺手牵羊。下面几点请牢记。

（1）书包内除了放必要的书籍和学习用品，不要存放现金、银行卡、手机等贵重物品以及身份证、学生证等，不要让书包成了"小金库"。

（2）在教室或图书馆自修、学习的同学，要保管好自己的贵重物品，不要让它离开你的视线。确实需要离开时，应委托同学或熟人代为照看，如教室里没有认识的人，必须将自己的贵重物品随身携带。

（3）到图书馆存包，包内不要放置现金、手机等贵重物品，以免造成不必要的损失。

（4）尽量不要将贵重物品带进运动场所，如确实需要带入，切勿将物品随意放置，应指定专人保管，防止被盗。

（5）到食堂就餐时，不要用书包占座位，不要将手机、钱包等贵重物品放在外套的口袋内；排队时将自己的包背在胸前，不要给小偷以可乘之机。

（6）在食堂、图书馆、运动场所等公共场所，保管好随身携带的挎包、衣物。

（7）在发现财物被盗后，应及时向学校保卫部门或者公安机关报案，以便及时采取措施，追查犯罪嫌疑人。

（三）旅途防盗

案例2-9

处心积虑，偷梁换柱

大一新生张某携旅行包在火车站候车室边与父亲用家乡话边闲聊边候车，他将去苏州某高校报到。这时，一个穿着得体的中年人主动过来用家乡话与他们父子打招呼，该中年人拎着一个同样款式、颜色的旅行包。交谈中，该中年男子声称彼此是老乡，且自己在苏州某单位工作，并留下电话，希望多加联系，于是一路相谈甚欢。到校后，在缴费现场，张某父子发现手上的旅行包（包里装有7 000余元的学费、生活费和生活用品）并不是自己的包，父子俩猜想有可能是下车时老乡拿错了，赶紧拨打电话，却发现是空号，再打电话查询对方单位，得知根本没有此人。此时，父子俩才恍然大悟，确信自己被人调包了。

大学生由于涉世不深、社会经验不足、明辨是非能力弱，在旅途中时常会被盗窃分子盯上而导致财物受损，影响正常的学习和生活。旅途中防盗格外重要，同学们要提高警惕，增强防范意识。案例2-9是大学生在旅途中因一时大意造成被盗的案件。张某父子过于轻信对方，完全丧失了应有的戒备心理，导致行李被人调包而未察觉。所以，在旅途中，同学们一定要时刻保持警惕之心，切勿随便搭理陌生人。下面几点请牢记。

（1）旅途中切忌携带大量现金，应该利用银行卡存、取款。如确实需要携带，可分散存放，随时需要用的小额现金放在取用方便的外衣兜里，大额现金放在贴身的隐蔽之处。

（2）不要将钱包放在身后的裤兜里。带包出门，不要将钱和贵重物品置于包的底部和边缘，以防被窃；人多拥挤时应将包置于胸腹部；任何时候都要做到包不离身或不能脱离视线，以免因疏忽而被人拎走或调包。

（3）夏天坐火车或者汽车时，不要把包放在离车窗很近的地方。因为夏天的车窗往往开着，当车停靠时，窗外的人很容易顺手牵羊把包偷走。

（4）不要接受陌生人馈赠的饮料食品，因为其中可能有麻醉药品。

（5）乘坐火车或者汽车时，行李物品要放在视线之内的行李架上，并随时观察，特别是在到站前，上下旅客人多拥挤时，更要注意自己的行李；睡觉时，要把装钱的包放在妥善之处，如放在衣服内袋中。

（6）旅途中不要与新结识的人谈及与钱有关的话题，不要泄露个人详细信息。

二、防骗

假冒身份，流窜作案

某高校新生入校期间，保卫部门在新生宿舍抓获一个三人诈骗团伙。三人乘新生入校不熟悉情况，携带收音机、计算器、绘图尺等物品冒充学校老师窜入新生宿舍，声称这些物品是学生在校学习期间的必备用品，并以每套100元的价格向新生销售。实际上，所携商品是劣质产品，市场价格每套仅28元。当三人被抓获时，已有30余名新生受骗，骗子已获利2000余元。

近年来，以大学生为对象的诈骗案件逐年上升。作案人主要利用大学生热情善良、思想开放、乐于助人的特点，巧妙地接近他们，抓住大学生思想单纯、阅历浅薄、辨别是非能力差的弱点，骗取他们的信任和好感，驱使一些大学生言听计从、慷慨解囊，甚至失财失身，教训极为惨痛。

（一）谨防诈骗

新生报到时千万要注意，谨防外人冒充老师、同学等以到宿舍推销为名义进行诈骗，如遇类似情况，一概不要相信，要及时报告宿舍管理人员和学校保卫部门。下面几点请牢记。

（1）不要将个人信息资料、信用卡密码等轻易告诉别人或借给他人使用，防止被人利用。

（2）在提倡助人为乐、奉献爱心的同时，要提高警惕，尤其不可轻信陌生人，并轻易将钱物借出。

（3）不要轻信张贴广告、求职应聘等信息。

（4）交友要谨慎，避免以情感代替理智。

（5）发现可疑情形时或采取关闭手机等避险措施前，应告知父母、辅导员。

（6）在日常生活中，要做到不贪图便宜，不谋取私利。

（7）上当受骗后要及时报案、大胆揭发，使犯罪分子受到应有的法律制裁。

（二）忌贪小便宜

案例2-11

贪图小利，购赃上当

大学生王某和张某在市区商业街逛街，一名男青年手持一款新手机搭讪道："同学，需要华为手机吗？因为我很需要钱，所以才卖手机。价格优惠，3 000元卖给你。"王某最近正想买这款华为手机，但因家境不富裕而未买。于是他接过手机看了看，确实是部新手机，便问是否有发票。男青年说发票丢了。王某一听心里一惊，知道手机来路不正，非盗即抢，于是决定压低价格购买，最后讨价还价，以2 500元成交。后来，他因为购买赃物被处罚。

贪图小利是受害者最大的心理缺点。诈骗分子首先向受害人投以小利，以提起受害人的兴趣，进而提出获得更大利益的办法，使受害人在利益的驱使下，一步步进入设置好的圈套。一些大学生往往为诈骗分子"好处"所吸引，自认为是用最小的代价获得最大的利益，结果便宜没占着却吃了大亏。案例2-11中，王某因贪图便宜购买路边"赃物"，本身就是一种违法犯罪行为，导致自己损失钱财，懊悔不已。因贪图便宜，以低价购买手机、电脑、照相机等贵重物品的事件在大学生中极为常见，同学们应该提高警惕，引以为戒。下面几点请牢记。

（1）对飞来的"横财"和"好处"，特别是陌生人许诺的利益，要深思和调查。要知道，天上不会掉馅饼，同学们要克服贪小便宜的心理，对突然而来的"好处"不要头脑发热，欣喜若狂。最好的防范就是冷静，多问为什么，三思而后行。

（2）诈骗分子行骗的过程可分为两个阶段：一是博得信任；二是骗取对方财物。对于行骗者和受害者来说，第一阶段都是最重要的，也是行骗者行为表现得最为突出的阶段。虽然行骗手段多种多样，但只要树立较强的反诈骗意识，克服贪小便宜的心理，保持应有的清醒，做到三思而后行，绝大多数情况下是可以避免上当受骗的。

（3）贵重物品应到正规商店购买，并保存好发票。

（4）不要购买来历不明或无正规发票的物品。

（5）明显低于市场价格的商品多半是赃物或伪劣产品，不要轻信，不要购买。

（三）慎重对待网络购物

（1）链接要安全。要选择正规网站进行购物，不要登录非正规购物网站或点开聊天过程中对方发送的购物链接。在提交任何敏感信息或私人信息，尤其是信用卡号之前，一定要确认数据已经加密，并且是通过安全链接传输的。正规购物网站不会向客户索取密码。

（2）保护密码。不要使用任何容易破解的信息作为密码，比如生日、电话号码。密码最好是一串比较独特的组合，如包含数字、字母或其他符号的组合。

（3）保护隐私。阅读电子商务公司的隐私保护条款，这些条款中对收集的信息和信息将被如何使用有详细说明。尽量少暴露私人信息，填在线表格时要格外小心，不是必填的信息就不要主动提供。永远不要透露父母的姓名，有人可能会使用它来非法窃取你的账号。

（4）使用安全的支付方法。使用安全的第三方支付平台进行购物支付，不要在非银行网页里输入自己的银行卡号、客户号及支付密码等相关私人保密信息，不要将手机验证码告诉陌生人。

（5）注意保留网上消费的记录，以备查询，一旦发现有不明的支出款项，应立即联系发卡银行，查实情况。

（6）要及时撕掉快递单。快递单上面有买家的信息，为了防止信息的泄露，一定要及时撕掉快递单。

（7）一旦遇到网站诈骗行为，应立即报警，以便警方及时制定对策，打击不良经营活动，规范网络市场秩序。

公安机关对收购赃物的处罚

《中华人民共和国治安管理处罚法》第五十九条第三款：收购公安机关通报寻查的赃物或者有赃物嫌疑的物品的，处五百元以上一千元以下罚款；情节严重的，处五日以上十日以下拘留，并处五百元以上一千元以下罚款。

（四）提防中介骗局

案例 2-12

轻信中介，被骗钱财

黄某是某大学大二学生。5月5日，她登录一个"助学中心"网站想找份兼职。该网站称只要是女大学生，注册交费以后，便可为其提供长期中介服务。黄某通过银行汇了20元建档费和100元报名费，满以为可以如愿以偿找份满意的兼职。可是7月9日她再次登录"助学中心"查询结果时，该网站却怎么也打不开。她疑惑不解，一位同学告诉她，在网上利用中介行骗时有发生，主要目标就是缺乏经验的女大学生，一旦报名人数达到一定数量，网站就会神秘消失。这时，黄某才知道自己轻信了网络骗子。

为了丰富自己的社会实践经验和缓解经济压力，许多在校大学生选择各种兼职工作，但有些同学在求职过程中，因求职心切、思想单纯、缺乏经验、安全防范意识较差，从而掉进了骗子的圈套。案例2-12中的大学生，轻信中介，盲从坏人，造成财产损失。大学生在求职过程中应小心谨慎，以防落入他人设下的陷阱，人财两空。下面几点请牢记。

（1）大学生找兼职时要尽量从正规渠道获取信息。可以通过学校勤工助学中心推荐，老师、同学、熟人介绍，或者通过有资质、正规的中介来找合适的兼职工作。

（2）不要相信路边的招聘信息和广告。实习、就业可以通过学校与企业合作开展的招聘会选择合适的单位。

（3）委托中介机构求职前，应先查看该机构是否有工商部门颁发的营业执照和劳动部门颁发的职业介绍许可证原件，办公地址是否与证件一致；同时，还可通过观察公司户外招牌、办公设备、办公人员工作状态等方面来判断是否可信。

（4）不要轻易掏钱。切勿轻易交钱给中介机构或用人单位。多咨询情况，一问三不知、急着收钱的单位，多半是"黑中介""黑企业"。最好通过学校学工处或者有兼职经验的同学、朋友介绍工作。在通过校外中介寻找工作时，如对方提出收取服装费、押金，或以其他方式变相收钱的，很可能是骗局。在网上寻找兼职工作时更要格外小心，如遇要求汇钱交保证金，千万不能相信，必要时及时报警。

（5）拒绝高薪诱惑。越是"高薪急聘"的岗位，越要小心。天上不会掉馅饼，天下没有免费的午餐，高薪虽然诱人，但是一定要衡量，看自己是否能为用人单位创造较大效益，是否具备"高薪"岗位所需的条件。若答案是否定的，则要多自警自省："为什么他们会录用我？"多个心眼便减小一分受骗的可能性。

（五）不轻信各种短信通知

案例2-13

虚假信息，诈骗陷阱

　　小冯是某大学大一新生，刚到上海，就被诈骗短信骗走了 3 000 元。"一天我突然接到一条短信，说系统正在整修，要求我关机一天。我见短信说得很一本正经就关了，也想不到关了手机人家还能骗我钱。"小冯说。第二天，小冯接到了家里的急电，询问他是否在医院、医药费是否够用。"当时我很吃惊，我没有生病，也没有向家里打过什么电话。但是家里告诉我，昨天有人打电话到老家，说我出了车祸，正在医院抢救，要我爸马上汇 3 000 元到某个账号，而我家人打我手机又打不通，于是就信以为真了。"

电信诈骗是指犯罪分子通过电话、网络和短信方式，编造虚假信息，设置骗局，对受害人实施远程、非接触式诈骗，诱使受害人给犯罪分子打款或转账的犯罪行为。电信诈骗的特点是发展迅速，侵害面大，骗术花样多、翻新快，团伙作案，隐蔽性强。案例2-13中，小冯轻信短信通知，关掉手机，中断通信，使自己与外界失去了联系，这是第一个错误。作案人利用这点，抓住父母担忧孩子身体的心理，对小冯父母实施诈骗，小冯父母心忧孩子安危，却没办法联系到小冯，相信了骗子的话，这是第二个错误。

公安机关破获的无数诈骗案件有一个共同的规律，诈骗犯说出的一万个理由，无论花言巧语，无论手法如何翻新，最后都要落到一个点上，就是犯罪分子都要受害人的银行卡、密码和账号，向受害人要钱。所以，在日常工作生活中，千万不要轻信任何来历不明的电话、短信；千万不要轻易透露自己的身份和银行卡的信息；千万不要按照电话中外人的话去自动取款机进行任何操作，如有疑问，应及时到银行柜台、客服中心或公安部门咨询核实。

第二节　财物安全的防范措施

065

关于诈骗的处罚

最高人民法院、最高人民检察院关于办理诈骗刑事案件具体应用法律若干问题的解释（法释〔2011〕7号）

诈骗公私财物，数额较大的，处三年以下有期徒刑、拘役或者管制，并处或者单处罚金；数额巨大或者有其他严重情节的，处三年以上十年以下有期徒刑，并处罚金；数额特别巨大或者有其他特别严重情节的，处十年以上有期徒刑或者无期徒刑，并处罚金或者没收财产。

诈骗公私财物价值三千元至一万元以上、三万元至十万元以上、五十万元以上的，应当分别认定为《中华人民共和国刑法》第二百六十六条规定的"数额较大""数额巨大""数额特别巨大"。

三、防抢劫（抢夺）

（一）校园内防抢劫（抢夺）

近年来，大学校园抢劫、抢夺案件时有发生，大学生的生命与财产安全遭遇严重威胁。全面了解和掌握防抢技巧，对维护大学生的正当权益、保护生命财产安全有着重要的意义。校园防抢，刻不容缓。

案例2-14

夜间约会，遭遇抢劫

某晚11时许，某高校男生李某和女生王某在学校山上一偏僻处谈恋爱，突然从林中窜出三名男子，其中一名男子手持尖刀抵住李某的后背，威胁他们不许喊叫，另两名男子将李某和王某身上的800多元现金、手机等财物洗劫一空。三名男子得手后分开逃窜。李某、王某立即大喊"抢劫""救命"，被在附近巡逻的校卫队员听到，三名歹徒被迅速抓获。

案例中，李某、王某之所以被劫，关键还是因为他们缺乏安全防范意识，夜深时跑到偏僻的山上谈恋爱，幸亏保卫人员及时将犯罪分子抓获，才使财物失而复得。同学们要明白：可以独处的地段，往往也是少有人能提供帮助之处。

1. 防范措施

下面介绍几个防范要点。

（1）深夜尽量不要单独外出，特别是女生。外出时最好结伴而行，或者携带防卫工具。

（2）夜间外出尽量向人多、有灯光的地方走。发现可疑人跟踪，不要害怕，可以大声呼叫同学、老师的名字。

（3）不要外露或向他人炫耀随身携带的贵重物品，外出不要携带过多现金和贵重物品，必须携带时，应请同学随行。

（4）夜间单身行走时不要显露过于胆怯的神情。

（5）不要独自到行人稀少、阴暗、偏僻的地方逗留。

（6）行走最好靠马路内侧右行，将包斜挎在右边。两人同行，将包提在两人中间比较安全。

2. 应对办法 ①

遭遇抢劫、抢夺时采取的应对措施。

（1）沉着冷静不恐慌。无论何时遭抢劫，首先要保持镇定，克服畏惧、恐慌情绪；其次要有正义必然战胜邪恶的信念。只有这样，才能从精神和心理上压倒对方，继而战胜对手。

（2）力量悬殊不蛮干。不法分子抢劫（抢夺）作案，一般都做了相应准备，要么人多势众，要么以凶器相逼，有的同学由于生性刚烈，往往鲁莽行事，易被犯罪分子伤害。

（3）快速撤离不犹豫。俗话说："三十六计，走为上计。"同学们如遭遇抢劫，要快速对比双方力量，感到无法抗衡时要看准时机向有灯光或人员集中的地方快速奔跑，不法分子由于心虚，一般不会穷追不舍，从而可以有效避免抢劫的发生。

（4）巧妙周旋不畏缩。当同学们已处于不法分子的控制之下无法反抗时，可先交出部分财物缓和气氛，再理直气壮地向作案人进行法制宣传或晓以利害，造成其因心理上的恐慌而终止作案，或在其心理开始动摇、放松警惕时，看准机会反抗或逃脱。

（5）留下印记不放过。同学们遭遇抢劫（抢夺）时，要注意观察作案人，尽量准确记下其特征，如身高、年龄、发型、体态、衣着、胡须、特殊疤痕、语言及行为等，还可趁其不注意在作案人身上留下暗记，如在衣服上擦血迹，便于向公安机关侦破案件提供线索。

（6）大声呼叫不胆怯。不法分子有其胆大妄为和凶悍的一面，更有其心虚的一面，只要同学们把握机会，及时呼救，一些抢劫（抢夺）案便可以得到有效的控制。

（二）校园外防抢劫（抢夺）

🔖 **案例2-15**

编造谎言，意在抢劫

某日深夜，一高校学生彭某从网吧回学校时，在学校南门外被四名男子拦住去路。他们称："我们老大是不是被你打了？走，跟我们回去说清楚。"彭某辩称根本不知道对方老大是何人，但被四人强行拖上停在路边的一辆面包车，劫持至某河边。四名男子逼迫彭某交出随身携带的手机、银行卡等物，并逼迫说出银行卡密码，随后取走卡内4 000余元。为防止彭某报警，劫匪还逼其脱光衣服，将赤身裸体的彭某丢在河边扬长而去。

相对而言，校园外遭遇抢劫（抢夺），可防、可控的程度较低。因此，了解和掌握一些必要的防抢技巧，对于保护大学生的财产、人身安全具有更现实的意义。案例2-15中，犯罪嫌疑人先盯上彭某，然后随口编造一个谎言，将其带入偏僻地带，实施抢劫。大学生出门在外，一定要保持高度的警惕性，遇到类似谎言、骗局时，切不可随陌生人进入偏僻地带，应该向周围人大声呼救。下面几点请牢记。

（1）独自一人外出时，要妥善保管自己的随身物品，提高警惕，留意是否有可疑人

---

① 张效民. 大学生安全教育与应急处理训练（修订版），商务印书馆，2014.

员跟踪；若到偏僻场所，最好结伴而行。

（2）只要周围有人，就要大声呼救，或故意高声与作案人说话。

（3）防止飞车抢劫。夜间行走不要边走边打电话，骑自行车时不要把手提包放在车篓里。

（4）防止色情抢劫。当遇到陌生女子引诱或是请你到某一娱乐场所玩耍时，切勿跟去。

（5）防止麻醉抢劫。外出时不要轻易和陌生人交谈，不能饮用陌生人提供的饮料、抽陌生人递过来的香烟、吃陌生人的食物。

（6）银行取款防抢。到银行存取款时，要注意观察周围有无可疑人员尾随；提取大额现金最好约同学陪伴；遇有紧急情况应向警察、路人或拨打 110 求救。

四、有效抵制传销

（一）安全防范

（1）不要相信天上掉馅饼。"让你在消费的同时赚钱"，这其实是传销组织编造的美丽谎言。消费就是消费，赚钱就是赚钱，天下没有白吃的午餐。

（2）不轻信他人介绍工作。对熟人、朋友、同学甚至亲戚来电、来信介绍工作，要感谢，要重视，但不要随意相信。要通过各种正规渠道进行调查核实，确定其所介绍的单位在招聘，方可去应聘。因为传销组织通常有一个惯用的伎俩：就是利用熟人、朋友、同学甚至亲戚的关系把人骗进传销组织，令人陷入迷局，不能自拔。

（3）走正规渠道择业。尽量通过学校举办的毕业生供需见面会和政府部门举办的人才招聘会寻找就业机会，避免非正规渠道带来的求职风险。

（4）认真审验劳动合同。我国劳动合同法规定：建立劳动关系，应当订立书面劳动合同。求职时，正规公司都会主动与求职者签订劳动合同。如果用人单位丝毫不谈合同，甚至拒绝签订合同，那么该公司就有违法嫌疑，就应特别警惕防范，小心上当受骗。

（5）谨慎网上应聘。传销组织经常在网上发布优厚待遇的虚假职位信息，引诱求职者去应聘，还安排一对一的专人去车站接送。面对这种情况，要先通过多渠道考证再做决定，绝不可盲目应聘。

（二）应急处理

一旦有人陷入传销，可遵循以下解救步骤。

（1）冷静。一味地指责、粗暴地训斥是不可取的。要学会理解，陷入传销者追求财富的想法没有错，错在选错了道路，被别人利用和欺骗了。因此要改变和陷入传销者说话的方式，如果没有把握说服对方，不要说太多，说得越多，陷入传销者越反感。一味地指责只能让双方越来越对立，对事情的解决没有帮助。不能以分手或断绝关系相要挟，这么做只能让陷入传销者更坚定。应该"动之以情，晓之以理"，要多关心陷入传销者；要以理服人，要摆事实，讲道理，戳穿传销谎言。

（2）马上破坏陷入传销者的邀约市场。很多人刚得到自己的亲朋好友在做传销的消息时，往往顾虑重重，家丑不可外扬，为了保住面子，不愿意说出去，这是极端错误的，沉默只会让更多的人上当受骗。要马上通知所有的亲朋好友不要去，也不要给陷入传销者寄钱，破坏其邀约市场。

（3）亲自去陷入传销者所在地。传销痴迷者已经执迷不悟，他们是不会心甘情愿地回来的，可以强制将其带回来。去之前首先要取得陷入传销者的信任，不要引起其怀疑，去之前不要告诉陷入传销者具体到站的时间，这样能争取更多的时间，下车后可以马上联系火车站派出所的民警，寻求他们的帮助，在陷入传销者执迷不悟时，警察可以帮助劝说，让其先回老家，再请反传销专业老师将其彻底劝醒。

（4）解救。在一切联系好后，可给陷入传销者打电话，告知到站时间，让陷入传销者来接站。为了保证解救成功，可先买好返程的火车票，在火车开动前两三个小时让陷入传销者来送站，在说服不了的情况下，及时强制性地把陷入传销者带上车。

当然，解救有可能不是一帆风顺的，会遇到各种突发情况，这时要冷静，设法及时和反传销专业人员取得联系，向他们请教；要想方设法取得更多的帮助，警察、出租车司机，甚至路人，这些都是可以提供帮助的力量。

应急防护训练

一、完成一份防盗防骗安全分析报告

1. 目的

使学生增强财物安全意识，了解保障自己财产安全的常识。

2. 方法

（1）教师讲解防盗防骗知识。

（2）学生搜集网络或身边发生的被盗、被骗的案例，分析各案件发生的原因及能给我们的警示，围绕今后如何避免被盗、被骗等问题进行阐述和说明，最后分小组完成一份防盗防骗安全分析报告。

（3）各小组在班会上分享、交流。

二、设定场景，模拟应对自己深夜在路上遭遇持刀抢劫

1. 目的

（1）了解和掌握防抢技巧。

（2）维护大学生的正当权益，保护大学生生命财产安全。

2. 参考建议 [1]

对付抢劫分子，凭借足够的勇敢和无畏的搏斗常常能制服对方，甚至在突然遭抢的紧急关头，一声大吼也会产生一定的威慑力。但是，抢劫行为常常是突然发生的，被抢者没有丝毫防备，而抢劫者无论是蓄谋已久，还是临时起意，在抢劫前，他们毕竟有了一定的物质准备（如凶器）和精神准备，这使得被抢者通常处于劣势。在这种情况下，最好不要鲁莽，要先对敌我双方实力进行分析，如对方只有一两个人，而自己也身强力壮，可以伺机与之搏斗，瞅准机会狠打对方的要害部位，将其制服或趁机脱身；如果对方人多势众，不要逞一时之勇，可以按照对方提出的要求交出钱物，在保证生命安全的前提下，寻求逃脱的机会。

---

[1] 张效民，大学生安全教育与应急处理训练（修订版），商务印书馆，2014.

第三章 人身安全

案例 3-1　　　　　　　　　　小口角酿大错，性情冲动毁青春

2018 年 11 月某晚，某高校大三学生程某东与王某宽、代某、曾某楷、李某波、李某全等 20 余人受邀参加雷某某在古城区某餐厅举办的生日聚会。在聚会过程中，程某东与王某宽因喝酒发生口角，程某东将王某宽约至餐厅门口交谈后，王某宽返回餐厅，程某东离开餐厅。约半小时后，程某东返回餐厅，不顾他人劝阻对王某宽和代某挑衅，随即被他人劝出餐厅，随后王某宽、代某也走出餐厅，其余人员先后走出餐厅。程某东与王某宽、代某等人在餐厅门口发生争执，相互拉扯、推搡之后继而发生打斗，在此过程中程某东持刀捅伤王某宽、代某、曾某楷、李某波、李某全。经鉴定，王某宽、代某的伤情为重伤二级，曾某楷的伤情为轻伤一级，李某波的伤情为轻伤二级，李某全的伤情为轻微伤。五名被害人受伤后到医院治疗，程某东家属代为支付医疗费共计 151 187 元。

法院认为，被告人程某东持刀故意伤害他人身体健康，致二人重伤、二人轻伤、一人轻微伤，其行为已触犯刑法，构成故意伤害罪。2022 年 1 月，古城区人民法院对古城区人民检察院指控被告人程某东故意伤害暨附带民事诉讼案公开审理并宣判，以故意伤害罪判处被告人程某东有期徒刑三年，缓刑四年，判令其赔偿附带民事诉讼原告人经济损失 277 480.68 元。

引导讨论：

1. 在公共场所遇到挑衅滋事，本人受到欺负，应不应该跳过法律，采取不计后果的行动？
2. 如果遇到上述情况，最好如何处理？处理此事的原则是什么？

案例 3-2　　　　　　　　　　面对违法黑恶势力，法律是坚实后盾

2018 年 3 月 5 日，高某波被传销人员陶某某以谈恋爱为由骗至某市，次日 11 时许被带至传销窝点。根据传销组织安排，陶某某将高某波带入窝点的一房间后，郭某某、缪某某、张某某、刘某某四人要求高某波交出手机，高某波意识到可能进入传销窝点而拒绝。四人便按照控制新人的惯例做法，上前将其抱住，抢走其眼镜。因高某波情绪激动，在房间外的安某某和孟某某也进入房间，帮助控制高某波。随后，孟某某抢走高某波的手机，安某某用言语呵斥、掐脖子等方式逼迫其交出钱包。见高某波仍然不配合，在房间外的梁某某和胡某某也进入该房间共同控制高某波，要求高某波扎马步，并推搡高某波。高某波从裤袋内拿出随身携带的

折叠刀（非管制刀具），并要求离开。安某某、张某某见状立即上前抢刀，其他同伙也一齐上前欲控制高某波，其中张某某抱住高某波的左手臂，郭某某从背后抱住高某波的腿部。高某波持刀挥舞，在刺伤安某某、张某某、梁某某等人后，逃离现场。安某某胸腹部被刺两刀，经抢救无效死亡。经鉴定，安某某符合锐器刺击导致心脏破裂死亡；张某某枕部软组织创口，损伤程度为轻微伤；梁某某左手拇指软组织创口，损伤程度为轻微伤。

案例 3-3　　　　　　　　　　正当防卫须有度

2017年12月10日晚8时30分许，在某市一家酒吧，刚从大学毕业不久的22岁王某遭到当地男子李某寻衅滋事，为了使自己的人身免受正在进行的不法侵害，王某与李某扭打在了一起。王某持啤酒瓶朝对方头部、肩部击打数下后，又持啤酒瓶断茬朝对方胸背部要害部位连续捅刺，最终造成李某失血性休克死亡。

2018年6月28日，该市中院一审以犯故意伤害罪，判处王某有期徒刑九年。2020年9月25日上午10时许，案件有了最终结果。该省高院法官在看守所宣读了终审判决：王某犯故意伤害罪，属于防卫过当，依法应当减轻处罚，撤销一审有期徒刑九年判决，改判有期徒刑五年。

引导讨论：

1. 怎么认识正当防卫与防卫过当？

2. 当本人或者他人的人身、财产和其他权利受到不法侵害，应该采取哪些措施？

案例点评：

案例 3-1 中，程某东法治意识淡薄，遇到矛盾冲突，他没有通过合法渠道、利用法律武器来维护自身权益，而是头脑发热、一时冲动，在离开现场后，再次返回用更加暴力的手段报复，造成人员伤亡，使自己受到法律制裁。案例 3-2 告诉我们：面对坏人、黑恶势力、暴力传销等违法行为，一味地躲避、退缩非但不能解决问题，只会助长他们的气焰，让其得寸进尺。当同学们自身权益受到侵害时，不必害怕，可利用一切合法、可用手段来维护自身人身安全和正当权益。案例 3-3 中，王某采取行为制止不法侵害，其行为具有防卫性质。这是正确的。但其后续的防卫行为明显超过必要限度。因此，同学们在遇到类似情况时，一定要保持冷静，在保证自身人身安全的前提下，可采取报警、撤离现场等有效手段，用法律保护自己。

与正当防卫有关的法律规定

最高人民法院、最高人民检察院、公安部《关于依法适用正当防卫制度的指导意见》规定"正当防卫的前提是存在不法侵害。不法侵害既包括侵犯生命、健康权利的行为，也包括侵犯人身自由、公私财产等权利的行为；既包括犯罪行为，也包括违法行为。不应将不法侵害不当限缩为暴力侵害或者犯罪行为。对于非法限制他人人身自由、非法侵入他人住宅等不法侵害，可以实行防卫。"

第一节　人身安全概述

　　大学校园是社会的组成部分，现实社会中的各种矛盾和安全隐患也同样影响着大学校园的治安秩序。学生人数急剧增加，高校逐渐从封闭型转向了开放型，高校与社会相互渗透和融合，很多因素都在影响校园的安全稳定，学生的思想也日益复杂，学生的心理耐受力也较为复杂，高校校园学生人身安全问题也表现出新的特点，因此，预防人身伤害对大学生来说尤为重要。

一、大学生人身安全类别

　　人身安全从广义范畴而言，包括人的生命、健康、行动自由、住宅、人格、名誉等方面的安全。狭义的"人身安全"则指作为自然人的身体本身的安全。法律上的人身权是人格权和身份权的合称，是民事主体依法享有的，与其自身不可分离亦不可转让的没有直接财产内容的法定民事权利。因此，高校学生人身安全可以被定义为：高校学生处于一种无事故、无威胁的安全状态中，其个人身体本身不受到伤害。具体是指大学生在高校实施的教育教学活动或者学校组织的校外活动中，以及在学校负有管理责任的校舍、其他教育教学设施及生活设施内，没有受到生命权、健康权和行动自由权方面的威胁和风险。

　　社会学家马斯洛提出了需要层次论，其中"安全需要"被认为是重要的理论，安全是指一种最终脱离危险的状态，从不稳定、危险的境况中解脱出来。我们也可以界定高校学生的人身安全状态是这样的：这种安全是指目前安全，没有危险，近期也不存在威胁，是一种消除了恐惧的状态。我们今天所谈的"高校学生人身安全"问题对象——高校学生，一般泛指高校范围内的在读学生，生理发育基本成熟，但由于长期生活在校园的单纯环境中，加上我国对安全教育重视程度还不完全充分，所以他们心理成熟滞后，个性趋向定型，但可塑性大。很多学生缺乏社会实践经验和辨别是非能力，做事冲动，事先不经过深入思考，很容易给自己和他人带来危险。因此，本章所指人身安全包含于防挑衅滋事、防打架斗殴、娱乐场所防伤害、防家教和就业陷阱、防校外租房危险、防暴力恐怖袭击、防意外事件（地震、电梯事故等灾害）等各种情况中，本章的重点是掌握防挑衅滋事、防打架斗殴的正确应对措施。大学生只有身心不遭受危险，心理基本健康，身体不受到外界或者自身疾病威胁，才能平安顺利地在校园里完成学业，踏上社会，用自己所学报效祖国。

（一）按性质划分

　　由于高校学生安全性质不一样，其诱因也有所区别，依据不同的标准，基本上可以分为以下几类。

　　（1）公共卫生类学生安全。如"非典"的大面积传播对高校造成巨大影响；甲型H1N1流感也造成了巨大影响，不少高校采取封楼措施等。

　　（2）政治类学生安全。此类常常带有非常浓厚的政治色彩以及表达不当的情绪。采取了不理智、激进的表达方式。如非法集会、示威游行等。

（3）治安类学生安全。如学生公寓发生盗窃事件、失火事件。宿舍失火事件在高校比较常见。

（4）自然灾害类学生安全。由于地震、洪水、泥石流、滑坡等大的自然灾害造成的人身伤害、财产损失等安全事故。如 2008 年 5 月 12 日四川汶川大地震对周边高校生命财产安全带来巨大影响。

（二）按诱因划分

高校学生人身安全事件按照产生的诱因可分为以下五种。

（1）传染性疾病类突发事件。由传染性疾病诱发的突发事件，这样的诱发因素有可能是已知的，也有可能是未知的。如"非典""甲型 H1N1 流感""结核病"等诱发的学生恐慌、离校等。

（2）重大事件类突发事件。由国内外发生的某些重大的政治事件而引起的高校学生突发事件。

（3）管理类突发事件。这是指由于学校管理不当以及存在的各种问题或缺漏得不到及时的解决或弥补从而引发大范围的校园突发事件。如有学校因食堂价格过高而发生学生罢餐、打砸抢等破坏学校公共财物的突发事件。

（4）人为因素类突发事件。这是指因为当事人的故意行为或过失行为所引起的突发事件。如 2021 年，福建某高校的一名在校男生进入女生寝室，刺伤一名女生事件。

（5）环境压力类突发事件。这类突发事件的发生主要是因为学生担心自身的学习、就业、生活、恋爱等各个方面进而产生巨大心理压力而跳楼、自杀等突发事件。

（三）按危害性划分

这种划分也可以称为结果导向的划分，根据后果和造成的危害性进行划分，可以分为以下几类。

（1）人身及精神损害类。高校师生员工的人身权利和精神健康受到突发事件的冲击而受到损害。

（2）财产损失类。高校学生人身安全受到威胁时，往往伴有财产的损失。如宿舍里发生失火事件；宿舍被盗、校园抢劫事件都会给学生带来财产损失。

（3）秩序损害类。如高校学生未经批准就上街游行，扰乱社会正常秩序。

（4）学校信誉损害类。这是指造成学校信誉和形象受到损害的突发事件。

（四）其他分类形式

按高校学生安全涉及人员的数量，高校学生安全事件可以分为个体型突发事件和群体型突发事件；依据危害程度的标准，则可划分为以下三类：重大型突发事件、一般型突发事件与轻微型突发事件；依据周期频率的标准，可分为常见型突发事件与偶发型突发事件；以是否具有预见性进行分类，可分为确定型突发事件与不确定型突发事件；等等。

二、校园暴力

（一）校园暴力的含义

校园暴力也叫作学校暴力，包括在学校里发生的一切蓄意对身心、财产造成伤害或者威胁的行为。不同的研究者对校园暴力的定义也不一样。

世界卫生组织对暴力的定义为：蓄意地运用躯体的力量或者权力，对自身、他人、群体或者社会进行威胁或者伤害，造成或极有可能造成损伤、死亡、精神伤害、发育障碍或权益的剥夺。

联合国教科文组织将校园暴力定义为：在教室内外、学校周边、上下学途中、网络上发生的，以及在其他所有与校园环境有关的情境下发生的暴力行为。主要表现为学生之间的暴力、师生之间的暴力、校外人员与校内师生之间的暴力。校园暴力可以分为四种形式：身体暴力（包括体罚）、心理暴力（包括言语暴力）、性暴力（包括强奸和骚扰）以及欺凌（包括网络欺凌）。

浙江大学郑全全教授将校园暴力定义为：发生在学校内的暴力行为，包括身体及言语攻击、性骚扰、欺负、财产破坏（包括偷窃）和体罚几类，包括学生间的、师生间的，也包括发生在学生家长、学校职工和学生之间的。

徐久生主编的《校园暴力研究》中将校园暴力定义为：行为人针对在校师生实施的身体上的和心理上的暴力行为，对学校财物或师生财物实施的暴力行为，以及师生对社会人士实施的暴力行为。简言之，与在校师生直接有关的暴力行为，均可界定为校园暴力。其中，暴力行为主要涉及故意实施的对他人的身体伤害，以及对被害人的身体或财物直接施加其他影响、但尚未达到伤害的程度的一些故意行为[①]。

按施暴者及施暴对象来划分，校园暴力分为：学生对学生的个体施暴、学生对教师的个体施暴、教师对学生的个体施暴、校园团伙对师生及其他团伙的集体施暴、学生对学校财产的暴力。其中，学生对学生施暴是校园暴力的主要形式。按校园暴力的行为类型大致可分为：打架、滋事、侮辱或辱骂、抢劫或抢夺、欺凌弱小、收取保护费、勒索钱财、持枪或持刀、性侵犯、性骚扰、组成非法团伙、故意破坏行为。

（二）挑衅滋事（滋扰）

1. 滋扰的含义

滋扰，从广义的角度讲，是指社会不法人员无视国家法律和社会公德而寻衅滋事、结伙斗殴、扰乱社会秩序等行为。从狭义的角度讲，滋扰主要是指对校园秩序的破坏扰乱，对学生无端挑衅、侵犯乃至伤害的行为。滋扰是一个涉及学生、家庭、社会等诸多方面的复杂的社会问题，大学生必须提高警惕、尽力预防和制止外部滋扰，以保证学校教学、科研和生活的正常进行。

2. 大学生受外部滋扰的常见形式

（1）校外的不法人员通过多种途径与少数大学生进行交往，如因发生矛盾、纠葛或为达到某些目的，入校寻衅滋事、伺机报复或实施伤害。

（2）有的社会不法人员，在酒吧、KTV、网吧等地或在购物、看电影、参加舞会、观看比赛、走路时，与大学生发生矛盾，从而酿成冲突导致人身伤害。

（3）有的不法人员，专门尾随女同学或有目的地到学生宿舍、教室等处污辱、骚扰、调戏女生，甚至对女同学动手动脚，致使女大学生受到种种伤害。有的社会人员专

① 徐久生，校园暴力研究，中国方正出版社，2004.

门在女生宿舍旁的马路上用改装过的跑车、大排量摩托车制造噪声来滋扰女大学生。

（4）社会闲散人员混入校园内游逛，寻衅滋事，大学生作为学校的主人，容易与这类人员发生正面冲突，从而导致人身伤害。

（5）校外人员与学生争抢活动场地，喧宾夺主，从而引发矛盾和冲突导致身体伤害。

（6）有的无赖之徒，喜欢不停地拨打异性电话或不停地给其写信，在微信、QQ上与异性无聊地谈天说地或者口吐污言秽语，要不就是莫名其妙地恐吓和威胁，甚至敲诈勒索，从而造成被害人在精神上非常痛苦，这就是电话滋扰、信件滋扰和网络滋扰。

（三）打架斗殴

1. 打架斗殴的含义

"打架"是指对立双方或多方，在相互矛盾发展到极点时，其行为特点为具有暴力倾向，以对他人身体造成伤害为目的的一种主观意识行为。不管这种行为起因为何、目的为何，都是一种不理智、不文明的行为，严重者甚至会触犯刑律。"斗殴"是指双方或多方通过实施暴力击打以达到制服对方的行为，无论其目的是否合法、正当，均不受中国大陆法律保护。高校学生中发生的打架斗殴问题比较普遍突出，对学生的人身安全也形成极大的危害，必须引起高校的高度重视。

2. 诱发打架斗殴的原因

（1）利益与经济。目前，大学生的竞争意识日渐增强，激烈的竞争常导致大学生对利益极为关注，如评优、评奖学金等，由于同学们看法不尽一致，有的甚至妒忌成仇；有的因争水冲凉，争运动场地、座位等生活琐事而产生争执，互不相让而斗殴。经济也是诱发打架斗殴的一个因素，如同学之间因对共同消费后的经济承担责任有不同意见或因相互之间的借、还等经济往来而引发纠纷。

（2）恋爱与交友。在校大学生因恋爱问题导致打架也占有相当大的比例。有些同学视恋爱为儿戏，互相玩弄感情，甚至脚踏几只船，引发几个恋人之间争风吃醋，继而结伙斗殴。有的因一厢情愿，恋爱不成，导致心理失调，甚至发展到心理变态，继而引发报复斗殴等恶性案件。极少数学生在交友中，以意气相投的酒肉朋友为对象拉帮结派。他们认为只有哥们儿义气才是最可信赖的，他们常常依仗人多势众，横行霸道，因而极易酿成聚众的打架斗殴。

（3）猜疑与嫉妒。有些同学因猜忌多疑，总觉得别人跟自己过不去，背地里说自己的坏话；有的说者无心，听者有意，将别人的话胡乱联系，无端嫉恨他人；有的因自己财物失窃而对同学妄加猜疑，甚至采取违法的方法处理所谓嫌疑人，引发斗殴事件。同样，嫉妒心严重的人，往往把别人的进步和成绩当作对自己的威胁，继而引发恶性斗殴事件，殃及嫉妒对象。

（4）性格与个性。大学生来自五湖四海，各人成长环境和条件各不相同，性格差异较大。性格的差异使大学生在处理同学关系的过程中，极易产生互相看不惯、互相嫌弃、甚至对抗的心理，从而引起纠纷。有些学生在家是个宠儿，为所欲为。到大学里，仍然唯我独尊。抱有这种不正常心理的学生，在集体生活中不遵守公共道德和行为规范，发生矛盾纠纷时，不仅不能严于律己，而且总觉得别人侵犯自己的尊严。因而在处理与同学之间的矛盾时，态度粗暴，蛮横无理，常为一些生活琐事而各不相让、大打出手。

（5）酗酒。大学生由于酗酒而引起的违法违纪特别是打架斗殴现象时有发生。一些大学生在饮酒前并没有明确的违法动机和准备，但在饮酒达到一定的量后，有的因平时琐事或饮酒过程中的几句话等而情绪冲动，失去理智，殴斗厮打，有的甚至一呼即应，殴打伤害无辜。

三、毒品犯罪

（一）毒品犯罪的含义

毒品犯罪是指涉及毒品的犯罪，主要包括走私、贩卖、运输、制造毒品罪，非法持有毒品罪，包庇毒品犯罪分子罪，窝藏、转移、隐瞒毒品、毒赃罪，走私制毒物品罪，非法买卖制毒物品罪，非法种植毒品原植物罪，非法买卖、运输、携带、持有毒品原植物种子、幼苗罪，引诱、教唆、欺骗他人吸毒罪，强迫他人吸毒罪，容留他人吸毒罪，非法提供麻醉药品、精神药品罪。走私、贩卖、运输、制造毒品，无论数量多少，都应当追究刑事责任，予以刑事处罚。

（二）毒品的特征

所有毒品均具有四个基本特征，即依赖性、耐受性、非法性和危害性。

1. 依赖性

这是毒品区别于其他药物和毒物的自然特征，是毒品的基本特征之一，也是导致吸毒成瘾且难以戒毒的主要原因。毒品的依赖性即毒品的成瘾性。"瘾"这一概念因在医学上含义不明确已不再使用，而用"依赖性"取而代之。毒品的依赖性与药物的依赖性相近，其定义为：由于药物与机体相互作用所造成的一种精神状态，有时也包括身体状态，表现为一种强迫性的或定期使用该药的行为和其他反应，为的是体验它的精神效应，有时也是为了避免由于断药所引起的不舒适感，可以发生或不发生耐受性。毒品的依赖性一般表现为精神依赖性和身体依赖性。

精神依赖性是指毒品进入机体后作用于人脑内与学习、记忆有关的神经系统，使人产生一种特殊的精神效应，并使吸毒者持续性或周期性地出现的渴望体验毒品的强烈欲望。这种欲望驱使吸毒者不顾一切地寻求和使用毒品。毒品都形成精神依赖性，即使经过戒毒治疗，机体对毒品的精神依赖性仍难以彻底消除，这是许多吸毒者在戒毒治疗后反复吸毒品的根本原因，也是目前世界医药学界尚待解决的问题。

身体依赖性是指在精神依赖性形成后，机体不断服用毒品，毒品与机体间形成了病态平衡，在毒品存在期间，能看到机体的生理功能处于正常状态，但是毒品从体内消失后，机体处于障碍状态，将出现强烈的生理反应，痛不欲生，这种病态平衡称之为毒品的身体依赖性。所有毒品都形成精神依赖性，但某些毒品不形成身体依赖性。

2. 耐受性

这是指不断使用同一种或同一类药物后，药用效果会出现退化现象，机体对该药物的反应迟钝、变弱，必须不断增加剂量才能获得与以前相同的药效。由于毒品的药物耐受性，几乎每个吸毒者都会经历逐步增大吸毒量、缩短吸毒间隔时间以及改变吸毒方式的过程。

3. 非法性

这是毒品的法律特征。任何能形成瘾癖的麻醉药品和精神药品都对人体有积极和消极两方面的作用，即医疗作用和毒害作用，只有用于非法用途才称为毒品。我国法律规定，吸食毒品是违法行为，必须受到法律处罚，对走私、贩卖、运输、制造毒品、非法种植毒品原植物、非法持有毒品、强迫他人吸毒等行为是作为犯罪而予以严惩的。

4. 危害性

这表现在对个人、家庭、社会三方面，可以概括为"毁灭自己、祸及家庭、危害社会"。

（三）大学生对毒品的防范现状

心理学认为初始吸毒是一种"心理—社会传播"过程，其根本原因是社会传播问题，而心理因素是造成吸毒的重要原因。处于青春期后期与成年期初期阶段的大学生，在生理和心理上都处于迅速变化过程中，他们思想活跃，接受能力强，但社会经验不足，阅历浅，各种社会思潮的冲击都容易引起他们强烈的心理冲突和矛盾，如好奇而被引诱，成绩不佳而自卑和嫉妒，因人际交往的挫折而焦虑、困惑，因失恋而沮丧，对学校、父母的压力感到无所适从，还有性生理的成熟而产生自我性意识的困扰，以及理想与现实的差异所产生的消极颓废与苦闷等。如果不能正确处理和对待各种矛盾与冲突，则往往因好奇、无知、消愁、赌气而借助烟、酒、毒品寻求一时的解脱，最终导致染毒成瘾。

不少学校以为学生在入学以前就已了解了毒品，实际上对很多学生来说，禁毒教育还是空白。《2020年中国毒情形势报告》显示，一些大城市出现滥用色胺类物质的吸毒群体，多为18至35岁、学历较高且拥有稳定职业的人员。课题组发现，2015年至2020年，受过高等教育的群体涉毒刑事案件数占同年涉毒刑事案件总数的比例呈逐年上升趋势，且增幅较大，涉毒问题较为严重。为了进一步验证，课题组面向全国56所高校的1 087名在校学生开展问卷调查与个案访谈，考察了当前大学生毒品预防教育的现状和问题。调查显示：接受调查的学生在识别传统毒品与新型毒品上有不同的表现，对于海洛因、冰毒、摇头丸等传统毒品的识别能力较强，但对于彩虹烟、"邮票"、神仙水等新型毒品的识别能力较弱。且高校层级越高的在校学生，参加毒品预防教育的积极性越低，具备的毒品辨识能力也随之降低。在访谈中，选择"可以控制"的大学生仅片面地基于身体素质、毒品种类、摄入量等客观因素来评估自身控制毒品成瘾的能力，往往忽略了吸毒者对毒品产生的心理依赖。在被问及是否会选择"接受并饮用"来自陌生人的饮品时，98.80%的大学生会选择拒绝，而选择接受的学生普遍具有思想单纯、社会经验不足、好奇心和冒险心强等特点，在极具诱惑性、伪装性的新型毒品面前，缺乏防毒拒毒的意识和能力。

大学生虽然文化层次较高、思想比较活跃，然而由于他们阅历浅、社会经验不足，对自己缺乏正确而全面的认识，容易受到社会上各种思潮的冲击，很容易产生各种各样的心理冲突和矛盾。大学生虽然大多没有一般吸毒者所通常面临的现实社会问题，如失业、贫困、不幸，然而青春期的年轻人会面临来自父母、学校和朋友的压力，经常会感到无所适从，甚至认为自己面临的障碍和压力似乎不可跨越，如果不能正确对待和处理，在这种状态下很容易借助烟、酒、毒品等刺激物寻求一时的解脱，有的同学竟认为：沾染毒品不可怕，自制力强就能轻易戒掉。在别人的引诱下，有人会出于好奇而去尝试毒品。另外，在大学期间还要做很多困难的选择，如交友、恋爱、就业。正是在这些时候人最容易把持不住而做出某些反常的事情。由于学习环境的变化，置身于优秀学生之中，容易产生自卑感，甚至嫉妒心理；生活环境的变化也会带来一些不适应；理想自我与现实目标的差异，会导致一些学生消极颓废、苦闷；在人际交往中会遇到某些挫折，使人容易产生焦虑、困惑；伴随性生理的成熟而产生的自我性意识的困扰等。当遇到这些问题时，一些人会去逃避，寻找暂时的解决办法，如果别人在这时介绍一些陌生而看起来有趣的东西时，便很难抗拒，如果对其中的危险性又认识不足的话，就更容易陷入毒品的麻醉之中。

四、性侵害

对于大学生来说，性侵害的受害人主要是女生。这类性侵害是指以女大学生为目标，以暴力、胁迫或其他手段，违背其意志，占有或玩弄女性的行为。这不仅使被侵害人的身心受到创伤，而且还会使被侵害人的人格尊严受到污辱，甚至导致女大学生精神崩溃、自杀等严重后果。了解性侵害的类型、特点，掌握防范性侵害的一些知识、技能，能有效地预防性侵害。

（一）性侵害的类型

1. 暴力型侵害

这类性侵害的主体大多是校外人员，他们在与女大学生的交往过程中，采用欺骗手段取得她们的信任。一旦女大学生处于孤立无援的状态下，他们就会采取使用凶器、殴打等暴力方式迫使被侵害对象就范。如果在性侵害的过程中被侵害人强烈反抗，或者犯罪分子害怕事情暴露，还可能会剥夺被侵害人的生命。

2. 胁迫型侵害

这类性侵害主要是指作案主体利用自己的权势、地位、职务等，对女大学生采用利诱、威胁、恐吓，如曝光隐私、毁坏名誉等手段，对其实行精神控制，使她们不能反抗，或者在对方有求于自己的情况下，给女性以某种许诺，迫使其不能反抗而就范。

3. 网恋型侵害

网络技术的迅猛发展，给在校的大学生提供了更多与陌生人交往的机会。而今上网聊天、结识网友已成为高校的一种时尚，作案人在网络聊天中往往利用花言巧语给那些正处于感情迷茫时期的女生以最大的诱惑。在女大学生看来，那些人就是她们要找的"梦中情人"，因此容易上当受骗。

4. 社交型侵害

这类性侵害的主体大多是熟人，与受害人约会的一般是同学、同乡、朋友，有的甚至是男朋友。社交型性侵害也被称作"熟人强奸""沉默强奸""酒后强奸"等。受害人受到伤害后，往往出于各种考虑而不敢揭发。

社会是人的社会，人是社会的人，一个人生活在社会中，总要与人交往，生活在大学校园里的女大学生也不例外，现代大学开放式的管理模式给了大学生许多交往空间，但由于其自身社会经验的缺乏，在社会交往活动中容易成为犯罪分子侵害的对象。在现实生活中女大学生可能被侵害的主要情形有以下几种。

（1）家教。这是许多女大学生在大学期间参加的一项社会实践活动，它可以增强学生的社会实践能力，同时也能使她们获得一定的经济收入。但有的女大学生不是通过正规的中介机构去找家教工作，而是仅凭张贴的招聘广告去找。有时只是看报酬多少，不了解对方家庭成员、社会背景等情况，毫无警惕意识。

（2）求职。在竞争日益激烈的今天，大学生找到一份工作很不容易，总想通过各种途径去推销自己，托熟人、找关系，以求工作单位找得更好一点。这种急于求成的心理往往毫不掩饰地写在脸上，作案分子往往利用此机会，凭借三寸不烂之舌吹嘘自己，从而获得女大学生的信任和崇拜，然后找机会对女大学生进行侵害。

（3）交友。大学生们离开了父母和家庭，来到一个陌生的环境，更加迫切希望得到心灵上的慰藉，因此同学之间建立纯真无邪的友谊是大学生生活不可缺少的一部分。但在实际生活中，许多大学生容易把异性间的友谊错当成爱情，特别是那些性格活泼、言谈举止暧昧的女生更容易使男生产生误解。

（二）易发生性侵害的时间、地点

1. 时间

（1）夏天，女大学生容易遭受性侵害。夏天天气炎热，夜生活时间延长，外出机会增多。夏季校园内绿树成荫，犯罪分子作案后容易藏身或逃脱。同时，由于夏季气温比较高，女生衣着单薄，裸露部分较多，因而异性受到的刺激增多。

（2）夜晚，女大学生容易遭受性侵害。因为夜间光线暗，犯罪分子作案时不容易被人发现。在夜间女大学生应尽量减少外出。

2. 地点

（1）公共场所是女生容易遭受性侵害的地方。公共场所如教室、礼堂、舞池、溜冰场、游泳池、车站、码头、影院、实验室等场所人多拥挤时，不法分子常乘机袭击女生。

（2）僻静处所也是女生容易遭受性侵害的地方。僻静之处如公园假山、树林深处、夹道小巷、楼顶晒台、没有路灯的街道楼边、尚未交付使用的新建筑物内、下班后的电梯内，以及无人居住的小屋、陋室，茅棚等，女生若单独逗留，很容易遭受到流氓袭击。因此，女生最好不要单独行走或逗留在上述地方。

五、性病

性病是指通过性接触行为传染的疾病，主要病变发生在生殖器部位。世界卫生组织把通过性接触、类似性行为及间接接触传播的疾病，统称为性传播疾病。性传播疾病的涵盖范围已扩展至包括最少 50 种致病微生物感染所致的疾病，其中包括梅毒、淋病、尖锐湿疣、生殖器疱疹、艾滋病等。我国要求重点防治的性传播疾病是梅毒、淋病、生殖道沙眼衣原体感染、尖锐湿疣、生殖器疱疹及艾滋病。

（一）常见病原体

（1）病毒。可引起尖锐湿疣、生殖器疱疹、艾滋病。常见的有单纯疱疹病毒、人类乳头瘤病毒、传染性软疣病毒、艾滋病病毒等。

（2）衣原体。可引起性病性淋巴肉芽肿、衣原体性尿道炎或宫颈炎，主要是各种血清型的沙眼衣原体。

（3）支原体。可引起非淋菌性尿道炎。包括人型肺炎支原体等。

（4）螺旋体。可引起梅毒的致病微生物为梅毒螺旋体。

（5）细菌。可引起淋病、软下疳。常见的有淋病双球菌等。

（6）真菌。可引起外阴阴道念珠菌病，致病微生物主要为白色念珠菌。

（7）原虫和寄生虫。可引起疥疮等，这些病原体广泛存在于自然界，在适宜的温度下生长繁殖而导致发病。

（二）传播途径

（1）性行为传播。异性或同性性交是性病的主要传播方式。其他性行为如接吻、触摸，也可发生感染。

（2）间接接触传播。人与人之间的非性关系的接触传播，相对来说还是比较少见的，但有些性传播疾病，如淋病，偶尔在特定情况下可以通过毛巾、浴盆、衣服等用品传播。

（3）血源性传播。梅毒、艾滋病、淋病均可发生病原体血症，如受血者输入了这样的血液，可以发生传递性感染。

（4）母婴传播。孕妇患有梅毒时可通过胎盘感染胎儿；妊娠妇女患淋病，由于羊膜腔内感染可引起胎儿感染。分娩时新生儿通过产道可发生淋菌性或衣原体性眼炎、衣原体性肺炎。

（5）医源性传播。医务人员防护不严格而使自身感染；医疗器械消毒不严格，病原体未被杀死，再使用时可感染他人；器官移植、人工授精的操作而发生感染。

六、艾滋病

艾滋病的医学全名为"获得性免疫缺陷综合征"（AIDS），是由人类免疫缺陷病毒（HIV）感染引起的一种病死率极高的恶性传染病。艾滋病病毒侵入人体后，能够破坏人体的免疫系统，让感染者逐渐丧失对各种疾病的抵抗能力，甚至会导致死亡，这是当前最棘手的医学难题之一。

（一）感染艾滋病病毒的途径

途径主要有三条：血液传播、性传播和母婴传播。

血液传播是感染最直接的途径。输入被病毒污染的血液，使用了被血液污染而又未经严格消毒的注射器、针灸针、拔牙工具，都是十分危险的。另外，与感染者共用剃须刀、牙刷等，都会感染。

性传播感染人数呈上升趋势。无论是同性，还是异性之间的性接触，都会导致艾滋病病毒传播。据统计，近年来，我国新增的感染病例中，95%通过性传播感染，其中异性传播约占70%，男男性行为者每100人中约有8人感染。青年学生群体和老年人群体感染人数大幅增加。新确诊感染的大学生人数年增长率为30%～50%，青少年（15—24岁）感染的人数近10年增长了10多倍。值得一提的是，男男同性性传播已成为我国青年学生感染的主要途径。

母婴途径传播表现在：如果母亲是艾滋病病毒感染者，那么她很有可能会在怀孕、分娩过程或是通过母乳喂养使她的孩子受到感染。

下面一些高危行为或情形也容易导致感染艾滋病毒。

（1）发生无安全套保护的性行为。

（2）注射吸毒时共用受到污染的针头、注射器和其他注射器具以及药品注射液。

（3）接受不安全的注射、输血、组织移植以及未充分消毒的切割或穿刺医疗操作。

（4）卫生人员等不慎被不安全针具刺伤等。

（5）已感染其他性传播疾病，如梅毒、疱疹。

下面这些是不传播艾滋病毒的。

（1）食物、饮水、空气。

（2）纸币、硬币、票证。

（3）公共场所的一般接触，如：同在一个教室上课，各种公共交通工具的座位、扶手，办公室的办公用品，工厂车间的工具，在影剧院、商场、游泳池等场所的一般活动。

（4）礼节性拥抱、握手。

（5）共用马桶、浴缸。

（6）蚊虫叮咬。

（二）世界艾滋病日

世界卫生组织在 1988 年将每年的 12 月 1 日确定为世界艾滋病日，目的是增进人们对艾滋病的认识。之所以将每年的 12 月 1 日定为世界艾滋病日，是因为世界上第一例艾滋病病例是于 1981 年 12 月 1 日诊断出的。这一天，世界各国和国际组织都会举办相关活动，宣传和普及预防艾滋病的知识，号召全世界人民行动起来，团结一致共同对抗艾滋病。

世界艾滋病日的标志是红丝带。标志的意义是：红丝带是一条纽带，将世界人民紧紧联系在一起，共同抗击艾滋病。红丝带有 3 个象征意义：一是象征着我们对艾滋病病毒感染者和艾滋病病人的关心与支持；二是象征着我们对生命的热爱和对和平的渴望；三是象征着我们要用"心"来参与预防艾滋病的工作。

在我国，提供艾滋病防治相关服务的组织有以下几个。

（1）中国疾病预防控制中心。这是国家卫生健康委员会直属事业单位，主要职责包括"开展疾病预防控制、开展传染病监测和评价"。艾滋病病毒感染者和艾滋病病人可以去各级疾病预防控制中心和卫生行政部门指定的医疗机构得到免费咨询和艾滋病病毒抗体初筛检测。

（2）中国预防性病艾滋病基金会。基金会的业务范围涵盖：关怀救助受性病、艾滋病影响的妇女儿童、艾滋病病毒感染者和艾滋病病人及其家庭等。

（3）中国性病艾滋病防治协会。这是由从事性病、艾滋病防治相关工作的个人、企事业单位和社会组织自愿结成的全国性、专业性、非营利性社会团体。

（4）中国红丝带网。全名为全国艾滋病信息资源网络（China HIV/AIDS Information Network，CHAIN），这是一个全国性的政府、非政府组织和国际组织共同参与的信息交流与共享平台，成立于 2001 年。目的在于促进中国艾滋病防治领域相关信息交流与资源共享，以及最佳实践经验的推广，加强政府组织、非政府组织、媒体、民间团体以及企业等社会多部门之间的信息沟通与合作。

艾滋病防治相关规定

《艾滋病防治条例》规定：未经本人或者其监护人同意，任何单位或者个人不得公开艾滋病病毒感染者、艾滋病病人及其家属的姓名、地址、工作单位、肖像、病史资料以及其他可能据此推断出其具体身份的信息。

《艾滋病防治条例》规定：艾滋病病毒感染者或者艾滋病病人故意传播艾滋病的，依法承担民事赔偿责任；构成犯罪的，依法追究刑事责任。

《最高人民法院、最高人民检察院关于办理组织、强迫、引诱、容留、介绍卖淫刑事案件适用法律若干问题的解释》规定：明知自己感染艾滋病病毒而卖淫、嫖娼，或明知自己感染艾滋病病毒，故意不采取防范措施而与他人发生性关系，致使他人感染艾滋病病毒的，依照刑法第二百三十四条第二款的规定，以故意伤害罪定罪处罚。

第二节　人身安全的防范措施

一、校园暴力行为的防范措施

（一）学生应对校园暴力的措施

（1）高校学生应当自觉地上好"法律基础"课、积极地参加学校组织开展的各种德育、法制学习与教育活动，树立遵纪守法的思想观念，严格遵守国家法律、法规和学校管理规范。要树立远大理想，培养正确的世界观、人生观和价值观，在纷繁复杂的社会环境中保持头脑清醒，找准人生定位，努力学习和工作，在校做一个好学生，踏上社会做一个好公民。

（2）高校学生应当树立自尊、自律、自强意识。自尊，即尊重自己，不向邪恶行为卑躬屈膝，也不允许别人歧视、侮辱。自律，即严格约束自己的言行，交友要慎重，不沾染歪风邪气。自强，即敢于和不正之风做斗争，维护学校的安全和稳定。大学生要实现"自我保护"的目的，使自己健康成长，必须做到尊重自己，严于律己，自强不息，以积极的态度来赢得学校和法律的保护。如果学生遇事软弱、处理不力，即使有学校和法律的保护，也无济于事。因此，树立自爱、自律、自强意识是大学生对校园暴力自我防范的一项基本要求。

（3）遇到校园暴力要及时报告。邪不压正，社会法律和学校纪律是铲除校园暴力的一把利剑，只要每个人都深刻认识到校园暴力的危害，对校园暴力深恶痛绝，发现校园暴力就向教师和学校报告，由教师和学校严肃处理，就会有利于铲除校园暴力。如果大家对校园暴力忍气吞声或采取事不关己、高高挂起的态度，就会助长校园暴力的气焰，贻害无穷。

（4）明确学习目的，自我加压。高校学生应该提高认识，明确学习目的，严格要求自己，把主要精力放在学习上，努力成才为将来踏入社会实现自己的人生价值做好充分准备。

（5）加强人际交往能力。对于高校学生来说，在学校和同学相处的时间比和自己的家人还要多，因此，和同学们有着良好的人际关系是大学生活的重要课题。学生们离开家庭的怀抱，内心感到孤独，加上自我认知不够，自信心不够，总觉得受人排挤，这也是发生校园暴力的一个重要原因。相反，良好的人际交往是能够帮助学生消除孤独感的，可以帮助学生远离暴力犯罪。学会和不同性格、不同背景的同学交往，学习每个人身上的长处，遇到矛盾冲突冷静对待、理智处理。远离暴力文化、色情文化，追求有内涵的精神生活。谨慎交友，避免冲动的行为。对待异性关系要正确理智，能够明辨是非，自觉抵制不良文化。

（6）加强沟通的习惯。大学生的朋友不仅仅只有同学，老师和家长都可以成为朋友，当在学校的生活或者学习遇到困难时，能够信赖家长，信赖老师，主动向他们寻求帮助，排解内心的负面情绪。找到生活的方向和希望，找到学习的动力，乐观积极地生活，这样，校园暴力行为就不容易发生了。

（二）学校应对暴力行为的措施

（1）学校应加强学生安全意识教育，使学生意识到安全问题的重要性，并在日常生活中注意保护自己的人身、财产安全。辅导员要教给学生正确的制暴方法，教育学生在遇到暴力事件时首先确保自身安全，然后向老师、家长寻求帮助，或是向公安机关报警，获得帮助有助于防止暴力事件的不断升级。让学生明白遇到暴力事件切不可"以暴制暴"，陷入害人害己的悔恨之地。

（2）加强教师职业道德建设。教师是人类灵魂的工程师，是学生心中的第一道德榜样，是学校德育工作成败的决定因素。要按照"学为人师、行为世范"的目标和为人师表的标准，教育引导广大教师注重加强自身修养，提高自身素质，增强人格力量，使教师以良好的形象潜移默化地促使学生健康成长。在某些情况下，教师在应对校园暴力方面具有独特的作用，但是教师在处理校园暴力时是否可以取得良好的效果，取决于教师的个人魅力以及教师与学生间的关系是否融洽等。因此，学校和有影响力的教师应肩负起应对校园暴力的重任。

（3）关爱学生。切实做好关心爱护学生的工作，是学校教师的天职。在校园暴力中，那些被欺负、敲诈、勒索甚至身心受到严重伤害的学生是我们能看见的受害者，因而他们得到的关怀和帮助也就多。但那些施暴的学生同样也是受害者，而且，从某种意义上讲，他们似乎比被暴力所伤的学生更应得到关怀和帮助。我们对有错误、有缺点的"问题学生"，尤其要多关心、多爱护、多教育、多帮助，使能健康成长的学生越来越多，使学校的教育目标顺利实现。同时，向学生传授应对暴力攻击行为的方法。高校学生正处于青春年少的时期，年轻气盛的学生产生一些矛盾、发生一点纠纷是不可避免的，学生必须要掌握处理和应对的方法。

（4）加强法制教育。不知法、不懂法、法制观念淡薄是产生校园暴力的重要原因。学校应当将法律知识的教育纳入学校教育教学计划，定期组织展览会、报告会、演讲会等多种形式的法制宣传活动。通过有计划、有组织、有针对性的富有成效的法制教育，使学生树立遵纪守法的思想意识。

（5）合理设置专业（课程）。设置的专业（课程）要贴近市场需求，要给学生调整专业的自由，以激发学生的学习兴趣，使学生把主要精力投放到学习上来。

（6）举办形式多样的课外活动。青年学生精力充沛，要把学生的课余时间充分利用起来。通过成立各种社团组织和兴趣小组，举办各种文体活动，让学生培养特长，树立自信心，健康成长。

（三）外部滋扰防范

寻衅滋事是典型的流氓活动。大学生在校园内遇有流氓滋事，一方面要敢于出面制止或将流氓分子扭送到有关部门，或及时向学校保卫部门报案，或打"110"电话报警，以便及时抓获犯罪嫌疑人，予以惩办；另一方面，要加强自身的修养，冷静处置，不因小事而招惹是非，积极慎重地同外部滋扰这一丑恶现象做斗争是义不容辞的责任。具体地说，大学生在遇到流氓滋事时，应注意把握以下几点。

（1）提高警惕，做好准备，正确看待，慎重处置。面对违法青少年挑起的流氓滋扰，千万不要惊慌而要正确对待。要问清缘由、弄清是非，既不畏惧退缩、避而远之，也不随便动手、一味蛮干，而应晓之以理、以礼待人、妥善处置。

（2）充分依靠组织和集体的力量，积极干预和制止违法犯罪行为。要注意团结和发动周围的群众，以对滋事者形成压力，迫使其终止违法犯罪行为。那些成群结伙、凶狠残忍的滋事者，总想趁乱一哄而上、为非作歹，只有依靠群众、依靠集体的力量才能有效地制止其违法行为。对滋事者形成群起而攻之的局面，几个滋事者是不足为惧的，是完全能够被制服的。

（3）注意策略，讲究效果，避免纠缠，防止事态扩大。在许多场合，滋事者显得愚昧而盲目、固执而无赖，有时仅有挑逗性的言语和动作，教人可气可恼而又抓不到有效证据。遇到这种情况，一定要冷静，注意讲究策略和方法，一方面及时报告并协助有关部门进行处理；另一方面采取正面对其劝告的方法，注意避免纠缠，目的就是避免事态扩大和免得把自己与无赖之徒置于等同地位。

（4）自觉运用法律武器保护他人和保护自己。面对流氓滋扰事件，既要坚持以说理为主，不要轻易动手，同时又要注意留心观察、掌握证据。比如，有哪些人在场，谁先动手，持何凶器，滋事者有哪些重要特征，案件大致的经过是怎样的，现场状况如何，滋事者使用何种器械、有何证件，毁坏的衣物和设施是什么，地面留有什么痕迹等。这些证据，对查处流氓滋事者是很有帮助的。

（四）恋爱滋扰防范

在学生中的异性纠缠，主要是恋爱中的异性纠缠。这种纠缠来自两个方面：一是单恋者的纠缠，一方有情，另一方无意，有情者积极进攻，穷追不舍。二是原来有恋爱关系，因为某种原因，一方提出终止恋爱关系，另一方无法接受，因而苦苦纠缠。为摆脱恋爱中的异性纠缠，应该做到以下几点。

（1）态度明朗。明确告诉对方打消念头。切莫态度暧昧、模棱两可，增加对方幻想，从而带来更多的麻烦。

（2）遵守恋爱道德，讲究文明礼貌。在拒绝对方的要求时，要讲明道理，耐心说服。要尊重对方人格，不可嘲笑挖苦，更不能在别人面前揭露对方隐私。

（3）要正常相处、节制往来。恋爱不成，但仍是好同学、好朋友，不可结怨，更不可成为仇人、敌人。

（4）遇到困难，要依靠组织。发现对方可能采取报复行为，要及时向老师和领导汇报，依靠组织妥善处理，防止发生意外事件。

（5）女生要自爱自重。女生作风上要稳重，生活上要俭朴，不要刻意追求打扮，不要在和男生交往中占小便宜。要大方得体，不要随意向异性撒娇，流露出对异性的冲动，以免异性有非分之想。

法律法规传真 3-3

《中华人民共和国治安管理处罚法》第二十六条

有下列行为之一的，处五日以上十日以下拘留，可以并处五百元以下罚款；情节较重的，处十日以上十五日以下拘留，可以并处一千元以下罚款：

1. 结伙斗殴的。
2. 追逐、拦截他人的。
3. 强拿硬要或者任意损毁、占用公私财物的。
4. 其他挑衅滋事行为。

二、打架斗殴的防范措施

（一）处理原则

（1）不围观、不起哄、不介入，更不要火上浇油。

（2）如果你想劝解，应当先问明情况，站在公正的立场上做双方的工作。若劝解无效，应迅速向班主任老师或保卫部门报告，以防事态扩大。

（3）打架的一方如果是你的同学或熟人，在劝解时要主持公道，不可偏袒。在采取隔离措施时，应当首先拉自己的同学或朋友，以免被对方误解为"拉偏架"，或者将你当作对方的"同伙"而受到无辜伤害。

（4）见义勇为是每一个公民应有的道德。当学校有关部门调查打架真相时，现场目击人要勇于出来向有关部门提供线索和证据，以保护受害人的合法权益，使肇事人受到惩处。

（二）自我规范

（1）大学生年满18周岁，属于成年人，要明白自己的行为在受法律保护的同时，也受法律的约束，伤害他人要承担相应的法律责任。要开展遵纪守法教育，增强法制意识，知法、懂法、守法，有效预防暴力活动。

（2）大学生遇到矛盾纠纷时，要冷静克制，保持理智，善于察言观色，不要激化矛盾，不要鲁莽行事，要摈弃哥们义气，坚持原则，不能感情用事。不要伤害别人，避免流血事件发生。

（3）正确面对生活的压力，用正确的防范缓解压力，保护健康的心理状态。

（4）加强自我保护意识。在面对暴力行为时要讲究策略与勇气，遭遇暴力后要敢于向班主任报告。

（5）遵守宿舍管理规定，规范自身行为，不准在宿舍搞各种经营活动。

（6）不携带管制器具等危险物品进校园，也不拆卸床具。

（7）明辨是非，冷静对待，不参与群体性纠纷。

（8）学会化解纠纷。许多纠纷由口角引起，恶语伤人、说话不当可能引来祸端。由于自己的不小心，伤害了别人的利益，要真诚地向人说一句"对不起"。反过来由于别人不小心伤害了自己的利益时，要大度，说声"没关系"，这样纠纷就容易自然化解。

（三）对各类打架斗殴的预防和劝阻

（1）防突发性斗殴——说服术。突发性斗殴往往是由于不能冷静对待某一小事而引起的。防止这种斗殴应当采取说服的方法，讲清"行少顷之怒，丧终身之躯"的道理和严重后果，使冲动的双方冷静下来。

（2）防报复性斗殴——攻心术和暗示效应。报复性斗殴往往产生于某种畸形的变态心理，这种斗殴的处置同突发性斗殴一样，需用说理的方法化解。所不同的是在说理时不可指对方的错误，以免引起对方反感。而必须委婉相劝，用一种相似的人和事来暗示对方。

（3）防演变性斗殴——及早化解，让对方自己觉悟。演变性斗殴是指两者之间长期积怨、受辱、被欺负而无人调解，使矛盾由量变发展到质变而产生激烈的报复性斗殴。这种斗殴往往致人死亡，因此，及早发现、及时化解和预防这类斗殴显得尤为重要。

（4）防群体性斗殴——明辨是非。群体性斗殴往往因本班、本院、本年级的同学、老乡或朋友与人发生纠纷后，不能冷静处理而纠合起来向对方进行报复的斗殴。大学生应明辨是非、冷静对待，不参与此类纠纷，并劝阻他人参与群殴。

三、校园禁毒的应对措施

加强校园毒品预防教育工作，不仅是保证青少年健康成长的需要，也是防止滋生新吸毒人员和毒品向社会扩散的一项重要措施。大学生不仅要做好自我教育，提高对毒品危害的认识，更重要的是还要依靠学校、家长通力合作、齐心协力构筑起预防毒品的坚实堤坝。

（1）强化接受毒品预防教育的意识。要想有更强的防范意识，毒品预防教育必不可少。可以从两方面着手：一方面通过毒品预防教育课或者接受毒品预防教育；另一方面通过接触一些宣传载体，如毒品宣传的科普读物、毒品知识的游戏软件或桌游，参与到毒品预防教育中来。

（2）有效缓解内在压力，提升压力应对能力。霍尔认为，青年期是"狂暴与冲突、风暴与压力并存的阶段"。大学生进入校园后，大学自主的学习方式、集体的生活环境都需要他们积极主动地适应；外部迅速变化的社会环境及频繁曝光的社会失范问题也给大学生带来很大冲击，使得一部分同学感到无望、空虚，失去奋斗的目标。这些无疑都会给学生带来了很大的心理压力。但是压力时刻都存在，掌握正确看待压力、缓解压力、应对压力的能力才是解决问题的重点。大学生要在辅导员、学生工作者、心理咨询师等人员的帮助下培养适应能力，提升人际交往技能，加强自我认知，培养坚定意志，最终用积极的方式来应对生活中的压力。

（3）重新定义自己在毒品预防教育中的角色。在毒品预防教育中，大学生不仅仅是毒品预防教育的对象，同时也是毒品预防的传递者，是一支重要的禁毒志愿者队伍。大学校园是人口密度非常高的环境。如果大学生都接受了科学的毒品预防教育，那这将是多么宝贵的正向传递力量。而且通过从被动接受教育到主动宣传的角色转化，一方面可以强化大学生对毒品的认知，同时也能提升大学生的社会责任感。在此过程中，也可以倡导更合理的禁毒决策的制定，重构符合人性的社会规范和文化导向，这也应该成为毒品预防教育的重要基石。大学生可开展以下工作。

① 担任禁毒教育的宣传者。组织大学生宣讲团，从小范围做起，走入学校、社区、社会，利用自己的专业优势从不同角度进行宣传。如学习法律的同学可介绍我国和世界的禁毒法律、法规；学医的同学可从吸毒所产生的药物依赖的机理和给身体带来的严重危害的角度论述；学社会学的同学可从吸毒带来的社会危害的角度进行分析。

② 担任禁毒教育的志愿者。大学生有很高的爱国热情，同时他们又有较高的知识层次，在接受了禁毒教育之后，他们可成为禁毒干预的志愿工作者，使这些工作更具有科学性；同时，他们在为社会服务的过程中也培养了责任心和使命感。大学生还可以小组形式或以学校组队的形式与戒毒所和禁毒社区建立长期的关系或"一对一"的结对服务关系，利用节假日或寒暑假时间进行戒毒宣传和辅助帮教活动。

③ 禁毒工作研究表明，走出禁毒所的吸毒者，80%～90% 会复吸。直到今天，彻底戒除毒瘾的方法仍未找到。在康复阶段及降低复吸率上如何探索出切实可行的禁毒康复之路，是目前亟待解决的问题。而要寻找这样一些有效途径，必须进行大量的调查和科学研究。大学生有较好的知识结构和专业背景，参与这样的调查和科学研究，可以使他们的学习和研究与社会需要紧密结合，为构建和谐社会做出贡献。

（4）运用网络的力量进行毒品预防教育。网络在毒品预防中的力量还可以进一步开拓。应该充分利用大学生常用的通信软件和网站，如微信、微博、人人网等，发布一些与毒品相关的文本、微电影、视频等。因为这些通信软件大多是即时性的，便于信息的传递；而且上面的联系人多是熟人群体，他们大多具有相同的背景、共同的经历或有共同的语言，在传递信息的过程中信息传递者和接受者之间可以角色互换，能形成更为平等的信息交流过程，因而对大学生的影响更大，宣传效果也更加明显，这其实也是一种网络形式的同伴教育。

四、女大学生性侵害的防范

（一）性侵害的防范措施

女大学生在其成长的过程中总会或多或少地接触过与性有关的话题，电视节目、网络、报纸、杂志等媒体都做过相关报道，全社会都在关心女性、保护女性，都在通过各种途径给女性支招，女大学生要多关注这些报道和建议。

1. 防范措施

（1）自尊、自重、自强，不轻易相信陌生人。在与人交往的过程中，女大学生在很多场合都可能成为不法分子猎取的对象。女大学生一定要有坚强的意志，不贪占小便宜，不吃喝陌生人的食品、饮品；以最安全的途径出入，避免夜归及走僻静路径，并注意身边有无异常的人关注你、接近你；避免单独与陌生男子乘电梯；相信自己的直觉，发现有人心怀不轨，就立即躲避；与朋友、家人多联系，让他们知道自己的行踪；小心门户，拒绝让陌生人入屋；不轻易与陌生人交谈，在与熟人交谈时也应注意言谈举止的文明和得体，不开过分的玩笑，不要故意哗众取宠；乘坐公交车时，尽量坐在司机旁边，因为司乘人员有义务保护乘客的安全。衣着打扮要注意高雅而不暴露。面对可能发生的侵害，应该积极预防，让那些侵害行为远离自己或者将其消灭在萌芽状态。

（2）网上交友须慎重。网上的陷阱、欺骗、虚假承诺，是谁也预料不到的，女大学生一定要珍惜生命和青春，不要将其葬送在虚拟世界里。要加强防范，谨慎交友，不要轻信甜言蜜语，不要轻信虚假承诺，不要追求虚荣、奢华，要用平常心对待朋友、与人交往。特别是不要轻易同意与他人见面，因为一旦见面很有可能会受到他人的不法侵害，且主要是性侵害。

（3）与男性初次交往时一般不要单独行动。女大学生人际交往的异性群体中，无非有朋友、同学、老师等，不管是哪一类男性，在初次交往时最好不要单独与之见面，因为这让性侵害行为有滋生的"土壤"。与男性朋友或同学来往，可以打电话约他到公共场所来交谈，或是请女性朋友随同前往；与男老师交流时，一般不要在其私人活动的空间里交谈，有问题尽量在教室里或办公场所询问，或携朋友一同前往。

（4）与熟识男性交往也要谨慎。调查表明，有63%的性侵害是发生在相互认识的熟人中间。因此，女大学生在交往中要举止得体，不随意接受有特殊含义或贵重的礼物，不去酒吧、歌舞场所；在与同学、老乡及朋友的交往过程中要注意对方交往的目的，留意对方日常言行中表现出来的人品、道德修养。如发现对方时常有过分亲昵、挑逗等预兆性言行，或过分奉承自己，目光和举止异样，应保持应有的警惕，避免与其单独相处或及时果断地终止来往。

（5）上学途中、假期或是走访朋友时最好结伴而行。很多女大学生在独行的旅途受到性侵害，这些侵害的地点大多是隐蔽的场所或寂静的夜晚。所以在上学、放假或是外出时应该尽量结伴而行，增强防御能力。旅行途中不要轻易相信陌生人，并接受其食品或其他东西，以免遭到不测。

（6）遵守校规校纪。性侵害犯罪的作案者往往注重作案环境的选择以求作案的成功率，减少作案风险，所以女大学生要严格遵守校规校纪，降低受侵害的风险。

2. 性侵害发生时的防卫措施

（1）头脑清醒，控制情绪。女大学生在遭受性侵害之际，保持头脑清醒、情绪稳定是最重要的，只有设法使自己沉着、冷静，才能明白性侵害者的意图，从而与其周旋找出摆脱困境的方法。如果被害人处于危险时惊慌失措，大喊大叫，进行本能的反抗或逃避，反而会助长犯罪分子的攻击性，导致后果更加严重。

（2）明确意愿，态度坚决。有时性侵害行为是性侵害者错误地理解了被害人的意思后发生的。因此，女大学生遇到别人要对自己进行性侵害时，应当恰当而且坚定地表明自己的态度，阻止性侵害行为的发生。坚决、明确的意愿，能够有效防止熟人之间的性侵害行为发生，也能够使一些陌生的性侵害者丧失信心，放弃性侵害的企图。

（3）在公共场合时的应对。有人在公共场合用语言、神态、动作进行挑逗和寻衅，可以视而不见，不予理睬，让其自讨没趣。对死皮赖脸的纠缠者要严厉警告，大声揭露其丑恶行为，求得附近行人的声援和帮助，并视情节轻重选择报警。

（4）徒手反抗。在有条件的情况下选择积极反抗。反抗的手段包括防身术和正常搏斗中的抓、撕、咬、踢等简单战术，漫无目的地乱打是没有效果的，必须抓住侵害者的要害部位，如眼睛、下体、腹股沟、肋骨等，实施狠、准、快的打击，制造脱离险境的机会。

（5）借用武器反抗。灵活运用身边武器攻击犯罪分子要害部位，如伞、硬封面的书、身上的钥匙串、手提包、地上的泥沙砖块、高跟鞋的鞋跟等。人体拳头、肘部、膝部也是可以使用的"个人武器"。

3. 性侵害发生后的应对措施

由于性侵害案件客体的特殊性，涉及被侵害对象人格、名誉的损害，加上世俗的偏见，所以有的女性在遭到性侵害后都采取延迟报案或不报案的态度，致使犯罪分子更加肆无忌惮地对其他女性实施加害行为。

（1）及时报案不要拖。女大学生一旦遭遇性侵害事件，要打消顾虑，及时向有关部门报案，不能因为害怕名誉受损，自己将苦果咽下去，这样会使犯罪分子逍遥法外，也使更多的女性受害。

（2）配合调查要积极。性侵害发生后，在报案的同时，被害人要将侵害的有关物证保留好，并将犯罪分子的体貌特征、衣着打扮、口音、携带物品、受伤状况等如实地向有关调查人员反映，为公安机关破案提供线索。

（3）调整心态，不极端。女大学生被侵害后，很容易意志消沉、精神萎靡，心理负担加重，生活在被侵害的阴影中，久而久之，会产生厌世情绪，有些人甚至会抱着破罐子破摔的心理，走上自甘堕落的道路。还有自尊心较强的女大学生会由悲愤产生强烈的报复心理，发誓要除掉加害人。因此，作为有知识、有文化的女大学生，一定要在吸取教训的同时，及时调整心态，尽快从阴影中走出来。

《中华人民共和国刑法》相关规定

《中华人民共和国刑法》第二百三十六条：以暴力、胁迫或者其他手段强奸妇女的，处三年以上十年以下有期徒刑。奸淫不满十四周岁的幼女的，以强奸论，从重处罚。

强奸妇女、奸淫幼女，有下列情形之一的，处十年以上有期徒刑、无期徒刑或者死刑：

（一）强奸妇女、奸淫幼女情节恶劣的；

（二）强奸妇女、奸淫幼女多人的；

（三）在公共场所当众强奸妇女、奸淫幼女的；

（四）二人以上轮奸的；

（五）奸淫不满十周岁的幼女或者造成幼女伤害的；

（六）致使被害人重伤、死亡或者造成其他严重后果的。

五、性病、艾滋病的预防

（一）不接触病原，远离危险区

案例3-4

流产后遗症

小董是某大学一名大三学生，毕业实习阶段，小董借口上夜班住校不方便，与男友在校外租房同居，不久就怀孕了。因没有任何心理准备，她没有告诉老师、父母、同学，自己一个人去一家私人诊所做了流产。惊惶过后，她开始后悔，一个小生命就这样被扼杀了，她经常做噩梦，梦见那个可怜的孩子。

1. 避免婚前性行为和婚外性行为

既然性行为是性病传播的主要途径，那么只要坚守洁身自爱，不嫖娼，不卖淫，不发生婚外性行为，只与一个性伴侣发生性关系，基本上就能预防性病，这是预防性病最基本、最有效的办法。女大学生要自尊、自爱，避免婚前性行为，因为发生婚前性行为，怀孕流产后，不仅会对身体造成损伤，还会背上沉重的思想包袱，如案例中的小董，身心都受到了伤害。当然，除直接性交外，其他性行为甚至性器官皮肤的直接接触以及手和性器官的接触，也可能间接传染性病。

2. 警惕血液传播

艾滋病和梅毒还可以通过血液传播，所以接受输血和血液制品要特别慎重。千万勿将人血白蛋白、丙种球蛋白等血制品当作补品而滥用，万不得已时也一定要在医生的指导下使用。处理伤口、注射药物一定要到正规医院去，并使用一次性注射器。

3. 独用个人生活用品

一些容易被忽略的个人生活用品如牙刷、剃须刀和刮脸刀、浴巾等，必须自己独用。这是因为刮脸刀极容易造成皮肤细小破损而成为传染艾滋病、其他性病的中介。

4. 远离毒品

避免接触毒品，更不能吸食毒品。

（二）进行性行为前的预防

使用避孕套。这种办法简单而可靠。据研究者统计，使用避孕套性交，可使传染病的概率下降90%以上。这是因为各类性病最容易通过生殖器直接接触传染，避孕套隔离了双方的生殖器皮肤黏膜，从而大大降低了大多数性病的传染概率。还要事先检查确认避孕套没有漏洞，排除气泡，正确并全程使用避孕套。

（三）性行为之后采取的补救措施

1. 性交后要及时清洗阴茎、阴道、阴部以及手与口

因为各种性病病原体传到对方身上后，需要相当长的时间才能进入皮内繁殖和发生感染。如果清洗及时，就可能在病原体尚未"站稳脚跟"前将其清除。尤其是阴虱，它只是寄生在阴毛区域内，并不在阴茎或阴道内外寄生，只有靠及时清洗才可能及时清除。需要注意的是，要及时、仔细、反复地清洗，而不是草草冲洗。

2. 冲洗阴道、阴茎以及可能沾上对方分泌物的部位

用食醋或稀释成5%的醋精冲洗阴道、阴茎以及可能沾上对方分泌物的部位也是一种比较有效的补救措施，对淋病、非淋菌性尿道炎和阴道炎、尖锐湿疣有效。使用时要及时、仔细和反复冲洗，如能在性交前先用食醋清洗阴道则效果更好。

3. 口服药品

该药品一般在性交后24小时内使用有效。特别要指出的是，一旦发生了不洁性行为，即使采用了服药措施，几天内仍要注意自己身体的变化。如果出现尿频、尿急、尿痛、白带增多、尿道流脓、腹股沟淋巴结胀大、生殖器疼痛或出现疱疹、丘疹、溃疡，一定要及时去医院检查治疗。除艾滋病外，各种性病都是早期急性期时容易治疗，拖成慢性病后，治疗就比较麻烦。

（四）艾滋病的防治

大学生必须掌握预防艾滋病的知识。

（1）艾滋病是一种死亡率极高的严重传染病，目前还没有治愈的药物和方法，但可以预防。

（2）艾滋病主要通过性、血液和母婴三种途径传播。

（3）与艾滋病病人及艾滋病病毒感染者进行日常生活和工作接触不会感染艾滋病。

（4）洁身自爱、遵守性道德是预防经性途径传播艾滋病的根本措施。

（5）正确使用避孕套，不仅能避孕，还能降低感染艾滋病、性病的危险性。

（6）及早治疗并治愈性病，可减少感染艾滋病的危险。

（7）共用注射器吸毒是传播艾滋病的重要途径，因此要拒绝毒品，珍爱生命。

（8）避免不必要的输血和注射，不得已要使用时，一定要使用经艾滋病毒抗体检测的血液和血液制品。

拓展阅读 3-1

艾滋病流行情况

艾滋病的医学全名为"获得性免疫缺陷综合征"（acquired immunodeficiency syndrome，英文缩写 AIDS），是由人类免疫缺陷病毒（human immunodeficiency virus，HIV）感染引起的以 T 细胞免疫功能缺陷为主的一种免疫缺陷病。HIV 本身并不会引发任何疾病，而是当免疫系统被 HIV 破坏后，人体由于失去抵抗能力而感染其他的疾病导致死亡。感染者从无症状病毒携带状态发展为持续性全身淋巴结肿大综合征和艾滋相关状态，最后并发多种严重机会性感染和恶性肿瘤，病死率高，传播迅速。目前尚无特效疗法，也没有有效的疫苗，缺乏预防知识是造成流行的重要原因。

艾滋病的流行经历了传入期和扩散期，开始进入快速增长阶段，已从高危人群通过性传播向一般人群蔓延，性传播成为主要的传播途径。近年来，伴随着全国各大高校的扩招，大学生的数量与日俱增，已经形成了相当的规模。大学生正处于学知识的时期，思想活跃，乐于学习和接受新的知识，容易改变自己的态度和行为，导致他们容易发生无保护性行为和药物滥用等高危行为，从而成为容易感染艾滋病的弱势群体。

应急防护训练

一、完成一份大学生交往安全建议书

1. 目的

（1）理解大学生交往安全的重要意义。

（2）掌握与异性交往的注意事项。

2. 方法

建议书的内容可以包括自己亲身经历的交往情况、自己解决交往问题的方法、与交往安全相关的知识以及其他有利于交往安全的建议和意见。

3. 参考建议

（1）师生交往建议。

① 充分认识师生关系，不盲目崇拜异性教师。

② 洁身自爱，用道德规范约束自己的行为。

③ 不要与异性教师在密闭的空间独处过长时间。

④ 如发现教师有不良举动，应保持理智，及时反抗，将情况反馈给教师的上级领导，并告知家长。

（2）同学交往建议。

① 尊重舍友，不因贫富而区别对待。

② 为人谦虚，不高调，不骄傲。

③ 团结同学，互帮互助，相互包容。

④ 遇到问题时，多从对方的立场去考虑，并及时解决。

⑤ 发现同学有困难或困惑时，主动提供帮助。

⑥ 同宿舍的同学养成共同的生活、学习、卫生习惯，相互鼓励，共同进步。

（3）异性交往建议。

① 异性交往不仅要互相尊重，也要自尊自爱。要自然、坦诚、友好地进行交往，发展友谊。相处要文明礼貌，仪态要大方。既要讲究语言美，诚恳待人，也须及时制止他人对自己轻佻的言辞和举动。

② 异性交往要注意时间、地点和交往的方式。既要保持正常的友谊，又要避免引

起别人的误解，彼此交往应落落大方，不单独给异性赠送礼物，也不单独接受异性的馈赠，更不与异性单独相处。

③一旦对异性产生超越友谊的感情，不要轻易表露，更不要随意给异性同学写信，要善于控制自己的感情。

④充实业余爱好，多参加一些有益于身心健康的文体活动，把精力用在学习上。

二、开展一次学生意外人身伤害应急处理演练

（1）演练地点：学校操场（或学校卫生室）。

（2）演练前的准备工作。

①演练前物品（包括药箱、纸巾、担架）准备。

②资料组拍摄图片、进行摄像，做好资料搜集和整理。

（3）演练内容。

①学生在课堂（课间）、校园内发生伤害事故。

班主任（发现者）立即报告上级领导、学工处负责人，同时拨打校医院值班电话，说明现场情况，听从医生指令，将其送至校医务室或等待校医前来处理。

校医到达现场后，对受伤害学生做初步检查，同步报120急救中心。骨折或病情较严重的，由校医做前期抢救，同时等待120急救中心专业人员前来搬运救治。

②如需送医院的，相关教师（班主任、校医、学生处成员等）应及时组织送达，并及时通知当事人父母或其他监护人到医院看护。

③班主任应在第一时间组织当事人和旁观者书写情况说明并留存。

④事故发生后，保卫处与警务室组织人员及时保护现场，保留证据。

⑤班主任应于当日书写情况说明并报学生处留存。

⑥事发后，班主任应于当日晚及时拨打电话关心和询问受伤学生康复情况。病情严重的，相关处室应及时组织班主任或学生代表登门看望与慰问。

⑦伤害事故涉及责任问题及相关费用的，学生处应及时向保险公司通报，并做好调查和调解工作。

⑧问题严重的或调解不成的，应及时上报院长协调处理。

⑨发生重大伤害事故的，学校应该立即启动应急预案，成立领导工作小组，随时了解事件发展情况，并及时向上级教育主管部门汇报。办公室相应做好媒体接待工作及新闻发布工作。保卫处负责与市公安局对接工作，配合查清事件。相关院系做好学生家长接待安慰工作。

⑩有关协议书应及时交档案室留存。

三、开展一次禁毒现场宣讲

利用每年"国际禁毒日"契机，邀请市禁毒大队或属地派出所民警到校给大学生开展禁毒教育，展示实物，宣讲毒品危害。学校利用校园网、宣传栏、广播站等媒体营造氛围。团委、学生会、学生社团先进行禁毒专题培训，再组织主题活动，走上社会宣讲，扩大宣传面。各班召开主题班会，播放宣传片，让学生都知晓毒品危害。保卫部门联合学校警务站对经常出入娱乐场所的学生进行摸底。

第四章　网络安全

案例导入 >

案例 4-1　　　　　　　　　　非法获取、出售他人个人信息

小李大学毕业后在某大型数码店工作，他通过赠送礼品的方式，吸引来店的顾客提供个人身份信息，办理电话卡实名认证入网。后通过网络将非法获取的他人个人信息予以发布、出售，牟利 2 000 余元。法院以侵犯公民个人信息罪，判处小李有期徒刑一年，缓刑二年，并处相应罚金。

案例 4-2　　　　　　　　　　远程盗取银行存款

大学毕业后从事软件开发的小白登录了一个黑客论坛，在那里发现了一款名为"灰鸽子"的木马程序和几个"黑客"软件。他下载、安装后，通过"木马"远程控制了 15 台电脑。被小白用"木马"入侵的电脑，在上网时都处于被其"监控"的状态，不仅文件可以被他任意浏览，而且就连操作过程也能被他一一发现。一天，小白在对别人电脑"监控"时，看到一台电脑正在登录网上银行，账户余额竟然有 19 万元。没来得及细想，他马上启动木马程序获取了对方的账号、密码。小白最终动了把这笔钱据为己有的贪念。他先做了一些"准备工作"，最后，在昆明家中上网的他顺利地登录了那名上海用户的网上银行账户，一口气进行了 10 笔共 14 万余元的转账。第二天上午他再次进入该账户，发现其中竟然还有 16 000 多元余额后，最终又转出了 16 300 元，只在账户里留下 36.62 元。小白因涉嫌盗窃被上海警方刑事拘留。

案例 4-3　　　　　　　　　　网络诽谤

一天，海南某地一栏目进行现场网络直播。曹某以"曹子浪"为 ID 作为该活动的主持人。当网络直播活动进行到当天上午 9:56 时，注册 ID 为"chotchot"的网民在网上发布帖子，说曹子浪过去因猥亵女生被处理、在深圳因搞非法传销被当地公安机关处理等。随后该网民连续不断地注册 ID，以不同网名继续发出帖子。曹某以发现不明身份的网络诽谤、人身攻击为由，向海口市公安局报案。同日，海口市公安局在某网吧抓获大学生朱某。经审讯，朱某承认他以英文字母注册 ID，在网上发布不利于曹某的信息。同日，海口市公安局做出行政处罚决定，将朱某行政拘留 3 日。曹某认为，朱某的恶意中伤、诽谤，严重影响了他的正常工作和生活，给他造成了极大的伤害，向法院提起民事诉讼。法院审理后认为，朱某的行为已对曹某的名誉构成侵权，致使曾某名誉受到损害，并严重影响其正常工作和生活，已造成严重后果，一审判决朱某赔偿曹某精神损害抚慰金 5 000 元。

引导讨论：结合案例 4-1、4-2、4-3，讨论大学生网络行为安全面临的问题主要有哪些。

案例点评：

当下，网络已经成为大学生获取知识和各种信息的重要渠道，成为大学生日常生活中不可或缺的重要平台。但网络是一把"双刃剑"。一方面，网络给大学生的自主学习研究提供了丰富的学习资源，通过有效地运用网络资源可以不断提升自己的学习能力、认知能力和交际能力。网络对大学生的课余生活以及重塑大学生的个性、人格等方面产生了积极的影响。另一方面，大学生是接受网络最快的特殊群体，不合理的使用网络，必然对自身和他人造成许多负面的影响，如案例 4-1 中的非法获取、出售公民个人信息、案例 4-2 中的非法入侵他人电脑、案例 4-3 中的网络诽谤等。

第一节　网络安全概述

一、网络的概念与特点

网络是指在不同地理位置多台计算机通过通信设备和介质连接起来，实现资源共享和数据通信的系统。随着信息技术的发展，当今我们常说的网络通常是指计算机网络。网络作为一种新兴的科技，与传统的信息传递媒介相比，主要有以下特点。

1. 迅捷性

社会由不同的社会成员构成，社会中的人通过相互的交往形成各种社会关系，而交往的过程究其本质便是信息的交流。因此人与人之间信息交流的质量在很大程度上影响着社会关系的质量。而人类信息交流必须依托一定的媒介，纵观人类发展历史，不同的信息交往方式更新换代，从最初的口口相传记录了人类早期的文明，到文字的发明使人类的交流更加准确，印刷术的发明为人类文明的传承和信息的交流提供了更为有效的媒介，再到后来无线电、电话的发明，人类的信息交换越来越便利。而网络的发明则开启了人类信息交流的新纪元，借助网络的技术优势，人与人之间交往的空间被大大缩小，远隔万里的人们也可以在毫秒间接收到对方的信息，世界上任何角落发生的重大事件，通过网络可以在极短时间内传遍各地。

2. 开放性

网络是一个开放的空间，每个人都是这个空间里的信息终端，不仅可以接收信息，也可以通过网络将内容丰富的各种信息在网上进行发布，从而带来了网络信息的价值多元性。不同的网络终端用户因其生长背景、所受教育等不同而具有不同价值观念、宗教信仰等，他们通过网络发布信息、表达观点。网络的这种开放性消除了传统社会中由于空间以及信息传播不及时带来的界限，有利于不同思想的传播，对于人类文明的发展具有推动作用。同样，这种开放性也导致了网络信息的参差不齐，同时也造成了别有用心的人将网络作为意识形态渗透，进行文化殖民的武器。

3. 交互性

网络是一个交互的空间，每个网络终端都是交互的主体。伴随网络的发展，各种社交软件层出不穷，并已成为人类生活、工作的必需。这种交互性突破了时间、空间的限制，为人类提供了无穷的便利，让人们体验到随时随地交流的乐趣。

4. 创造性

网络有利于人们通过网络接收更多有利的信息，不断丰富自身知识结构，提升自身能力素养，而这种能力和素养的提高又往往通过网络进行展示和发布，很多领域的创新成果都离不开网络技术的发展进步。网络技术在不同领域带来的巨大创新和变革又进一步为网络的发展提供了各方面的保障，为人类更好地利用网络奠定了基础。

5. 自由性

网络技术的发达使得人们可以更加自由便利地通过网络获取和发布信息。但同时我们应该看到，这种自由性也有着消极的影响，虽然各国都已制定了相关的法律法规对网络使用者的网络行为进行监管和规范，但是不能否认的是，相对于传统社会的监管，对于网络社会的监管具有更大的难度。不难看到素质相对低下的网民滥用这种自由的权利，在网络上发表不负责任的言论，造成了恶劣的社会影响。因此，自由的网络需要规范的保障，否则，人类将会因为过度的自由而葬送网络带给我们的便利。

二、大学生网络行为管理

人们在网络这个平台所开展的活动称之为网络行为活动，简称为网络行为，分为"网上行为"和"网下行为"。前者指在电脑上操作的行为，后者指将网上行为延伸到现实生活中去。网络行为不安全的实质是网络行为的危害，即对社会、国家乃至自身都带来了严重的损失和危害，对社会经济生活的良性运转带来了严重的负面影响，同时对网络行为者本身的身心健康也带来了极大的挑战与危害。网络行为安全是指网络行为主体的网络行为不对他人、集体、社会和国家造成危害或负面影响以及对自身不造成伤害。这里对自身不造成伤害主要是指不对自己的身体、心理和文化造成伤害。从网络行为安全的含义可以看出，人们在"网上行为"所展开的一系列活动不应对自身和自身以外的人或事造成伤害和不良的社会影响，应是一种积极向上的行为活动。对在校大学生来讲，应该通过健康使用网络，充分利用网络这个丰富的资源平台来学习研究科学文化知识，不断提升自己的科学文化水平和实践能力。在网络活动的过程中应把身体健康安全放在首位，同时也应注意心理健康。要尽量做到以下几点。

1. 上网时间安排合理

互联网在人们现实生活中的使用已非常普遍，它已经成为我们学习、生活中的一部分。互联网为我们提供了大量的信息资源，同时也丰富了我们的物质生活和精神生活。然而正因为互联网有着这些独特的性质特征，人们如不能合理调控自己上网的时间，将对自身的身心健康造成伤害。所以，我们在平时使用网络时首先应以身心健康为第一前提，网络使用要有节度，如在学校宿舍上网不通宵、不熬夜，严格按照学校的作息时间和人体正常的生活规律按时就寝，这样可以使身体在一天紧张的学习、生活中得到及时的调整和休息。其次，在白天的学习、生活中我们也应该意识到这点，作为在校大学生，应把自己的学习放在重要的位置上，不应过多地把时间浪费在电脑上，我们可以给自己制作一个学习、生活和休息的作息表。应该严格按照此表中的细则来合理安排网络使用时间,同时可以让室友和身边的同学作为自己的监督人。这种做法不仅可以增进同学之间的友谊,还可以促使双方共同进步,这样在学校的时间可以得到充分、合理和有效的利用。

2. 上网行为无违法情况发生

《中华人民共和国网络安全法》明确禁止八类活动、七类行为。任何个人和组织不得利用网络从事以下八类活动:一是危害国家安全、荣誉和利益;二是煽动颠覆国家政权、推翻社会主义制度;三是煽动分裂国家、破坏国家统一;四是宣扬恐怖主义、极端主义;五是宣扬民族仇恨、民族歧视;六是传播暴力、淫秽色情信息;七是编造、传播虚假信息扰乱经济秩序和社会秩序;八是侵害他人名誉、隐私、知识产权和其他合法权益等活动。以下七类行为是法律明确禁止的:一是非法侵入他人网络、干扰他人网络正常功能、窃取网络数据等危害网络安全的活动;二是提供专门用于从事侵入网络、干扰网络正常功能及防护措施、窃取网络数据等危害网络安全活动的程序、工具;三是明知他人从事危害网络安全的活动的,为其提供技术支持、广告推广、支付结算等帮助;四是窃取或者以其他非法方式获取个人信息,非法出售或者非法向他人提供个人信息;五是设立用于实施诈骗,传授犯罪方法,制作或者销售违禁物品、管制物品等违法犯罪活动的网站、通信群组;六是利用网络发布涉及实施诈骗,制作或者销售违禁物品、管制物品以及其他违法犯罪活动的信息;七是发送的电子信息、提供的应用软件,设置恶意程序,含有法律、行政法规禁止发布或者传输的信息。

3. 上网内容科学、合理

在使用互联网的过程中要对网络的活动进行有效控制,具体表现在:在网络世界里不浏览安全系数低的网站和网页;自觉遵守相关的法律规范和道德规范,以责任意识来规范自己在网络行为中的言行;真诚友好交友,尊重他人;提升自己的鉴别能力,增强自我安全意识;要有益身心健康,不沉溺于虚拟世界;等等。

4. 适度上网,避免成瘾

网络成瘾是指网络行为活动者在网络使用的过程中对网络产生依赖的心理倾向。这些人对网络的诱惑已经无法抗拒,他们认为只有在网络世界中才可以寻找到快乐和满足,如果没有了网络,他们的学习、生活将变得枯燥、空虚和寂寞,他们已经到了对网络着迷的状态。这种状态使他们对网络的使用欲望越来越强烈。网络所带来的快乐和兴奋,使他们从生理和心理上不知不觉形成了一种依赖感。通过研究发现,按照网络成瘾内容的不同,网络成瘾主要分为网络游戏成瘾、网络色情成瘾、网络关系成瘾、网络购物成瘾等。在上网过程中,要想保障网络行为是安全的,就应该保证没有成瘾行为出现。我们利用网络的丰富资源时也要合理调控自身的网络行为,不让自己迷恋网上不健康的内容。

拓展阅读 4-1

"网络成瘾"参考评估标准

如果你符合以下标准中的四个标准,即"网络成瘾",需要进行矫治。

1. 沉溺于互联网(头脑中一直浮现和网络有关的事,回忆上一次上网或期待下一次上网)。

2. 只有花更多的时间上网才能满足。

3. 曾经多次努力想控制、减少或停止上网，但没有成功。

4. 当想要减少或是停止上网时，便感到沮丧、心情低落或是容易发脾气，产生消极的情绪和不良的生理反应。

5. 花费在网上的时间比原定的时间要长。

6. 为了上网而不顾人际关系、工作、学习，工作机会面临危险或已造成负面影响。

7. 通过撒谎来对家人、朋友或心理咨询人员隐瞒涉入网络的程度。

8. 将上网作为逃避问题和排遣消极情绪（如无助、罪恶感、焦虑或沮丧）的一种方式。

9. 上网成为打发休闲时间的主要方式。

10. 随时在网上认识新朋友，并常常通过网络联系。

11. 上网已花费大量的金钱。

12. 长时间上网导致背痛、眼睛干涩、腕关节肿胀等生理反应。

三、大学生网络信息安全问题

（一）非法利用个人信息

根据相关司法解释规定，"公民个人信息"，是指以电子或者其他方式记录的能够单独或者与其他信息结合识别特定自然人的各种信息，包括自然人的姓名、出生日期、身份证件号码、生物识别信息、住址、电话号码、电子邮箱、健康信息、行踪信息等。个人信息关乎隐私，关乎个人生活安宁及人身财产安全，对公民而言具有极其重要的现实意义。随着移动互联网的发展，我们的生活变得越来越方便，通过一部手机几乎能处理好生活中的方方面面。但是事物的发展都有双面性，我们在享受技术变革带来的高效优势的同时，却也无时无刻不暴露着我们的个人信息。

1. 非法获取个人信息的途径

（1）被强制要求的各种权限。下载一个 App，被强制要求各种权限，如读取电话权限、读取通讯录权限、读取相册权限、读取麦克风权限，这些开放的权限导致我们的信息无时无刻不在被获取，可能被别有用心的人利用。

（2）垃圾营销短信。手机里经常收到各种各样的营销短信，如售楼的、推销保险的、办游泳健身卡的、报辅导班的、办理抵押贷款的……一旦输入个人信息，极易被不良用心的人利用。案例 4-1 中的小李，就是非法利用个人信息进行牟利，最终受到法律制裁。

（3）商超摄像头。出入小区、进入各种大小商超的摄像头人脸识别，这些看似保护我们安全的摄像头，也可以是一些不良商家侵害我们人身、财产安全的"凶器"。

（4）网络平台大数据。在网上购物，刚打开网页浏览，平台可能会立刻"惊觉"你的行为，马上推送并给予优惠券；家里智能音箱播放一首歌，手机上的音乐 App 竟然会很快推荐同一首歌；等等。我们常被平台大数据"杀熟"，各种精准式营销使我们不知不觉就掏空腰包，掉入消费"陷阱"。

2.《中华人民共和国个人信息保护法》对获取个人信息的规定

2021 年 8 月 20 日，十三届全国人大常委会第三十次会议表决通过了《中华人民共和国个人信息保护法》(以下简称"个人信息保护法"),2021 年 11 月 1 日施行。"个人信息保护法"总计八章七十四条,它与《中华人民共和国网络安全法》《中华人民共和国数据安全法》一起构成较完备的网络信息方面的法律体系。"个人信息保护法"从自然人个人信息角度出发,给个人信息上了一把"法律安全锁",成为我国第一部专门规范个人信息保护的法律,对我国公民的个人信息权益保护以及各组织的数据隐私合规都将产生直接和深远的影响。

获取个人信息应注意以下几点。

(1)取得同意。原则上,个人信息处理者处理个人信息前均应取得个人同意。只有在"为订立、履行个人作为一方当事人的合同所必需,或者按照依法制定的劳动规章制度和依法签订的集体合同实施人力资源管理所必需"等特殊情况下,个人信息处理者才可以在没有个人同意的情况下,处理相关个人信息,但仍应当遵循各项处理原则,不能非法、过度处理个人信息。

(2)明确告知。除法定情形外,个人信息处理者在处理个人信息前,均应以显著方式、清晰易懂的语言,真实、准确、完整地向个人告知相关事项,包括个人信息处理者的名称或姓名和联系方式;个人信息的处理目的、处理方式、处理的个人信息种类、保存期限;个人行使《中华人民共和国个人信息保护法》规定权利的方式和程序;其他应当告知的法定事项,在相关事项变更时,个人信息处理者应当将变更部分告知个人。

(3)处理敏感个人信息的特殊规则。对于敏感个人信息的处理,只有在具有特定的目的和充分的必要性,并且采取严格保护措施的情形下,个人信息处理者方可处理敏感个人信息。同时,应当在明确告知必要性和影响的前提下,取得个人的单独同意。个人信息处理者处理敏感信息还应当事前进行个人信息保护影响评估。

(4)个人信息处理者的义务。个人信息处理者除应遵守上述个人信息处理的原则、规则外,还应当履行特定义务,包括采取合规管控措施,如制定内部管理制度和操作规程、对个人信息实行分类管理、采取相应的加密及去标识化等安全技术措施、定期对从业人员进行安全教育和培训、制定并组织实施个人信息安全事件应急预案等;合规审计,对其处理个人信息遵守法律、行政法规的情况进行定期合规审计;通报,发生或可能发生个人信息泄露、篡改、丢失的,立即采取补救措施,并依法通知主管部门和个人;个人信息保护影响评估,就处理敏感个人信息等特定情形应事前进行个人信息保护影响评估,并记录处理情况。

法律法规传真 4-1

相关法律中关于个人信息保护的条款

《中华人民共和国个人信息保护法》(节选)

第二条 自然人的个人信息受法律保护,任何组织、个人不得侵害自然人的个人信息权益。

......

第四条第二款 个人信息的处理包括个人信息的收集、存储、使用、加工、传输、提供、公开、删除等。

第五条　处理个人信息应当遵循合法、正当、必要和诚信原则，不得通过误导、欺诈、胁迫等方式处理个人信息。

......

第十条　任何组织、个人不得非法收集、使用、加工、传输他人个人信息，不得非法买卖、提供或者公开他人个人信息；不得从事危害国家安全、公共利益的个人信息处理活动。

《中华人民共和国刑法》

第二百五十三条之一　违反国家有关规定，向他人出售或者提供公民个人信息，情节严重的，处三年以下有期徒刑或者拘役，并处或者单处罚金；情节特别严重的，处三年以上七年以下有期徒刑，并处罚金。

违反国家有关规定，将在履行职责或者提供服务过程中获得的公民个人信息，出售或者提供给他人的，依照前款的规定从重处罚。

窃取或者以其他方法非法获取公民个人信息的，依照第一款的规定处罚。

单位犯前三款罪的，对单位判处罚金，并对其直接负责的主管人员和其他直接责任人员，依照各该款的规定处罚。

（二）非法入侵

这是指网络行为主体利用自身所掌握的电脑技术对他人的网站或网页进行攻击，破坏他人计算机的安全使用，使他人的计算机系统瘫痪，非法进入他人的计算机系统，俗称网络黑客。网络黑客已经成为当今世界上的一个难题，它已经成为世界上的"公害"，世界上几乎每个国家都遭遇过网络黑客的攻击，我国也是网络黑客攻击的受害国之一。它给世界各国的经济和社会带来了严重的危害和破坏。大学生是接受知识最快的群体，也是接受高端知识的群体，有些大学生为了自己的眼前利益，利用自己所学习到的网络技术知识对他人甚至政府的网站发动黑客攻击。现在有很多人利用木马程序和远程登录来实现对他人计算机的锁定和控制，进入受害方电脑系统之后，篡改对方的计算机资料，盗取对方计算机上的网银密码等，给对方带来巨大损失。案例4-2中，小白利用网络以非法占有为目的，实施了窃取他人数额较大财物的行为，属于《中华人民共和国刑法》第二百八十七条规定的"利用计算机实施金融诈骗、盗窃、贪污、挪用公款、窃取国家秘密或者其他犯罪"的情形，其行为构成盗窃罪。

《中华人民共和国治安管理处罚法》第二十九条

有下列行为之一的，处五日以下拘留；情节较重的，处五日以上十日以下拘留。

1. 违反国家规定，侵入计算机信息系统，造成危害的。

2. 违反国家规定，对计算机信息系统功能进行删除、修改、增加、干扰，造成计算机信息系统不能正常运行的。

3. 违反国家规定，对计算机信息系统中存储、处理、传输的数据和应用程序进行删除、修改、增加的。

4. 故意制作、传播计算机病毒等破坏性程序，影响计算机信息系统正常运行的。

法律法规传真 4-2

（三）传播不良信息

由于网络本身所具有的自由性和开放性等特征，网络信息的传播变得通畅无阻。大学生在使用网络的过程中，可以随时点开网络上的指定按钮向世界任何一个角落发布信息，这就为各种不良信息的传播提供了条件。一些大学生为了满足自己的快感等，利用网络散播各种垃圾信息和垃圾邮件，使网络上的不良信息满天飞，还有的甚至利用自己掌握的技术向他人传播网络病毒。网络传播的不良信息按照传播的内容不同，主要分为虚假信息、色情信息等，传播虚假信息在信息时代尤为普遍，如传播虚假的中奖信息，这种虚假的中奖信息只要一打开电脑就能见到，目的就是吸引防范意识较弱的人上钩。网络交流具有匿名性，很多大学生利用网络和网友进行交流，最终发展到网恋、网婚，结果是很多的人由此受到了财产和身体的双重伤害。

法律法规传真 4-3 ▼

《中华人民共和国刑法》关于制作、贩卖、传播淫秽物品罪

第三百六十三条第一款　以牟利为目的，制作、复制、出版、贩卖、传播淫秽物品的，处三年以下有期徒刑、拘役或者管制，并处罚金；情节严重的，处三年以上十年以下有期徒刑，并处罚金；情节特别严重的，处十年以上有期徒刑或者无期徒刑，并处罚金或者没收财产。

……

第三百六十四条第一款、第四款　传播淫秽的书刊、影片、音像、图片或者其他淫秽物品，情节严重的，处二年以下有期徒刑、拘役或者管制。向不满十八周岁的未成年人传播淫秽物品的，从重处罚。

……

第三百六十六条　单位犯本节第三百六十三条、第三百六十四条规定之罪的，对单位判处罚金，并对其直接负责的主管人员和其他直接责任人员，依照各该条的规定处罚。

（四）侵犯他人权利

网络侵权是指在网络活动过程中发生的违法行为，利用网络平台侵犯他人的合法权益，这里包括对他人的人身和财产的侵害。很多企业和个人为了获得利润，在没有经过他人同意的前提下，随意把他人的照片用于宣传自己的产品，有的甚至是严重侵犯他人肖像权的行为。很多大学生在做毕业论文时，在网络上大肆剽窃他人的文章。这些学生的行为属于典型的侵犯他人权利的行为，严重侵犯了他人的著作权。

网络侵权还包括网上侮辱与诽谤。侮辱是指公然贬低、损害他人人格，破坏他人名誉的行为。诽谤是指故意捏造并散布某些虚假的事实，足以损害他人人格、破坏他人名誉的行为。案例 4-3 中，朱某的行为违反了《中华人民共和国治安管理处罚法》第四十二条的规定，为"公然侮辱他人或者捏造事实诽谤他人"的行为，应受到治安处罚。同时，朱某通过互联网指名道姓地对曹某进行侮辱，实行人身攻击，贬损了曹某的人格，并损害了其名誉，朱某的行为违反了《中华人民共和国民法典》第九百九十五条的规定，侵犯

了曹某的名誉权，应依法承担民事责任。另外，我国刑法还规定，以暴力或者其他方法公然侮辱他人或者捏造事实诽谤他人，情节严重的，构成犯罪，应负刑事责任。

如果发现有人在网络上有侮辱、诽谤行为，应当及时向相关网站反映，要求该网站立即删除相关内容。也可根据情节，收集、保留好有关证据，选择向公安机关报案、向人民法院提起民事或刑事诉讼。同样，在网络上我们也要注意自己的言行，不能侵犯他人的合法权益。

法律法规传真4-4 ▽

《中华人民共和国治安管理处罚法》（节选）与《中华人民共和国民法典》（节选）

1.《中华人民共和国治安管理处罚法》第四十二条 有下列行为之一的，处五日以下拘留或者五百元以下罚款；情节较重的，处五日以上十日以下拘留，可以并处五百元以下罚款：

（一）写恐吓信或者以其他方法威胁他人人身安全的；

（二）公然侮辱他人或者捏造事实诽谤他人的；

（三）捏造事实诬告陷害他人，企图使他人受到刑事追究或者受到治安管理处罚的；

（四）对证人及其近亲属进行威胁、侮辱、殴打或者打击报复的；

（五）多次发送淫秽、侮辱、恐吓或者其他信息，干扰他人正常生活的；

（六）偷窥、偷拍、窃听、散布他人隐私的。

2.《中华人民共和国民法典》第九百九十五条 人格权受到侵害的，受害人有权依照本法和其他法律的规定请求行为人承担民事责任。受害人的停止侵害、排除妨碍、消除危险、消除影响、恢复名誉、赔礼道歉请求权，不适用诉讼时效的规定。

第一千条 行为人因侵害人格权承担消除影响、恢复名誉、赔礼道歉等民事责任的，应当与行为的具体方式和造成的影响范围相当。行为人拒不承担前款规定的民事责任的，人民法院可以采取在报刊、网络等媒体上发布公告或者公布生效裁判文书等方式执行，产生的费用由行为人负担。

四、网络不安全信息给大学生带来的危害 ①

（一）严重影响大学生的身心健康

大学生在利用网络提供大量宝贵资源进行学习研究时，或多或少会接触到一些色情信息、网络游戏等，这些垃圾信息对大学生的认知意识、情感意识都会造成不同程度的影响，使自我的认知发生偏差。这种对心理变化的影响自然而然地给大学生身体健康带来危害。网络世界丰富多彩的内容让大学生对它爱不释手，整天想着网络上各种绚丽多彩的内容。一些自觉性较弱的大学生，更是像发现了外星人那般地兴奋，每天沉迷于其中而不能自拔。很多大学生在网络活动的过程中，由于成天面对电脑，有的甚至熬夜使用电脑，这时人的眼睛会出现模糊感和疼痛感，视力下降，由于久坐电脑

① 尹家华，大学生网络行为安全研究，华中师范大学，2013.

旁，腰部也会出现酸痛。人的身体也是需要休息的，长时间的上网再加上缺乏户外锻炼和休息，久而久之人的身体免疫力也会随之下降，出现代谢问题。通宵熬夜造成身体严重透支，还会造成猝死等悲剧发生。网络使用不当除了对大学生身体造成巨大伤害，也对心理造成严重危害。心理层面的危害有时比身体层面的危害更为严重，网络成瘾的一个显著特征之一就是超长时间使用网络，对自己的上网时间不能很好地约束，这样自己每天大部分的时间都花在网络上，对身边的人和物也就没有时间去关注，长期下去就会对周边的事物表现冷淡，影响自己在现实世界与人交流的能力，结果导致交流障碍的出现。对网络世界的过度投入，对现实世界的漠不关心，最终会导致逃避现实的心理的出现，引发网络孤独症，出现精神障碍等心理"病态"。

（二）人际关系受到冲击

网络为人们的交流提供了前所未有的方便。现今，网络交流已经成为人们日常生活当中重要的交流方式之一，网络交流在人与人交往中所占的比例越来越大。比如现在很多用人单位会通过网络平台发布招聘信息，他们通过在网络上和求职对象进行交流和面试，最终选择合适的人才。但是，网络在给人们的生活交流带来便捷的同时，也对人们原有的交流方式和习惯产生了冲击与威胁。网络交流是以网络这个平台作为人与人沟通的桥梁的，网络交流作为一种新的交流方式，其快捷、方便、高效的特点减少了人与人现实情感的交汇，因为网络上人与人的交流是需借助网络平台的，而现实世界人与人的交流是面对面进行的，这种面对面的交流自然会不断增强人与人之间的情感。感情的培养是需彼此真心付出，网络作为一个中间的沟通桥梁是无法实现这一点的。人是情感性的高级动物，是需要现实世界中真真切切的东西存在的。网络上的交流可以不用顾及自己的外貌、身份和地位，这样极大增强了人们在网络交往的欲望，因为这样交往起来非常自由和轻松。因此，交往能力较差的大学生就会选择网络这个让自己没有畏惧感的平台，以此来躲避现实生活交往的胆怯。

长期沉迷网络空间世界的大学生，往往把过多的时间和精力放在和网友聊天上，把在现实世界与人的情感交流转移到网络上，这样与现实生活中人的交际会自然减少，长此以往，人的交际能力就会退化，这对大学生的消极影响是巨大的。首先，由于长期与网络虚拟世界密切接触，对现实世界冷淡，这将造成人与人之间的交流障碍，从而导致人们的信任危机。其次，会造成人的情感和心理出现失衡的状态，这就会使人出现道德冷漠，认为现实世界发生的一切事情与自己无关。大学生过多地把时间和精力投放在网络上，和身边的同学、朋友的交流自然会变少。人的感情是需要培养的，培养的前提就是要经常性地进行沟通和交流，增进彼此间的深厚感情，过于沉浸在网络世界上，同学、朋友之间感情的培养自然会受到冲击。长此以往，人的现实交互能力就会弱化，甚至会出现逃避现实生活的行为，处理现实生活的能力降低，从而阻碍大学生日后的发展。

（三）影响大学生正确人生观、价值观的形成

随着网络"高速公路"的快速发展，网络的使用越来越普遍化和便捷化，不管你身处在世界的哪个角落，你都可以和其他国家或地区的人们进行无障碍的交流。在网络这个世界里，呈现在大家面前的是自由、开放的空间。在这里，世界各国的人们发表信息和相互交流，由于各个国家的意识形态不同，人的价值观念的差异，网络上就会出现不同国家背景、社会背景、价值观念的信息，网络的内容信息十分丰富但也复杂。网络文化虽然是多元化的，但西方国家别有用心的人把自己国家的意识形态观念、价值观念和文化强加给别国的人们，在网络上大肆宣传自己国家的政治制度和文化思想，这对社会主义国家的影响是深重的、甚至是灾难性的。同时国外一些不法分子和极端分子更是利用网络大肆散播反人民、反社会主义的言论，歪曲事实真相，混淆人们的视听，有的人甚至在网络上制造病毒，教唆人如何实施犯罪行为。大学生在网络上接触这些消极的危害信息，对自身的价值观会产生误导，不利于正确的世界观、人生观、价值观的形成。

（1）弱化了大学生对我国民族文化与主流意识形态的认同。在互联网这一载体上，各国、各地区的文化相互交流、融合。各种类型的文化、价值观念、处世原则、意识形态等充斥着网络，特别是一些西方错误思潮的泛滥，已经对大学生构成严重影响，也对我国的主流意识形态构成挑战。从目前国际互联网信息输入和输出的流量来看，我国信息的输入、输出比例都不足1%，在国际互联网信息中，大部分信息和服务是由西方国家提供的。西方国家从其国家利益和经济利益出发，在网络上不断宣扬西方的经济体制、发展模式和生活方式，西方文化中的霸权主义和殖民主义通过网络不断渗透到大学生的思想意识中，这些直接削弱了大学生对我国民族文化和主流意识形态的认同感。正如有的学者指出的那样，当前西方文化对我国大学生的影响，就像一百多年前西方国家的殖民化过程一样，正在破坏着我们国家的传统文化，正在抹杀着中华民族文化本身的特征和文化身份，西方国家一些恶意的政治信息、反动言论、极端行为正在影响着当代大学生对中华民族文化和主流意识形态的认同。

（2）滋生了享乐主义、拜金主义、功利主义思想。信息时代的迅猛发展，使得西方自由主义、享乐主义、消费主义等思潮不断涌入网络。一些大学生在网络信息接触的过程中，深受西方自由主义、享乐主义、消费主义等思潮的影响，不断形成"金钱至上""钱是万能的"等金钱价值观，他们认为金钱是衡量一切事物的标准，并由此物欲横流。同时受西方文化影响，一些大学生满足于感官的需求和愉悦，不管家庭经济情况，不断地与同学攀比，尽情地追求物质生活和肉体上的享受，攀比消费、超前消费、娱乐性消费在大学生中普遍存在，调查发现，一些同学为了拥有一部名牌手机或者一款流行的电子产品，不惜节衣缩食，或者向其他同学借钱，或者通过校园贷贷款，有的甚至为此盗骗他人钱财，走上违法犯罪道路。更有个别大学生滋生功利主义思想，一切事情"利"字当头，肆意追逐利益。

（四）构成网络犯罪

1. 网络犯罪的概念

网络犯罪是指行为人运用计算机技术，借助网络对他人系统或信息进行攻击，或进行其他犯罪的总称。既包括行为人运用编程、加密、解码技术或工具在网络上实施的犯罪，也包括行为人利用软件指令、网络系统或产品加密等技术及法律规定上的漏洞在网络内外交互实施的犯罪，还包括行为人借助其居于网络服务提供者特定地位或其他方法在网络系统实施的犯罪。简言之，网络犯罪是针对和利用网络进行的犯罪，它具有犯罪现场和空间的虚拟性、犯罪行为的隐蔽性和犯罪手段的智能性等特点，其本质特征是危害网络及网络信息的安全与秩序。网络犯罪基本类型有两种：针对网络的犯罪和网络扶持的犯罪。

2. 网络犯罪行为的主要类型

（1）非法入侵或者破坏国家事务、国防建设、尖端科学技术领域、企事业单位、公司、个人等计算机的信息系统和应用程序。

（2）违反国家规定，擅自中断计算机网络或者通信服务，造成计算机网络或者通信系统不能正常运行。

（3）故意制作、设置、传播计算机病毒，如逻辑炸弹、蠕虫、木马等破坏性程序。

（4）攻击计算机系统及通信网络，致使计算机系统及通信网络遭受损害。

（5）非法向计算机网络发送垃圾数据，影响计算机网络的正常运行。

（6）非法对计算机进行扫描或安全测试。

（7）利用网络对其他电子产品进行非法侵入或破坏。

3. 网络扶持的犯罪行为的主要类型

（1）利用网络实施诈骗、贪污、挪用公款，窃取国家秘密或企业商业机密等。

（2）制作、查阅、复制和传播危害国家安全、泄露国家秘密、颠覆国家政权和破坏国家统一等信息。

（3）利用网络散布谣言，扰乱社会秩序，破坏社会稳定。

（4）在互联网上建立淫秽网站、网页，提供淫秽站点链接服务，或者传播淫秽书刊、影片、音像、图片等。

（5）利用互联网损坏他人商业信誉和商品声誉，侵犯他人知识产权，编造并传播影响证券、期货交易或者其他扰乱金融秩序的虚假信息。

（6）利用网络侵犯个人、法人和其他组织的人身、财产等合法权益，包括侮辱他人或者捏造事实诽谤他人、敲诈勒索等。

4. 电信网络诈骗

电信网络诈骗是近年来比较突出的侵权犯罪，包括电话诈骗、网络诈骗等，是犯罪分子利用先进的通信手段、银行支付渠道以及互联网技术，向不特定的多人实施的诈骗。电信网络诈骗的主要类型有以下几种。

（1）冒充公、检、法部门工作人员诈骗。

案例4-4

邮件诈骗

市民郝某接到电话，电话内语音播报称有个邮件需要去取。郝某根据语音提示进行回拨，拨通后，犯罪分子冒充邮局工作人员称郝某的邮件是某地的工商局转来的；犯罪分子将电话转到"工商局"；接着，冒充工商局工作人员的人称有人利用郝某的身份证注册公司，该公司涉嫌洗钱犯罪，随后，犯罪分子将电话转到"公安局"；犯罪分子冒充公安局民警给郝某做报案笔录，并要求郝某将自己的资金转到"安全账户"，否则公安局将冻结其所有资金；郝某出于害怕，将自己的全部资金转到了犯罪分子提供的账户，后发现被骗。

犯罪分子使用任意显号网络电话，采用主动拨受害人电话的形式，冒充公、检、法部门的工作人员拨打受害人电话，称受害人名下电话有高额欠费情况，或以受害人邮寄包裹涉毒、有线电视或电话欠费、信用卡恶意透支、被他人盗用身份证注册公司涉嫌犯罪等为由头，并称受害人银行账户存款涉嫌洗钱或诈骗犯罪，受害人存款有可能受到损失，恐吓受害人上当后，嫌疑人用电话指挥受害人通过网上银行或在银行自动取款机上操作，将受害人个人和家庭存款转账到骗子提供的资产保护的账号，受害人转账后才发现被骗。

（2）以退费、退税为名实施诈骗。

案例4-5

社保退费诈骗

受害人称接到自称是社保局的电话，对方称受害人有一份社会保障金未领取，让受害人前往银行操作，后发现被骗，损失价值多达2 480余元。

犯罪分子随意拨打电话或发送短信，称有未领取的社保补助金、生育补贴、独生子女费、助学金补贴、工伤赔付款、保险费等并提供联系电话，诱骗受害人至自动取款机上并保持通话状态，根据对方的提示进行操作而实施诈骗。

犯罪分子利用各种非法途径获知受害人购房、购车信息后，冒充税务机关工作人员以退还部分税款为名，指挥受害人通过网上银行或在自动取款机上转账进行诈骗。

（3）假冒银行等发送提额、积分短信诈骗。

案例4-6

网银密码器升级诈骗

刘某收到一条短信，说他的网银密码器过期，让他登录某网址进行升级，刘某根据短信提供的网址进行升级操作，被犯罪分子通过网银转走6万元。

犯罪分子利用伪基站技术冒充银联或银行客服等，以帮助提额、积分兑换、银行软件升级等为由，向持卡客户发送欺诈短信，要求客户通过短信上的提示下载某App并通过短信链接填写个人银行卡卡号、证件号等信息，在客户下载指定的App后即在客户手机上安装木马，该木马可用于转移客户的短信，随后通过客户输入的银行卡信息进行资金转账或支付，而在交易中银行向客户手机发送的验证码短信也被木马拦截并转发到不法分子手机上。

犯罪分子搭建与银行网站极其相似的虚假网站，通过群发网银密码器升级短信诱使受害人登录虚假网站，输入银行账号、密码等信息，犯罪分子在后台获取后，再骗取动态口令，迅速通过网银转账方式将受害人银行账户内资金转移。

（4）冒充熟人诈骗。

犯罪分子先给受害人打电话称是受害人外地的同学、同乡、朋友或生意伙伴，以"你不记得我了""猜猜我是谁"等话语让受害人猜测他是谁，并称近期与受害人见过面。由于受害人在外地有很多同学或朋友，就误以为是某某人。后受害人又接到该犯罪分子电话，称在来会面途中在某地因车祸需治疗或因嫖娼被抓要交罚款等，以向受害人借钱为由行骗，汇钱后受害人一核实就发现被骗。

（5）盗用网络聊天工具实施诈骗。

🖐 案例4-7

盗用 QQ 诈骗

受害人收到女儿的 QQ 发来的信息，称其学校请了外教培训，需要交付培训费，受害人根据女儿 QQ 号码发来的账号转账人民币 13 800 元，后发现被骗。

犯罪分子盗取受害人亲戚朋友的网络聊天工具，以亲戚朋友身份，以家中急需用钱、老板借钱等理由，要求汇钱到指定账户，或要求受害人提供银行卡卡号、证件号码、短信验证码后进行资金盗用。

（6）冒充网络商家客服实施诈骗。

🖐 案例4-8

遭遇假客服，泄露验证码

王女士在网上购买商品后不久接到商家客服电话，称其交易失败需要办理退款，并提供了一个客服号码，王女士与该客服号码联系并根据其提供的一条退款操作链接进入一个网站，在网站上输入了卡号、密码、手机号及动态验证码等信息，后续再也无法联系到该客服，而王女士不但资金未退回，而且银行卡账户也被盗用。

犯罪分子常冒充卖家，以系统故障，需要受害人重新支付等为由让受害人登录与原购物网站极其相似的钓鱼网站实施诈骗，或以退款为由骗得受害人的银行卡号和密码来实施诈骗。

（7）虚构中奖诈骗。

🖐 案例4-9

幸运中奖被骗

常某收到一短信，内容为：你被某节目抽选为场外幸运观众，获得 12 800 元和笔记本一台，请登录网址填写信息并及时领取。常某登录该网址并按要求填写了信息，后常某接到一自称为北京法院"陈涛"律师的电话，以其填写的信息需缴纳 4 800 元的风险抵押金、如不交将起诉常某为由，骗他于当日向对方账户转账 4 800 元，后常某发现被骗。

犯罪分子通过微信、QQ、邮箱、网络游戏、淘宝等向用户发送中奖信息，或冒充某栏目组诱骗网友访问其开设的虚假中奖网站，再以支付个人所得税、保证金、缴纳公证费等名义骗取钱财。

（8）谎称绑架、意外或急病诈骗。

犯罪分子利用孩子上学或工作离家较远等时机，直接拨打家长电话，谎称其孩子被绑架，索要大量赎金；或谎称孩子在外出车祸等受到意外伤害和突发重特大急病，要求汇款。许多家长救子心切，未经核实，把钱汇到嫌疑人指定的银行账户上从而上当受骗。

（9）以代刷游戏装备、充值游戏币为名实施诈骗。

案例4-10

购买游戏装备被骗

吴某在暂住的家中上网买游戏装备，用自己的QQ加对方QQ为好友，对方称有便宜装备，受害人通过网络付给对方1060元，后发现被骗报警。

犯罪分子通过QQ联系受害人，谎称能便宜代刷游戏装备、充值游戏币，最终以给犯罪分子充值QQ币、网络转账的方式实施诈骗。

（10）网络兼职、网店刷信誉诈骗。

犯罪分子在互联网上发布可以代刷信誉的虚假信息以吸引卖家和网络兼职人员，受害人按照对方发送的网址进行操作，并在对方提供的网页上通过网银支付方式付款，犯罪分子以卡机需要更多的钱刷单才可以返还为由让受害人继续付款，进而完成诈骗。

（11）换账号汇款诈骗。

犯罪分子通过群发"我原来的账号不用了，请把款打入此账户，××行，户名×××"的短信，或冒充房东诈骗房客租金等方式，骗受害者不加识别地把钱款打入涉案账号。

（12）冒充航空公司客服实施诈骗。

案例4-11

以"航班不能起飞"诈骗

正在北京游玩的白女士收到一条短信，称她要乘坐的返程航班已取消，需要改签或退票。对方准确地报出了白女士的身份信息和航班信息后，打消了白女士的怀疑。之后，对方要求白女士用购票时的银行卡进行一系列操作：先说退票需要20元手续费；转过账之后对方又找理由说打错了款，可以再转回来，但几十元钱没法转，只能转整数的，需要往卡里再打钱凑个整数；白女士转了，对方又找理由让她转钱，最终骗走1万多元。其后骗子就立马联系不上了。事后白女士才知道，她预订的航班根本没取消，随即报警。

犯罪分子以航班取消，需要受害人去支付改签费或退票费为由诈骗。

（13）利用网上交友和电话交友诈骗。

犯罪分子利用网络和报纸等刊登个人条件优越的交友信息，吸引受害人上当，在网络沟通和电话沟通中，用甜言蜜语诱惑受害人，后以在来见面途中带给受害人的礼物属文物被查扣为由，让受害人垫付罚款与保证金，或称自己新开一个店铺让受害人给其赠送花篮等礼物，让受害人向其同伙账号内汇款从而进行诈骗。受害人汇款后联系对方，因对方不接电话或关机，方才发现被骗。

第二节　网络安全的防范措施

一、网上个人信息安全的防范措施 [①]

（一）采用匿名方式浏览网页

许多网站利用 cookies 跟踪网友的互联网活动，从而确定网友喜好。用户在使用浏览器时应关闭电脑接收 cookies 的选项，避免受到 cookies 追踪。

（二）阅读网站的隐私保护政策

进行任何网上交易或发送电子邮件前，切记阅读网站的隐私保护政策。因为有些网站会将用户的个人资料卖给第三方。

（三）使用保安软件或安装个人防火墙

安装个人防火墙，防止个人资料和财务数据被窃取。及时升级是非常重要的一环，否则防火墙的作用就没有被完全发挥，被攻击的可能性依然很大。同时，还可利用保安软件将重要资料保密，减小不慎把这些资料发送到不安全网站的可能性。

（四）采用安全方式网上购物

在网上购物时，确保已采用安全的链接方式，可以采用查看浏览器上方的闭锁图标的方法，确保链接安全。

（五）不要随意泄露密码等个人资料

黑客有时会假装成互联网服务供应商的代表，并询问客户的密码及个人资料，谨记上网时不要向任何人透露这些资料。

（六）经常更改密码

使用包含字母和数字的多位数的密码，从而干扰黑客利用软件程序来搜寻最常用的密码。

（七）关闭文件和打印共享功能

在不需要文件和打印共享时，关闭这些功能。文件和打印共享功能虽然非常有用，但也会将用户的电脑暴露给寻找安全漏洞的黑客。黑客一旦进入个人电脑，便能窃取隐私资料。

（八）不要打开来自陌生人的电子邮件附件

这些附件可能包含木马程序，该程序让黑客长驱直入电脑文档，甚至控制外设，有些黑客甚至能潜入互联网照相机进行监视。

二、网络财产安全的防范措施

（一）网上银行安全防范

（1）核对网址。开通网上银行功能，通常要事先与开户银行签订协议。客户在登录网上银行时，应该核对所登录的网址与协议中的法定网址是否相符，谨防一些不法分子恶意模仿银行网站，骗取账户信息。

---

① 曲桂东，大学生安全教育，教育科学出版社，2014.

（2）妥善选择和保管密码。密码应该避免与个人资料有关系，建议选用字母、数字混合的方式，密码应妥善保管，避免将密码写在纸上，尽量避免在不同的系统使用统一的密码。

（3）做好交易记录。对网上银行交易的业务要做好记录，定期查看交易明细，打印网上银行业务对账单，如发现异常交易与差错，应立即与银行联系，避免损失。

（4）保管好数字证书。避免在公用计算机上使用网上银行，以防数字证明书等机密资料落入他人之手，从而使网上身份识别系统被攻破，网上账户遭盗用而造成损失。

（5）对异常动态提高警惕。银行网站大多由专业部门管理，运行稳定，一般情况下不会出现"系统维护"的提示。若遇重大事件，系统必须暂停服务，否则会提前公告客户。客户如不小心在陌生网址上输入了银行卡号和密码，并遇到类似"系统维护"之类的提示，应立即拨打银行客服热线进行确认。万一发现资料被盗，应立即修改相关交易密码或进行银行卡挂失。确认支付后并未出现确认提示，而银行却已扣账时，应立即与开户银行联系，并记录好交易资料。

（6）安装防毒软件。为电脑安装防火墙程序，防止个人账户信息遭到黑客窃取。网上客户安装防病毒软件后，要注意经常升级，堵住软件漏洞。为防止他人利用软件漏洞进入计算机窃取资料，客户应及时更新相关软件，下载补丁程序。

（二）网络购物安全防范

购物前要尽可能对售货网站的合法性进行核实，如了解网站有无通信管理局核发的 ICP 证或经工商部门认可的标志、公司地址、固定电话等基本情况，只留联系手机号码的网站不可轻信。若网上购买物品的售价与市场价格差距大，要注意防止价格陷阱。付款方式最好选择货到付款的方式，并自觉做到不信、不买违禁物品。

三、网瘾的规避与防范措施

（1）端正上网目的，懂得正确使用网络资源。网络的功能不仅仅是聊天、游戏，其最主要的功能是作为一种工具，为人们学习、工作以及传递信息提供便利。大学期间，同学们应当充分利用网络资源提高自己的专业水平和综合素质。

（2）增强网络健康保护意识，学习、掌握网络健康知识。了解沉溺网络对身心健康的危害以及怎样避免和减少这些危害。

（3）增强责任感，制订个人职业生涯规划。有了明确的奋斗目标，将主要精力用于学习，用于自己的职业发展，就不会有过多的时间与精力沉溺于网络。

（4）多参加一些有益的社会活动。平时多参加社会活动，多进行现实的人际交往，可以避免自己长期陷入虚拟世界，引发心理问题。

（5）积极面对挫折与困难。提高分析问题和解决问题的能力，而不是消极逃避，让自己躲藏在虚拟的网络世界。

（6）加强自律。可利用手机定时或安装定时软件自觉控制上网时间。

四、网上交友的安全防范措施

（1）不要使用低俗的网名，以免被别有用心的人利用。

（2）不要将个人的重要信息，如姓名、电话等透露给网友。

（3）不要轻信网友的话，被对方的花言巧语迷惑。

（4）不要轻易与网友视频，以防被对方截屏非法利用。

（5）不要随便借钱给网友。

（6）不要随便与网友见面，如要见面最好有人陪伴，选择在白天的公共场所，不要单独一人去自己不熟悉或者偏僻的地方，并且少带现金，不携带贵重物品。

（7）不要随便将网友带到自己的学校、寝室或家中。

（8）不要过分依赖网络交友，应多与身边的人交朋友。

（9）在网络交往过程中遇到不法侵害，应及时向公安机关报案，让不法分子受到应有的制裁，避免更多的人受骗上当。

拓展阅读 4-2

常见网络交友骗术

1. 与网友见面时伺机实施盗窃；与网友见面时，以借手机打电话为圈套，骗取手机；与网友见面时，在饮料或酒中下药致人昏迷，趁机劫走钱财。

2. 某些经营场所的人员以网络交友为诱饵，骗网友进行高额消费，以获取非法利润。

3. 编造各种借钱的理由，骗取他人钱财。

4. 以帮忙介绍工作或找人拉关系为由，骗取钱财。

5. 打着网络交友的幌子玩弄他人感情或实施强奸。

6. 以网络交友为名，进行敲诈勒索、绑架；打着网络交友的旗号，到处骗吃骗喝；通过网络交友诱逼他人加入传销组织。

五、电信网络诈骗的防范措施

（一）主动学习电信网络诈骗防范知识

了解电信网络诈骗关键词，如安全账户、保证金、个人信息泄露、法院传单、包裹藏毒、社保退税、购车退税、银行卡升级、"猜猜我是谁"等。多了解一种诈骗手段，多一分防范诈骗的抵抗力。警方在办案过程中，绝不会以任何形式收取费用，更不会要求市民转账或开通网银进行资金操作。凡是要求将你的存款转至指定"安全账户""国家安全监理账户"以便"保全资金"的，都是诈骗行为。

（二）不要轻信犯罪分子的来电号码

"眼见非为实"，很多受害者通过拨打114查询犯罪分子的来电号码来确认对方捏造的身份。其实，犯罪分子多是从境外等地拨打网络虚拟电话，电话号码可以随意更改，甚至可以显示公检法等部门的号码，欺骗性极强。

（三）克服"贪利"思想

世上没有免费的午餐，对犯罪分子实施的中奖诈骗、虚假办理低利率贷款等诈骗，一定要识别真伪，切记不能以"试试看"的心理点击犯罪分子给出的虚拟钓鱼网站。

（四）不轻易泄露资料

不要轻易将自己或者家人的身份证信息、银行卡号、信用卡验证码、密码、通信信息等家庭、个人资料泄露给他人。对于朋友急事求助、家人意外受伤需要抢救治疗费用的诈骗短信、电话，需要冷静地和家人及朋友求实，不要着急恐慌，轻易上当。

（五）不要轻信他人威胁

如收到谎称反洗钱和以加害、举报等威胁类短信或电话，不要惊慌失措、轻信上当，最好不予理睬，更不要为"消灾"将钱款汇入犯罪分子指定账户。

（六）及时联系

（1）及时与家人、朋友联络。犯罪分子在实施诈骗时往往会以案件涉密、案件重大等理由，要求受害人"保密"，禁止向其他人透露消息，此时一定要保持清醒，第一时间与家人、朋友联系，说明情况，征求意见。

（2）及时与当事人联系。犯罪嫌疑人冒充熟人、学校教师或子女进行诈骗，要在第一时间与上述人员本人取得直接联系。特别是假冒子女被绑架，首先要联系子女本人或和其在一起的朋友，并立即向公安机关报案。

（3）及时向公安机关相关部门求证。遇到犯罪嫌疑人以贩毒、走私、洗黑钱为借口进行诈骗，或退税、中奖为诱饵进行诈骗的情形时，要及时拨打110求证，辨别事情真伪。

（4）及时向银行人员咨询。在银行自动取款机办理转账手续时，一定要听从银行人员的提示，认真阅读警示告示，或直接向其询问。在自动取款机上操作，如果进入英文界面，不了解操作内容时，一定要向银行人员寻求帮助。

应急防护训练

一、召开一次网络信息安全主题班会

（1）目的：通过鲜明的案例，对学生进行网络安全、健康、文明教育，使其正确对待、利用网络资源，融入文明校园创建。

（2）方法：

第一，分享案例：个人信息被泄露、储户存款不翼而飞、突然跳出的不明链接等。

第二，播放防诈骗教育短片。

第三，引导讨论：与初识网友微信聊天需注意什么、个人密码设置需注意什么、如何对待陌生来电和短信等。

第四，教师总结：不要在网络上提供重要的个人信息，不要随意告诉他人个人身份证等信息；不点击不明链接，给电脑设置防火墙；不要轻易答应与陌生网友见面；不轻信"天上掉馅饼"的事；不沉迷网络游戏等，保持良好运动习惯等。

二、提交一份网络危害的调查报告

（1）目的：增强网络安全意识，维护个人人身、财产等安全。

（2）方法：通过课堂学习、收集案例、查阅资料，结合自己及周围人的经验撰写一份网络危害调查报告，以小组为单位展开讨论，提出预防措施。

第五章　校园突发事件与公共安全

案例5-1　　　　　　　　食物中毒

刘某是某大学外语系商务英语专业二年级学生。一天，在参加完某公司组织的勤工俭学促销活动后，她与同行的两名女生在学校大门口一小吃摊吃了一碗青菜面条。过了不久，三人同时发生急性腹痛，并伴发呕吐。同学将三人紧急送往医院进行抢救，经初步诊断为食物中毒。经过抢救，另两名女孩脱离了危险，而刘某由于吃得较多，中毒严重，最终抢救无效死亡。经检验，刘某是因食用农药残留超标的蔬菜中毒而死的。

案例5-2　　　　　　　　毕业聚餐生悲剧

毕业前夕，南京某高校17名学生举行临别聚餐，他们在学校西门外一小吃摊购买了240多元的烧烤、炒饭后，又买了两箱啤酒，在学校教室聚餐。吃着吃着，几个同学陆续倒下。经诊断为亚硝酸盐中毒。14名同学中毒，其中中毒较深的4人进入重症监护室接受治疗，另外10人情况较好。经过救治，中毒较深的4人也脱离了生命危险。

引导讨论：大学生校内外饮食安全需注意什么？食物中毒的症状与急救措施有哪些？

案例5-3　　　　　　　　魂断无证诊所

某日上午，某学院机电班女生汪某因身体虚弱、头晕，到该校附近由徐某开办的一无证中医诊所求医，因误服药物中毒死亡。公安机关侦查结果表明，犯罪嫌疑人徐某暂住在该校附近，在未取得医生职业资格、无任何行医执照的情况下，在其住处私设中医诊所。当日，徐某给汪某进行诊断后开了两个疗程的中药。但徐某违反有关规定，将开出的中药与有毒性的药品马钱子混放在一起，致使汪某误服马钱子中毒。中毒后徐某并没对汪某进行及时救治，最终导致汪某死亡。

案例5-4　　　　　　　　盲目用药害处大

某高校学生吴某感觉自己有感冒的症状，以为是感冒了，就到药店买了感冒药吃。结果病情却越来越重，出现胸闷、心悸现象，并晕倒在宿舍，幸好被同学们紧急送往医院抢救才脱离危险。经诊断，吴某得的根本不是感冒，而是病毒性心肌炎。

引导讨论：大学生疾病诊治有哪些注意事项？

案例点评：

从案例 5-1、5-2 中可知，大学生在采购食品时，往往只求色、香、味，而不关注食品本身的安全，不顾食品来源、品质。因此，使学生掌握基本的食品安全知识，增强食品安全意识，也是提高学生综合素质、培育合格人才的重要内容。从案例 5-3、5-4 中可知，有的大学生忽视了疾病诊治和预防中的安全问题。大学生生病后一定要到正规的医院就诊，科学地服用药物，以保障健康。

第一节　突发事件与公共安全概述

一、关于突发事件与公共安全的认识

（一）突发事件与公共安全的含义

突发事件是指突然发生造成或者可能造成社会公众健康严重损害的重大传染病疫情、群体性不明原因疾病、重大食物中毒和职业危害以及其他严重影响公众健康的事件。突发事件大都具有危机的性质，或者说具有向危机事件转化的倾向，因此，在一定意义上突发事件可称为突发危机事件。

公共安全是指社会和公民个人从事和进行正常的生活、工作、学习、娱乐和交往所需要的稳定的外部环境和秩序。公共安全管理则是指国家行政机关为了维护社会的公共安全和秩序，保障公民的合法权益，以及社会各项活动的正常进行而做出的各种行政活动的总和。公共安全除了包括突发事件安全管理，还包含信息安全、食品安全、公共卫生安全、公众出行安全、避难者行为安全、人员疏散的场地安全、建筑安全等。

（二）突发事件的类型和特征

1. 突发事件的类型

（1）根据突发事件的发生过程、性质和机理，突发事件主要分为以下四类：①自然灾害。主要包括水旱灾害、气象灾害、地震灾害、地质灾害、海洋灾害、生物灾害、森林草原火灾等。②事故灾难。主要包括工矿商贸等企业的各类安全事故、交通运输事故、公共设施和设备事故、环境污染和生态破坏事件等。③公共卫生事件。主要包括传染病疫情、群体性不明原因疾病、食品安全和职业危害、动物疫情，以及其他严重影响公众健康和生命安全的事件。④社会安全事件。主要包括恐怖袭击事件、经济安全事件和涉外突发事件等。

（2）突发事件的其他分类：①按照成因，可分为自然性突发事件、社会性突发事件；②按照危害性，可分为轻度、中度、重度危害；③按照可预测性，可分为可预测的、不可预测的；④按照可防可控性，可分为可防可控的与不可防不可控的；⑤按照影响范围，可分为地方性、区域性／国家性、世界性／国际性突发事件。

2. 突发事件的特征

（1）突发性。有些突发事件是由难以控制的客观因素引发的，有些爆发于人们的知觉盲区，有些爆发于熟视无睹的细微之处。但人们对突发事件能否发生，在什么时间、地点发生，以什么方式爆发和危害程度等都是始料未及，难以准确把握的。突发事件大多演变迅速，解决问题的机会稍纵即逝，如果不能及时采取应对措施，将会造成更大的危害和损失。

（2）复杂性。突发事件是由一系列细小事件逐渐发展而来的，有一个量变过程，是各种矛盾激化的结果，总是呈现出一果多因、相互关联、环环相扣的复杂状态与多变性，若处置不当将加大损失、扩大范围，并转为政治事件。突发事件防治的组织系统也较复杂，至少包括中央、省（区、市）及有关职能部门、社区三个层次。

（3）破坏性。突发事件以人员伤亡、财产损失为标志，包括直接损害和间接损害，还体现在对社会心理和个人心理造成的破坏性冲击，进而渗透到社会生活的各个层面。例如，汶川特大地震是中华人民共和国成立以来影响最大的一次地震，造成的直接经济损失达 8 451 亿元人民币，造成人员伤亡、财产损失、对自然环境的破坏等问题。汶川大地震造成的间接损失同样不可忽视，事故灾害发生之后，公众的生活节奏被打乱，公众心理也会受到巨大冲击。

（4）持续性。在整个人类文明进程中，突发事件从未停止过。突发事件一旦爆发，总会有一个持续过程，表现为潜伏期、爆发期、高潮期、缓解期、消退期。持续性表现为蔓延性和传导性。一个突发事件经常导致另一个突发事件的发生。只有通过共同努力，最大限度地降低突发事件发生的频率和减少其次数，才能减轻其危害程度及对人类造成的负面影响。

（5）紧迫性。突发事件发生后，为了避免更大的损失，迫切需要决策者依靠有限的信息，在有限的时间里做出迅速的判断和决策，尽可能将损失降低到最小限度。判断和决策是否及时妥当，关系到社会稳定、执政水平和国家安危，对决策者是一个重要考验。

（6）广泛性。突发事件一旦爆发，就会波及广泛。如"非典"疫情、流感等，波及全球。

（三）突发事件等级与应急预案

1. 突发事件等级

（1）根据突发事件的社会危害程度、影响范围等因素，可分为：特别严重（Ⅰ级）、严重（Ⅱ级）、较重（Ⅲ级）和一般（Ⅳ级），依次用红色、橙色、黄色和蓝色表示。

（2）根据突发事件的构成要素，可分为：突然爆发、难以预料、必然原因、严重后果、需紧急处理。

2. 突发事件应急预案

应急预案是为了有效预防、及时控制和消除突发公共卫生事件的危害，保障公众身体健康与生命安全，维护正常的社会秩序而预先制订的有关计划或方案。

《中华人民共和国突发事件应对法》规定，国家建立健全突发事件应急预案体系。国务院制订国家突发事件总体应急预案，组织制订国家突发事件专项应急预案。国务院有关部门根据各自的职责和国务院相关应急预案，制订国家突发事件部门应急预案。地方各级人民政府和县级以上地方各级人民政府有关部门根据有关法律、法规、规章、上级人民政府及其有关部门的应急预案以及本地区的实际情况，制订相应的突发事件应急预案。

我国突发事件应急预案体系包括：①国家总体预案；②中央专项应急预案；③国务院部门应急预案；④地方省（区、市）政府总体应急预案、专项应急预案和部门应急预案，各市（地）和县（市、区）人民政府及基层政权组织的突发事件应急预案；⑤企事业单位根据有关法律法规制订的应急预案；⑥举办大型会展和文化体育等重大活动的主办单位制订的应急预案。

我国《突发公共卫生事件应急条例》规定，全国突发事件应急预案应当包括以下主要内容：①突发事件应急处理指挥部的组成和相关部门的职责；②突发事件的监测与预警；③突发事件信息的收集、分析、报告、通报制度；④突发事件应急处理技术和监测机构及其任务；⑤突发事件的分级和应急处理工作方案；⑥突发事件预防、现场控制，应急设施、设备、救治药品和医疗器械以及其他物资和技术的储备与调度；⑦突发事件应急处理专业队伍的建设和培训。

二、校园食品安全

（一）食品安全的含义

食品安全指食品无毒、无害，符合应当有的营养要求，对人体健康不造成任何急性、亚急性或者慢性危害。食品安全也是一门专门探讨在食品加工、存储、销售等过程中确保食品卫生及食用安全，降低疾病隐患，防范食物中毒的一个跨领域的学科。食品安全既包括生产安全，也包括经营安全；既包括结果安全，也包括过程安全；既包括现实安全，也包括未来安全。

现代意义上的食品安全概念是 1974 年 11 月联合国粮食及农业组织（简称“联合国粮农组织”，英文缩写是 FAO）在罗马召开的世界粮食大会上正式提出的。1984 年世界卫生组织曾在名为《食品安全在卫生和发展中的作用》的文件中指出，食品安全是指“在生产、加工、储存、分配和制作食品的过程中需要确保食品安全可靠，有益于健康并且适用于人类消费的种种必要的条件和措施”。但是，此概念将“食品安全”等同于“食品卫生”，并没有真正地区分两者的概念。而世界卫生组织 1996 年在《加强国家级食品安全性计划指南》中才开始区分“食品安全”和“食品卫生”的不同含义，其中将“食品安全”定义为：“对食品按其原定用途进行制作、食用时不会使消费者受到损害的一种担保”；食品卫生则是指“为确保食品安全性和适合性在食物链的所有阶段必须采取的一切条件和措施”。

我国近年来高度重视食品安全，以立法形式来保证食品安全，保障公众身体健康和生命安全。在 2009 年 2 月 28 日第十一届全国人民代表大会常务委员会第七次会议上通过《中华人民共和国食品安全法》，并在 2015 年 4 月 24 日、2018 年 12 月 29 日、2021 年 4 月 29 日三次修订该法。

（二）食品安全主要内容

一是数量安全，即一个国家或地区能够生产人民基本生存所需的膳食数量。要求人们既能买得到又能买得起生存生活所需要的基本食品。二是质量安全，指提供的食品在营养、卫生方面满足和保障人群的健康需要，食品质量安全涉及食物的污染、是否有毒、添加剂是否违规超标、标签是否规范等问题，需要在食品受到污染之前采取措施，预防食品的污染和遭遇主要危害因素侵袭。三是食品可持续安全，这是从发展角度要求在食品获取的过程中注重生态环境的良好保护和资源的可持续利用。

（三）食品安全标准

近年来，我国卫生健康委员会不断建立完善食品安全标准管理制度，公布实施了食品安全国家标准、地方标准和企业标准备案管理办法，并成立了国家食品安全风险评估中心，开展食品安全风险评估，为制定完善标准提供科学依据。针对食品安全标准工作，原国家卫生计生委还专门组建了食品安全国家标准审评委员会，由食品产品、微生物、食品添加剂、农药残留、兽药残留等 10 个专业分委员会，共 350 多位医学、农业、食品、营养等方面的权威专家组成，负责标准审查工作。截至 2022 年 9 月 28 日，我国已制定公布了 1 455 项食品安全国家标准，覆盖了 2 万余项食品安全指标。标准包括如下内容。

① 食品、食品添加剂、食品相关产品中的致病性微生物、农药残留、兽药残留、生物毒素、重金属等污染物质以及其他危害人体健康物质的限量规定。

② 食品添加剂的品种、使用范围、用量。

③ 专供婴幼儿及其他特定人群的主辅食品的营养成分要求。

④ 对与卫生、营养等食品安全要求有关的标签、标志、说明书的要求。

⑤ 食品生产经营过程的卫生要求。

⑥ 与食品安全有关的质量要求。

⑦ 与食品安全有关的食品检验方法与规程。

⑧ 其他需要制定为食品安全标准的内容。

法律法规传真 5-1

关于食品安全法的部分条文

《中华人民共和国食品安全法》第二十五条　食品安全标准是强制执行的标准。除食品安全标准外，不得制定其他食品强制性标准。

《中华人民共和国食品安全法实施条例》第二条　食品生产经营者应当依照法律、法规和食品安全标准从事生产经营活动，建立健全食品安全管理制度，采取有效措施预防和控制食品安全风险，保证食品安全。

（四）食品安全标识

我们在关注食品本身的同时，还应该去关注一些安全标识。

（1）食品质量安全标志（QS）。如图 5-1a 所示，QS 是英文 Quality Safety（质量安全）的缩写，获得食品质量安全生产许可证的企业，其生产加工的食品经出厂检验合格的，在出厂销售之前，必须在最小销售单元的食品包装上标注由国家统一制定的食品质量安全生产许可证编号并加印或者加贴食品质量安全市场准入标志"QS"。食品质量安全市场准入标志的式样和使用办法由原国家质检总局统一制定，该标志由"QS"和"生产许可"中文字样组成。标志主色调为蓝色，字母"Q"与"生产许可"四个中文字样为蓝色，字母"S"为白色，使用时可根据需要按比例放大或缩小，但不得变形、变色。加贴（印）有"QS"标志的食品，即意味着该食品符合质量安全的基本要求。

自2004年1月1日起，我国首先在大米、食用植物油、小麦粉、酱油和醋五类食品行业中实行食品质量安全市场准入制度，然后又对肉制品、乳制品、方便食品、速冻食品、膨化食品、调味品、饮料、饼干、罐头等实行市场准入制度。

a

b

c

图 5-1　食品安全标识

（2）绿色食品标志。绿色食品标志是由绿色食品发展中心组织制定的统一标准及质量证明标志。如图 5-1b 所示，它由三部分构成，即上方的太阳、下方的叶片和中心的蓓蕾，象征自然生态；颜色为绿色，象征着生命、农业、环保；图形为正圆形，意为保护。AA 级绿色食品标志与字体为绿色，底色为白色，A 级绿色食品标志与字体为白色，底色为绿色。整个图形描绘了一幅明媚阳光照耀下的和谐生机，告诉人们绿色食品是出自纯净、良好生态环境的安全、无污染食品，能给人们带来蓬勃的生命力。A 级绿色食品的标准是参照发达国家食品卫生标准和国际食品法典委员会（CAC）的标准制定的，要求产地环境质量评价项目的综合污染指数不超过 1，在生产加工过程中，允许限量、限品种、限时间地使用安全的人工合成农药、兽药、渔药、肥料、饲料及食品添加剂。AA 级绿色食品的标准是根据国际有机运动联盟（IFOAM）有机产品的基本原则，参照有关国家有机食品认证的标准，再结合中国的实际情况而制定的。要求产地环境质量评价项目的单项污染指数不得超过 1，生产过程中不得使用任何人工合成的化学物质，且产品需要 3 年的过渡期。

绿色食品标志还提醒人们要保护环境和防止污染，通过改善人与环境的关系，创造自然界新的和谐。它注册在以食品为主的九大类食品上，并扩展到肥料等绿色食品相关类产品上。绿色食品标志作为一种产品质量证明商标，其商标专用权受《中华人民共和国商标法》保护。标志使用是食品通过专门机构认证，许可企业依法使用。

（3）保健食品标志。如图 5-1c 所示，正规的保健食品会在产品的外包装盒上标出蓝色的、形如"蓝帽子"的保健食品专用标志。下方会标注出该保健食品的批准文号，或者是"国食健字（年号）××××号"。其中"国"表示由国家食品药品监督管理部门批准。

第二节　校园突发事件的防范措施

一、自然灾害的预防和应对

（一）地震

1. 地震避险 [1]

大多数破坏性地震能让人感觉到的地面抖动只是一瞬间，只有强烈的地震才能让人有长达一分钟的感觉，而绝大多数破坏性地震只延续几秒钟。因此，只要保持镇定，采取果断措施来保护自己，就能够减少灾害造成的损失。

（1）在住宅（楼房或平房）中。当感到地面或建筑物晃动时，要动作机灵地躲避，可躲到书桌、工作台、床底下。在单元楼内可选择面积小的卫生间、墙角躲避，减小伤亡的可能性。对于住平房且户外开阔的人，震时可头顶被子、枕头或安全帽逃出户外，来不及时，最好在室内避震，要注意远离窗户，趴下时头靠墙，枕在横着的双臂上面，闭上眼和嘴。地震时门会因门框变形而打不开，所以，在防震期间最好不要关门。地震时，如已被砸伤或埋在倒塌物下面，应先观察周围环境，寻找通道想办法出去。若无通道，则要保存体力，静听外面的动静，可敲击铁管或墙壁使声音传出去，以便救援。地震时，住楼房的千万不要跳楼。

（2）在教室里。正在上课的学生，要在老师的指挥下迅速抱头、闭眼，躲在各自的课桌下。

（3）在室外。地震时在户外的人，千万不能冒着大地的震动进屋去救亲人，只能等地震过后，再对他们及时抢救。如果正行走在高楼旁的人行道上，要迅速躲到高楼的门口处，以防碎片掉下来砸伤自己。如果在山坡上感到地震发生，千万不要跟着滚石往山下跑，应躲在山坡上隆起的小山包背后，同时要远离陡崖峭壁，防止受到由崩塌、滑坡和泥石流带来的威胁。在海边，如发现海水突然后退，比退潮更快、更低，就要警惕海啸的突然袭击，尽快向高处转移。

（4）在工作岗位上。在生产岗位上的人员，首先应关闭易燃、易爆、有毒气体的阀

① 张效民，大学生安全教育与应急处理训练（修订版），商务印书馆，2014.

门，个人根据所处的环境，当机立断迅速避震。在办公楼的工作人员，要赶紧躲在办公桌下面。在厂区上班的工人，要立即关闭机器、断掉电源，迅速躲到车床、机床及高大的设备下。

（5）在公共场所。如果在影剧院、体育馆等处遇到地震，要沉着冷静，特别是断电时，应就地蹲下或躲在排椅下，注意避开吊灯、电扇等悬挂物，用皮包等物保护头部。如正在商场、书店、展览馆等处，应选择在结实的柜台、商品或柱子边，以及内墙角处就地蹲下，用手或其他东西护头，避开玻璃门窗和玻璃橱窗。

（6）在车辆中。司机要就地刹车，驶离立交桥、高楼下、陡崖边等危险地段。乘客不要跳车，地震过后再下车疏散。

2. 地震自救

（1）当被埋压在废墟下时，不能态度消极，要有勇气和毅力。

（2）被埋压后，注意用湿手巾、衣服等捂住口鼻和头部，避免因灰尘呛闷发生窒息，尽量消除压在身上的各种物体，用周围可搬动的物品支撑身体上面的重物，扩大活动空间，保证有足够的空气。条件允许时设法逃避险境。

（3）被埋压后，要注意观察周围环境，寻找通道，设法爬出去，无法爬出去时，不要大声呼喊，当听到外面有人时再呼叫或敲击出声，向外界传信息求救。

（4）当无法脱险时，尽量减少体力消耗，想办法与外面援救人员取得联系。

3. 地震互救

（1）原则：先救多，后救少；先救近，后救远；先救易，后救难。要注意抢救青壮年和医务工作者，壮大抢救力量。及早展开互救，能最大程度地减少伤亡。

（2）先抢救困于建筑物边缘废墟、房屋底层或未完全遭到破坏的地下室中的人员。

（3）学校、饭店、医院等人员密集的地方是抢救的重点。

（4）要耐心观察，特别要留心倒塌物堆成的"安全三角区"。

（5）仔细倾听各种呼救的声音，如敲打、呼喊、呻吟。

（6）要多问，了解倒塌房屋居住者的起居习惯、房屋布局等情况，推测哪里可能有人被埋压。

（7）发现遇险者后，挖掘时要注意保护被埋者周围的支撑物。要使用小型轻便的工具，越接近被困人员越要小心挖掘。如一时无法救出，可以先输送流质食物，并做好标记，等待下一步救援。发现被困者后，首先应帮他露出头部，清除口腔和鼻腔里的灰土，避免窒息，然后再挖掘，暴露其胸腹部。如果遇险者因伤不能自行出来，绝不可强拉硬拖。

（二）洪灾

1. 洪水来临前的准备

（1）根据当地电视、广播等媒体提供的洪水信息，结合自己所处的位置和条件，冷静选择最佳路线撤离。

（2）准备食物、饮品，选择便于携带、可长期保存的食品，并准备足够的饮用水和其他生活必需品。

（3）认清路标，明确撤离的路线和目的地。在避难道路上，如果避难人不能很好地识别路标，走错路，再往回折返，便会与其他人产生碰撞、拥挤，出现混乱。

（4）制作漂浮器材，根据当地条件准备木排、竹排、气垫船、救生衣、木盆、塑料盆、木材等物品，加工成救生装置以备急需。

（5）保管好财物，将不便携带的物品拍照，进行防水处理后埋入地下或放在高处。

（6）保管好通信设备及其他可助于求救的物品，移动电话可以用于联络，口哨等可以用于呼救，醒目的衣服便于搜救。

（7）撤离之前，关掉屋里的燃气开关和电器开关，用密封纸（布）将家里贵重物品（如存折、银行卡）包好，并放在身上。

2. 洪水发生时的自救

（1）如果时间充足，应按照预定路线有组织地向地势较高处转移。

（2）如果来不及转移，应立即爬上屋顶、大树、高墙等暂时避险，等待救援。千万不要试图一个人游泳转移，因为一旦精疲力竭，就会被洪水淹没。

（3）如落入水中，应尽量抓住能承重的漂浮物，如门板、木桶、充气轮胎，顺水漂流。漂到岸边迅速上岸，上岸后切忌顺水跑。

（4）不要因为害怕而相互拥抱在一起，这样不但不能有效脱离危险，还会"同归于尽"。

（5）山区连降大雨，容易造成山洪暴发，此时不要渡河，以免被山洪冲走。还要注意山体滑坡、滚石和泥石流可能带来的伤害。

（6）不要触摸或接近倾斜、倒塌的高压线塔，远离低垂或折断的电线，防止触电。

（7）理性求救。被洪水包围，要及时和防汛部门联络，报告位置，寻求救援。

3. 洪水过后防病

（1）注意饮水卫生。饮用水一定要煮沸后再饮用，切记不可生饮自来水、井水、河水、溪水等；若储水设备（如水塔、水池）已遭污染，一定要对其进行彻底的清洁、消毒。

（2）注意饮食卫生。不吃腐败变质和受污染的食物；不吃病死、淹死的动物；不吃生食，瓜果吃前削皮或用开水烫。

（3）注意环境卫生。粪便和生活垃圾不入水；减少蚊蝇；腐烂动物尸体先焚烧后深埋；及时组织群众清除污泥、浊水；注意搞好水源卫生、厨房卫生和个人卫生。

（三）泥石流

（1）遭遇泥石流，要立即选择与泥石流垂直的方向沿两侧山坡往上爬，爬得越快、越高越安全。千万不要顺着泥石流的方向跑，也不要爬树，更不要停留在低洼处。

（2）应选择较高的基岩台地、低缓山梁等安全处修建临时避险棚。切忌在沟床岸边、较低的阶地、台地及坡脚、河道拐弯的下流边缘地带修建。

（3）如不幸陷入泥石流，不要慌张，要大声呼救，然后将身体后倾轻轻躺在沼泽地里，同时张开双臂，十指张开，平贴在地面上慢慢将陷入泥潭的双脚抽出来，切忌用力过猛过火，避免陷得更深。然后采取仰泳般的姿势向安全地带"游"过去，尽量以轻柔缓慢的动作进行，千万不要惊慌挣扎。

（4）泥石流发生后，沿河（沟）谷的道路也被掩埋破坏得无影无踪，泥沙满沟，行走时要防止跌伤、磕碰，避免出现各种外伤。

（5）公路、铁路、桥梁被冲毁后，应及时采取阻拦车辆通行的措施，插上警示牌，以免车辆坠落，造成人员伤亡。

（6）泥石流发生时常常席卷、淹浸、淤埋沿途的房屋、牲畜及杂物，泥石流结束之后应进行清理消毒，做好防疫工作，防止流行病的发生和传播。

（四）雷电

1. 安全预防

（1）迅速躲入有防雷设施保护的建筑物内。很深的山洞或汽车内也是躲避雷击的理想地方。

（2）不要躲在树下避雨，应远离树木、电线杆、烟囱等尖耸、孤立的物体。不宜进入孤立的棚屋、岗亭等低矮建筑物。远离输电线。

（3）找一块地势低洼的地方蹲下，双脚并拢，手放膝上，身体前屈。注意不要很多人集中在一起或牵手靠在一起。

（4）在空旷的场地，不要打雨伞，不要把金属工具扛在肩上。

（5）不宜游泳或从事水上作业，应尽快离开水面及其他空旷场地。

（6）雷电天气不宜开摩托车、骑自行车赶路，切忌狂奔。

（7）打雷时尽量不要使用固定电话或移动电话。

2. 雷电击伤后的自救

（1）当呼吸停止时，实施口对口人工呼吸，并送医院治疗。

（2）当心脏停止时，实施心脏按压，并送医院治疗。

（3）如果伤员有脉搏和呼吸，检查其他可能的操作，如检查雷电进入和离开伤者身体的地方；留心神经系统损伤、骨折、失聪及失明等。

（4）当受雷击而烧伤时，迅速扑灭其身上的火，并实施紧急抢救。

（5）在送医院途中，抢救工作不能停止。

（五）冰雹、龙卷风、台风

1. 冰雹防范

（1）当下冰雹时，要关好门窗，妥善安置易受冰雹、大风影响的室内外物品。

（2）暂停户外活动，勿随意出行，应在室内躲避。

（3）如在室外，应用雨具或其他代用品保护头部，并尽快转移到室内，避免砸伤。

2. 龙卷风防范

（1）若在家里，应切断电源，远离门、窗和房屋的外围墙壁，躲到与龙卷风方向相反的墙壁或小房间内抱着头蹲下，尽量避免使用电话。用床垫或毯子罩在身上以免被砸伤。最安全的躲藏地点是地下室或半地下室。

（2）若在室外，就近进入混凝土建筑底层，远离大树、电线杆或简易房屋等。

（3）若在野外，朝与龙卷风前进路线垂直的方向快跑；来不及逃离的，要迅速找到低洼地趴下，脸朝下，闭嘴、闭眼、用双手、双臂保护头部。

（4）当发生龙卷风时，不要待在露天楼顶，不要开车躲避。

3. 台风来临防范

（1）在家里。①准备好手电筒、收音机、食物、饮用水及常用药品等，以备急需；

②关好门窗，检查门窗是否坚固；取下悬挂的东西；检查电路、炉火、煤气等设施是否安全；③将室外的动植物及其他物品移至室内，特别是要将楼顶的杂物搬进来；室外易被吹动的东西要加固；④住在低洼地区和危房中的人员要及时转移到安全住所；⑤及时清理排水管道，保持排水畅通；⑥尽量不要安排外出活动。

（2）在外面。①不要在临时建筑（如围墙）、广告牌、铁塔等附近避风避雨；②远离大树；③宜躲在低洼地方；④尽快抵达安全地点。

（六）雪灾

（1）预防雪盲。雪盲是因大面积积雪反射强光，眼睛外层角膜受到紫外线辐射灼伤所致。若发生雪盲，先用冷开水或眼药水清洗眼睛，然后用眼罩或干净手帕、纱布等轻轻敷住眼睛，尽量闭眼休息。雪盲症状通常需要5～7天才会消除。

（2）预防跌倒、骨折。跌倒后注意查看摔跤部位有无红肿，如有红肿应立即就医，不要自行拿药揉搓或用热毛巾热敷。

（3）预防冻伤。发生冻伤后，不能马上热敷或者按摩冻伤部位，以防加重局部水肿。发生冻伤可用雪搓，受冻焐暖1～2小时之后方可进行热敷；如果局部皮肤有破损，可以涂抹冻伤膏。

（七）沙尘暴和雾霾

出门要戴口罩、纱巾等；关好门窗；多喝水，吃清淡食物；尽量减少外出，暂停户外活动，尽可能停留在安全的地方；不要购买露天食品；骑车、开车要减速慢行和注意广告牌。

（八）高温天气和寒潮

1. 高温

（1）安装降温设备，如电扇、空调，必要时进行隔热处理。不要长时间停留在空调房内，也不能长时间对着身体某一部位吹电扇。

（2）准备防暑降温的饮料和常用药品，如清凉油。

（3）尽量留在室内，避免阳光直射；必须外出时要打遮阳伞，穿浅色衣服，戴宽檐帽。

（4）暂停户外或室内大型集会。

（5）室内空调温度不要过低；当空调无法使用时，选择其他降温方法，如向地面洒水。

（6）当浑身大汗时，不宜立即用冷水洗澡；应先擦干汗水，稍作休息后再用温水洗澡。

（7）注意作息时间，保证睡眠，减少剧烈运动。

（8）宜吃咸食，多饮凉白开水、绿豆汤等；不要过度饮用冷饮或含酒精的饮料。

2. 寒潮

（1）尽量不在早晚低温时出门。如要出去活动，避免早晚气温较低时外出锻炼。出门活动时，尽量结伴而行，万一有意外，及时救助能带来较大的生还可能性。运动时应以微微出汗、没有明显胸闷气短为宜。

（2）尽量避免感冒，外出时注意保暖，口罩、帽子、围巾都要戴好。罕见寒潮来临时，还是要注意耳朵、手、脚等血液循环较差部位的保暖，防止冻伤。另外，一定要多喝水，多吃蔬菜瓜果，帮助身体排除毒素。

（3）预防关节疾病和骨折。剧烈的气候变化容易引起关节疾病的急性发作，导致关节局部红肿，出现痛、热、无力、运动障碍等问题。寒冷的天气也会使道路结冰，上学、放学途中要注意防滑，防止因意外摔倒而骨折。

二、大型群体活动突发事件的预防和应对

大型群体活动主要指体育赛事、演唱会、音乐会、展览、促销、游园、灯会、花市、焰火晚会、人才招聘会、现场开奖的彩票销售等活动。校内大型群体活动是指使用校内的场地，面向广大师生和社会人员举办的文艺演出、体育比赛、展览展销、电影放映、考试测验、文化沙龙、人才招聘、跳蚤市场等群体活动。由于参加大型群体活动的人员人数较多，成员复杂，活动的场地有限，人员高度集中，现场秩序较难控制，以及其他不确定的因素，大型群体活动很容易发生意外，从而造成财产和人身伤害，甚至酿成人员丧生的惨剧。

（一）安全预防

1. 遵守秩序

参加大型群体活动一定要做到遵守秩序，秩序是安全的根本保障。

（1）要了解大型活动的性质、内容，不参与违反国家法律规定的活动。

（2）如需购买门票，应通过正规渠道购买，不从票贩子手中买票，以免上当受骗。购买门票后，应认真阅读门票上的说明和注意事项。

（3）遵循活动场所的消防、治安等管理规章，接受举办方的安全检查，不得携带易爆、易燃、有毒、腐蚀等危险物品，也不得携带枪支、弹药及管制刀具等主办单位明确禁止带入场内的物品进入现场。

2. 预防踩踏事件

（1）参加大型群体活动要穿便于行走的鞋子，最好是平跟、系带的鞋子。

（2）到达或者进入现场后，注意观察现场情况，认清现场指示、警示标志和安全疏散通道、安全出口的位置，一旦发生危险，可以有目标地迅速脱险。

（3）入场和退场时自觉排队，听从现场工作人员的引导，有序进出，避免人为拥挤。

（4）夜晚观灯赏月或者观看焰火晚会时，不要靠近湖面水域或者有坠物危险的区域。灯展和焰火晚会上，为了突出效果，正常的照明可能会人为地调弱，昏暗的环境中极容易发生踩踏事件。因此要注意台阶、水边、下水道或窨井盖等处，尽量选择光线明亮的道路通行。

（5）参加节奏强烈、气氛热烈的活动，应合理表达情绪，避免过激行为。遇有局部人员拥挤时，不要好奇地凑热闹，避免拥挤踩踏。

（二）应对方法

1. 处置基本原则

（1）镇定沉着原则。发生事故后，绝不能惊慌失措，手忙脚乱。在关键时刻，只有保持镇定的情绪和清醒的头脑，才能洞察形势的变化，做出正确判断，才能避免慌乱无序，贻误时机，加大无谓的损失。

（2）老人、妇女、儿童优先原则。在抢救和组织疏散过程中，应本着老人、妇女、儿童优先的原则进行，尤其是在危急情况下，要确保老人、妇女、儿童优先撤离到安全地方。

（3）就地抢救原则。事故发生后，对于伤员来讲，时间就是生命。在事故现场，首先要做的就是组织人力对伤员进行初步的抢救，如包扎止血、人工呼吸。

（4）立即报警、紧急救援原则。在校园集体活动发生较大安全事故后，仅靠自己的力量组织抢救往往是不够的，应立即安排专人向公安局、医院等部门求救，争取让他们尽快组织有效救护，保证受伤人员得到及时正确的救治。

（5）维持秩序、迅速疏散原则。事故发生后，在救治伤员的同时，要安排专人做好维护现场秩序的工作，指挥其他人员迅速撤离现场，以利于各种抢救措施的顺利实施。

2. 应对踩踏事件的方法

（1）在人群拥堵且遇到走阶梯的时候，我们要保证自己靠边或者用手抓牢栏杆，避免摔倒、滑倒情况发生。要远离有玻璃的窗户或者装饰物，以防被扎伤。

（2）在发生拥挤的时候，要躲避迎面走来的人群，并保持沉着，更不要惊慌，以免在乱窜的时候发生摔倒引起踩踏。

（3）若身处人群严重拥堵的情况，最好顺人流的方向行走而不要逆流行走，否则容易被人流带倒。

（4）如果已经深陷拥堵的人群，一定要尽量保持身体平衡，从而避免因身体失去重心而摔倒，同时要注意尽量不要弯腰捡东西。如果条件允许，可以抓住身边比较牢靠的物体，及时停住脚步，等到人群疏散后再离开。

（5）如果被人推倒在地，或发生了摔倒，这个时候不要急于站起来，最好找个角落躲起来，或者用双手抱住头，蜷缩身体，保护自身脆弱部位。

（6）在人群中发现跌倒的人时，要努力寻求救助，并想办法告诉后面的人群——"前面有人摔倒，不要继续前行了"，要努力保持自身身体的平衡。

三、疾病诊治与校园传染病的预防与应对

安全地进行疾病诊治和预防校园传染病是大学生健康成长的重要条件。因此，高等院校按照教育部的规定都设立了校医院或卫生室，对大学生进行身体检查和疾病诊治；建立了校园传染病防治和管理机制，积极预防校园传染病。多数大学生都能保持良好的卫生习惯，定期检查身体，积极治疗疾病。但也有少数大学生忽视了疾病防治和预防中的安全问题，如有的学生到无证诊所问诊求药，有的缺乏传染病预防常识，有的带病参加剧烈运动等，最终造成身体伤害和病情延误，甚至失去了宝贵的生命。案例 5-4 中的吴某就因此延误了病情，差点丢了性命。

（一）疾病诊治

1. 安全防范

（1）安全是疾病诊治与预防的先决条件。

（2）要相信科学，反对迷信，不要随便相信游医和所谓的"祖传秘方"。案例 5-3 中，经法院审理，徐某非法行医，致人死亡，情节严重，其行为触犯了《中华人民共和

国刑法》第三百三十六条,已构成非法行医罪,被判处有期徒刑十年。汪某作为一名大学生,盲目到无行医执照的诊所接受无行医资格的徐某诊治,误服马钱子中毒身亡,实在令人惋惜。

(3)生病应到具有行医执照、安全制度健全、药品管理规范的正规医疗机构接受诊治。

(4)定期到医院检查身体,尽早发现隐疾,及时治疗。

(5)患有可能危及生命安全的疾病,要排除不应有的顾虑,及时报告学校、老师,争取老师、同学的关照。

(6)适度运动,心理平衡。心脑血管病患者一定要避免着急和突然用力。

(7)掌握一定的急救常识,备好急救药品,出现异常情况及时呼叫"120"救护。

2. 日常用药

用药发生不良反应是常见的,想完全防止是不可能的。不过,如能准确地选择药品,结合疾病状况和体质,严谨地掌握用药剂量、方法、时间和妥善地配药,至少可以减轻不良反应,避免发生意外。

(1)注意病史和用药史。患过何种疾病,用哪些药产生过不良反应,自己应该清楚,去看病时还要向医生讲明情况。如果自己是过敏性体质,更要谨慎。

(2)注意用药方法。拿到药后,要严格按照药品说明书上的要求去服药,凡需要口服的药物最好口服;若因病情或药物性质需要静脉注射,应注意速度不可过快;使用抗生素静脉注射之前一般要先在皮肤上做过敏反应测试,在此期间不得自行离开,以免产生过敏反应后发生意外。

(3)注意用药量。如果在医院开药,必须按医师的指示办事,不得随便改动;如果自购药品使用,一般可按说明书用药。但要在允许剂量范围内,根据年龄和体质状况准确用药。对不熟悉或未曾用过的药品最好先从小剂量开始,边用边观察,根据具体情况可适当调整。

(4)购买和使用非处方药品注意事项。非处方药是消费者可不经过医生处方,直接从药店购买的药品,且是不在医疗专业人员的指导下就能安全使用的药品。具有安全、价廉、方便等特点。大学生在日常生活中可能经常会购买和使用这类药品。

大学生在购药前,应根据症状,结合自己掌握的医药知识,对疾病做出明确判断,也可向销售药品的专业人员咨询,以便准确选择药品。对于无法自我判断的疾病,应及时到医院就诊。自行购买常用药品时一定要到正规的药店。选购药品时,首先要看外包装是否有药品生产批准文号及标明的药物成分、含量是否符合标准。其次要注意药品说明书上标注的药品疗效是否对症及有何不良反应;注意察看药品是否在有效期内;打开外包装观察药物,如果有霉点或外表破损则不能使用。购买药品后,应要求开具发票,写清药名等内容,并将其妥善保存,以防不测。使用时应遵照药品说明书,掌握用法、用量、次数、疗程,准确用药。不可多种药品联用。

(5)滥用抗生素害处多。滥用的含义是过度而无节制地使用。滥用抗生素容易使细菌产生耐药性,从而使抗生素的抗菌作用减弱或消失,结果是药物疗效降低,疾病更难治愈,也浪费了物质与钱财。滥用抗生素必然增加过敏反应,引发的毒性反应更不可忽视，有些抗生素易引起耳鸣、耳聋，有些易损伤肝脏、肾脏等。在实践中，多数的上呼吸道感染（即俗称的感冒）是由病毒引起的，而对付病毒感染，是没有特效药的，但许多大学生一出现感冒症状后就自行购买一些抗生素服用，这样不仅无助于疾病的治疗，反而会给身体造成伤害。

（6）服用补药要适可而止。补药一般指的是各种营养药，如维生素类、蛋白质类、钙类、铁剂类药。目前市场上的补品多种多样，使人眼花缭乱，有的包装上说得很好，有的商品名取得很吸引人，其实并不是大家所需要的。根据目前的生活水平来看，缺乏营养的人只是少数，一般营养可在每日的膳食中获得，不必另补。补充人体营养素，应该是缺什么补什么，缺多少补多少，不能乱补或滥补，要补得心中有数。目前有些大学生认为维生素类药物都是"补品"，是蔬菜、水果的"替代品"，副作用少、安全性高，因此，不少人吃维生素类药物犹如吃蔬菜、水果，非常随便。其实不然，维生素药物也必须按规定的适应证、用法、用量服用，否则也会引起不良反应，甚至引起残疾或死亡。例如长期、大剂量服用维生素 A、维生素 D 可引起发热、腹泻、中毒等，对身体会造成一定的伤害。

法律法规传真 5-3 ▼

疾病诊治法律法规

《学校卫生工作条例》第二条　学校卫生工作的主要任务是：监测学生健康状况；对学生进行健康教育，培养学生良好的卫生习惯；改善学校卫生环境和教学卫生条件；加强对传染病、学生常见病的预防和治疗。

《中华人民共和国刑法》第三百三十六条　未取得医生执业资格的人非法行医，情节严重的，处三年以下有期徒刑、拘役或者管制，并处或者单处罚金；严重损害就诊人身体健康的，处三年以上十年以下有期徒刑，并处罚金；造成就诊人死亡的，处十年以上有期徒刑，并处罚金。

（二）常见传染病的防治

传染病是因病毒、细菌、支原体、螺旋体、真菌等感染人体产生的有传染性的疾病。传染病对学校的危害尤为突出，学生是传染病多发群体，一旦发生传染病，将会造成学校停课，影响严重。因此，做好学校传染病的预防工作非常重要。而对一名大学生来说，一旦感染上传染病，将对自己的学习、生活带来严重影响。大学生应有安全、健康常识，保障自身不感染传染病；更应具有良好的公德，确保不将病毒传染给他人，积极阻断病毒的传染渠道。

1. 校园传染病预防

（1）坚持体育锻炼，提高身体素质，养成良好的饮食习惯，增强免疫力，避免感染传染病毒。

（2）接受药物免疫和治疗。

（3）一旦出现传染病疫情，尽量不接触容易感染病毒的人群和场所，减少和切断病毒的传播渠道。

（4）一旦政府采取隔离措施，要服从国家法律和学校的管理，做到令行禁止。

《中华人民共和国传染病防治法》（节选）

《中华人民共和国传染病防治法》第三条　本法规定的传染病分为甲类、乙类和丙类。

甲类传染病是指：鼠疫、霍乱。

乙类传染病是指：传染性非典型肺炎、艾滋病、病毒性肝炎、脊髓灰质炎、人感染高致病性禽流感、麻疹、流行性出血热、狂犬病、流行性乙型脑炎、登革热、炭疽、细菌性和阿米巴性痢疾、肺结核、伤寒和副伤寒、流行性脑脊髓膜炎、百日咳、白喉、新生儿破伤风、猩红热、布鲁氏菌病、淋病、梅毒、钩端螺旋体病、血吸虫病、疟疾。

丙类传染病是指：流行性感冒、流行性腮腺炎、风疹、急性出血性结膜炎、麻风病、流行性和地方性斑疹伤寒、黑热病、包虫病、丝虫病，除霍乱、细菌性和阿米巴性痢疾、伤寒和副伤寒以外的感染性腹泻病。

国务院卫生行政部门根据传染病暴发、流行情况和危害程度，可以决定增加、减少或者调整乙类、丙类传染病病种并予以公布。

2. 病毒性肝炎的防治

病毒性肝炎是由多种病毒引起的以肝脏病变为主的全身性疾病。其特点是传染性强，传播途径复杂，在全世界都有流行，发病率较高，危害严重。它是大学生中常见的传染病，是影响大学生学习和健康的主要疾病之一。

病毒性肝炎根据感染的病毒不同，可分为甲、乙、丙、丁、戊五种。甲型、戊型肝炎属肠道传染病，主要经"粪—口"途径传播。乙型、丙型、丁型肝炎可通过血液、体液和密切接触等多种途径传播。感染了肝炎病毒后体内能产生相应抗体，具有保护作用，但各型之间无交叉免疫性。例如，患了甲型肝炎后还可再感染乙型肝炎，使病情加重。在各型肝炎中以甲型和乙型肝炎为多见。

（1）预防甲型病毒性肝炎。甲型病毒性肝炎是由甲型肝炎病毒引起的急性传染病。一年四季均可发病，在我国北方以秋、冬为发病高峰。甲型病毒性肝炎的传播源为病人和无症状的隐性感染者。甲型肝炎病毒随患者粪便排出体外，污染了水源、食物和环境，再通过手、食物、水等途径传染给健康人。感染了甲型肝炎病毒，经15～20天的潜伏期以后会出现一系列症状，表现为发病比较急、发热、疲乏无力、食欲不振、厌油腻、恶心、腹胀、肝区不适或疼痛、肝肿大等，部分病人可出现眼巩膜、皮肤黄染，尿呈深茶色。如果出现上述症状，应到医院进一步做肝功能化验确诊。一般来说，本病愈后良好，在2～4个月内恢复健康，不会转变为慢性肝炎。

甲型病毒性肝炎在治疗上无特效药物，预防的办法如下。

①养成良好的个人卫生习惯，严格把好手、口关，饭前、便后洗手，不喝生水，不吃未煮熟的食物，蔬菜、水果要洗干净再吃。②提倡分食进餐，公共餐具必须严格消毒处理。③发现病人应隔离治疗，隔离期至少30天，对患者接触的食具及物品进行消毒。

④对与甲型肝炎病人密切接触者，可注射甲肝疫苗及丙种球蛋白。⑤甲型肝炎的治疗目前缺乏特效疗法，主要治疗措施为休息，合理饮食，应以适合病人口味的清淡饮食为宜。

（2）预防乙型病毒性肝炎。乙型病毒性肝炎是由乙肝病毒引起的以损害肝脏为主的肠道传染病。我国是乙型肝炎的高流行区，乙肝流行趋势是非常严重的。高校是人群高密度聚集区域，乙肝是影响大学生学习与健康的主要传播疾病之一。

乙肝主要经血传播，如通过输血、血浆、血制品以及使用污染乙肝病毒的注射器、针头、针灸用针、采血用品而发生感染，血液透析等亦有感染的危险。各种体液在传播乙肝中的作用应予重视，现已证明 HB-sAg 除存在于血清外，还可以在唾液、尿液、胆汁、乳汁、汗液、羊水、月经、精液、阴道分泌物、胸腹水等中检出，其中唾液在传播中尤其需要提防，所以在性爱时，防止乙肝病毒偷偷地传播开来。

乙肝感染后的几种临床类型：①急性乙型肝炎输血感染概率较大。症状很明显，如食欲不振、皮肤发黄、全身乏力、肝区不适等，血液检验出现不正常，B超检查也会有相应变化。②急性乙肝转为慢性乙肝。此类型母婴传播概率较大，因新生儿感染的时候免疫系统没有成熟，所以不能识别病毒。到 20 岁左右，免疫功能正常时识别了病毒，但此时大部分病人变成慢性肝炎、肝硬化或者肝癌。③隐性感染乙肝病毒携带者或者病毒复制，也就是常说的"小三阳""大三阳"的病人。虽具有密切接触被感染和传染他人的可能，但无明显自觉症状。

乙肝疫苗的推出为人类预防乙肝提供了一个有效武器。世界卫生组织在 1996 年宣布乙肝疫苗将作为人类免疫计划，其目标是：1997 年要在所有国家实行乙肝疫苗接种。我国 2001 年底国务院批准并发布通知，要求从 2002 年底起，所有新生儿都要接种乙肝疫苗。大学生在校期间也基本接种了乙肝疫苗。

3. 流行性感冒的防治

流行性感冒简称为"流感"，是由流感病毒引起的一种急性呼吸道传染病。流感病毒分甲、乙、丙三型。甲、乙型可引起流行，丙型只发生散发病例和在小的局部暴发。人群对流感病毒普遍易感，病后有一定特异性免疫力，但不能持久。流感的传染源主要是病人和隐性感染者，发病后 3 天传染性最强。病人的鼻涕、口水、痰液中含有大量病毒，通过咳嗽、打喷嚏、大声说话将病毒排到空气中，易感者吸入后即能感染。在通气不良、人员拥挤的地方，传播更为迅速。另外，通过直接接触被污染的食具、玩具或物品也可被感染。流感潜伏期一般为 1～3 天。发病后主要表现为畏寒、高热、体温可达 39～40 ℃，伴有头痛、全身酸痛、乏力、面颊潮红、眼结膜充血等，但呼吸道症状较轻，部分病人有咳嗽、轻度喷嚏、流涕等。全身症状重、呼吸道症状轻是流感的主要特征，一般经 2～3 天后体温下降，全身症状也逐渐好转。其预防和治疗方法如下。

（1）发现流感病人应及时隔离治疗，减少传播，降低发病率。

（2）流行期间不搞大型集会和集体活动，不到或少到公共场所活动，互相接触戴口罩。

（3）平时应加强营养，加强户外活动，锻炼身体，增强对流感病毒的抵抗力。

（4）病人应卧床休息，多饮水，进食可口清淡的流质或半流质饮食。

（5）在发病的早期可服用抗病毒药物及对流感病毒有抑制作用的中草药制剂，可减轻症状。目前尚无确切有效的抗病毒药物，高热、病情较重者可输液，并进行物理降温，如合并细菌感染者，应使用抗菌药物。

四、食品中毒及预防措施

食物中毒是指患者所进食物被细菌或细菌毒素污染，或食物含有毒素而引起的急性中毒性疾病。根据病因不同可有不同的临床表现。

（一）了解食物中毒的临床表现

（1）胃肠型食物中毒。胃肠型食物中毒多见于气温较高、细菌易在食物中生长繁殖的夏秋季节，以恶心、呕吐、腹痛、腹泻等急性胃肠炎症状为主要特征。

（2）葡萄球菌性食物中毒。这是由于进食了被金黄色葡萄球菌及其所产生的肠毒素污染的食物而出现的一种急性疾病。引起葡萄球菌性食物中毒的常见食品主要有淀粉类（如剩饭、粥、米面等）、牛乳及乳制品、鱼肉、蛋类等，被污染的食物在 20～22 ℃的室温中搁置 5 小时以上时，病菌大量繁殖并产生肠毒素，此毒素耐热力很强，经加热煮沸 30 分钟，仍可保持其毒力而致病。该病以夏、秋二季为多。

（3）副溶血性弧菌食物中毒。这是由于食用了被副溶血性弧菌污染的食品或者食用了含有该菌的食品后出现的急性、亚急性疾病。副溶血性弧菌是常见的食物中毒病原菌，在细菌性食物中毒中占有相当大的比例，临床上以胃肠道症状，如恶心、呕吐、腹痛、腹泻及水样便等为主要症状。该菌引起的食物中毒具有暴发起病（同一时间、同一区域、相同或相似症状、同一污染食物）、潜伏期短（数小时至数天）、有一定季节性（多夏秋季）等细菌性食物中毒的常见特点。

（4）变形杆菌食物中毒。这是由摄入的大量变形杆菌污染的食物所致，属条件致病菌引起的食物中毒。变形杆菌是革兰阴性杆菌，根据生化反应的不同可分为普通变形杆菌与奇异变形杆菌，有 100 多个血清型。大量变形杆菌在人体内生长繁殖，并产生肠毒素，引致食物中毒。夏秋季节发病率较高，临床表现为胃肠型及过敏型。

（二）分析引起食物中毒的原因

从导致疾病和中毒产生方面分析，食品中毒成因主要有以下几个方面。

（1）化肥、农药等对人体有害物质残留于农产品中。由于不按规定要求滥用农药，我国每年因农药引起的食物中毒事件屡屡发生，特别是蔬菜中残留的有机磷中毒。蔬菜中残留的有机磷被人体吸收后，通过血液输送到全身各个脏器，导致中毒，严重时还出现生命危险。我国农产品中有机磷残留量超出国家标准的现象较为突出。再有，我国每年大量、超量或不合理地施用化肥于农作物上，使化肥在土壤中的残留量越来越重，化肥施用不当、滥用化肥生产的蔬菜对人体健康的威胁并不亚于蔬菜中残留的农药。硝酸盐本身并没有毒，但在人的口腔和胃肠中会在细菌的作用下还原为亚硝酸盐。亚硝酸盐大量聚集则可能引起中毒，长期摄入，可诱发消化道系统癌变。流行病学实验已经证明，硝酸盐、亚硝酸盐与食品中固有的胺类化合物是致癌物亚硝胺的前体物质，亚硝胺的诱癌时间随人体摄入量增多而缩短。

（2）抗生素、激素和其他有害物质残留于禽、畜、水产品体内。为了预防和治疗家禽、畜和水产品患病而大量使用抗生素、磺胺类等化学药物，往往造成药物残留于动物组织中。兽药残留既包括原药，也包括药物在动物体内的代谢产物。在食品中，由于药物本身的副反应或耐药性细菌种群的增长，潜在健康安全问题将增加。近年，在我国由于盐酸克伦特罗（"瘦肉精"）可以使禽、畜产生足够的瘦肉而被大量使用，从而使更多食用残留有"瘦肉精"食品的消费者出现中毒反应，严重者甚至死亡。

（3）重金属污染。重金属污染对食品安全性的影响非常严重，它属于化学污染的范畴。据分析，重金属污染以镉污染较为严重，其次是汞、铅等，多数金属在体内有蓄积性，半衰期较长，能产生急性和慢性毒性反应，可能还会有致畸、致癌和致突变的潜在危害。目前，我国儿童铅污染较为严重。

（4）超量使用食品添加剂。超量使用可能对人体造成危害。经质量技术监督部门检测，曾有在面粉中超限量 5 倍添加增白剂"过氧化苯甲酰"；在腌菜中超标量 20 多倍使用苯甲酸；在饮料中成倍超标使用的化学合成甜味剂等。

（5）毒素污染。毒素污染是目前极为严重的食品安全问题。毒素主要来源于自然界，如"毒大米"事件，就是大米受黄曲霉毒素污染造成的。

（6）滥用非食品加工用化学添加物。在食品加工制造过程中，非法使用和添加超出食品法规允许适用范围的化学物质（其中绝大部分对人体有害）。如改善米粉、腐竹口感使用"吊白块"（一种化工原料，学名甲醛次硫酸氢钠）等。

（7）食品制造使用劣质原料。加工食品使用劣质原料给食品安全造成极大隐患。如用病死畜禽加工熟肉制品，用"地沟油"加工油炸食品等。

（8）假冒伪劣食品。近年来假冒伪劣食品在一些地区，特别是广大农村地区肆意横行。如用化学合成物质掺兑的酱油、食醋；用工业酒精制造假酒、甲醇假冒白酒等。

（9）病原微生物控制不当。食品的原料和加工程度决定了它具备一定的微生物生长条件，食品加工制造过程和包装储运过程中稍有不慎就会发生微生物的大量繁殖。我国发生的集体食物中毒大多由微生物引起。在我国，易造成食物中毒的病原微生物主要有：致病性大肠杆菌、金黄色葡萄球菌、沙门氏菌等。病原微生物引起的食物中毒事件每年都有发生，尤其是在气温较高的夏、秋季节更容易发生。

（10）腐败变质的食物上市流通。食品基本都以动植物生物组织作为主要成分。这些物质在一定条件下会发生一系列的化学和生物变化，产生各种对人体有害的物质。比如变质的鲜奶、酸奶、鲜肉等。

（11）转基因食品的潜在危险。生物技术产品的出现同样带来了安全性问题。如今，转基因食品早已摆上了人们的餐桌，转基因食品也具有潜在的危险：可能损害人类的免疫系统（标记基因）；可能产生过敏综合征；可能对人类有毒性，对环境和生态系统有害，对人类和人体存在未知的危害。

（三）掌握食物中毒的预防办法

1. 预防蔬菜中毒的办法

（1）浸泡清洗法。有毒果蔬问题的发生缘于有些菜农没有按国家有关标准使用农药，或是急着将农药未完全挥发的菜推向市场，也有个别菜农使用了国家明令禁止用于蔬菜的剧毒农药，购菜后若加工处理不当而食用就会发生中毒。避免蔬菜残留农药而引起食物中毒的简单有效方法就是将蔬菜放进大水池里充分浸泡 1 小时以上，再清洗干净。因农药可溶于水中，故浸泡冲洗后可降低蔬菜的农药含量。

（2）水煮法。蔬菜经过浸泡清洗后还不能完全去除残余农药，因此，凡能在开水里先焯一下的蔬菜更应这样处理，特别是青菜、四季豆、菜豆、扁豆、青椒、花菜、包菜、卷心菜等都应这样做。为防止青菜黄掉，可在水中加入稍许碱，这样可保证菜色鲜绿。若在水中加入适量食用油，可使菜色鲜亮，出锅后长时间不发黄。经过水煮后再经过烹饪的蔬菜可以使残留在蔬菜上的农药减少 90% 以上，把蔬菜农药含量降低到最低程度，这是一种经实践证明有效避免蔬菜中毒的方法。

（3）定点采购法。现在一些蔬菜公司对蔬菜农药残留进行检测，无公害蔬菜才允许出售，我们应该尽可能地向其购买，不应贪图便宜而向不明菜农购买。把住源头购菜关，是确保蔬菜安全的最好办法。在实际工作中，往往尚有小部分蔬菜需从市场上买来，这就得加倍小心，一定要严格执行蔬菜加工安全操作规程。

（4）禁食的蔬菜。以下几种菜常发生食物中毒，应重点防范。

① 青西红柿不能吃。因为未成熟的西红柿中含有大量有毒的番茄碱。而成熟的西红柿中番茄碱的含量则大大减少或消失。要善于鉴别催熟的西红柿还是自然成熟的西红柿，被催熟的西红柿表面看起来是红色的，但果内有毒的番茄碱含量很高，与未成熟的西红柿一样易造成食物中毒。最直接的鉴别方法是把西红柿掰开看一看，自然成熟的西红柿籽粒是土黄色的，肉淡黄色，起沙、多汁，而催熟的西红柿往往是皮红籽绿，或者尚未长籽，皮肉发空，果肉无汁。成熟的西红柿口感好，有酸甜感，催熟的西红柿无酸甜感，反而发涩。

② 鲜黄花菜不能吃。因为鲜黄花菜中含有秋水仙碱，食用后经氧化产生有毒物质，使人中毒。

③ 发芽或表皮变青的土豆不能吃。因为这种土豆含有龙葵碱，食用后对胃肠黏膜有较强的刺激性和腐蚀性，对中枢神经会有麻痹作用，严重中毒往往危及生命。有的人由于缺乏科学知识，以为这种发芽的土豆经油炸后毒素可以去除，其实不然，经油炸后其毒素污染了食用油，再用这些油去炒其他的菜，结果使其他的菜也有毒，危害更大。

④ 未煮熟的四季豆、扁豆、菜豆不能吃。因为豆中含有皂苷和胰蛋白酶抑制物，食用后会引起中毒。应强调的是生豆不能和隔餐剩下的豆一起炒，这样做的危险性很大。隔餐的豆回锅重炒太熟、太烂、太黄，既不好看，也不好吃，应该倒掉。若同生豆一起炒往往使生豆不能充分炒熟而存在毒素，易造成食物中毒的事故发生，此做法要坚决杜绝。

⑤ 紫菜水发后呈紫色的不能吃。因为它在海中生长时已被一种环状多肽的有毒物质污染。

2. 预防细菌性食物中毒的办法

（1）中毒的类型及原因。细菌性食物中毒包括沙门氏菌中毒、葡萄球菌中毒、肉毒中毒、变形杆菌性食物中毒和嗜盐杆菌性食物中毒五种，以沙门氏菌或葡萄球菌引起的为多见。

这种致病菌广泛存在于自然界中，通过苍蝇、蟑螂、水体等途径污染食物，并大量繁殖，分泌毒素，人们食用了被污染的食物就会发生食物中毒。该病多发生在气候炎热的季节，以 5 月份至 10 月份最多。这些月份由于温度高，适合这些细菌生长的温度在 10 ～ 48 ℃，最适温度为 28 ～ 37 ℃，这些细菌短时间内就能迅速繁殖起来，并达到足够引起中毒的菌量，快的 2 小时就会引起中毒，经 4.5 小时就会完全引起中毒。从食物的表面上看不出它的变质，而是它的细菌大量存在，因为看不见摸不着，所以当发生食物中毒时，你还不知道是怎么回事，只有经过卫生部门检验才能发现它们。不少人凭经验认为煮熟的食物放置几小时再食用不会有事，确实存在这种事实，但这种情况是以食物没有受到细菌的污染为前提的，一旦受到污染情况就会变得很糟糕，在一定条件下，细菌就会大量繁殖而引起食物中毒，因此不能有任何侥幸心理。特别需要注意的是春末夏初，人们似乎还没有足够的清醒，对食物的处理保存往往还延续着冬天的习惯，没有足够的警惕性，使细菌有机可乘，当发生食物中毒时，悔之已晚。

（2）不折不扣地执行食品卫生安全规则。要严格遵守世界卫生组织提出的食品制作安全规则。①选购安全的食品。蔬菜瓜果选购新鲜完好的，鱼虾肉蛋以鲜活为佳，肉类食品还需经检疫合格，切勿贪图便宜购买可疑变质食品。高校购买冷冻食品的数量较多，必须索取相关的卫生检疫合格证，保证食品的安全。②食品要煮熟煮透。冷冻食品在烧炒之前一定要彻底解冻，这样做有利于煮熟煮透，达到杀死细菌的目的。③烹调后立即进食。食品从烹饪后到出售前放置时间不应超过 2 小时，食物烧熟后冷却至室温时，微生物就开始繁殖，放置时间越长，危险越大。早餐供应的早菜应在当天早晨煮，不允许图方便提前于前一天下午或晚上煮好放置到第二天早餐出售。④精心储存食品。食品烹饪后超过 2 小时未食用的应在高于 60 ℃或低于 10 ℃的条件下存放。剩余的食品必须冷藏，冷藏时间不能超过 24 小时。⑤食品再加热要彻底。这是杀灭微生物的最后一关。即使正确地冷藏食品也只能是降低微生物的生长速度，并不能杀灭它。因此食前加热一定要彻底，放进冰箱再取出加热尤其要注意这一点。⑥避免生熟食品交叉污染。熟食接触到生食，生食的细菌就会污染食品，所以生、熟食品要严格分开。装熟食的菜盘要经过蒸汽消毒才能使用。装生食的菜盘应该与装熟食的菜盘分开，当剩菜回锅加热后，应装在已消毒的菜盘里，不能又重新装回原来装剩菜的盘子里，避免被细菌污染。⑦手容易受细菌污染，加工熟食或装盘前要反复洗手，方可加工食物。⑧保持用具清洁。餐具洗净后要进行蒸汽消毒或用消毒柜消毒，消毒后还要做好保洁工作，以防污染。⑨避免昆虫、鼠类和其他动物接触食品。苍蝇、蟑螂、老鼠等可携带病原微生物，污染食品，要想方设法消灭它们。⑩使用符合卫生要求的水。

（四）养成良好的饮食习惯

1. 掌握食品安全常识

（1）购买食物时，注意食品包装有无生产厂家、生产日期，是否过保质期，食品原料、营养成分是否标明，有无 QS 标识，不能购买三无产品。

（2）打开食品包装，检查食品是否具有它应有的感官性状。不能食用腐败变质、油脂酸败、霉变、生虫、污秽不洁、混有异物或者其他感官性状异常的食品，若蛋白质类食品发黏，油脂类食品有哈喇味，碳水化合物有发酵的气味或饮料有异常沉淀物等均不能食用。

（3）不到无证摊贩处购买食物，减少食物中毒的隐患。

（4）注意个人卫生，饭前便后洗手，自己的餐具洗净消毒，不用不洁容器盛装食品，不乱扔垃圾以防止蚊蝇滋生。

（5）少吃油炸、油煎食品。

2. 了解禁止生产经营的食品种类

（1）腐败变质、油脂酸败、霉变、生虫、污秽不洁、混有异物或者其他感官性状异常，可能对人体健康有害的。

（2）含有毒、有害物质或者被有毒、有害物质污染，可能对人体健康有害的。

（3）含有致病性寄生虫、微生物，或者微生物毒素含量超过国家限定标准的。

（4）未经卫生检验或者检验不合格的肉类及其制品。

（5）病死、毒死或者死因不明的禽、畜、兽、水产动物等及其制品。

（6）容器包装污秽不洁、严重破损或者运输工具不洁造成污染的。

（7）掺假、掺杂、伪造，影响营养、卫生的。

（8）用非食品原料加工，加入非食品用化学物质的或者将非食品当作食品的。

（9）超过保质期限的。

（10）为防病等特殊需要，国务院卫生行政部门或者省（区、市）人民政府专门规定禁止出售的。

（11）含有未经过国务院卫生行政部门批准使用的添加剂的或者农药残留超过国家规定容许量的。

（12）其他不符合食品卫生标准和卫生要求的。

3. 学会判别伪劣食品

学会防范"七字法"：即防"艳、白、长、反、小、低、散"。

（1）防"艳"。对颜色过分艳丽的食品要提防，如目前上市的草莓像蜡果一样又大又红又亮，咸菜梗亮黄诱人，瓶装的蕨菜鲜绿不褪色，要留个心眼：是不是在添加色素上有问题？

（2）防"白"。凡是食品呈不正常不自然的白色，十有八九会有漂白剂、增白剂、面粉处理剂等化学品的成分。

（3）防"长"。尽量少吃保质期过长的食品，3 ℃贮藏的包装熟肉，禽类产品采用巴氏杀菌的，保质期一般为 7～30 天。

（4）防"反"。就是防反自然生长的食物，如果食用过多可能对身体产生影响。

（5）防"小"。要提防小作坊式加工企业的产品，这类企业的食品平均抽样合格率最低，触目惊心的食品安全事件往往在这些企业出现。

（6）防"低"。"低"是指在价格上明显低于一般价格水平的食品，价格太低的食品大多有"猫腻"。

（7）防"散"。散就是散装食品，有些集贸市场销售的散装豆制品、散装熟食、酱菜等可能来自地下加工厂。

4. 彻底清洗果蔬上的残留农药

（1）水洗浸泡法（用清水洗干净后浸泡）。蔬菜污染的农药品种主要为有机磷杀虫剂，有机磷杀虫剂难溶于水，此种方法仅能除去部分农药，但水洗是清除蔬菜水果上其他污物和去除残留农药的基础方法。主要用于叶类蔬菜。一般先用水冲洗掉表面污物，否则等于将果蔬浸泡在稀释的农药里。然后用清水浸泡，浸泡不少于 10 分钟，果蔬清洗剂可增加农药的溶出，所以浸泡时可以加入少量果蔬清洗剂，浸泡后要用流水冲洗 2～3 遍。

（2）清洗后碱水浸泡法。有机磷杀虫剂在碱性环境下分解迅速，所以此方法是有效去除农药污染的措施，可用于各类蔬菜瓜果。方法是先将表面污物冲洗干净，浸泡到碱水中（一般 500 ml 水中加入碱面 5 g～10 g）5～15 分钟，然后用清水冲洗3～5 遍。

（3）去皮法。外表不平或多细毛的蔬菜瓜果，较易沾染农药，所以削去外皮是一种较好的去除残留农药的方法。

（4）储存法。农药随着时间能缓慢分解为对人体无害的物质（空气中的氧与蔬菜中的酶对残留农药有一定的分解作用），所以对易于保存的瓜果蔬菜可以通过一定时间的存放，减少农药残留量。一般应存放 15 天以上，同时建议不要立即食用新采摘的未削皮的瓜果。

（5）加热法。氨基甲酸酯类杀虫剂随着温度升高，分解加快，所以对一些其他方法难以处理的蔬菜瓜果可通过加热去除部分农药。此法常用于芹菜、菠菜、小白菜、圆白菜、青椒、菜花、豆角等，先用清水将表面污染物洗净，放入沸水中，2～5 分钟后捞出，然后用清水冲洗 1～2 遍。

（6）阳光晒。经日光照射晒干后的蔬菜，农药残留较少。

5. 识别用激素促进成熟的蔬菜

有的菜农为了使蔬菜生长加快、生长得多就用激素喷洒，这种菜对健康不利。那么怎样识别呢？西红柿表皮光滑，当菜农对它喷洒催大、催肥、催熟激素后，激素药液一部分流至下端，致使该部位肉多，形成"尖屁股"。这种西红柿当然不能吃。此外，个头很大、红绿斑驳、摸起来发硬、切开后没汁或汁很少的，也是催熟剂催熟的，不宜购买。生长怪异的蔬菜如冬瓜、黄瓜、茄子等，冬瓜、茄子上小下大，都是喷洒激素的结果。有的水果细皮嫩肉，有的芹菜体大身长，均不吃为好。

6. 健康饮用桶装水

桶装水一旦打开，应尽量在短期内用完，通常以一周内用完为宜，否则应加热煮开再饮用。桶装水送上门后，即便是质量较好的桶装饮用水，放置时间太长也易滋生细菌。尤其是在炎热的夏季，温度高，细菌繁殖速度也加快，更不能久存。桶装矿泉水，最好放在避光、通风阴凉的地方，避免在阳光下曝晒。同时还要警惕饮水机的二次污染，注意定期清洗饮水机。

购买桶装水要注意先看包装桶是否晶莹透明，质感硬。质量较好的桶（瓶）应由PC 材质制成，桶体透明度高，表面光滑清亮，而使用或添加回收废旧垃圾塑料为原料制成的桶，俗称"黑桶"，颜色发黑、发暗，透明性差。有部分厂家为降低成本，仍在使用这种禁用的包装桶装水，消费者应仔细鉴别选择。水桶盖应鲜亮光洁，硬度较高。另外，消费者可尝试倒置水桶，检查是否漏水。当把水桶从饮水机上拔出时，水桶的内应恰好将水桶再次堵上。合格的饮用水应该无色、透明、清澈、无异味，没有肉眼可见物。颜色发黄、浑浊，有絮状沉淀或杂质，有异味的桶装水，一定不能饮用。

应急防护训练

一、设计一份校园突发事件应急预案

1. 目的

（1）了解校园突发事件应急预案体系、组织体系等安全知识。

（2）掌握应对校园突发事件必备的安全知识。

（3）具备校园突发事件应急处理、自我救助和相互救援的能力。

2. 方法 ①

方法的具体内容如图 5-2 所示。

二、设定情景，开展自救

设定情景：假设你被困在电梯中，需要开展自救。

1. 目的

具备应对突发事件应急处理、自我救助和相互救援的能力。

2. 方法 ②

（1）按下电梯内部的紧急呼叫按钮，这个按钮会跟值班室或监控室连接，如果呼叫有回应，要做的就是等待救援。

（2）如果报警没有引起值班人员注意，或者呼叫按钮失灵了，最好用手机拨打报警电话求援。

（3）如果适逢停电，或者手机在电梯内没有信号，最好保持镇静，因为电梯都安装了安全防坠装置。防坠装置将牢牢卡住电梯槽两旁的轨道，使电梯不至于掉下去。即使遭遇停电，安全装置也不会失灵。这个时候务必镇静，要保持体力，伺机待援。在狭窄闷热的电梯里，许多乘客担心会导致窒息，这一点不必担心，目前新的电梯国家标准有严格的规定，只有达到通风的效果才能投放市场。另外，电梯有许多活动的部件，一些连接的位置，如轿厢壁和轿厢顶的连接处都有缝隙，一般来说足够满足人的呼吸需要。

（4）稍事稳定情绪后，可以间歇性地拍打电梯门，或用坚硬的鞋底敲打电梯门，等待救援人员的到来。在救援人员尚未到来期间，宜冷静观察，听到外面有了响声再拍。耐心等待，不要乱了方寸。

（5）不要尝试自己从里面打开电梯，这是一种非常危险的方式。因为电梯在出现故障时，门的回路方面有时会发生失灵的情况，这时电梯可能会异常启动。如果强行扒门就很危险，容易造成人身伤害。另外，被困人员因为不了解电梯停运时身处的楼

① 曲桂东，大学生安全教育，教育科学出版社，2014。
② 张效民，大学生安全教育与应急处理训练（修订版），商务印书馆，2014。

层位置，盲目扒开电梯门，会有坠入电梯井的危险。

（6）万一遇到电梯急速坠落，请将背部紧贴电梯，然后膝盖弯曲，脚跟踮起，这样能最大限度地缓冲，避免对人造成过大的冲击。此外，也不要盲目从天窗爬出，在轿厢门暂时无法打开的情况下，应由专业救援人员协助，断电停机后才可以从天窗逃出。

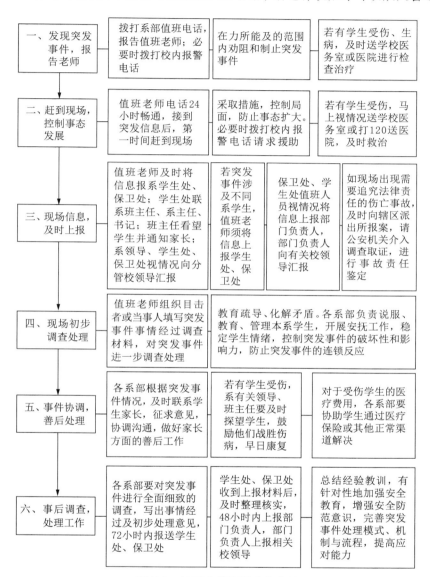

图 5-2　校园突发事件应急办法

第六章　消防安全

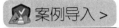案例导入 >

案例 6-1　　　　　　　　　　校园典型火灾事故

高校校园火灾多发于学生宿舍，损失重大，影响恶劣。校园典型火灾事故案例见表 6-1。

表 6-1　校园典型火灾事故案例

时　间	地　　点	人员伤亡或财产损失情况	主　要　原　因
2018.01	沈阳某大学学生宿舍	整间寝室被烧毁	私自使用电热毯引发火灾
2019.06	广州某大学学生宿舍	过火面积15平方米，财物受损	电路板短路造成火灾
2019.08	广西某大学一男生宿舍	宿舍内大部分物品被烧毁	电器集中在一个排插使用，离开宿舍时未关电源，排插长时间超负荷使用致发热自燃
2020.09	海南某海洋学院一女生宿舍	财物受损	违规使用电器
2020.09	广州某大学学生宿舍	1人全身大面积烧伤，生命垂危	在宿舍给电动自行车电池充电引发火灾

引导讨论：校园（特别是学生宿舍）发生火灾的主要原因有哪些？有何危害？如何预防？

案例 6-2　　　　　　　　　　错误逃生酿惨剧

上海某商学院徐汇校区一学生宿舍楼发生火灾，火势迅速蔓延导致烟火过大，4 名女生在消防队员赶到之前从 6 楼宿舍阳台跳楼逃生，不幸全部遇难。火灾事故原因系寝室里使用"热得快"引发电器故障，引燃周围可燃物。

南京某高校靠龙蟠路路边上的一幢 10 层高的学生宿舍楼发生火灾，大楼东侧八楼的 801 房间内，向外喷着浓烟，浓烟如长龙直冲向天空。三四米高火苗直舔楼上九层，宿舍楼上的窗户玻璃被大火烧得"噼啪"响。从四楼向上住着女生，只见这些女学生中，有的睡衣外面裹着大衣或棉衣，有的脚上穿着拖鞋，甚至还有少数学生裹着被子站在寒风中。这些女学生有的拿着手机，有的拎着一台手提电脑，一脸茫然。据了解，事发时 801 宿舍内无人。经初步调查，起火原因可能是私拉插座引起的电器短路。

引导讨论：火场逃生误区有哪些？如何开展有效的扑救与逃生措施？

案例 6-3　　　　　　　　　　**错误扑救留遗憾**

某高校宿舍发生火灾，在离失火宿舍不到10米的墙上就装有消防栓，救火的学生虽然打开了消防栓，但不知道怎么把水带连接到阀门上，结果整个楼道里流满了水，消防栓却没有派上用场。几个干粉灭火器也立在墙角，几个学生按来按去却怎么也喷不出东西来，错过了救火的最好时机①。

引导讨论：常用灭火器有哪几种？如何使用手提式干粉灭火器？

案例点评：

校园火灾的常见类型有：生活火灾、电器火灾、自然现象火灾、人为纵火等。案例 6-1 中的违章使用电器等违反学校管理规定的行为是发生校园火灾的主要原因之一。校园火灾的危害极大，大学生应该增强消防安全意识，并掌握正确的火场扑救与逃生技能，否则，只能如案例 6-2、6-3 所列那样，酿成惨剧，留下遗憾。

第一节　消防安全概述

一、消防安全法律法规

为加强和规范机关、团体、企业、事业单位的消防安全管理，预防火灾和减少火灾危害发生，2001 年 10 月 19 日，公安部部长办公会议通过了《机关、团体、企业、事业单位消防安全管理规定》，并于 2002 年 5 月 1 日起施行。2006 年国务院颁布了《关于进一步加强消防工作的意见》，提出了政府统一领导、部门依法监管、单位全面负责、群众积极参与的消防指导思想。2008 年 10 月 28 日，中华人民共和国第十一届全国人民代表大会常务委员会第五次会议修订通过《中华人民共和国消防法》，并于 2009 年 5 月 1 日起施行。2019 年 4 月 23 日，第十三届全国人民代表大会常务委员会第十次会议通过了《关于修改〈中华人民共和国建筑法〉等八部法律的决定》，其中对消防法进行了第二次修订；2021 年 4 月 29 日，第十三届全国人民代表大会常务委员会第二十八次会议通过了《关于修改〈中华人民共和国道路交通安全法〉等八部法律的决定》，其中对消防法进行了第三次修正。第三次修订的消防法从国家层面更加突出了对消防安全的重视，对社会消防安全管理水平提升的重视，进一步提高社会消防安全治理水平的决心。

我国消防工作贯彻"预防为主、防消结合"的方针，坚持专门机关与群众相结合的原则。消防工作由国务院领导，由地方各级人民政府负责。公安部对全国消防工作实施监督管理，县级以上地方各级人民政府公安机关对本行政区域内的消防工作实施监督管理，并由本级人民政府公安机关消防机构负责实施。公安机关消防机构的主体是武警消防部队，武警消防部队系中国人民武装警察部队序列的一个警种，是公安机关的重要职能部门，也是国家武装力量的重要组成部分，担负着部队驻地消防安全监督

① 曲桂东．大学生安全教育．教育科学出版社，2014.

管理和灭火、抢险救援等保护地方经济建设、国家公共财产及人民生命财产的安全、维护社会稳定的工作任务。各省（区、市）设立武警消防总队，各地设立武警消防支队，领导辖区内的各武警消防大队。各市武警消防支队同时又是市公安消防局，通常有司令部、防火处、政治处、后勤处、办公室等部门，司令部负责平时的战训及灭火救援的调度指挥，防火处负责日常监督管理的执法和宣传等工作。

二、燃烧的基本知识

（一）燃烧的基本概念

燃烧是指可燃物与氧化剂发生作用的放热反应，通常伴有火焰、发光和发烟现象。燃烧不仅在氧存在时能够发生，在其他氧化剂中也能发生，甚至燃烧得更加剧烈，如氢气与氯气混合见光即爆炸。燃烧具有以下特征。

（1）氧化还原反应。任何物质的燃烧，都是可燃物与氧化剂发生作用的剧烈的氧化还原反应，如木炭在空气中燃烧生成二氧化碳，氢气在空气中燃烧生成水。

（2）伴有火焰。凡是燃烧反应都是放热反应，都有热量生成，且常伴有火焰。

（3）发光和（或）烟。大部分燃烧现象都伴有光和烟的现象，但也有少数燃烧只发烟而无光产生。

（二）燃烧的条件

1. 燃烧的必要条件

可燃物、助燃物和引火源是燃烧的三个要素，缺一不可。燃烧的三个必要条件可用"燃烧三角形"（图6-1）来表示。

图6-1　燃烧的三要素

（1）可燃物。即能与空气中的氧或其他氧化剂起燃烧化学反应的物质。可燃物种类繁多，按其物理状态可分为固体、液体、气体三类。

（2）助燃物，也称氧化剂。指与可燃物质相结合能够导致燃烧的物质。常见的氧化剂如氧气、空气、氯气、氟；氯酸钾（分解后产生氧气）；低氮硝化纤维、硝酸纤维的赛璐珞（受热后可自动释放氧气燃烧，不需要外部助燃剂）。

（3）引火源。是指物质发生燃烧的外部热源。常见的引火源如明火、高温物体、化学热能、电热能、机械热能、生物能、光能和核能。

2. 燃烧的充分条件

在某些情况下，虽然具备了燃烧的三个必要条件，但三要素彼此没有达到一定的量变，或者由于它们没有相互结合、相互作用，燃烧的现象也不会出现。切断燃烧的任何一个条件，火都会熄灭。因此，燃烧的充分条件具体如下。

（1）一定的可燃物浓度。可燃气体只有达到一定的浓度，才会发生燃烧。如有可燃气体，但浓度不够，燃烧就不会发生。

（2）一定的氧气含量。虽有氧气存在，但浓度不够，燃烧就不会发生。

（3）一定的点火能量。不管何种形式的点火能量，必须达到一定的强度，才能引起燃烧反应。

（4）相互作用。以上三个条件要相互作用，燃烧才会发生并持续。

（三）燃烧的类型

燃烧按可燃物质着火方式分有以下四种类型。

1. 自燃

自燃指可燃物质在没有外界引火源作用的条件下，靠物质本身内部的一系列物理化学变化而发生的自动燃烧现象。物质自燃可分为受热自燃和本身自燃两类。部分可燃物的自燃点见表6-2。

表6-2　部分可燃物的自燃点

物质名称	自燃点/℃	物质名称	自燃点/℃	物质名称	自燃点/℃
黄　磷	35～36	乙　醚	170	棉籽油	370
三硫化四磷	100	溶剂油	235	桐　油	410
赛璐珞	150～180	煤　油	240～290	芝麻油	410
赤　磷	200～250	汽　油	280	花生油	445
松　香	240	石油沥青	270～300	菜籽油	446
锌　粉	360	柴　油	350～380	豆　油	460
丙　酮	570	重　油	380～420	亚麻籽油	343

2. 闪燃

闪燃指在液体表面上产生的足够的可燃蒸气，遇火能产生一闪即灭的燃烧现象。闪燃是液体燃烧特有的一种燃烧现象，但是少数低熔点可燃固体在燃烧时也有这种现象。闪燃是着火的前兆，当液体达到闪燃温度时，就说明火灾已到了一触即发的状态，必须立即采取降温措施，否则就有着火的危险。

液体表面上能产生闪燃的最低温度称为闪点，用"℃"表示。闪点是评价液体火灾危险性大小的一个重要参数，闪点越低，火灾的危险性就越大；反之，则越小。根据闪点的不同将可燃液体分为三大种类。

（1）甲类液体：闪点小于28 ℃的液体，如原油、汽油等。

（2）乙类液体：闪点大于或等于28 ℃但小于60 ℃的液体，如喷气燃料、灯用煤油等。

（3）丙类液体：闪点大于60 ℃以上的液体，如重油、柴油、润滑油等。

部分易燃和可燃液体的闪点见表6-3。

表6-3　部分易燃和可燃液体的闪点

物质名称	闪点/℃	物质名称	闪点/℃	物质名称	闪点/℃
汽　油	−50	甲　醇	11.1	苯	−14
煤　油	37.8	乙　醇	12.78	甲　苯	5.5
柴　油	60	正丙醇	27.5	乙　苯	27.5
原　油	−6.7	乙　烷	−20	丁　苯	30.5

3. 着火

可燃物在空气中与火源接触，达到某一温度，开始产生有火焰的燃烧，并在火源移去后仍能持续并不断扩大的燃烧现象。

在规定的试验条件下，应用外部热源使物质起火并持续燃烧一定时间所需的最低温度称燃点或着火点。一切可燃物的燃点都高于闪点。常见固体的自燃点见表6-4。

表6-4　常见固体的自燃点

物质名称	自燃点 /℃	物质名称	自燃点 /℃	物质名称	自燃点 /℃
樟　脑	70	蜡　烛	190	麦　草	200
棉　花	100	布　匹	200	无烟煤	280—500
纸　张	130	硫　磺	207	涤纶纤维	390

4. 爆炸

爆炸指由于物质急剧氧化或分解反应，产生温度、压力升高或两者同时增加的现象。从广义上说，爆炸是物质从一种状态迅速转变成另一状态，并在瞬间放出大量能量，同时产生声响的现象。按爆炸物质在爆炸过程中的变化，可分为物理爆炸、化学爆炸和核爆炸三种类型。

（1）物理爆炸。这是指装在容器内的液体或气体，由于物理变化（温度、体积和压力等因素）引起体积迅速膨胀，导致容器压力急剧增加，由于超压或应力变化使容器发生爆炸，且在爆炸前后物质的性质及化学成分均不改变的现象，如蒸汽锅炉、液化气钢瓶爆炸等。

（2）化学爆炸。这是指由于物质本身发生化学反应，产生大量气体并使温度、压力增加或两者同时增加而形成的爆炸现象，如可燃气体、蒸气或粉尘与空气形成的混合物遇火源而引起的爆炸，炸药的爆炸等。

（3）核爆炸。如原子弹、氢弹、中子弹的爆炸。

拓展阅读 6-1

粉尘爆炸

粉尘爆炸的特点：易发生多次爆炸；所需的最小点火能量较高（较气体、蒸气而言）；爆炸压力上升慢、持续时间长、释放能量大、破坏能力强。

粉尘爆炸的条件：粉尘本身必须可燃；粉尘本身必须具有相当大的体表面积；粉尘必须悬浮于空气中，并与空气混合在爆炸极限范围之内；有足够的点火能量。

影响粉尘爆炸的因素：粉尘颗粒的尺寸，粉尘的浓度，空气的含水量，氧含量，可燃气体含量。

（四）可燃物的燃烧特点

1. 固体物质的燃烧

（1）表面燃烧。蒸气压非常小或者难于热分解的可燃固体，不能发生蒸发燃烧或分解燃烧，当氧气包围物质的表层时，呈炽热状态发生无焰燃烧现象，称为表面燃烧。其特点是表面发红而无火焰，如木炭、焦炭以及铁、铜等的燃烧。

（2）阴燃。这是指物质无可见光的缓慢燃烧，通常产生烟和有温度升高的迹象。

（3）分解燃烧。分子结构复杂的固体可燃物，由于受热分解而产生可燃气体后发生的有焰燃烧现象。

2. 液体物质的燃烧

（1）蒸发燃烧。易燃、可燃液体在燃烧过程中，并不是液体本身在燃烧，而是液体受热时蒸发出来的液体蒸气被分解、氧化达到燃点而燃烧。

（2）动力燃烧。这是指燃烧性液体的蒸发、低闪点液雾预先与空气或氧气混合，遇火源产生带有冲击力的燃烧。

（3）沸溢燃烧。含水的重质油品（如重油、原油）发生火灾，由于液面从火焰接受热量产生热波，热波向液体深层移动速度大于线性燃烧速度，而热波的温度远高于水的沸点。因此，热波在向液层深部移动过程中，使油层温度上升，油品黏度变小，油品中的乳化水滴在向下沉积的同时受向上运动的热油作用而蒸发成蒸气泡，这种表面包含有油品的气泡，比原来的水体积扩大千倍以上，气泡被油薄膜包围形成大量油泡群，液面上下像开锅一样沸腾，到储罐容纳不下时，油品就会像"跑锅"一样溢出罐外，这种现象称为沸溢。

（4）喷溅燃烧。重质油品储罐的下部有水垫层时，发生火灾后，由于热波往下传递，若将储罐底部的沉积水的温度加热到汽化温度，则沉积水将变成水蒸气，体积扩大，当形成的水蒸气压力大到足以把其上面的油层抬起，最后冲破油层将燃烧着的油滴和包油的油气抛向上空，向四周喷溅燃烧。

3. 气体物质的燃烧

（1）扩散燃烧。可燃气体从喷口（管道口或容器泄漏口）喷出，在喷口处与空气中的氧边扩散混合、边燃烧的现象。

（2）预混燃烧。可燃气体与助燃气体在燃烧之前混合，并形成一定浓度的可燃混合气体，被引火源点燃所引起的燃烧现象，称为预混燃烧。这类燃烧往往造成爆炸，也称爆炸式燃烧或动力燃烧。

三、火灾的基本知识

（一）火灾的基本概念

火灾是指在时间或空间上失去控制的燃烧所造成的灾害。在各种灾害中，火灾是最经常、最普遍地威胁公众安全和社会发展的主要灾害之一。人类使用火的历史与同火灾做斗争的历史是相伴相生的。

（二）火灾的分类 [①]

根据可燃物的类型和燃烧特性，火灾可分为 A、B、C、D、E、F 六大类。

A 类火灾：指固体物质火灾。这种物质通常具有有机物质性质，一般在燃烧时能产生灼热的余烬，如木材、干草、煤炭、棉、毛、麻、纸张等引起的火灾。

---

① 《火灾分类》(GB/T 4968—2008) 2008 年 11 月 4 日发布，2009 年 4 月 1 日实施。

B 类火灾：指液体或可熔化的固体物质火灾，如煤油、柴油、原油、甲醇、乙醇、沥青、石蜡、塑料等引起的火灾。

C 类火灾：指气体火灾，如煤气、天然气、甲烷、乙烷、丙烷、氢气等引起的火灾。

D 类火灾：指金属火灾，如钾、钠、镁、铝镁合金等引起的火灾。

E 类火灾：指带电火灾，物体带电燃烧引起的火灾。

F 类火灾：指烹饪器具内的烹饪物（如动植物油脂）引起的火灾。

（三）火灾的等级

根据 2007 年 6 月 26 日公安部下发的《关于调整火灾等级标准的通知》，火灾分为特别重大火灾、重大火灾、较大火灾和一般火灾四个等级。

（1）特别重大火灾：指造成 30 人以上死亡，或者 100 人以上重伤，或者 1 亿元以上直接财产损失的火灾。

（2）重大火灾：指造成 10 人以上 30 人以下死亡，或者 50 人以上 100 人以下重伤，或者 5 000 万元以上 1 亿元以下直接财产损失的火灾。

（3）较大火灾：指造成 3 人以上 10 人以下死亡，或者 10 人以上 50 人以下重伤，或者 1 000 万元以上 5 000 万元以下直接财产损失的火灾。

（4）一般火灾：指造成 3 人以下死亡，或者 10 人以下重伤，或者 1 000 万元以下直接财产损失的火灾。（注："以上"包括本数，"以下"不包括本数）

（四）火灾的发展规律

多数火灾是从小到大，由弱到强，逐步成为大火的。火灾的形成过程一般分为初起、成长、猛烈、衰退四个阶段，前三个阶段是造成火灾危害的关键。

（1）火灾初起阶段。一般固体可燃物质发生燃烧，火源面积不大，火焰不高，烟和气体的流速不快，辐射热不强，火势向周围发展的速度比较缓慢。这段时间的长短，随建筑物结构及空间大小的不同而不同。在这种情况下，只需少量的人力和简单的灭火工具就可以将火扑灭。

（2）火灾成长阶段。如果初起阶段的火未被发现或扑灭，随着燃烧时间的延长，燃烧强度增大，温度逐渐上升，燃烧区内逐步被烟气充满，周围的可燃物迅速被加热，此时气体对流增强，燃烧速度加快，燃烧面积迅速扩大，会在一瞬间形成一团大的火焰。在这种情况下，必须有一定数量的人力和消防器材装备，才能及时有效地扑灭火灾。

（3）火灾猛烈阶段。随着燃烧时间的延长，燃烧速度不断加快，燃烧面积迅速扩大，燃烧温度急剧上升，持续温度达 600 ℃至 800 ℃，辐射热最强，气体对流达到最高速度，燃烧物质的放热量和燃烧产物达到最高数值，此时建筑材料和结构受到破坏，发生变形或倒塌。这段时间的长短和温度高低，取决于建筑物的耐火等级。在这种情况下，需要组织较多的灭火力量和花费较长的时间，才能控制火势，扑灭大火。

（4）火灾衰退阶段。猛烈燃烧过后，火势衰退，室内温度下降，烟雾消散，火灾渐渐平息。

（五）几种常用的灭火方法

（1）冷却灭火法。这是将灭火剂直接喷洒到燃烧物上，使可燃物的温度降低到自燃点以下，从而使燃烧停止的方法。水和二氧化碳是常用冷却灭火剂，这种方法也常被采用在平时的防火工作中。

（2）隔离法。这是将燃烧物与附近的可燃物隔离，将其他可燃物疏散到安全地带，控制火势蔓延的方法。这种方法适宜于扑救任何的固体、液体、气体火灾。

（3）窒息法。这是一种采取适当的措施，阻止空气进入燃烧区或冲淡、稀释空气中的含氧量，使燃烧物质因缺氧而熄灭的方法。这种方法适用于扑救封闭式空间、生产设备装置及容器内的火灾。如平时灭火时采取的用石棉被、湿麻袋、沙土、泡沫灭火剂覆盖在燃烧物上灭火，就是使用的窒息法。

（4）抑制法。这是将化学灭火剂喷入燃烧区参与燃烧反应，终止燃烧的链反应而使燃烧物停止燃烧的方法。这种方法采用最多的有干粉灭火剂和卤代烷灭火剂。

（六）几种常用的灭火剂

（1）水。在具体的灭火工作中，水作为灭火剂，可以大量吸收物质燃烧热，从而降低燃烧物的温度，最终使燃烧终止。采用雾状水流还可稀释火场空气的浓度，也可以有效地扑救粉尘火灾。但应特别注意，水灭火剂不能扑救遇湿发生燃烧和爆炸的燃烧物，如碱金属、碱土金属等；也不能扑救带电物质、非溶性物质（如石油）等火灾。

（2）二氧化碳灭火剂。二氧化碳灭火剂常以液态形式储存在专用的容器（称为二氧化碳灭火器）中。因二氧化碳以液态形式储存释放时可大量吸收燃烧热，从而达到终止物质燃烧的目的。另一方面，二氧化碳是很稳定的惰性气体，它可以充分稀释空气中的氧含量，使燃烧窒息。它挥发后不遗留任何残留物，而且不具有导电性，因而特别适合扑救高压下的电气火灾和精密仪器设备火灾，不适合碱金属、碱土金属、氢化物火灾。需特别注意的是，使用二氧化碳灭火器时，一定不要用身体的任何部位接触灭火器喷管的金属部位，以防冻伤。当火场上释放的二氧化碳超过一定浓度时，还会使人呼吸困难，甚至使人窒息，所以要特别提防。

（3）泡沫灭火剂。这种灭火剂的种类较多，它是利用物质的化学反应产生大量泡沫和二氧化碳气体的灭火剂。这种灭火剂直接覆盖在燃烧物上，使燃烧物断氧而终止燃烧。它最有利于扑救液体火灾，但不能扑救极性溶剂火灾。

（4）干粉灭火剂。这种灭火剂采用超微的化学物质粉剂，作用于燃烧物上，可断裂燃烧的链反应而使燃烧终止。它的种类也较多，如碳酸铵盐干粉灭火剂、磷酸铵盐灭火剂等。这种灭火剂的使用范围较广泛，但不适合扑救木材、轻金属、碱土金属和各种精密仪器设备的火灾。

（5）卤代烷灭火剂。这种灭火剂是由卤原子取代烷烃分子中的部分氢原子或全部氢原子后得到的一类有机化合物的总称。我国使用范围最广的有1211灭火剂、1301灭火剂，其次还有1202灭火剂、2402灭火剂等。这类灭火剂作用于燃烧物上分解出的溴原子可直接参与燃烧反应而终止燃烧，它同二氧化碳灭火剂一样，挥发后无残留物，并且不导电，因而最适合扑灭电气、贵重精密仪器以及图书类的火灾，它的灭火效率一般是二氧化碳灭火剂的4～7倍，灭火效率较高。但这类灭火剂的有机化合物能破坏大气的臭氧层，目前世界各国正在开发它的替代产品。

被困大火数小时奇迹获救

2023年7月1日晚，江苏省某市119指挥中心接到报警称某仓库发生火灾，立即调派消防救援力量赶赴现场处置。起火建筑为五层钢筋混凝土结构仓库，主要燃烧物为塑料牙刷、发泡鞋底等旅游用品。消防员在扑救过程中发现在着火的建筑内有被困人员在不断呼救。受困人员通过打手电筒、挥舞毛巾等方式求救。经过数个小时的奋力扑救，约21时，明火被扑灭，受困人员成功获救，无人员伤亡。

案例中被困人员在这么大的火势中成功获救，与其采取的逃生方法、求救方法有很大的关系，掌握火场求救方法与逃生技能在关键时刻能救命。

四、校园火灾

近年来，随着校园火灾的日益高发频发，校园消防安全已引起高校管理者的高度重视，从人力、物力、财力上都加大了投入，在消防安全管理方面做出极大努力，也取得了一定的成果。但国内多所高校依然接连发生校园火灾，且多发于学生宿舍，损失重大，影响恶劣。因此，高校尤其是学生宿舍的消防安全管理仍面临着新问题和新挑战。

（一）校园火灾的常见类型

1. 生活火灾

这一般是指炊事用火、取暖用火、照明用火、点蚊香、吸烟等引起的火灾。学生生活用火造成的火灾有：在宿舍内违章乱设电器火源，火源位置接近可燃物；乱拉电源线路，电线穿梭于可燃物中间；使用大功率照明设备；用纸张、可燃布料做灯罩；躺在床上吸烟；乱扔烟头等。

2. 校园电器火灾

学校拥有大量的电器设备，大到电视机、电脑，小到台灯、充电器、电吹风，还有学生违规购置的电热毯、电炉等电热器具。学生宿舍由于所设电源插座较少，学生违章乱拉电源线路现象普遍存在，隐患增多。电器（电线）火灾发生的原因主要有：选用过小或不合格电线、设备，线路、设备老化，接触不良，使用不当等。案例6-1中学生宿舍火灾属此类型。

3. 自然现象火灾

这类火灾基本有两种：一种是雷电引起的火灾，另一种是物质的自燃引起的火灾。雷电是常见的自燃现象，它是大气层运动产生高压静电再行放电，放电电压有时达到几万伏，释放能量巨大。预防雷电火灾就必须合理安装避雷设施。自燃是物质自行燃烧的现象。如黄磷、锌粉、铝粉等燃点低的一类物质在自然环境下就可燃烧；钾、钠等碱金属遇水即剧烈燃烧等。

4. 人为纵火

纵火都带有目的，一般多发生在夜深人静之时，有较大的危害性。有旨在毁灭证据、逃避罪责或破坏经济建设等多种形式的刑事犯罪分子纵火，还有旨在烧毁他人财产或危害他人生命的私仇纵火等。这类纵火都是国家严厉打击的犯罪行为。另外，还有严重心理问题的人或精神病人纵火,是由于病人对自己的行为无法控制而产生的,所以,这类病人的监护人一定要履行好自己的监护职责。

(二)校园火灾的隐患部位

(1)普通教室课堂上进行的实验和演示需用火、用电或化学危险物品。

(2)视听教室的演播室、微机房等部位所用吸音材料不少是可燃材料,并安装了碘钨灯和聚光灯等照明设备。

(3)后勤维修用火用电多,同时还经常使用易燃液体。

(4)实验室内贮有一定量的易燃易爆化学危险品,如使用和保管不当,极易引发火灾。另外,在实验进程中常用明火进行加热、蒸馏等实验操作,以及使用电热仪器时用电量过大等都可能出现危险。

(5)学生宿舍、大教室、俱乐部、图书馆、食堂等人员集中的场所安全疏散出口不足,甚至被堵塞,一旦发生火灾,极易造成人员伤亡。

(6)食堂、实验室、宿舍等场所用火用电量大,特别是食堂以煤气、液化石油气等作为燃料,极易发生爆炸起火事件。

(7)有些学生违反学校管理规定,随意拉扯电线,使用电炉做饭、电热杯烧水、电暖风或电热毯取暖、电熨斗熨烫衣物。有些学生使用酒精炉、煤油炉做饭,还有的学生夜间熄灯后点蜡烛看书,由于使用不当或无人照看而引起火灾。

(三)校园火灾的主要原因

1. 消防安全意识淡薄

少数学生认为火灾离自己很远,可能不会在自己身边发生,心存侥幸。对于学校组织的消防安全知识教育和培训,认为是多此一举,没有必要。对于一些火灾案例和图片展,只是觉得很凄惨,却没有在思想加以重视。有的认为只要学习好了就成,其他的无所谓。有的认为消防工作是领导和学校有关部门的事情,与自己关系不大。

2. 违反学校管理制度

(1)明火引燃。这主要有宿舍焚烧杂物、点燃蚊香、在床上点蜡烛,吸烟者乱扔未熄灭的烟头等行为。

① 肆意焚烧杂物,最易发生火灾,因为明火实际上是正在发生的燃烧现象,一旦失去控制马上便会转化为火灾。道理虽然简单明了,但有的同学却常常不以为然,随意在宿舍内焚烧废弃物,最终不仅自食苦果,还殃及他人。

② 随意燃点蚊香。蚊香具有很强的阴燃能力,点燃后没有火焰,但能长时间持续燃烧,中心温度可高达 700 ℃,超过了多数可燃物的燃点,一旦接触到可燃物就会引起燃烧,甚至扩大成火灾。

③ 违规使用蜡烛。蜡烛作为一种可以移动的火源,稍不小心,就可能烧熔、流淌,或者倒下,遇可燃物容易引起火灾。正因为其具有火灾危险性而被许多高校禁止,但少数同学却置若罔闻,最终酿成悲剧。

④ 胡乱丢弃烟头。烟头表面温度为 200 ~ 300 ℃,中心温度可达 700 ~ 800 ℃,超过了棉、麻、毛织物、纸张、家具等可燃物的燃点,许多同学对其"威力"认识不足,乱扔烟头,烟头一旦与可燃物接触就容易引起燃烧,甚至酿成火灾。

（2）违章使用电器。为图方便或省事，有的同学经常违规使用电炉、电热杯等大功率电器，导致电线超载引起火灾。还有的同学图方便常在宿舍煮面条，还有的将火锅端到寝室里庆祝同学的生日。凡此种种，无一不给校园安全造成隐患，对同学们生命和财产构成威胁。

（3）乱拉乱接电线。如因电线短路或因接触不良发热而引起火灾；有的甚至用铜丝或铁丝代替保险丝，使电路发生故障时不能及时熔断而造成电线起火。

（4）使用电器不当。如电灯泡靠近可燃物长时间烘烤起火；使用电热器无人监管而烤燃起火；长时间使用电器不检修，电线绝缘老化、漏电短路而起火等。

（5）教室、微机房、实验室、实训室、食堂等，因操作不当，导致火灾。

3. 消防基本知识贫乏

（1）不了解电气基本知识。许多大学生对基本的电气知识不了解，往往由于无知而造成火灾，诸如用铜丝代替保险丝、照明灯距离蚊帐太近、充电器长时间充电等都可埋下火灾隐患。

（2）不懂得灭火基本常识。前面讲述了火灾的三个关键阶段，其中初期火灾是最易扑救的，但部分同学由于平时不注意对消防基本知识的学习，在发现火险火情后，不知如何处理，失去了最好的灭火时机，以致火势发展，蔓延成灾。

4. 消防设施故障

一些建筑物由于使用年限长，消防设施逐步老化，加之维护更新不及时，火灾报警装置失灵、灭火器失效等现象时有发生，甚至在紧急出口堆放杂物、违规关闭安全疏散通道和出口等，一旦发生火灾，往往给救援带来极大困难，从而让很小的火灾事故带来较多的人员伤亡和较大的经济损失。

5. 电气设施设备老化

因为电气设施设备老化，超负荷用电会造成火灾。

相对于新电气设施设备来说，老化的电气设施设备，电流通过时会产生比正常情况下更多的热量，在散热环境一样的情况下，老化的电气设施设备温度更高，更容易引起火灾。

6. 建筑物或设备接地不良

由于大地有电阻，避雷地和防护地的地线不能乱接，如接地不良，雷击易引起火灾。

（四）校园火灾的危害

1. 人员伤亡大

高校是人群高度集中的地方，教学楼、宿舍、食堂、图书馆等密集场所，一旦发生火灾，极易造成群死群伤的严重后果。

2. 损失大

高校教学、科研、实验仪器、实训设备、图书资料多，一些珍贵的标本、图书、档案往往经过几十年、上百年的积累保存下来的，一旦发生火灾，造成损毁，则不可复原。一些无形资产的损失更无法弥补。

3. 影响大

高校历来是国家、社会、家庭高度关注的地方，一旦发生重大火灾，其影响程度将无法估量。

第二节　校园火灾的防范措施

当我们面对滚滚浓烟和熊熊烈焰时，只要冷静机智运用火场自救与逃生知识，就极有可能拯救自己。因此，多掌握一些火场自救的要诀，在困境中也许就能自救。

一、校园火灾的预防

（一）学生宿舍火灾预防

学生宿舍是防火重点部位之一，全面做好学生宿舍防火工作有极其重要的意义。生活火灾和电器火灾是大学生宿舍火灾的主要类型。为了杜绝宿舍发生火灾，同学们要自觉做到以下几点。

（1）自觉遵守宿舍安全管理规定，不躺在床上吸烟，不乱扔烟头。人在疲乏时，躺在床上很容易入睡，烟头掉在被褥上，或者烟头扔在易燃物上，容易发生火灾。

（2）不在宿舍内使用电炉、电饭煲等大功率电器、电热设备以及酒精炉等明火。学生宿舍可燃物品多，使用明火，稍有不慎或疏忽便能引起火灾。

（3）不乱拉电线、不乱接电源。乱接电源容易使电流过载，如使用不合格的电器或电线老化，易引起火灾。嗅到电线胶皮烟味，要及时报告，采取措施。

（4）不在室内点蜡烛看书。人疲乏入睡后，蜡烛容易引燃蚊帐、被褥，引发火灾。

（5）不在宿舍焚烧物品。被燃物飘飞到床上，或者被燃物未彻底熄灭，人离开室内，都容易引起火灾。

（6）不将台灯等靠近枕头、被褥和蚊帐。灯头长时间点燃发热，容易引燃枕头、被褥和蚊帐，造成火灾。使用充电器、电脑等电器要注意发热部位的散热。

（7）人走熄灯、关闭电源。室内无人时，应关掉电器和电源开关，切断了室内电源，能彻底保证不发生火灾。

（8）不存放易燃易爆物品，如个别同学顺手带回实验用酒精，藏匿在床下，如有滴漏，一个烟头就可能引起火灾或爆炸。

（9）发现安全隐患及时向管理人员或有关部门报告；爱护消防设施和灭火器材，不随意移动或挪作他用。

为方便同学们记忆，可以将学生宿舍防火措施总结成"十戒"口诀：

一戒私自乱拉电源线路；

二戒违规使用电热器具；

三戒使用大功率电器；

四戒使用电器无人看管；

五戒明火照明；

六戒床上吸烟、室内乱扔烟头、乱丢火种；

七戒室内燃烧杂物、燃放烟花爆竹；

八戒室内存入易燃易爆物品；

九戒室内做饭；

十戒使用假、冒、伪劣电器。

（二）实验室火灾预防

实验室风干机、烤箱、高压灭菌锅、电炉等大功率电热器具多，易燃易爆化学药品多，其他火源种类也较多，所以导致实验室火灾的因素很多。实验室火灾防范应做到"十要"：

一要充分做好实验前的准备，熟悉实验内容，掌握实验步骤；

二要服从老师指导，遵守实验纪律，禁止玩耍、打闹，防止打破仪器设备酿成火灾；

三要严禁摆弄与实验无关的设备和药品，特别是电热设备；

四要严禁携带任何火种和其他与实验无关的易燃易爆物品进入实验室；

五要严禁闲杂人员进入实验定，防止外人的违章行为导致火灾；

六要严禁在实验室居住，更不能在实验室内及附近使用生活用火；

七要注意电热器具的正确使用和保管，保证电热器具不接近可燃物；

八要严格实验室用电制度，用电及电器安装必须符合国家规定的技术规范；

九要掌握实验室药品的化学特性，严禁将化学性质相抵触的药品混装、混放，严禁带走或倒入下水道；

十要时时保持警惕，强化火灾预防意识。

（三）教室与校园公共场所火灾预防

教室、餐厅、放映厅、图书馆、健身房等处，学生往来频繁、人员密度大。室内装修使用可燃物质、有毒材料多，用电量高，高热量照明设备多，空间大，吸烟者多，乱扔烟头、火种现象严重等诸多因素，都是严重的火灾隐患。学校公共场所防火应做到"五要"。

一要清醒认识公共场所的火灾危险性，时刻提防；

二要严格遵守公共场所的防火规定，摒弃一切不利于防火的行为；

三要在进入公共场所后，熟悉防火通道；

四要善于及时发现初起火灾，做出准确判断，能及时扑救的要及时扑救，蔓延了要立即疏散逃生；

五要具有见义勇为精神，及时帮助遭受伤害学生撤离、脱险，但如果情形非常危险，也不能贸然行动。

请谨记宿舍防火十戒口诀、实验室防火"十要"和校园公共场所防火"五要"，远离校园火灾。

二、校园火灾处理程序

校园一旦发生火灾，一般应按下列要求处理。

（一）报警早，损失少

《中华人民共和国消防法》规定：任何人发现火灾时，都应当报警。任何单位、个人都应无偿为报警提供便利，不得阻拦报警。报警是每个公民应尽的义务。报警早，损失少，及时报警是起火后的首要行为之一，也是扑灭火灾的关键。因此，发现火灾，要一边灭火，一边报警。报警早，损失少。

1. **报警的主要方法**

（1）向消防队报警。拨打"119"火警电话报警，同时上报学校保卫部门。

（2）向周围的人群或单位报警。使用手动报警设备报警。如使用电话、警铃、汽笛、敲钟或其他平时约定的报警手段报警。

（3）大声呼喊报警。可在窗口、阳台、屋顶等处，向外大声呼叫，敲打金属物件，投掷细软物品，夜间可打手电筒、打火机发出声响、光亮等求救信号，引起救援人员的注意。

2. **报警要求和注意事项**

报警的目的，就是要以最快的速度将火警报出去，使消防队和周围的群众来扑救火灾。报警时，听到话筒里说"我是火警报警中心"时，再报告火灾情况，必须讲清以下内容。

（1）起火地点、部位。包括街道名称、门牌号码、靠近何处；高层建筑要讲明第几层等。总之，地址要讲得明确、具体，如某大学某校区某宿舍楼某房间。

（2）起火物为何物。如液化石油气、汽油、化学试剂、棉花、麦秸等，房屋着火最好讲明何建筑，如棚屋、砖木结构、新式工房、高层建筑等；以便消防部门根据情况派出相应的灭火车辆。

（3）火势情况。如只见冒烟、有火光、火势猛烈、有多少间房屋着火等。

（4）报警人姓名、所用电话的号码。以便消防部门电话联系，了解火场情况。要注意报警中心的提问，不要自己说完就挂掉电话，要在对方说消防车马上就到后再挂断。报警之后，还应派人到校门口和必经的路口等候，引导消防车迅速到达火灾现场。同时要将火灾情况报告学校保卫部门。

3. **不许骚扰、误报火警**

拨打火警电话是一件严肃的事情，按照《中华人民共和国消防法》有关规定，阻拦报火警或者谎报火警要处警告、罚款或者10日以下拘留。构成犯罪的，依法追究刑事责任。因此，千万不要乱拨打119谎报、骚扰火警，这不仅极大浪费了消防资源，更是违法行为，要承担相应的法律责任。

法律法规传真 6-1

《中华人民共和国消防法》相关规定

《中华人民共和国消防法》第六十二条规定：有下列行为之一的，依照《中华人民共和国治安管理处罚法》的规定处罚：违反有关消防技术标准和管理规定生产、储存、运输、销售、使用、销毁易燃易爆危险品的；非法携带易燃易爆危险品进入公共场所或者乘坐公共交通工具的；谎报火警的；阻碍消防车、消防艇执行任务的；阻碍消防救援机构的工作人员依法执行职务的。

（二）边报警，边扑救

在报警的同时要及时扑灭初起之火。火灾的初起阶段是扑救的最有利时机。这种初起火一经发现，只要不错过时机，可以用很少的灭火器材，如一个灭火器或少量水就可以扑灭。所以，就地取材不失时机地扑灭初起火灾是极其重要的。

（三）先控制，后扑灭

在扑救可燃气体、液体火灾时，可燃气体、液体如果从容器、管道中源源不断地喷散出来，应首先切断可燃物的来源，然后争取灭火一次成功。

在未切断可燃气体、液体来源的情况下，急于求成，盲目灭火，是一种十分危险的做法。因为火焰一旦被扑灭，而可燃物继续向外喷散，特别是比空气重的液化石油气外溢，易沉积在低洼处，不易很快消散，遇明火或炽热物体等火源还会引起复燃。

许多化学物品燃烧时会产生有毒烟雾。一些有毒物品燃烧时，如果使用的灭火剂不当，也会产生有毒或剧毒气体，扑救人员如不注意，很容易发生中毒。

在扑救有毒物品时要正确选用灭火剂，以避免产生有毒或剧毒气体。

扑救时人应尽可能站在上风向，必要时要佩戴面具，以防发生中毒或窒息。

发生火灾时一定要保持镇静，采取迅速正确措施扑灭初起火灾。这就要求平时加强防火灭火知识学习，积极参加消防训练。

如果气体浓度达到爆炸极限，甚至还能引起爆炸，容易导致严重伤害事故。因此，在气体、液体火灾的可燃物来源未切断之前，扑救应以冷却保护为主，积极设法切断可燃物来源，然后集中力量把火扑灭。

（四）先救人，后救物

在发生火灾时，如果人员受到火灾的威胁，人和物相比，人是主要的，应贯彻执行"救人第一，救人与灭火同步进行"的原则，先救人后疏散物资。要首先组织人力和工具，尽早、尽快地将受困人员抢救出来。在组织主要力量抢救人员的同时，部署一定的力量疏散物资，扑救火灾。

拓展阅读 6-2

消火栓

消火栓是非常重要的灭火设施。

人们普遍认为，只要消防车到达火场，就可以立即出水把火扑灭。其实不然，消防队装备的消防车有相当一部分是不带水的，它们必须和灭火消防车配套使用。而一些灭火消防车因自身运载水量有限，在灭火时也需要寻找水源。这时，消火栓就发挥出巨大的供水功能。

消火栓是一种固定式消防设施，分室内消火栓和室外消火栓两大类，主要作用是控制可燃物、隔绝助燃物、消除着火源。它由消火栓设备、给水管网、屋顶消防栓、水泵接合器等组成。

消火栓是保障消防部队灭火的重要工具。它的不足和损坏，对人们的生命财产安全构成严重威胁，因此，我们在爱护其他消防设施的同时，也要关注消火栓的"安全"。

三、火场逃生

（一）逃生原则

学校火场逃生的原则是：安全撤离，救助结合。安全撤离是指火场中的人员抓住有利时机，就近、就便、利用一切可以利用的地形、工具，迅速撤离危险区域。救助结合，一是自救与互救相结合。在火灾现场，我们不仅要尽快撤离现场，还要积极帮助老、弱、病、残等人员疏散，切忌乱作一团，否则会堵塞通道，酿成大祸；二是逃生与抢险相结合。火险、火情、火灾千变万化，如不及时消除险情，就可能造成更多人员伤亡。因此在条件许可时要千方百计地消除险情，延缓火灾发生的时间，减轻灾害发生的规模；三是救人与救物相结合。在所有情况下，救人始终是第一位的，绝不要因为抢救个人贵重物品而贻误逃生良机。

（二）逃生路径

1. 理智分析

逃离火场时一定要沉着、冷静，克服慌乱心理，自我暗示，消除紧张心理。能够冷静分析险情、危险性，进退有度，上下有据，安全撤离。逃生时不要向狭窄的角落退避，如床下、墙角、桌子底下、大衣柜里等，可选择一条切实可行的逃生路线，如经常使用的门、窗、走廊、楼梯、出口等。在打开门、窗之前，必须首先摸摸门、窗是否发热，如果已经发热，就不能打开，应当机立断，选择其他路径；如果不热，也只能小心地打开少许并迅速通过，然后快速关闭。当实在无法辨别方向时，应该先向远离烟火的方向疏散，尽量不向楼上撤离。在疏散时，要树立时间就是生命、逃生第一的思想。逃生要迅速，动作越快越好，切不要由于寻找、搬运某种物品而延误时间。

2. 熟悉环境

无论对于熟悉或陌生的环境，我们都应养成对其结构了如指掌的习惯。例如对久居家庭、工作单位，所住的宾馆饭店，所去的商场、剧院，特别是大型公共场所等，首先必须弄清其出口所在位置，如门窗、天窗、阳台等。其次要留心看一看安全出口的位置，报警器、灭火器的位置，有可能充作逃生器材的物品，如床单、毛巾、浴巾、被罩、窗帘布等。只有这样才能做到有备无患，一旦发生火灾就可能顺利逃出火灾现场，保住性命。

3. 掌握基本逃生方法

如果身上的衣物，由于静电的作用或吸烟不慎而着火时，应迅速将衣服脱下或撕下，或就地滚翻将火压灭，但注意不要滚动太快；一定不要身穿着火衣服跑动；如果有水可迅速用水浇灭，但人体被火烧伤时，一定不能用水浇，以防感染。

寝室、教室、实验室、会堂、宾馆、饭店、食堂、浴池、超市等场所着火时，可采用以下方法逃生。

（1）毛巾、手帕捂鼻护嘴法。因火场烟气具有温度高、毒性大、氧气少、一氧化碳多的特点，人吸入后容易引起呼吸系统烫伤或神经中枢中毒，因此在疏散过程中，应采用湿毛巾或手帕捂住嘴和鼻（毛巾与手帕不要超过六层厚）。但毛巾不是越湿效果越好，若毛巾过湿，易造成呼吸困难。当毛巾含水量为本身重量的 1.5～2.5 倍时，由于毛巾的编织线因湿变细，空隙增大，除烟效果反而差于干毛巾。需注意不要顺风疏散，应迅速逃到上风处躲避烟火的侵害。由于着火时，烟气太多聚集在上部空间，有向上蔓延快、横向蔓延慢的特点，因此在逃生时，不要直立行走，应弯腰或匍匐前进，但石油液化气或城市燃气火灾时，不应采用匍匐前进方式。在穿过烟雾区时，即使感到呼吸阻力增大，也不能拿开毛巾，因为一旦拿开就可能导致中毒。

（2）遮盖护身法。将浸湿的棉大衣、棉被、门帘子、毛毯、麻袋等遮盖在身上，确定逃生路线后，以最快的速度直接冲出火场，到达安全地点，但要注意，捂鼻护口，防止一氧化碳中毒。

（3）封隔法。如果走廊或对门、隔壁的火势比较大，无法疏散，可退入一个房间内，将门缝用毛巾、毛毯、棉被、褥子或其他织物封死，防止受热，并不断往上浇水进行冷却。防止外部火焰及烟气侵入，从而达到抑制火势蔓延速度、延长时间的目的。

（4）卫生间避难法。发生火灾时，实在无路可逃时，可利用卫生间进行避难。因为卫生间湿度大，温度低，可用水泼在门上、地上进行降温，水也可从门缝处向门外喷射，达到降温或控制火势蔓延的目的。

（5）多层楼着火逃生法。如果多层楼着火，因楼梯的烟气火势特别猛烈时，可利用房屋的阳台、水溜子（泄水管）、雨棚逃生，也可采用绳索、消防水带，还可用床单撕成条连接代替。一端紧拴在牢固采暖系统的管道或散热气片的钩子上（暖气片的钩子）及门窗或其他重物上，再顺着绳索滑下。

（6）被迫跳楼逃生法。如无条件采取上述自救办法，而时间又十分紧迫，烟火威胁严重，被迫跳楼时，低层楼可采用此方法逃生，但首先要向地面上抛下一些厚棉被、沙发垫子，以增加缓冲，然后手扶窗台往下滑，以缩小跳楼高度，并保证双脚首先落地。

4. 火场中不要轻易乘坐普通电梯

其具体原因如下。

（1）火灾中常常会断电而造成电梯"卡壳"，给救援工作增加难度。

（2）电梯口直通大楼各层，烟气流入电梯通道极易形成"烟囱效应"，人在电梯内随时会被浓烟毒气熏呛而窒息。

（三）逃生误区

当发生火灾时，最重要的就是找到正确的逃生方式，我们应该熟知正确的火灾逃生方式，但错误的逃生方法我们更应警觉。以下为火灾逃生的五种误区。

1. 原路脱险

这是人们最常见的火灾逃生行为模式。因为大多数建筑物内道路出口一般不为人们所熟悉，一旦发生火灾，人们总是习惯沿着出入口和楼道逃生，当发现此路被封死时，才被迫去寻找其他出入口。殊不知，此时也许已失去最佳逃生机会。因此，当进入一个新的大楼或宾馆时，一定要对周围的环境和出入口进行必要的了解与熟悉，以备不测。

2. 向光朝亮

在紧急危险的情况下，由于人的本能、生理、心理等因素，人们总是向着有光、明亮的方向逃生。但是，这时的火场中，90%的可能是电源已被切断或已造成短路、跳闸等，光亮之地正是火魔肆无忌惮地作威之处。

3. 盲目追随

当人的生命突然面临危险状态时，极易因惊慌失措而失去正常的判断能力，当听到或看到有人在前面跑动时，第一反应就是紧紧地追随，而不管是否有出口。常见的盲目追随行为模式有跳窗、跳楼，逃（躲）进厕所、浴室、门角等。克服盲目追随的方法是平时要多了解与掌握消防自救与逃生知识。

4. 惯性思维

当高楼大厦发生火灾，特别是高层建筑失火时，人们总是习惯性地认为：火是从下面往上着的，越高越危险，越低越安全，只有尽快逃到一层，跑出室外，才有生的希望。殊不知，这时的下层可能是一片火海，盲目地朝楼下逃生，岂不是自投火海？这种习惯心理还表现在，发生火灾时人们只会朝经常使用的出入口和楼梯疏散，即使那里已挤成一团，还是争相夺路不肯离去。随着消防装备现代化水平的不断提高，在发生火灾时，如向下无路可逃，有条件的可登上房顶或在房间内采取有效的防烟、防火措施后等待救援。

5. 冒险跳楼等

人们在开始发现火灾时，会做出第一反应。这时的反应大多是比较理智的分析与判断。但是，当选择的逃生路线失败，而逃生之路又被大火封死时，面对愈来愈大的火势、愈来愈浓的烟雾，人们就容易失去理智，冒险跳楼、跳窗。大家不可轻易做出跳楼、跳窗等危险举动，要考虑你所在楼房位置的安全高度和楼下场地安全情况，要考虑是否有可靠的下楼安全保护措施。当然，最好还是另找出路，或采取其他办法避险待援。

四、灭火器的使用

灭火器具有轻便灵活、灭火速度快等特点，主要用于扑救各种物质的初起火灾。由于初起火灾范围小、火势弱，是火灾扑救的最有利时机，所以，如果正确使用质量合格的灭火器，扑救及时，可将火灾消灭在萌芽状态，避免造成巨大的财产损失和可能的人员伤亡。

（一）常用灭火器的了解

1. 干粉灭火器

干粉灭火器是以高压二氧化碳气体或氮气为动力，喷射出干粉灭火剂的器具，主要由筒体、筒盖、喷射系统和开启机构等组成。干粉灭火器有多种分类方法，按照动力气体的贮存位置分贮气瓶式和贮压式两种。贮气瓶式干粉灭火器按照贮气瓶在灭火器上的安装形式可分为内装式和外装式。干粉灭火器按照移动方式不同，又分为手提式、推车式、背负式。下面介绍手提式干粉灭火器的使用方法和注意事项。

（1）手提式干粉灭火器的使用方法：①在距离起火点约5米处，放下灭火器。②使用前将灭火器上下颠倒几次，使筒内干粉松动。③内装式或贮压式的使用方法：先拔下保险销，一只手握住喷嘴，另一只手用力按下压把，干粉即喷出。④外装式的使用方法：一只手握住喷嘴，另一只手向上提起提环，握住提柄，干粉即喷出。⑤将喷嘴对准火焰的根部左右摆动。

（2）手提式干粉灭火器的注意事项：①使用时要处在上风位置。②干粉灭火器在使用时应保持直立状态，不能平放或倒置使用，否则不能喷粉。③放置于干燥通风和便于取用的地方，防止受潮和日光曝晒。④每次使用后要重新装粉和充气。

2. 二氧化碳灭火器

二氧化碳灭火器内部充装了加压液化的二氧化碳，利用气化的二氧化碳气体来灭火。由于二氧化碳灭火时不污损物件，灭火后不留痕迹，所以二氧化碳灭火器更适于扑救精密仪器和贵重设备、档案资料、仪器仪表的初起火灾，还可用于 600 V 以下的电气设备及少量油类等的初起火灾。不适用于扑救钾、钠、镁等轻金属火灾。在扑救棉、麻、粮及纺织品火灾时，要注意防止复燃。

二氧化碳灭火器有手提式和推车式两种。手提式二氧化碳灭火器按其开启后的机械情况，可分为手轮式二氧化碳灭火器和鸭嘴式二氧化碳灭火器。手轮式二氧化碳灭火器主要由喷筒、手轮式启闭阀和筒体组成。鸭嘴式二氧化碳灭火器由提把、压把、启闭阀、筒体和喷管等组成。

（1）手提式二氧化碳灭火器的使用方法：①使用时，可手提灭火器的提把，或把灭火器扛在肩上，迅速到达火场。②在距起火点大约 5 米处，放下灭火器。③手轮式二氧化碳灭火器的使用：一只手握住喇叭型喷筒根部的手柄，把喷筒对准火焰，另一只手逆时针旋开手轮，二氧化碳就会喷射出来。④鸭嘴式二氧化碳灭火器的使用：拔去保险销，一只手握住喇叭型喷筒根部的手柄，把喷筒对准火焰，另一只手压下压把，二氧化碳即可喷射出来。

（2）注意事项：①使二氧化碳尽可能多地喷射到燃烧区域，使之达到灭火浓度而使火焰熄灭。②在喷射过程中，灭火器应始终保持直立状态，不要平放或颠倒使用。③在扑救流动的液体火灾时，要使灭火器由近而远向火焰喷射，如果燃烧面较大，使用者可左右摆动喷筒，直至把火扑灭。④扑救容器内火灾时，使用者应手持喷筒根部的手柄，从容器上部的一侧向容器内喷射；不要使二氧化碳直接冲击到液面上，以免使可燃液体冲出容器而扩大火灾。⑤不要用手直接握住喷筒或金属管，以防冻伤手。⑥室外使用时，要处在上风方向喷射。尽量避免在室外大风条件下使用，因为喷射的二氧化碳气体易被风吹散，从而起不到灭火效果。⑦在狭小密闭的空间使用后，使用者要迅速撤离，以免因二氧化碳而窒息，发生意外。⑧扑救室内火灾后，应先打开门窗通风，然后人再进入，以防窒息。⑨定期检查二氧化碳的质量，如质量减少 1/10，应及时补充。⑩避免在日光下曝晒，存放温度不要超过 42 ℃。

3. 泡沫灭火器

泡沫灭火器是用喷射泡沫进行灭火的灭火器，有化学泡沫灭火器和空气泡沫灭火器两种。化学泡沫灭火器有手提式、推车式、舟车式三种。其中，手提式化学泡沫灭火器由筒体、筒盖、喷嘴及瓶胆等组成。筒体内装碳酸氢钠的水溶液，瓶胆内装硫酸铝的水溶液。使用时，灭火器颠倒，两种溶液混合，产生化学反应，喷射出泡沫。空气泡沫灭火器由筒体、筒盖、提把、压把、喷射软管、空气泡沫喷枪等组成。

（1）灭火原理：通过筒内酸性溶液与碱性溶液混合后发生化学反应，喷射出泡沫，覆盖在着火的物质表面上，除有冷却作用外，还隔绝空气，达到灭火的目的。化学泡沫灭火器喷射出的泡沫是化学泡沫。化学泡沫与空气泡沫的不同之处是：化学泡沫内所包含的气体为二氧化碳气体，而空气泡沫内所包含的气体为空气。

（2）手提式化学泡沫灭火器的使用方法：①平稳地将灭火器提到起火点，将灭火器颠倒过来，泡沫即可喷出。②扑救可燃固体物质火灾，应把喷嘴对准燃烧最猛烈处喷射。③扑救容器内的油品火灾，应将泡沫喷射在容器的内壁上，使得泡沫首先沿内壁流下，再平行地覆盖在油品表面上，避免泡沫直接冲击油品表面，以减少油液的搅动和泡沫被破坏。④扑救流动的油品火灾，使用者应站在上风方向。

（3）手提式化学泡沫灭火器的注意事项：①在运送灭火器过程中，不能过分倾斜、摇晃、横置或颠倒。②在喷射泡沫过程中，应一直保持灭火器的颠倒、垂直状态，不能横置或直立过来，否则，喷射会中断。③使用泡沫的同时，不要用水流，因为水流会破坏泡沫，但允许使用水冷却容器外部。④使用时严禁将筒盖、筒底对着人体，以防灭火器爆炸伤人。⑤检查灭火器放置地点的温度，温度过高会使药液失效，温度过低易冰冻；检查筒身有无腐蚀或泄漏，如筒身有损，应及时更换灭火器或进行维修。

（4）手提式空气泡沫灭火器的使用方法：①手提灭火器筒体的上部提把，迅速赶到着火点。②在距起火点约 6 米处停下，先拔出保险销，然后一只手握住开启压把，另一只手握住喷枪，接着紧握开启压把，将灭火器密封开启，空气泡沫即从喷枪中喷出，对准燃烧最猛烈处喷射。其余的灭火方法和手提式化学泡沫灭火器相同。

（5）手提式空气泡沫灭火器的注意事项：①在泡沫喷射过程中，应一直紧握开启压把，不能松开，而且不要将灭火器横置或倒置，以免中断喷射。②灭火器应放置在干燥、通风处，避免日光暴晒、强辐射热的作用。③灭火器一经开启，必须按规定进行充装。

（二）灭火器的选择

针对不同类型的火灾，选择不同种类的灭火器。

扑救 A 类火灾（固体火灾），应选用水型、泡沫、干粉灭火器、六氟丙烷。

扑救 B 类火灾（可燃液体火灾和可熔化的固体火灾），应选用干粉、泡沫、二氧化碳、六氟丙烷灭火器。

扑救 C 类火灾（可燃气体火灾），应选用干粉、二氧化碳、六氟丙烷灭火器。

扑救 D 类火灾（金属火灾），千万不能用水施救，否则将发生更大的爆炸性灾难。如果发生此类火灾，应采用专业的 D 类灭火剂、D 类灭火器进行有效扑灭。如果没有储备该类灭火器设备，则可以采用沙土将其隔离、覆盖，让其自行燃烧殆尽，以防止灾害进一步扩大。

扑救 E 类火灾（带电燃烧火灾），应选择干粉、二氧化碳灭火器。

扑救 F 类火灾（烹饪器具内火灾），应选择干粉、泡沫灭火器。

应急防护训练

一、电话报警演练

假设现在某间学生宿舍起火了，需要立即报警，你如何使用简短的话语打电话报警？

1. 目的

（1）了解火灾处理程序。

（2）掌握报火警的方法。

2. 方法

（1）拨打"119"火警电话。

（2）听到话筒里说"我是火警报警中心"时，再报告火灾情况。首先要报清起火单位和地址。其次要报清着火物质名称、火灾面积及火势情况。若有人被困在火场内或有爆炸、中毒等危险因素存在，应如实准确地报告。这样，消防队就可以针对不同火灾情况，调动相应的消防车辆，携带有关装备，及时有效地投入灭火战斗。最后，要把报警人姓名、电话告诉对方，以便随时联系。

（3）说话要清楚。这一要求平时看来不高，但打火警电话要做到这一点可不那么容易。报警时讲话要稍慢些，一定要让受话人听清楚。一定要冷静，保持清醒的头脑。

（4）要注意报警中心的提问，不要自己说完就挂掉电话，要在对方说消防车马上就到后再挂断，并且派人在校门外路口等候，引导消防车迅速准确到达火场，同时要将火灾情况报告派出所和学校保卫部门。

二、消防逃生演练

1. 目的

（1）让学生了解火灾的危害性，如何预防火灾以及发生火灾时如何应急逃生，保障自己的人身安全，重点掌握火灾发生时如何应对。

（2）讲解逃生的路径与方法、各种灭火器的使用、防毒面具的使用，重点讲解灭火器的使用。

2. 参演部门

120急救中心、校学生处、校医务室、校保卫处、各参演院系。

3. 所需设备、器材、道具

120救护车（1辆）、消防服、头盔、战斗靴、消防栓、消防水带、防毒面具、救生斧、救生绳索、铁钳、对讲机、担架、医用急救箱、湿毛巾（学生自备）、烟幕弹。

4. 人员分工

①演习总指挥1人；②指挥员2人；③疏散引导组负责人1人（成员按需要配备）；④灭火行动组负责人1人（成员按需要配备）；⑤安全警戒组负责人1人（成员按需要配备）；⑥后勤保障组负责人1人（成员按需要配备）；⑦参演学生。

5. 演习流程

（1）安全警戒组进入演习现场，按照演习方案划定的警戒区域和位置拉警戒线，执行警戒任务。

（2）全体参演人员各就各位，由演习总指挥下达演习开始命令。

（3）选定一幢学生公寓楼，在其中一间宿舍阳台释放烟幕弹，公寓消防控制室接到火灾自动报警系统发出的火灾报警信号，立即通知校巡逻队员赶往现场查看火情，消防控制室模拟拨打110电话报警，通报着火地点、燃烧物质性质、火势蔓延趋势、受困人员和到达火灾现场路线；同时拉响消防警铃，并向学生公寓消防演习指挥员报告。

（4）指挥员立即启动消防应急预案，灭火行动组带着灭火器、防毒面具、救生斧、救生绳索、铁钳、对讲机等赶到火灾现场，利用灭火器、墙壁消防栓对火势进行有效控制；同时切断非消防用电，将电梯迫降到首层，查看防火卷帘、排烟风机和消防水泵，确保消防设施和消防用电正常。

（5）疏散引导组控制各疏散通道出口，使用消防广播通知楼内学生疏散逃生，疏散出的人群用衣服或者毛巾捂住口鼻，身体贴近地面行走，疏散指引到指定位置（安全地点）集结，并以院系或班级为单位清点集结人数。

（6）后勤保障组组织医护人员，引导救援车辆迅速到达现场，开展救援工作。急救人员用担架抬出伤员，实施人工呼吸和简单救护包扎，协助120急救人员进行救助。

（7）安全警戒组负责学生公寓楼火场周围的安全警戒，设立交通警戒标志，防止无关人员进入火场，维持现场秩序。

（8）灭火行动组启动消防水带和灭火器进行灭火，经过协力扑救，公寓内大火被成功扑灭。

（9）各院系负责人组织人员疏散到指定安全地点集合后，迅速清点人数，向指挥员报告。保卫处负责人向指挥员报告火灾已扑灭，指挥员用对讲机向演习总指挥员报告公寓楼火灾已扑灭，人员全部疏散撤离，伤员送医院急救处理，组织疏散出的人员按指定队形在指定地点（安全地点）集合待命。

6. 演习讲评

（1）此次演习按照演习方案流程，演习全部项目完成情况，肯定成绩，指出不足。

（2）各行动小组各司其职，按要求完成任务。

（3）疏散过程中能够按照演习须知进行人员疏散，但也存在个别学生在疏散过程中没用湿毛巾掩住口鼻等现象。

（4）学生宿舍消防疏散演习整体表现平稳有序，没有发生拥堵、踩踏等安全事故。

第七章　交通安全

案例 7-1　　　　　　　　　　步行陋习酿惨剧 ①

某高校学生丁某双休日与几个同学上街。街上车辆川流不息，行人熙熙攘攘，不一会儿丁某就与同学掉了队。正当他着急四处张望时，同学在马路对面叫丁某的名字，丁某嫌走200米外的人行天桥过马路太过麻烦，就直接朝马路对面跑过去，此时一辆大卡车正飞驰而来，将他撞倒并从他身上碾压过去，他当场死亡。

引导讨论：在车流量大、行人多的地方行走，如何养成良好的步行习惯？

案例 7-2　　　　　　　　　　骑行不善险丧命

某高校学生张某骑电动车带着女友外出，由于非机动车道上骑行人较多，他进入了机动车道。这时一辆大货车从后面驶来，驾驶员鸣号示意超越。张某听到鸣号后未予理会，继续行驶。当电动车与汽车齐头时，张某因恐惧而发生摇晃，电动车前轮偏转与货车右前轮发生刮擦，张某与女友当场倒入货车与挂车之间。所幸，张某与女友全身除多处骨折外，均没有生命危险。

引导讨论：骑自行车、电动自行车等非机动车出行时，应遵守哪些交通规则？

案例 7-3　　　　　　　　　　乘坐黑车索赔难

一个周六，某高校一对情侣乘坐一辆"黑车"外出。"黑车"开行没多久，迎面开来一辆速度很快的面包车，"黑车"司机慌了神，为了避让，猛打方向盘。由于速度太快，强大的惯性将男生甩出车外，后脑着地，身受重伤。经过两年多的治疗，花费了50多万元，这个男生虽然保住了性命，但最终还是成了植物人。"黑车"司机在女生救护男生时就逃得无影无踪，女生不知道"黑车"的车牌号码，甚至连司机的长相也不能完整地描述出来，因此警方一直查无线索，无法索赔。

引导讨论：如何分辨"黑车"与正规车？乘坐"黑车"的危害有哪些？

案例 7-4　　　　　　　　　　车祸处理"力不足"

某高职院校学生小王与小李暑假结伴回老家，他们从长途汽车站买票上车，车行至一半

　　① 江苏省教育厅、江苏省高等教育学会高校保卫研究委员会，大学生安全教育读本，东南大学出版社，2014.

时为避让前方路上突然窜出的一只小狗，司机紧急刹车，多名未系安全带的乘客与行李随着惯性被甩了出来，有的摔在车厢里，有的磕碰在座椅上，一时车厢里呻吟声不断。司机赶紧停车，照看受伤人员。由于受伤人员较多，受伤轻重不一，司机一人顾不过来，他向车内未受伤的乘客求救，请求大家帮忙报警，抢救受伤乘客。因小王与小李系了安全带，除轻微刮伤外并无大碍，看着现场忙乱的场景，他们很想为救人尽一份力，但又觉得无从下手。

引导讨论：常见交通事故中求生自救的基本原则是什么？抢救的顺序又是什么？

案例点评：

大学生发生交通事故的主要原因是思想麻痹和安全意识淡薄。许多大学生缺乏社会生活经验，交通安全意识比较淡薄。大学生应该养成良好的交通行为习惯，如步行、骑自行车、骑电动自行车等出行时，自觉遵守交通规则，同时掌握基本的自救、抢救技能。

第一节　交通安全概述

交通安全有铁路安全、公路安全、水路安全、航空安全和管道安全五种形式。本章所指的主要是道路交通安全，针对的对象是在校大学生。

一、我国道路交通安全法

（一）道路交通安全法的概念

广义的道路交通安全法是指国家为对道路交通进行管理而制定的、调整人们在道路上的交通行为或参与交通有关的活动中所产生的各种关系的法律规范的总称。除了现行的道路交通安全法，宪法、基本法和其他法律法规有关道路交通安全的规定，同样是广义的道路交通安全法的内容，同样对道路交通安全具有约束力。狭义的道路交通安全法是指国家颁布的关于道路交通的专门法典，指的是 2003 年 10 月 28 日第十届全国人民代表大会常务委员会第五次会议通过，自 2004 年 5 月 1 日起施行的《中华人民共和国道路交通安全法》。2007 年 12 月 29 日，第十届全国人民代表大会常务委员会第三十一次会议《关于修改〈中华人民共和国道路交通安全法〉的决定》第一次修正；2011 年 4 月 22 日，第十一届全国人民代表大会常务委员会第二十次会议《关于修改〈中华人民共和国道路交通安全法〉的决定》第二次修正；2021 年 4 月 29 日，第十三届全国人民代表大会常务委员会第二十八次会议通过的《全国人民代表大会常务委员会关于修改〈中华人民共和国道路交通安全法〉等八部法律的决定》第三次修正。修订后的道路交通安全法共八章一百二十四条，对"打造现代化道路交通治理格局、加强车辆和驾驶人源头监管、改善便民服务、完善道路通行条件和通行规定、完善交通事故处理规定、科学配置法律责任"等多方面内容进行了完善与补充。

（二）道路交通要素

道路交通的四个基本要素：人、车、路和交通环境。人是交通活动的主体，车是进行交通活动的工具，路是交通的基础，交通环境是指对道路交通活动有影响的物质因素和行为因素,如季节、气候、地形、建筑。

道路交通安全法规范人、车、路、交通环境四者的关系。人在进行道路交通活动时,始终与道路、车辆、交通环境有着密切的联系。因此,道路交通活动中不仅会产生人与人之间的关系,即社会关系,而且还会产生人与道路、车辆、交通环境之间的关系,即人与自然的关系。为了维护交通秩序,保障交通安全与畅通,减少交通公害,维护公民的合法权益,道路交通安全法不仅要对人们的交通行为进行调整和规范,而且还必须对人与道路、车辆、交通环境的关系进行调整和规范。

(三)道路交通安全法的制定

道路交通安全法由国家机关制定,包括国家权力机关与行政机关。除此之外,任何党政机关、公民、法人和其他组织都无权制定道路交通安全的法律法规。

1. 权力机关

(1)全国人民代表大会及其常务委员会。《中华人民共和国宪法》和《中华人民共和国立法法》规定,全国人民代表大会及其常务委员会制定道路交通安全的基本法,即《中华人民共和国道路交通安全法》。

(2)省(区、市)的人民代表大会及其常务委员会。《中华人民共和国立法法》规定,省(区、市)的人民代表大会及其常务委员会根据本行政区域的具体情况和实际需要,在不与宪法、法律、行政法规相抵触的前提下,制定地方性的道路交通安全法规。

(3)规模较大的城市的人民代表大会及其常务委员会。根据该市的具体情况和实际需要,在不与宪法、法律、行政法规相抵触的前提下,制定地方性的道路交通安全法规,但需报省(区)的人民代表大会及其常务委员会批准后实施。

2. 行政机关

(1)国务院。《中华人民共和国宪法》《中华人民共和国国务院组织法》和《中华人民共和国立法法》规定,国务院制定道路交通安全法的实施条例和道路交通管理基本的单行法规,如《道路交通安全法实施条例》等。

(2)国务院所属的相关部门、委员会。根据法律和国务院的行政法规,在部门的权限内,制定道路交通管理的规章和技术规范、标准,如公安部制定并颁布的《中华人民共和国道路交通事故处理办法》《道路交通安全违法行为处理程序规定》《机动车登记规定》《机动车驾驶证申领和使用规定》《道路交通事故受伤人员伤残评定标准》等。

(3)省(区、市)和较大的城市的人民政府。各地方根据地区的实际情况,按照道路交通安全法的授权和规定,制定该地区的道路交通安全法规和规章,如《××市道路交通安全法实施细则》等。

(四)道路交通安全法与相邻部门法的关系

1. 道路交通安全法与刑法

两者所调整的社会关系不同。刑法制裁人们在生产、生活过程中的犯罪行为。道路交通安全法调整人们在从事交通活动过程中所形成的社会关系。刑法没有参与者与管理者之分,在刑事法律中,当事人的法律地位一律平等,任何人触犯了法律,一律将受到制裁。道路交通安全法有参与者与管理者之分,道路交通参与者与管理者出现违法行为,构成犯罪的,依照刑法的规定受到刑事处罚;未构成犯罪的,按照道路交通安全法的规定承担相应法律责任。

2. 道路交通安全法与民法

两者分属于不同的法律部门，调整的社会关系不同。民法是调整平等主体的自然人、法人、其他组织之间的财产关系和人身关系的法律规范的总和，既调整平等主体之间的经济关系，又调整人身关系。道路交通安全法是调整由人、车、路、环境构成的各种交通安全关系。两者相同之处是发生道路交通安全问题时，以民法为依据，按照民法有关侵权原则和赔偿原则分担责任和进行赔偿。

3. 道路交通安全法与国家赔偿法

道路交通安全法中有一部分国家赔偿的规定。国家赔偿法是有关国家行政机关在执法过程中对公民、法人和其他组织的合法权益造成侵害，由国家承担赔偿的法律。道路交通安全法规定交通管理部门在执法过程中发生违法行为，给公民、法人及其他组织的合法权益造成损失，应当依照国家赔偿法的规定予以赔偿。

4. 道路交通安全法与行政处罚法

两者在立法宗旨上有相同之处，都是为保护公民、法人和其他组织的合法权益。行政处罚法是规范行政处罚的设定和实施，保障和监督行政机关有效实施行政管理，维护公共利益和社会秩序，保护公民、法人或者其他组织的合法权益的法律。道路交通安全法除保护公民的合法权益外，对执法部门与执法者的职责都做出了相应的规定。

（五）道路通行原则 [①]

我国的道路通行原则主要包括右侧通行原则、各行其道原则、遵守交通信号原则、优先通行原则、交通管制原则等。

1. 右侧通行原则

我国机动车、非机动车和行人实行右侧通行原则。右侧通行是我国道路交通的基本原则，但由于历史原因，目前我国香港特别行政区和澳门特别行政区仍然奉行左侧通行的原则。在国际上，一些国家或地区实行的是右侧通行的制度，如美国、俄罗斯等；一些国家或地区实行是左侧通行的制度，如英国、日本等。右侧通行原则是其他一切通行原则的前提。右侧通行制仅适用于机动车、非机动车，而不适用于行人。这是因为人的步行速度慢，不会因通行方向不同而受阻或者发生碰撞。行人通行应在人行道内行进，如果人行道狭窄或通行困难，可以在车行道内通行，但应紧靠车行道右边行进。

2. 各行其道原则

各行其道原则是指车辆、行人按照道路的划分，在各自道路部分通行，这是根据车辆、行人在道路上的移动速度不同的客观事实，来划分各自的通行路线的。通常情况下，以道路中心为基准依次向右排列，不同道路部分内的交通主体移动速度由快到慢，分别为机动车道、非机动车道、人行道。对机动车道还可以根据不同的标准进一步划分，如快车道、慢车道；超车道、行车道；专用车道、普通车道；小型机动车道、大型机动车道等。

由于在道路上通行的人和车辆相对移动速度悬殊、方向不同，如果人车混行，显然对道路交通安全、畅通是极为不利的。因此，各行其道原则是解决不同交通主体相同

---

① 雷正保、乔维高，交通安全概论，人民交通出版社，2010。

方向运动的重要方法。按照各行其道的原则，行人应当在人行道内通行，非机动车应当在非机动车道内通行，机动车应当在机动车道内通行。

3. 遵守交通信号原则

我国实行统一的道路交通信号，交通信号包括交通信号灯、交通标志、交通标线和交通警察的指挥。有交通信号控制的路段可分两种情况：一是无交通警察指挥的路段，车辆、行人要自觉遵守交通信号灯、交通标志、交通标线的规定通行道路；二是有交通警察指挥的路段，当交通警察的指挥与交通信号灯、交通标志、交通标线的规定不一致时，应当服从交通警察的现场指挥。没有交通信号的道路上，应当在确保安全、畅通的原则下通行。机动车在道路中间通行，非机动车、行人在道路两侧通行。当通行困难或相互交汇时，应当文明礼让，以确保安全、畅通。

4. 优先通行原则

总体上说，一是流向优先原则。直行车辆优先于转弯车辆，干道上行驶的车辆优先于支路上行驶的车辆；车辆行至无管制交叉路口时，只有在右边无车辆驶入路口时才可通过。二是交通物体优先原则。火车和有轨电车在行驶时，优先于其他一切交通物体；一切车辆在道内通行时，优先于行人；紧急车辆如警车及护卫的车队、消防车、救护车、工程抢险车等优先于其他车辆；在人行横道内行走的行人优先于车辆。

（1）机动车优先通行。《中华人民共和国道路交通安全法实施条例》第四十四条第二款规定：在道路同方向划有 2 条以上机动车道的，变更车道的机动车不得影响相关车道内行驶的机动车正常行驶。第四十八条规定：在没有中心隔离设施或者没有中心线的道路上，机动车遇相对方向来车时应当减速靠右行驶；并与其他车辆、行人保持必要的安全距离，在有障碍的路段，无障碍的一方先行，但有障碍的一方已驶入障碍路段而无障碍的一方未驶入时，有障碍的一方先行；在狭窄的坡路，上坡的一方先行，但下坡的一方已行至中途而上坡的一方未上坡时，下坡的一方先行；在狭窄的山路，不靠山体的一方先行。第五十一条规定：机动车通过有交通信号灯控制的交叉路口，应当按照下列规定通行：准备进入环形路口的让已在路口内的机动车先行；在没有方向指示信号灯的交叉路口，转弯的机动车让直行的车辆、行人先行。相对方向行驶的右转弯机动车让左转弯车辆先行。第五十二条规定：机动车通过没有交通信号灯控制也没有交通警察指挥的交叉路口，还应当：有交通标志、标线控制的，让优先通行的一方先行；没有交通标志、标线控制的，在进入路口前停车瞭望，让右方道路的来车先行；转弯的机动车让直行的车辆先行；相对方向行驶的右转弯的机动车让左转弯的车辆先行。此外，道路设有专用车道的，在专用车道内只准许规定的车辆通行，其他车辆不得进入专用车道内行驶。公共汽车在公共汽车专用车道内，可以优先通行。

（2）非机动车优先通行。《中华人民共和国道路交通安全法实施条例》第六十八条规定：非机动车通过有交通信号灯控制的交叉路口，应当：转弯的非机动车让直行的车辆、行人优先通行；遇有前方路口交通阻塞时，不得进入路口；向左转弯时，靠路口中心点的右侧转弯；向右转弯遇有同方向前车正在等候放行信号时，在本车道内能够转弯的，可以通行；不能转弯的，依次等候。第六十九条规定：非机动车通过没有交通信号灯控制也没有交通警察指挥的交叉路口，还应当：有交通标志、标线控制的，让优先通行的一方先行；没有交通标志、标线控制的，在路口外慢行或者停车瞭望，让右方道路的来车先行；相对方向行驶的右转弯的非机动车让左转弯的车辆先行。

（3）特种车辆优先通行。《中华人民共和国道路交通安全法》第五十三条规定：警车、消防车、救护车、工程救险车执行紧急任务时，可以使用警报器、标志灯具；在确保安全的前提下，不受行驶路线、行驶方向、行驶速度和信号灯的限制，其他车辆和行人应当让行。警车、消防车、救护车、工程救险车非执行紧急任务时，不得使用警报器、标志灯具，不享有前款规定的道路优先通行权。第五十四条规定：道路养护车辆、工程作业车进行作业时，在不影响过往车辆通行的前提下，其行驶路线和方向不受交通标志、标线限制，过往车辆和人员应当注意避让。洒水车、清扫车等机动车应当按照安全作业标准作业；在不影响其他车辆通行的情况下，可以不受车辆分道行驶的限制，但是不得逆向行驶。

（4）校车优先通行。《校车安全管理条例》第三十一条规定：遇交通拥堵的，交通警察应当指挥疏导运载学生的校车优先通行；校车运载学生，可以在公共交通专用车道以及其他禁止社会车辆通行但允许公共交通车辆通行的路段行驶。

5. 交通管制原则

一般情况下的交通管制是公安机关交通管理部门根据法律、法规，对车辆和行人在道路上的通行以及其他与交通有关的活动中所制定的带有疏导、禁止、限制或指示性质的具体规定。紧急事件下的交通管制是公安机关交通管理部门为预防和制止严重危害社会治安管理、交通安全秩序的行为，依法在一定区域或时限内，限制或禁止人员、车辆通行的管理措施。在紧急事件下实施交通管制的地区、路段、区域，除有关人员和车辆准许进入外，其他人员、车辆禁止通行，如果违反交通管制，公安机关交通管理部门将依法处理。

二、大学生交通安全意识培养

大学生交通安全是指大学生在校园内和校园外的道路行走、乘坐交通工具时的人身安全。只要有行人、车辆、道路这三个交通安全要素存在，就可能有交通安全问题，也许只是一个小小的意外，就会造成严重后果。

（一）大学生交通安全现状

1. 因注意力不集中发生交通事故

这表现为学生课余时间在走路时边走路边看书或听音乐，或者左顾右盼、心不在焉。

2. 因在路上进行球类活动发生交通事故

大学生活泼好动，在路上行走时蹦蹦跳跳、嬉戏打闹，甚至有的还在路上进行球类活动，更是增加了发生事故的危险。

3. 因骑"飞车"发生交通事故

课间或放学后骑自行车的大学生很多，他们在校园里面自由地穿梭，根本不把汽车放在眼里，有的还进行竞技比赛。

4. 因横穿马路发生交通事故

大学生课余时间比较多，特别是周末，很多同学相约到市中心购物和观赏风景，这些地方车流量大，行人多，各种交通标志让人眼花缭乱，与校园相比交通状况更加复杂，如果没有良好的交通安全意识，很容易造成交通事故。案例7-1中的丁某如果不贪图方便，多走几步路，这场悲剧还会发生吗？这起事故主要是由丁某安全意识淡薄，违反交通规则，乱穿马路引起的。大学生应该学会"走路"。生命只有一次，应该格外珍惜。

5. 乘坐交通工具时发生交通事故

学生离校、返校、外出旅游、参加社会实践、找工作等都要乘坐各种长途或短途的交通工具。全国各地高校大学生在乘坐交通工具时发生交通事故的报道很多，有时甚至造成群体性伤亡，留下惨痛的教训。

（二）大学生交通安全行为的主要影响因素

1. 道路照明条件对交通事故的影响

道路照明条件分为白天、夜间有路灯照明、夜间无路灯照明三种情况。白天的交通量所占的比例大，因此，白天时段伤亡人数和经济损失多；夜晚和凌晨时段事故次数虽少，但是死亡率却比白天高出很多，造成的经济损失也较大。无路灯条件下发生的交通事故数量是有路灯条件下的1.6倍，可见夜间路灯照明能够有效地减少交通事故的发生。

2. 气候对交通事故的影响

气候也是一种不可忽略的交通事故影响因素，尤其是雨天，路面的摩擦系数大幅度降低，汽车制动效果削弱，很容易发生交通事故。

3. 电动车、自行车对交通事故的影响

在收集到的数据中，有近80%的大学生交通事故是由于在校园内外骑"飞车"所引起的。一般高校校园面积都较大，宿舍与教学楼、食堂等场所之间的距离较远，许多大学生为了出行方便，购买电动自行车或者自行车等交通工具。但大部分大学生对电动自行车或自行车的体积小、稳定性差、自我保护性能差等缺陷认识不够，尤其是年轻人为了寻求刺激，经常做出盲目行车、超速行驶、强行超车和带人行车等行为，一旦遇到险情采取紧急制动措施，就很容易摔倒。大部分大学生对戴安全头盔是自我防护的必要性和重要性认识不足，嫌戴头盔不方便、不舒服，甚至把头盔当作摆设，有时戴头盔也是应付交警检查，这些都为高校的交通安全埋下了极大的隐患。因此，这部分学生应成为重点管理的对象。案例7-2中，张某骑车带人本已违反了交通规则，骑车带人并骑行在机动车道上更是错上加错。这对情侣双双发生车祸，这一悲剧的发生偶然中有必然，其教训值得我们每一个学生吸取。

4. 时间对交通事故的影响

大学生出行时间具有很强的规律性，出行高峰时段主要是早、中、晚饭时段和上下课时段。因此，在这几个时段极易发生交通事故。再加上大部分高校校内道路未划分机动车道、非机动车道和人行横道，在高峰时段发生机动车、非机动车和行人抢道的情况十分普遍，交通秩序处于无序状态。

5. 攀比等心理对交通事故的影响

有些大学生安全意识淡薄，攀比心理严重，看到同学骑摩托车很时尚，也就跟风模仿，有的甚至为了寻求刺激上路飙车，导致交通事故时有发生。有些大学生利用课余

时间考取了驾照，因为寻求刺激，再加上本身驾驶技术不佳，对危险因素的认识程度不够，很容易出现带有"侵犯性"的驾驶行为。这种"侵犯性"表现在：闯红灯、转弯不打转向灯、超速飙车、开赌气车、与非机动车抢道等违规行为。有的大学生甚至还无证驾驶，这些都增加了事故发生的概率。作为大学生，应该自觉拒绝无证驾驶；在追赶潮流、寻求刺激和浪漫时，要少一点冲动，多一点冷静和理性，牢记安全守则，切勿因小失大。

6. 乘坐"黑车"对交通事故的影响

许多大学校园附近"黑车"屡禁不止，由此引发的交通事故常常见诸报端。表面上"黑车"给同学们带来了实惠和方便，但和它所带来的危害相比，弊远大于利。"黑车"引发的交通事故，使高校学子们深受其害，生命财产和相关权益都难以得到保障。案例 7-3 中，"黑车"司机无证经营和肇事后逃逸，应该受到谴责和法律的惩处。但两位同学安全意识淡薄，明知是"黑车"，却图一时的方便，导致了生命和财产受到巨大损害。现在，许多同学虽然意识到乘"黑车"安全没有保障，但仍心存侥幸，还是经常乘坐"黑车"。同学们应当警醒了。

（三）树立正确的交通安全意识

1. 增强交通法规意识

交通法规意识是人们对于各种交通法规的观点、态度的总称。具体地讲就是人们对现行交通法规的解释和评价，如人们的法律动机（法律要求），对自己权利、义务的认识（法律感），对交通法规了解、掌握、运用的程度（法规知识），以及对行为是否合法的评价等。交通法规意识是整个法律意识的重要组成部分，也是社会意识的一部分，它同人们的道德、政治等观念紧密相连。

交通法规意识的结构，可概括为三个层次：一是交通法规知识（认识功能）；二是对交通法规的态度（评价功能）；三是守法的行为素养（调节功能）。以上三个层次的作用和相互关系是：①交通法规知识的多少是人们对交通法规的态度和守法行为素养的认识基础。②仅仅具有交通法规知识，并不能保证人们不去违反交通规则。如果不尊重法规，法规知识本身是不能防止违反法规行为的。③虽然调节功能来源于个人对交通法规的态度和评价，但是，它又是相对独立的层次。调节功能实质上是一种对利益诱惑的抗御能力和对行为的自控能力，它表现在当个人意愿和需求与道德、法规产生矛盾时，能自觉地遵守道德、法规，以顽强的意志品质抑制个人各种错误的意念。调节功能的完善，表明个体社会化的成熟程度，它是防止各类交通违章和交通事故最重要的关口。当调节功能不够完善时，个体会受社会群体不守法的影响而不守法。例如个体不因无交警在场而闯红灯，但因见其他群体闯红灯，便也跟着闯红灯。由此，我们得出结论：要培养良好的交通法律素养，就要先了解交通法律法规知识，有一个对待交通法规的正确态度和评价，进而培养对交通守法的行为素养，这是一个循序渐进的过程。

2. 熟悉道路交通标志、标线、信号

（1）道路交通标志。

道路交通标志是用形状、颜色、符号、文字对交通进行导向、警告、规制或指示的

一种道路附属设施，一般设置在路侧或道路上方（跨路式），以实现静态交通控制。根据国家标准，道路交通标志分为主标志和辅助标志两大类。

① 警告标志。警告车辆、行人注意危险的标志，常设在驶入路段上。其形状为等边三角形，顶角朝上，黄底、黑边、黑图案。

警告标志

a　　　　　　　b　　　　　　　c　　　　　　　d

a. 连续弯路，此标志设在有连续三个以上弯路的道路前方适当位置。

b. 双向交通，在双向行驶的道路上，采用天然的或人工的隔离措施，把上下行交通完全分离，由于某种原因（施工、桥、隧道）而形成无隔离的双向车道时，须设置此标志。

c. 注意行人，一般设在郊外道路上画有人行横道的前方。城市道路上因人行横道线较多，可根据实际需要设置。

d. 注意儿童。此标志设在小学、幼儿园、少年宫、儿童游乐场等儿童频繁出入的场所或通道处。

② 禁令标志。一种限制车辆、行人交通行为的标志，通常设置在出入口的路段上。除了让行标志为倒三角形，其余均为圆形。大多数禁令标志为白底、红圈、黑图案压杠。

禁令标志

a　　　　　　　b　　　　　　　c　　　　　　　d

a. 禁止通行，表示禁止一切车辆和行人通行。此标志设在禁止通行的道路入口处。

b. 禁止驶入，表示禁止车辆驶入。此标志设在禁止驶入的路段入口处。

c. 禁止直行和向左转弯，表示前方路口禁止一切车辆直行和向左转弯。此标志设在禁止直行和向左转弯的路口前适当位置。

d. 限制宽度，表示禁止装载宽度超过标志所示数值的车辆通行。此标志设在最大允许宽度受限制的地方。图例表示：装载宽度不得超过 3 米。

③ 指示标志。一种指示车辆、行人通行的标志，设在入口的路段上。其形状有圆形、长方形和正方形三种，颜色为蓝底、白图。

指示标志

a   b   c   d

a. 直行，表示只准一切车辆直行。此标志设在直行的路口前方适当位置。

b. 立交直行和右转弯行驶，表示车辆在立交处可以直行和按图示路线右转弯行驶。此标志设在立交右转弯出口处适当位置。

c. 会车先行，表示会车先行，此标志设在车道前方适当位置。

d. 公交车专用车道，表示该车道专供本线路行驶的公交车辆行驶。此标志设在进入该车道的起点及各交叉口入口处前方适当位置。

④ 指路标志。这是一种传递道路方向、地点和距离信息的标志，它包括里程碑、百米桩、公路界碑、分界碑、地名牌和平面交叉路指示牌，立交行车示意牌及高速公路和一级公路中途出入口、服务区指示牌等九种。其形状除地点识别标志外，其余均为长方形和正方形。其颜色除里程碑、百米桩和公路碑外，一般道路标志为蓝底、白图，高速公路为绿底、白图。

⑤ 旅游区标志。这是一种提供旅游项目类别、具有代表性的符号及前往各旅游景点的指引的标志。颜色为棕底白字，分指引标志和旅游符号两大类别。

⑥ 道路施工安全标志。这是一种通告道路施工区通行的标志，颜色为蓝底白字。

⑦ 辅助标志。这是一种对主标志起辅助说明作用，附设在主标志之下，不单独使用的标志。其形状为长方形，颜色为白底、黑字、黑边框。有表示时间、车辆种类、警告禁令理由、组合辅助、区域或距离标志等五类。

（2）道路交通标线。

道路交通标线是指用漆类物质喷印或用混凝土预制块、瓷瓦等镶嵌在路面或缘石表面，用来表示交通规则、警告或导向的示意线、文字、符号或颜色等。它的作用有：一是实现机动车与非机动车、人与车分隔；二是改善路口的交通状况；三是与交通标志、交通信号配合使用，增强其有效性；四是提供明确的法律依据。

（3）道路交通信号。

道路交通信号是一种动态的交通控制形式，它分为指挥灯信号、车道灯信号、人行横道灯信号、交通指挥棒信号、手势信号等形式。

一是指挥灯信号。①指挥灯信号是指挥机动车行驶方向的专用指示信号灯，通过不同的箭头指向，表示机动车直行、左转或者右转。它由红色、黄色、绿色箭头图案组成。②绿灯亮时，准许车辆、行人通行，但转弯的车辆不准妨碍直行的车辆和被放行的行人通行。③黄灯亮时，不准车辆、行人通行，但已越过停止线的车辆和已进入人行横道的行人，可以继续通行。④红灯亮时，不准车辆、行人通行。⑤绿色箭头灯亮时，准许车辆按箭头所示方向通行。⑥黄灯闪烁时，车辆、行人须在确保安全的原则下通行。⑦右转弯的车辆和T形路口右边无横道的直行车辆，遇有前款②③项规定时，在不妨碍被放行的车辆和行人通行的情况下，可以通行。②③规定亦适用于列队行走和赶、骑牲畜的人员。

二是车道灯信号。如图7-1所示，车道灯由绿色箭头灯和红色叉形灯组成，设在可变车道上，只对本车道起作用。当绿色箭头灯亮时，准许本车道车辆按指示方向通行；当红色叉形灯或者箭头灯亮时，禁止本车道车辆通行。

图7-1　车道信号灯

三是人行横道灯信号。如图7-2所示，人行横道灯由红、绿两色灯组成。红灯显示为一个站立的人的形象，绿灯显示为一个行走的人的形象。人行横道灯设在人流较多的重要交叉路口的人行横道两端。一是绿灯亮时，准许行人通过人行横道。二是黄灯闪烁时，不准行人进入人行横道，但已进入人行横道的，可以继续通行或者在道路中心线处停留等候。三是红灯亮时，不准行人进入人行横道。

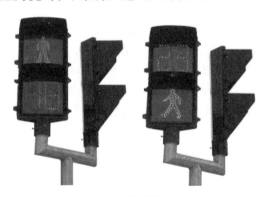

图7-2　人行横道信号灯

四是交通指挥棒信号。①直行信号：右手持棒举臂向右平伸，然后向左曲臂放下，准许左右两方直行的车辆通行；各方右转弯的车辆在不妨碍被放行的车辆通行的情况下，可以通行。②左转弯信号：右手持棒举臂向前平伸，准许左方的左转弯和直行的车辆通行；左臂同时向右前方摆动时，准许车辆左小转弯；各方右转弯的车辆和T形路口右边无横道的直行车辆，在不妨碍被放行的车辆通行的情况下，可以通行。③停止信号：右手持棒曲臂向上直伸，不准车辆通行，但已越过停止线的，可以继续通行。

五是手势信号。①直行信号：右臂（左臂）向右（向左）平伸，手掌向前，准许左右两方直行的车辆通行；各方右转弯的车辆在不妨碍被放行的车辆通行的情况下，可以通行，如图 7-3a 所示。②停止信号：左臂向上直伸，手掌向前，不准前方车辆通行；右臂同时向左前方摆动时，车辆须靠边停车，如图 7-3b 所示。③左转弯信号：右臂向前平伸，手掌向前，准许左方的左转弯和直行的车辆通行；左臂同时向右前方摆动时，准许车辆左小转弯；各方右转弯的车辆和 T 形路口右边无横道的直行车辆，在不妨碍被放行的车辆通行的情况下，可以通行，如图 7-3c 所示。④减速慢行信号：右臂向右前方平伸，掌心向下；右臂与手掌平直向下方摆动，车辆应当减速慢行。如图 7-3d 所示。

直行信号 停止信号

a b

左转弯信号

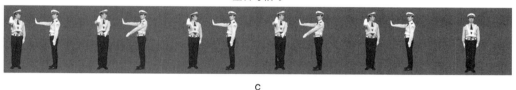

c

减速慢行信号

d

图 7-3　手势信号

3. 养成良好的交通行为习惯

（1）步行安全。

① 步行时，走人行道，靠右侧行走。

② 横穿马路，要走人行横道。行走时，先看左侧车辆，再看右侧车辆。

③ 设有交通信号灯的人行横道，绿灯亮时，可通行；红灯亮时，禁止通行。

④ 设有自助式交通信号灯的人行横道，要先按人行横道使用开关，等绿灯亮、机动车停驶后，再通过。红灯亮或显示"等待"信号时，禁止通过。

⑤ 设有过街天桥或地下通道的区域，不横穿马路。

⑥ 无人行横道与通过设施的区域，横穿马路时，要在确认安全后再通过。

⑦ 不在机动车道、非机动车道上打闹、奔跑。

⑧ 不跨越各种交通护栏、护网与隔离带。

⑨ 路面有雪或结冰时，防止滑倒，造成摔伤。

⑩ 上学路上、校园内禁止在道路上滑滑板、滑旱冰等。

（2）乘车安全。

① 所乘车辆靠站停止前，不要向车门方向涌动。车辆停稳后，先下后上，按顺序上下车。

② 上车后，扶好或坐好，不故意拥挤。

③ 乘车过程中，不把身体的任何部位伸向车外，不向车外抛洒物品。

④ 乘车过程中，保管好自己的财物。

⑤ 不在机动车道上等候车辆或者招呼营运汽车，在机动车道上不得从机动车左侧上下车。

⑥ 不携带易燃、易爆、强腐蚀性等违禁物品乘车。

⑦ 所乘车辆发生交通事故时，要听从司机指挥。

（3）骑车安全。

骑自行车、电动自行车等非机动车出行时更要注意交通安全。一般应注意遵守以下规定。

① 在划分机动车道和非机动车道的道路上，应在非机动车道行驶。

② 在没有划分机动车道与非机动车道的道路上，非机动车应靠右边行驶。

③ 自行车、三轮车或残疾人专用车的车闸、车铃、反射器必须保持有效。

④ 自行车和三轮车不准安装动力驱动装置。

⑤ 未满 12 岁的儿童，不准在道路上骑自行车、三轮车。

⑥ 自行车在大中城市市区或交通流量大的道路上载物，高度从地面算起不准超过 1.5 米，宽度左右各不准超出车把 15 厘米，长度前端不准超出车轮，后端不准超出车身 30 厘米。

⑦ 骑车转弯前须减速慢行，向后瞭望，伸手示意，不准突然猛拐。

⑧ 超越前车时，不准妨碍被超车的行驶。

⑨ 通过陡坡、横穿四条以上机动车道或途中车闸失效时，须下车推行。下车前须伸手上下摆动示意，不准妨碍后面车辆行驶。

⑩ 不准双手离把，攀扶其他车辆或手中持物。

⑪ 不准牵引车辆或被其他车辆牵引。

⑫ 同朋友骑车上路不要扶身并行，更不可互相追逐或曲折竞驶。

⑬ 大中城市市区不准骑车带人，但对于带学龄前儿童，各地都有相应的规定，要按规定执行。

骑行安全

《中华人民共和国道路交通安全法实施条例》第七十条：驾驶自行车、电动自行车、三轮车在路段上横过机动车道，应当下车推行，有人行横道或者行人过街设施的，应当从人行横道或者行人过街设施通过；没有人行横道，没有行人过街设施或者不便使用行人过街设施的，在确认安全后直行通过。

（4）驾车安全。

随着车辆的普及，私家车越来越多，许多学生已经考取驾照或正在考取驾照。在驾驶车辆时大学生应做到以下几点。

① 行车前做好安全检查。

② 系好安全带保安全。

③ 正确操控、处理突发爆胎。

④ 严禁超速行驶，保持车距。

⑤ 心平气和，不开"斗气"车。

⑥ 严防疲劳驾驶。

⑦ 注意公路的标线、标牌和警告。

⑧ 尽量避免夜间行车。

⑨ 超车多用闪灯提醒。

⑩ 不得占用紧急停车道。

⑪ 轻微事故撤离现场确保安全。

⑫ 重大事故保护现场、设置警示标志和报警。

⑬ 遇到消防、急救等有紧急任务的车辆要让行。

⑭ 确保安全停车。

第二节　交通安全的防范措施

一、交通事故发生时的抢救与自救

（一）发生道路交通事故时的抢救与自救

1. 抢救与自救原则

车辆在道路上因过错或者意外造成的人身伤亡或者财产损失的事件称为交通事故。交通事故发生时，应遵循如下抢救与自救原则：一是先呼救、报警，再抢救。二是先抢救人员，后抢救财物。三是先抢救重伤人员，后抢救轻伤人员。

2. 抢救与自救顺序

（1）现场呼救。发生交通事故时，可利用附近的电话拨打 122 交通事故台报警；也可拨打 110 向公安部门呼救；或向医疗救护部门呼救，或就近向企业、部队机关等单位紧急求救，也可拦截过往车辆求救等。拨打 122 报警时，要讲清楚发生交通事故的准确地点、肇事车辆及伤亡情况。如果肇事车辆逃逸，报警时要讲清楚车牌号码、车型、车的颜色及逃逸方向。不在发生交通事故的现场围观，防止自己受到伤害。

（2）现场抢救。遇伤员被挤压夹嵌在事故车辆内时，不要生拉硬扯，而应待机械拉开或切开车辆后，再救出伤员。若车辆压住伤员，不要轻易开动车辆，应用顶升工具或者发动群众抬起车辆，再救出伤员。

（3）现场急救。伤员救出后，应对其进行必要的检查和急救，再转送医院。对于脑部发生外伤的伤患，要立即进行包扎止血；对于感到头痛、头晕等有脑震荡症状的伤患，应该就便躺在座位上进行休息，等待医护人员检查。在把颈椎错位、骨折的伤患人员搬出车之前，应该先进行颈部固定，以防颈部活动，避免可能引起的脊髓、中枢神经的损伤。

（二）发生水上交通事故时的抢救与自救 [①]

船舶在江河湖海里航行，万一出现碰撞、火灾、爆炸、触礁、搁浅、翻沉等交通事故，乘客的安全都会受到严重威胁，作为大学生，应掌握一定的自救与救人知识。

（1）稳定情绪，及时报警。搞清船舶出事的准确位置，通过各种方式发出求救信号。

（2）向起火的上风向位置逃避。当船上发生火灾时，要用湿毛巾或棉织品捂住口鼻，向起火的上风向位置逃避烟火，在上风一侧下水逃生。

（3）跳水逃生前不要慌张。跳水逃生前要观察船只及周围情况，避开水上漂流硬物。如果船只正在下沉，千万不要在倾倒的一侧跳水，否则容易被倾倒的船体压入水中难以逃生。如果遇到没有燃烧的漂油，必须将头部高高仰出水面，紧闭嘴巴，防止油进入鼻口，同时还要注意不要让油进入眼内。

（4）落水后做好自身保护。落水后往下沉时要保持镇静，紧闭嘴唇，咬紧牙齿，憋住呼吸。不要在水中拼命挣扎，应仰起头使身体倾斜，保持这种姿势就可以慢慢浮出水面。要寻找救生及漂浮工具，漂浮在水中不要轻易游动，除非附近有可接近的船只或可攀附的漂浮物。在水中采取正确的姿势对保持体热很重要。正确的姿势是：双腿并拢屈到胸部，两肘紧贴身旁，双臂交叉放在救生衣前，并使头部和颈部露出水面；保持清醒状态，不能入睡，振作精神；坚持时间越长获救机会越大。

（5）千万不要喝海水。海水含盐量比淡水大很多，饮用海水身体反而失水更快，更易感到口渴，严重的会出现腹胀、幻觉、神志昏迷、精神错乱等症状。同时，在求生过程中要尽量节省食物，在没有充足淡水供应时，更应该注意少进食或者尽可能不进食，以免大量消耗体内水分。

（三）发生火车交通事故时的抢救与自救 [②]

（1）火车出事前通常没有什么征兆，不过有时旅客会察觉到一些异常现象，这时应充分利用出事前短短几分钟或几秒钟的时间，采取一些自救措施。①离开车窗或趴下来抓住牢固的物体，以防碰撞或被抛出车厢。②身体紧靠在牢固的物体上，低下头，下巴紧贴胸前，以防头部受伤。③如座位不靠门窗，应留在原地保持不动；若接近门窗就应该尽快离开。

（2）火车脱轨向前时，不要尝试跳车，否则身体会以全部冲力撞向路轨，还可能发生其他危险。

（3）火车停下来后，注意观察周围环境，如果环境允许则待在原地，等待救援人员到来。此外，不论怎样，要大声呼救，想尽办法尽快将遇险信息传递出去。

二、学会报警

（1）要熟记并正确使用各种求助与报警电话号码。

---

①② 雷正保、乔维高，交通安全概论，人民交通出版社，2010。

（2）遇到意外事故、突发事件时，可拨打电话求助或报警。

（3）拨打电话求助或报警时，要根据所报警种要求，讲清楚所求助或报警的内容。

（4）报警时，要报出自己的姓名、住址或所在学校及所使用的电话号码。

（5）直接拨打110、119、120、122（均为免费服务号码），拿起听筒即可拨通。

（6）当空气中含有大量可燃性气体或粉尘时，禁止使用电话报警，防止引发爆炸或爆燃。

三、轻微交通事故的处理 [①]

（1）机动车与机动车、机动车与非机动车在道路上发生未造成人身伤亡的交通事故，当事人对事实及成因无争议的，在记录交通事故的时间、地点、对方当事人的姓名和联系方式、机动车车辆号、驾驶证号、保险凭证号、碰撞部位，并共同签名后，撤离现场，自行协商损害赔偿事宜。当事人对交通事故事实及成因有争议的，应当迅速拨打122交通事故报警电话。

（2）非机动车与非机动车或者行人在道路上发生交通事故，未造成人身伤亡，且基本事实及成因清楚，当事人应当先撤离现场，再自行协商处理损害赔偿事宜。当事人对交通事故事实及成因有争议的，应当迅速拨打122交通事故报警电话。

四、机动车交通事故发生时的应急处理方法

（一）驾驶员对交通事故的处置方法

1. 立即停车

凡是发生交通事故都要立即停车，关上点火开关，拉紧手刹。在车祸现场不要吸烟，以免引燃油箱。同时，当事人必须保护现场，在来车方向（高速公路在150米以外，普通公路在50米以外）设置警告标志。肇事后逃跑，甚至置伤亡人员或国家财产于不顾，只为逃脱个人罪责而跑掉，是严重违犯法律法规的行为，也是极不人道的违反社会公德的恶劣行为。事实上，在广大人民群众以及现代公安手段面前，跑是跑不掉的，只能躲避一时，甚至会受到法纪的加重处罚，所以驾驶员肇事后必须马上停车。

2. 立即抢救伤员和物资

停车后应首先检查有无伤亡人员，如有死亡人员，确属当场死亡而无丝毫抢救希望者，应原地不动，用草席、篷布、塑料布等物覆盖。如有受伤人员，应拦截过往车辆，送就近医院抢救，同时要用白灰、石头、绳索等将伤员倒位描出。如一时无过往车辆，应马上动用肇事车将人送往医院，并且要留人员看护现场，将肇事车各个车轮的着地点以及伤员倒位描出。在抢救伤员中，如伤员身体某部位正压在车轮下，要注意不能用驾车前进或后倒来抢救，正确的做法是用千斤顶把车顶起，将伤员救出。若无人伤亡，则应迅速抢救物资和车辆。如属贵重物资或危险物品，继续滞留现场会造成更大损失或危险时，应及时组织抢救转移，同时应标出物体的位置，如属一般物资，可以待现场处理完毕后再行处置。

---

① 曲桂东，大学生安全教育，教育科学出版社，2014。

3. 保护原始事故现场

保护现场对于交通管理部门了解事故情况，正确处理事故具有极其重要的意义，无论现场对己是否有利，都不应破坏、伪造，同时要制止对方伪造现场的企图。现场保护的内容有：肇事车停位、伤亡人员倒位、各种碰撞碾压的痕迹、刹车痕迹、血迹及其他散落物品均属保护内容。现场保护方法是：寻找现场周围的就便器材，如石灰、粉笔、砖石、树枝、木杆、绳索等。设置保护警戒线，禁止无关人员和车辆进入。对于过往车辆，应指挥其在不破坏现场的情况下，从旁边或绕道通行，实在无法通过或车辆通行可能使现场受到破坏和危及安全时，可以暂时封闭现场，中断交通，待交警对现场勘察完毕后再行疏通。对于未造成人身伤亡，当事人对事实及成因无争议的，也可以即行撤离现场，恢复交通。

4. 及时报案

在抢救伤员、保护现场的同时，应及时亲自或委托他人向当地交通管理部门报案，在城区应向管辖该区域的交警中队或支队报案，在县区应向该县交警大队报告。然后向本单位领导或有关业务部门报告，报告内容有：肇事地点、时间、报告人的姓名、住址及事故的死伤和损失情况，交警到达现场后，一切听从交警指挥且主动如实地反映情况，积极配合交警进行现场勘察和分析等。

（二）迎面撞车的防护

1. 驾驶员的防护

交通事故中的迎面碰撞，受到致命危险的主要是司机。当迎面碰撞的主要方位不在司机一侧时，司机应手臂紧握方向盘，两腿向前伸直，身体后倾，保持身体平衡，以免在车辆撞击的一瞬间，头撞到挡风玻璃上受伤。如果迎面碰撞的主要方位在临近驾驶员座位或者撞击力度大，驾驶员应立即倒向旁边的乘客座位，将两脚抬起，同时以双手抱头，以免方向盘挤压胸部受伤。

2. 副驾驶位的防护

副驾驶位是最危险的座位，如果坐在该处的话，首先要抱住头部躺在座位上，或者双手握拳，用手腕护住前额，同时屈身抬膝护住腹部和胸部。

3. 后座人员的防护

后座人员最好的防护办法就是迅速向前伸出一只脚，顶在前面座椅的背面，并在胸前屈肘，双手张开，保护头面部，背部后挺，压在座椅上。相撞时切忌喊叫，应该紧闭嘴唇，咬紧牙齿，以免相撞时咬坏舌头。汽车相撞发生火灾的可能性极大，所以撞击一停止，就尽快设法离开汽车。

（三）机动车车尾撞击的防护

乘车人需养成把头部轻轻靠在头垫上的习惯，这样，如果突然发生冲撞，可以用背部顺应来自后面的撞击，减轻伤害。如果从后视镜发现后面车辆冲撞上来，应该马上卧倒在座位上，用双手护住头部和胸部。

（四）机动车紧急刹车的防护

在汽车行驶过程中，乘客不要堵在车门口，更不能靠在车门上，防止汽车刹车时身体无意间碰到进门锁，将车门打开，从行驶的车上掉下来。打瞌睡时，不要把头靠在车窗玻璃上，防止发生事故时被玻璃划伤。如果你正好坐在车子后排座位上，可以将轻便衣服放在靠背上，这样可以避免在急刹车时，头部与玻璃或车体的直接相撞。如果突然发生刹车，应迅速用手保护好头部和胸部，以避免伤害。

（五）刹车失灵时的逃生自救

如果行车途中刹车失灵，应立即换挡并启用手刹。须同时做到以下几点：脚从加油踏板上抬起，打开警示灯，快速连续踩动脚刹，换低挡，拉手刹刹车制动。拉手刹时不要用力过猛，应由轻缓逐渐用力，直至停车。如果来不及做完以上几点动作，可以先从加油踏板上抬脚，再换低挡，抓手刹刹车制动，小心驶离车道，将车停在你能走离公路的地方，最好是边坡，或者松软的土坡。

（六）机动车行驶中发生爆胎事故的应急处理

当出现爆胎时，汽车方向盘被强力拉向发生爆胎的一侧，很可能导致重大的交通事故。发生爆胎时，驾驶员首先应紧紧握住方向盘，尽力使汽车沿直线向前行驶，这是应急处理的第一原则；千万不要因为害怕，双手放开方向盘，也不要因为丧失信心而不做任何努力。其次要放松油门踏板，恰当地踏动刹车踏板，逐渐降低汽车行驶速度，最后使汽车停下来。如果紧急踏下刹车踏板，很可能会造成交通事故。最后是必须把汽车停在安全的位置上，在交通繁忙的道路上，把汽车停在路边的做法是十分危险的。应该把汽车驶离主干道路，进入车少的岔道，才能确保安全。同时应把红色三角停车板放在车辆后面的道路上，更换备胎，或请专业修理人员进行检查和调整。

（七）车辆倾覆时的逃生自救

发生翻车事故时，最重要的是将车辆熄火，以保证不会发生燃烧、爆炸等危险。熄火后再进行如下操作。

（1）双手撑住车顶，抬起双脚用力蹬住仪表台，将身体牢牢撑在座椅上。

（2）单手将安全带解开，并向车门方向尽量收拢，以避免逃生时造成缠绕。

（3）双手撑好，双脚松开，身体向副驾驶座位置倒下，形成蹲的姿态。因驾驶位置有方向盘，会影响逃生速度，因此如果副驾驶位置有乘客，则副驾驶位置上的人员要先出车外。

（4）如果车门无法开启，应打碎侧面车窗逃生。由于车窗玻璃韧性、强度很好，应使用尖锐物品敲击，并注意击打玻璃上角。

（5）逃出车辆前一定要先观察道路状况，防止与其他车辆再次发生事故。

（八）车辆落水后的逃生自救

（1）汽车翻进河里，若水较浅不会淹没全车，应待汽车稳定以后，再设法从安全的出口离开车辆。

（2）水较深时，先不要急于打开车门和车窗玻璃，因为这时内外压力不等，车门是难以打开的。相反应该关闭车门和所有车窗，阻止水涌进。一般来说，车厢内的氧气可供司机和乘客维持5至10分钟，应使儿童、老人和妇女的头部保持在水面上。

（3）如有时间，开亮前灯和车厢照明灯，既能看清四周，也便于救援人员搜索。

（4）逐渐下沉中，车身孔隙不断进水，到内外压力相等时，车厢内水位才不再上升。这段时间要保持镇定，耐心等待。

（5）待车厢内的水面大致平衡、空间不多时，应迅速用力推开车门或玻璃，同时深吸一口气，及时钻出车辆浮出水面。如果是公共汽车或载有儿童的车辆，可手牵着手、牵着衣服、牵着脚，形成人链，一起脱离汽车逃出水面。

应急防护训练

一、完成一份大学生交通安全问卷调查

1. 目的

（1）明确交通安全的内涵与意义，了解交通安全的相关法律法规。

（2）掌握交通事故中应注意的常见问题及自救、互救知识。

（3）培养大学生交通安全行为素质与能力。

2. 方法

（1）查阅《中华人民共和国道路交通安全法》等法律法规，设计一份调查问卷。

（2）以小组为单位，选定对象进行问卷调查。

（3）对调查数据进行分析，总结大学生在交通安全中存在的不足，提出增强大学生交通安全意识的对策和建议。

（4）全班以小组为单位分享。

二、制作一份个人安全出行计划书

1. 目的

（1）理解潜在威胁对出行安全的消极影响。

（2）了解外出活动过程中可能出现的安全问题。

（3）掌握出行安全问题的事前预防和事后处理，确保个人安全出行。

2. 方法

（1）讨论外出活动时可能发生的突发事件及安全事故的处理措施。

（2）制作本人近期出行的安全计划书。

（3）班级共享各自的计划书。

第八章　心理安全

案例 8-1　　　　　　　　我自杀是因为你们学习好

尔雅是某大学二年级学生，性格内向、倔强，还有一点争强好胜。最近一段时间经常晚上失眠，早上赖床，动不动就哭。她说："我觉得自己特别差劲，每天从早到晚都在学习，却考不过别的同学，而那些天天看小说、上网的同学却考得比我好，凭什么啊，老天也太不公平了！"她选择以绝食甚至跳楼的方式警告身边的同学：要我不自杀，除非你们不好好学习！其实尔雅自己不明白，由于她整天想不通，一直抑郁，导致学习效率下降，与同学们并不相干，与老天更没有关系。

案例 8-2　　　　　家里承担不起，我还是选择让他们解脱吧

身患白血病的刁某高考结束后，被青岛一所大学录取，当准备到学校报名时，病情突然加重，不得不住进青岛的医院。因不忍拖累父母，在医院治疗期间，用水果刀刺进喉咙试图自杀。幸亏家人及时发现，经抢救才保住他的性命。原来刁某家住偏远农村，家庭十分困难，为了治病，目前家人已经负债 20 多万元。为了不再拖累父母和家庭，刁某选择自杀。在病床上的刁某说，他现在很后悔，自己自杀不成，反而又让父母多花钱，真是不应该，以后再也不这样做了。刁某的姐姐说，弟弟在自杀当天中午，说话就十分奇怪。弟弟对她说，父母为了他的病，已经折腾得很累了，一定要好好孝顺父母。当时她没反应过来，等弟弟出事后，才明白过来，弟弟早已做好了自杀准备。

案例 8-3　　　　　　　　为什么舍友都不理我

小娟，21 岁，南方人，大学三年级在读，是家里的独生女。跟寝室同学相处得不愉快，经常因为一些小事和舍友吵架。她说："舍友上厕所忘记关水，早上起来水龙头的声音很大，既浪费了水又影响我睡觉。中午回来看到她和另外一位舍友用微信在聊天，显然她们俩是在说我，我心里特别不舒服。有时我回宿舍的时候，明明在宿舍门口听到嘻嘻哈哈的声音，可我一进宿舍，本来聚在一起的她们就分开了，当什么事都没有一样，她们当时肯定在说我的坏话！我好痛苦，突然觉得自己是被孤立的，她们为什么不喜欢我？我活在这个世上还有什么意思，孤孤单单的。"于是小娟写下了遗书，以跳楼的形式结束了自己年轻的生命。

引导讨论：

1. 结合案例 8-1、8-2、8-3，讨论大学生心理危机的成因与特征。

2. 结合上述三个案例，讨论生命的内涵和意义。

案例点评：

以上都是一些典型的高校大学生自杀案例。有的是因为抑郁症，有的是因为压力过大，有的是因为学业问题，有的是因为家庭因素，也有的是因为人际交往问题。在这么短的时间内，有这么多大学生想着结束生命，真的让人感到很沉重。究竟是什么使一些青年学子以决然的行为结束自己的生命呢？我们的教育是不是忽视了什么重要的环节？为此，我们需要关注大学生的心理安全。

第一节　心理安全概述

一、心理安全的内涵

（一）心理安全概念

心理安全有广义和狭义两种概念。从广义上讲，心理安全是一种持续高效而满意的心理状态；从狭义上讲，心理安全是指人的基本心理活动的过程完整、协调一致，即认识、情感、意志、行为、人格完整和协调，能顺应社会，与社会保持同步。

（二）心理安全的特征

1. 标准的相对性

大学生心理安全与不安全并无明显的界限，而是一个连续化的过程，如将正常比作白色，将不正常比作黑色，那么在白色与黑色之间存在着一个巨大的缓冲区域——灰色区，世间大多数人都散落在这一区域内。这说明，对多数大学生而言，在人生的发展过程中面临心理问题是正常的，不必大惊小怪，而应积极加以矫正。

2. 发展性

不安全的心理可能是人的发展中不可避免的发展性问题，随着个体的心理成长逐渐调整而趋于安全。心理安全的标准是一种理想尺度，它一方面为人们提供了衡量心理是否安全的标准，同时也为人们指出了提高心理安全水平的努力方向。如果每个人在自己的现有基础上能够做不同程度的努力，都可追求自身心理发展的更高层次，从而不断发挥自身的潜能。大学生心理安全的基本标准，是他们能够进行有效的学习和生活。如果正常的学习和生活都难以维持，就应该及时予以调整。

3. 整体协调性

把握心理安全的标准，应以心理活动为蓝本考察其内外关系的整体协调性。从心理过程来看，健康的人的心理活动是一个完整统一的协调体，这种整体协调保证了个体在反映客观世界的过程中的高度准确性和有效性。事实表明，认识是安全心理结构的起点，意志行为是人格面貌的归宿，情感是认识与意志之间的中介因素。从心理结构的几个方面看，一旦它们不能符合规律地进行协调运作，就可能产生一系列的心理困扰或问题。从个性角度看，每个人都有自己长期形成的稳定的个性心理，一个人的个性在没有明显的剧烈的外部因素的影响下是不会轻易发生变化的。从个体与群体的关系看，每个人在其现实性上可划分成不同的群体，不同群体间的心理安全标准是有差异的。

（三）大学生心理安全的标准

大学生的年龄一般在18～23岁，他们正处于青年中期。大学生的心理具有青年中期的许多特点，但作为一个特殊群体，大学生又不能完全等同于社会上的青年。心理是否安全一般采用量表衡量，其标准不是固定不变的。心理安全标准随着时代变迁、文化背景变化而变化。根据我国大学生的实际情况，评判大学生的心理安全水平应从以下几个标准着重考虑。

1. **智力正常**

智力，是人的观察力、注意力、记忆力、想象力、思维力、创造力及实践活动能力等的综合，包括在经验中学习或理解的能力、获得和保持知识的能力、迅速而成功地对新情境做出反应的能力、运用推理有效地解决问题的能力等。这是大学生学习、生活与工作的基本心理条件，也是适应周围环境变化所必需的心理保证。因此，衡量大学生的智力是否正常，关键在于其是否正常地、充分地发挥了自我效能：即有强烈的求知欲，乐于学习，能够积极参与学习活动。

2. **情绪健康**

其标志是情绪稳定和心情愉快。包括的内容有：愉快情绪多于负性情绪，乐观开朗，富有朝气，对生活充满希望；情绪较稳定，善于控制与调节自己的情绪，既能克制又能合理地宣泄自己的情绪，情绪的表达既符合社会的要求又符合自身的需要，在不同的时间和场合有恰如其分的情绪表达；情绪反应与环境相适应，反应的强度与引起这种情境相符合。

3. **意志健全**

意志是人在完成一种有目的的活动时进行的选择、决定与执行的心理过程。意志健全者在行动的自觉性、果断性、顽强性和自制力等方面都表现出较高的水平。意志健全的大学生在各种活动中都有自觉的目的性，能适时地做出决定并运用切实有准备的方式解决所遇到的问题，在困难和挫折面前，能采取合理的反应方式，能在行动中控制情绪并言而有信，而不是行动盲目、畏惧困难，顽固执拗。

4. **人格完善**

人格是个体比较稳定的心理特征的总和。人格完善就是指有健全统一的人格，个人的所想、所说、所做协调一致。人格完善包括人格结构的各要素完整统一；具有正确的自我意识，不产生自我同一性混乱；以积极进取的人生观作为人格的核心，并以此为中心把自己的需要、目标和行动统一起来。

5. **自我评价正确**

正确的自我评价是大学生心理安全的重要条件，大学生在进行自我观察、自我认定、自我判断和自我评价时，能做到自知，恰如其分地认识自己，摆正自己的位置，既不以自己在某些方面高于别人而自傲，也不以某些方面低于别人而自卑，面对挫折与困境，能够自我悦纳，接受自己，喜欢自己，自尊、自强、自制、自爱适度，正视现实，积极进取。

6. **人际关系和谐**

良好而深厚的人际关系，是事业成功与生活幸福的前提。其表现为：乐于与人交往，既有广泛而深厚的人际关系，又有知心朋友；在交往中保持独立而完整的人格，有自知之明，不卑不亢；能客观评价别人和自己，善取人之长补己之短，宽以待人，乐于助人，积极的交往态度多于消极态度，交往动机端正。

7. 社会适应正常

个体应与客观现实环境保持良好的秩序，既要进行客观观察以取得正确认识，以有效的办法应付环境中的各种困难，不退缩；又要根据环境的特点和自我意识的情况努力进行协调，或改变环境适应个体需要，改造自我，适应环境。

8. 心理行为符合大学生的年龄特征

大学生是处于特定年龄阶段的特殊群体，大学生应具有与年龄及角色相适应的心理行为特征。

二、大学生常见心理困扰

大学生常见的心理困扰主要表现在大学生活适应、人际关系、学业、情绪、恋爱与性健康、求职择业等方面，具体表现如下。

（一）大学生活适应问题

适应大学生活，完成大学生作为"文化人"与"社会人"的培养任务，帮助大学生完成社会化，是大学生活的重要内容。进入高职院校后，面对新的集体、新的生活方式、新的学习方式，一些同学出现了适应困难的问题。生活能力弱、自立能力弱的情况普遍存在，同时，对挫折的心理承受力弱。

（二）人际关系问题

人际关系问题是高职大学生最常见的问题，进入大学，远离原来熟悉的生活与学习环境，面对新的人际群体，大学生多少有些不适。部分大学生对大学的师生关系、同学关系、异性之间的关系显得很不适应。部分大学生缺乏在公众场合表达自己思想的能力与勇气，面对各种各样的活动，充满了兴趣，却又担心失败，只是羡慕而积极参与的不多，久而久之，开始回避参与。到了周末，大学生普遍感到无处可去，甚至出现了"周末恐惧症"，"盼周末，又怕过周末，那种孤寂的感觉真难受"，直接影响了大学生潜能的充分发挥。还有部分大学生缺乏人际交往经验，而自身在人际交往中的不自信又不利于增加自身的魅力，妨碍了良好的人际交往圈的形成。在处理个人情感问题上，看不清友谊与爱情，不能很好地把握男女同学交往的尺度，希望珍惜友谊又不经意地使爱情失之交臂。

（三）学业问题

高职院校学习的特点是自主性和独立性，教师只是学习的指导者，学生才是学习的主体。相当一部分高职大学生出现学习动力不足、学习目的不明确、学习方法不当、学习效率低下、学习压力大、学习困难、学习成绩不理想等情况。还有部分大学生对所选择专业不感兴趣，无法调动自己的积极性，学习很痛苦。

（四）情绪问题

高职大学生的情绪处在最富动荡和最复杂的时期，鲜明的特征是情绪的两极性。情绪起伏过大，左右不定，而缺乏对事物的客观判断。强烈的情感需求与内心的闭锁，情绪激荡而缺乏冷静的思考，极易走向极端，使大学生们常常体验着人生的各种苦恼，由此产生内心矛盾冲突而诱发各种心理障碍，抑郁、焦虑情绪长期伴随。青年时期比任何年龄更关注自己在他人尤其是异性心目中的形象，大学生受很多因素如长相、胖瘦、高矮、能力、魄力、魅力的影响，也因此会产生各种各样的焦虑。有的大学生担心自己长得不够漂亮，不能获得异性的好感，甚至部分女生因没有男生追求而苦恼。有的大学生总感到自己的先天条件不够理想，因而非常自卑。遇到事情不会很好地管理自己的情绪，容易冲动并产生攻击性行为。

（五）恋爱与性问题

高职大学生正处于心理发育的青春成长期，性心理发展已逐渐成熟，对于情感产生了强烈的需求。虽然爱情在大学并非一门必修课，但是大学生可以从各个方面开始自己的情感之旅，正确处理爱情与学业的关系是大学生的一门必修课。"专业恋爱、业余学习"的情况并不是个别现象。高职大学生存在情感迷茫和不正确的恋爱观等问题，"普遍撒网、重点培养、择优而谈"，面对爱情，大学生想到的更多的是"不在乎天长地久，只在乎曾经拥有"，甚至"预约失恋"，爱情与婚姻分离是一种较为普遍的现象。有些大学生不懂得如何拒绝爱，无法承载失恋的痛苦而自我消沉。还有一些大学生性心理上存在着问题，如恋物癖、偷窥癖、异性癖，由此带来巨大的心理压力。

（六）求职择业问题

很多大学生定位不明确，面对严峻的就业形势，往往期望与现实不相符，导致产生心理困惑。具体表现是：缺乏职业生涯规划；对自己和外部环境没有充分的了解，不能把握就业机会；对自己没有信心，惧怕职业选择；缺乏主动性，依赖父母和老师；眼高手低，好高骛远；缺乏求职技巧，错失良机；遇到求职失败产生自卑、焦虑情绪等。

三、大学生生命教育

（一）生命的内涵

人的生命不仅具有自然属性，还具有社会性、精神性。自然属性的生命主要是指生理上的进食、代谢、排泄、呼吸、运动、生长、生殖和反应性功能的系统。社会属性的生命是人区别于他物，特别是区别于动物的本质差异。马克思强调说："人的本质是一切社会关系的总和。""人是社会的人，人生活在社会之中，社会性是人的根本属性。"精神性是哲学和心理学层面的，是与"理性""意识""思维"等相一致的概念。精神性生命的最终归宿应该是个体的精神生活。如我们敬仰的共产主义的创始人马克思，他在为无产阶级的解放事业上所表现出来的超人意志和热情，都来自他那"改变世界"的崇高责任。正是在这种"革命者的责任"的精神驱使下，马克思才发现了人类历史发展的一般规律和资本主义社会的特殊规律，为人类社会的发展规划了美好的蓝图。

生命是神奇的，是独特的，因此我们要珍惜它。生命是不可逆的，也是短暂而珍贵的，因此在生命高潮的波峰，我们应该学会享受它，在生命低潮的谷底，我们应该学会忍受它，这样才能发现生命的绚丽。

（二）生命的意义

生命是人类从事一切活动的载体，没有生命，便没有一切。生命是宝贵的，生命只要存在，明天就有无限的可能性。存在主义的观点认为存在先于本质，生命本无意义，不存在任何先决的意义，我们活着就是要去创造出这个意义。人本主义哲学认为，生命的意义就是自我实现。生命的意义就是使自己的心灵每天都获得成长，智慧每天都能增长，每一天都对世界有一些奉献与意义。我们应该努力创造生命的价值，从平凡而真实的人生中、自我价值的实现中、与他人相处的过程中寻找生命的意义。

拓展阅读 8-1

王国维人生三境界

王国维在《人间词话》中说，人生奋斗必须经过三种境界：第一种境界是"昨夜西风凋碧树，独上高楼，望尽天涯路"，这是一个人在孤独之中寻找理想、寻找生命着落点的痛苦时刻；第二种境界是"衣带渐宽终不悔，为伊消得人憔悴"，这是一个人找到了值得为之奋斗的目标，全力以赴，不惜一切代价而为之努力的过程；第三种境界是"众里寻他千百度，蓦然回首，那人却在灯火阑珊处"，这是一个人通过自己的苦苦寻求和努力，发现自己想要的东西原来就在自己的身边或心里。这时候，世俗目标是否实现已经不重要，重要的是灵魂的解放和心灵的归属。生命永远像童年一样简单，是浅薄；生命陷入世俗的纷争，是庸俗；生命从纷争中得到解放，是觉悟。觉悟后才能进入王国维所描述的第三种境界。

（三）大学生生命教育

人类自诞生以来就不断追求自由，探索生命的意义，随着人类文明的发展与进步，生命教育的思想理念也逐渐明晰和丰富起来。

1. 大学生生命教育的概念

对于大学生生命教育的概念，目前，国内的相关研究见仁见智，不一而足。生命教育就个体本身而言，是关乎"全人"的教育；就个体与外界的关系而言，是关乎与他人、与自然万物、与天（宇宙主宰）之间，如何相处互动的教育。张云飞认为，生命教育是指引导大学生正确认识人的价值、人的生命，理解生活的真正意义，培养大学生的人文精神，培养大学生对终极信仰的追求，养成大学生的关爱情怀，使他们学会过现代文明的生活。王晓虹认为，生命教育就是有关生命的教育，它主要是帮助人们认识并珍爱自己的生命，尊重他人的生命，并在此基础上主动思索生命的意义，找出自己存在的价值和定位，提升生命的质量，培养人们的人文精神，使之学会过现代人文明的生活。对青少年进行生命教育，目的是使他们既认识到生命的伟大和崇高，又认识到生命的渺小和脆弱；既了解人类的生命价值，又了解自然界中其他生命的意义；既关注自身生命，又关注、尊重和热爱他人的生命；既积极创造生命的价值，又自觉提升生命的价值。[①]

大学生生命教育，即：通过有目的的、有计划的教育活动，引导大学生从认识人的自然生命的特征入手，进而去体会自我的社会生命，意识到人的生命只有在社会中才能孕育和成长，从而必须处理好生命与自我、生命与他人、生命与自然、生命与社会的和谐关系，学会关心他人、关心自然、关心社会、热爱生命。大学生生命教育包含了这样

---

① 王晓虹，生命教育论纲，北京知识产权出版社，2009。

两层内涵：一是使大学生了解自然生命、理解生命，从而懂得尊重生命、关爱生命和善待生命；二是使大学生通过自我完善，确立健康的人生观，树立正确的价值观和态度以面对生活，面对生存和死亡，实现生命的价值，并在此过程中感悟生命的真谛。当代大学生生命教育是以帮助大学生更加深入地认识生命的意义，树立积极的生命价值观，提升生命质量并发展个人独特的生命，形成人与自然、人与社会的和谐关系，获得幸福人生为宗旨的。[①]

2. 大学生生命教育的目标

生命教育就个体而言，目标在于促进个人生理、心理、社会、灵性全面均衡发展；就个体与外界的关系而言，其目标在于使人认识生命（包括自己与他人的生命），进而肯定、爱惜并尊重生命。

高校生命教育的目的在于协助大学生了解生命的意义，学习尊重自己、尊重生命，加强人际关系，进而能珍惜自己的生命、欣赏自己并关怀别人。大学生生命教育的目标是提升大学生对生命的思考，了解人生的意义与价值、生命的目的与功能，建立独立自主的信念，养成积极向上的人生观。为了帮助大学生寻找生命的意义，根据生命教育的内容，相对应的实施目标就是：珍爱生命、创造生命价值、正确认知死亡、走向生命的成熟以及创造和谐的生命关系。

3. 大学生生命教育的内容 [②]

（1）生命意识教育。生命意识的培养，是生命教育的起点。生命意识教育就是帮助大学生形成科学、正确、完整的对生命的认识，形成对生命的热爱、珍惜、尊重，并能主动地保护生命。因此，引导大学生珍惜爱护生命的生命意识教育，主要从珍爱生命、尊重生命和保护生命三个方面入手。

① 珍爱生命，它是生命教育的基础和首要前提。池田大作说过，"最崇高、最尊贵的财宝，除生命外断无他物"。费尔巴哈说过，"生命就是人最高的宝物。人牺牲生命来祭神，只是因为神的眼睛像人一样，也是把生命看作最高的、最有价值的、最神圣的宝物"。生命是大学生最宝贵的财富，必须让当代大学生意识到生命的宝贵性，让他们明白不能随意地结束自己和他人的生命。

② 尊重生命，就要"尊重生命的个性，培养每个生命个体健全、丰富的情感"。生命教育要教育大学生尊重生命的个性，不仅要承认每个学生的差异，而且要懂得尊重差异、欣赏差异。我们要引导大学生具有大自然般博大的胸怀，每个人个性成长的过程，都是生命表现能动性、创造性的过程。

③ 保护生命，生命权是一种独立的人格权，因此大学生应该保护生命。由于大学生入学前基本上没有系统地接受过安全教育，对安全知识了解甚少。通过生命教育，要让大学生了解生命权的基本内容，掌握大学生安全防范知识和心理健康知识等，提高防范能力和自我保护能力，并学会用法律武器来保护自己的生命权不受侵害。另外，也要求在当个人利益与他人利益、集体利益和国家利益发生矛盾，需要支配生命权时，

---

① 李娅，当代大学生生命教育实践探究，南京师范大学，2011。

② 车雪梅，高校生命教育的实践研究，重庆交通大学，2011。

个人有义务履行自己的职责，做出应有的牺牲，以实现人生价值。

（2）忧患意识教育。忧患意识是指人们从忧患境遇的搅扰中体验到生命的尊严及为人的意义和价值，并进而以自身内在的生命力量去突破困境、超越忧患，以达到真善美统一境界的心态。大学生生命教育是教育大学生正确面对生命困境的忧患意识教育，具体包括两方面的内容。

① 挫折观教育。生命是一个过程，自然会遇到许多艰辛、险阻、磨难。人生在世，不如意事十之八九，没有一个人的人生道路是笔直的。由于大学生身心发展的不平衡性和其所处的特殊时代和社会背景，大学生常常忽视生命发展过程中的艰辛和磨难，一旦遇上稍不如意的事，就会垂头丧气、情绪低落、意志消沉，甚至用自杀等极端行为来应对。针对这种情况，当代大学生生命教育就必须使大学生正确对待人生的挫折，要用自信乐观的人生态度来面对人生的困境，这样才能顺利地渡过人生的逆境，创造生命的辉煌。首先，正确对待人生挫折。生活的道路并不是平坦的，到处充满着坎坷和曲折，每个人的人生道路也绝不是一帆风顺的。其次，培养大学生乐观自信的人生态度，并在此基础上培养大学生战胜苦难的能力。

② 死亡观教育。要教育大学生正确对待死亡，只有正确地认识死亡，才能更好地珍惜生命、热爱生命。尽管死亡是每个人都要面对的事情，但却不是所有人都能够自觉地意识到并恰当地处理好的。这就需要生命教育来培养和传递，需要生命教育来发展和养成。大学生生命教育要向大学生介绍有关死亡的知识，使他们正确地认识死亡，树立正确的生死观，以一种平常的心态去看待生死。生死是两相依的，有生就必有死。

（3）和谐意识教育。《学习的革命》一书的作者德莱顿曾说，教育的最高境界应该是达到三个和谐，即让学生与自身生命和谐、与周围生命和谐，与大自然万物和谐。生命教育也就要教育大学生正确认识和处理个人与自我、个人与他人、个人与自然的关系，创造一种广泛的生命和谐。

① 个人与自我的和谐，这也是大学生与他人、与社会、与大自然保持和谐生命关系的前提和基础。主要包括两个方面的内容：一是正确认识自我的教育。一个和谐的个体生命，总是身心健康的统一体。大学生不仅要有强健的体魄，还要有健康的心理。只有身心都健康，才能全面发展。二是良好的自我认同感的教育。大学生对自己持有认同感，就会对自己充满信心，就能乐观地对待生命发展过程中遇到的各种困难和挫折。

② 个人与他人的和谐。人的生命的社会属性决定了人总会和周围的人发生关系。因此，当代大学生必须处理好与他人的关系，建立起和谐的人际关系，这样才能使个体生命得到充分展现和发展。通过人际交往方面的教育，帮助大学生与他人、与社会建立和谐的关系。一方面要教育大学生学会与人交往和沟通，引导大学生建立人际交往的意识和了解人际交往的常识，掌握一些处理人际关系的技巧和艺术，学会通过对话、沟通等方式来加深理解，以便在社交场合能处理好各种关系。另一方面要教育大学生掌握人际交往中应遵循的基本原则，如尊重原则、平等原则、诚信原则、互利原则，学会尊重他人、理解他人、关爱他人，与他人、社会和谐相处。

③ 个人与自然的和谐。人是自然的产物，是自然界的一部分。人与自然和谐相处

是人类社会具有永恒价值的理念。因此，要教育大学生做到人与自然的和谐相处，尊重自然、保护大自然，尊重生命的多样性和大自然的规律性，热爱自然、保护自然。这样，自然才会给人类的生存提供优美的环境，为人类提供一个和谐美好的生命家园。

（4）奉献意识教育。雷锋曾说，人的生命是有限的，可是为人民服务是无限的，我要把有限的生命投入无限的为人民服务之中去。他兑现了自己的人生诺言，因而他的生命有了存在的意义。当代大学生的生命教育必须有奉献意识的教育，要注意三个方面。

① 奉献意识教育是基于生命的教育。马斯洛的需要层次理论指出，只有在生理的需要、安全的需要、归属和爱的需要、尊重的需要等得到满足之后才会去追求人生的价值。大学生只有拥有了强壮的身体、健康的心理，储备了知识，掌握了技能，才能实现生命的价值。

② 奉献意识教育要尊重价值的多元化。大学生是形形色色、参差不齐的，所以要把握教育的层次性和针对性，开展榜样教育，引导他们树立正确的价值观，促进社会的健康和谐发展。

③ 奉献意识教育要求大学生摆脱生命中物质化的、功利化的价值追求，更多地提高自己的精神境界，不断追求人生真理，追求高尚的道德品质，在为他人、为社会做贡献的过程中不断升华自己的生命价值。

第二节 大学生心理危机的识别与防范措施

一、大学生心理危机的识别

（一）大学生心理危机的现状

心理危机，可以指心理状态的严重失调，心理矛盾激烈冲突难以解决，也可以指精神面临崩溃或精神失常，还可以指心理障碍。大学生心理危机一般是大学生在高校学习、生活过程中发生的，个体遇到个人重大事件时，无法自我控制、自我调节而出现的情绪与行为的严重失衡状态，包括个人的严重心理障碍、精神病性障碍、家庭变故、同学或朋友出现重大事故等引起的个人严重失衡状态。

大学生心理问题综合起来大体可以分成两大类：一类是一般性的成长心理问题，有心理障碍倾向但并不严重，这是大学生心理存在的主要问题；另一类则是出现了程度不等的心理障碍。成长心理问题主要包括：环境改变与心理适应的问题，学习心理调适不当而出现的心理问题，情绪控制、自我认知、人格发展、意志品质锻造能力相对较弱而造成的人际交往、恋爱、性心理等方面出现心理与行为的偏差。

大学生心理健康已经渐渐成为社会关注的焦点，一些大学生因为心理问题休学、退学的事例不断增多，自杀、凶杀等一些反常或恶性事件不时见诸报端，社会对大学生心理健康的关注达到高潮。人们不禁要问：现在的大学生怎么了？这反映出当代大学生的心理危机确实是个令人忧虑的问题。自杀与心理危机已经成为影响当代大学生心理健康的重要问题，同时也已经上升成为中国一个重要的公共卫生问题。许多心理疾病和障碍是由于个体心理危机出现后没有得到及时的干预和调解，长期发展所导致的，自杀是其中最为严重的后果。大学生是自杀的高危人群。这说明，深入分析大学生心理危机形成的原因，并通过整合社会的各种资源来实施危机干预已经势在必行。

（二）大学生心理危机的成因

1. 内因导致的危机

（1）角色转换与适应障碍。首先，大学新生入学后或多或少会引起心理落差。其次，进入大学面对新的环境、人际关系、教学模式，尤其是复杂的人际关系，不同的教学模式以及对独立生活的不适应，容易产生心理失衡的问题。因为新生心目中的大学与现实中的大学有差距，大学生活与梦想上的落差易产生困惑，如不及时调整，会产生失落、自卑、焦虑、抑郁等心理危机。在案例 8-1 中，尔雅希望大家都不好好学习，可是到了大学以后，每个人有不同的奋斗目标，就不像高中时期那样朝着同一个目标前进。因此，我们要适应大学学习，不要强人所难，也不要难为自己。

（2）大学生对情感的渴求以及现实中的交际困难。大学生处于青少年向成年的转变时期，这一阶段还会出现自豪感和自卑感的矛盾冲突，强烈的交往的需要与孤独感的矛盾冲突，理想与现实的矛盾冲突，再加上现在的大学生多数是独生子女，生活上的娇生惯养和学习上的一帆风顺，使他们很少经受挫折锻炼，独立的生活能力较差，以及同学生活上的差异，很容易产生心理上的不稳定。这些矛盾如果存在过于强烈和持久，在遭遇某种刺激时，就容易出现心理障碍，影响人体的健康发展。在案例 8-3 中，小娟认为同学排挤她而选择了轻生就是严重的心理障碍导致的后果。

（3）大学生的年龄处于青年中后期，自我意识特别强烈。入学后，有一种强烈的成人感和独立意识，于是想极力摆脱家长和老师的制约与管理，相对独立地生活和学习。因此，自我规划便成了他们追求的重要内容。但因有的大学生自理能力较差，与人交往能力较差而依赖性较强，难以面对、应付日常生活和学习中的困难与挫折，遇到事情往往犹豫不决，这就使他们常常陷入困境之中，导致时常心神不宁、焦虑紧张和忧郁。到了大学，这种强烈的依赖感与独立感的矛盾加剧了其内心的冲突，危机便由此产生了。

（4）大学生进入恋爱阶段，但是很多大学生缺乏科学、正确的恋爱方面的知识，往往在好奇心的驱使下，开始涉足爱情，结果陷入深深的情感痛苦之中，不仅遭受情感上的伤害，甚至因为性知识的缺乏遭受身体上的伤害。我国现在的教育还不够完善，青少年很少从正当的途径获得科学的性知识，对于与性有关的话题更是闭口不提，没有可以沟通交流的对象。遇到类似问题时孤立无援，个人力量又无法解决，从而导致危机。

（5）部分大学生自我认识不准确，定位不合理，期望过高，心理脆弱，意志不够坚强，抗压能力欠缺，自我管理能力差。

2. 外因引发的危机

外部因素引起的危机是指人在社会关系活动中不可避免的危机，包括亲友突然死亡、恋爱关系的突然破裂、失去所爱之物而产生的情感危机，重要考试失败、失学、失业、晋升失败而产生的事业危机，遭遇灾祸、自然灾害等其他意外事故等而产生的心理危机。

对大学生而言，外因引发的危机主要有以下几个方面。

（1）就业压力是很重要的影响因素。高校扩招以来，高校教育由精英教育向大众教育转化，所有面临毕业的大学生都要接受社会的选择，再加上就业形势的日趋紧张，就业岗位要求和标准也日益提高。由于相当数量的大学生缺乏足够而必要的就业心理准备，毕业甚至未毕业就出现了严重的就业心理压力。毕业生数量大幅度增长，但社会整体就业岗位没有明显增加的趋势。人才市场中供求关系的巨大变化使用人单位对大学生的知识结构、社会实践、综合素质的要求越来越高。大学生面对激烈的就业竞争压力无所适从，对未来的希望感到渺茫。世态炎凉使大学生倍感孤独，因此失去安全感，产生严重的厌世情绪，对社会产生控诉乃至做出危害社会的事情。

（2）学业压力使精神负担沉重。由于从紧张的高考中脱颖而出，许多大学生到了大学就想放松一下，而昔日的优秀生走到一起，一些学生没有了往昔的优势，学习压力增大。而且为了将来就业需要，除了完成必修课，还要参加各种形式的等级考试和资格考试。部分大学生长期处于身心疲惫状态，从而引发心理疲劳，其表现为思想迟缓、注意力不能集中、反应速度降低、情绪烦躁、怠倦等。

（3）学校教育的疏漏。学校思想政治工作与心理健康教育没能及时衔接，没能帮助大学生排解心理障碍。从饱受升学压力的高中，进入梦寐以求的大学，这是青年成长路上一次新的转折。大学生应认准自己的人生定位，实现自我发展，能独立地判断，自主地适应是能否成功地度过大学生活的关键。大学是开放性的空间，如不能很好地认识和适应，将会导致心理危机。

（4）家庭经济困难。不少高职大学生来自农村，家庭经济负担重，甚至有部分大学生家庭经济条件困难，他们承担了比其他大学生更多的压力和家庭期望。多重压力常造成他们中的大部分人有不同程度的心理困惑和障碍，尤其是心理承受能力差的大学生容易产生心理问题，主要表现在自卑、孤独、焦虑、嫉妒等方面，进而产生心理危机。

（三）大学生心理危机的特征

大学生心理危机既有一般危机的共性，也有其区别于其他年龄段的个性。一般来讲主要表现在以下几方面[1]：

（1）发展性。我国大学生成年初期面临着十个发展任务：完成学业；适应新的人际关系，提高人际交往能力；逐渐独立于父母；完善性别角色；对身体发育和性成熟的适应；正视两性关系；树立作为社会成员所应具备的人生观和价值观；确立和完善自己的社会角色及任务；为选择职业做准备；成就感的获得和自我实现。这些任务是大学生在适应社会新角色过程中必然面临的问题。适应得好，这些任务就成为大学生成长的动力；适应不好，这些任务就成为大学生的危机问题。

（2）交互性。交互性是指大学生心理危机的产生往往是多种因素共同交互作用下的结果。比如家庭状况、个人情感问题、就业压力、人际交往不良等因素交织在一起，当遇到一定的生活事件时，心理危机便不可避免地产生。他们既需要获得爱情、学业、技能、事业进步等方面的满足，同时也承受巨大的负担，即对爱情、学业、技能、事业进步等做出抉择与承诺，而此前大多数人没有这些经验。

（3）易发性。大学生生理渐趋成熟，但心理发展还处于由不成熟向成熟发展的过

---

[1] 张本钰，我国大学生心理危机干预工作发展研究，福建师范大学，2008。

渡阶段，而社会发展又滞后于心理发展，因此在他们身上经常出现积极与消极并存、自卑与自负并存的矛盾。由于他们的心智不够成熟，稍微遇到一点刺激和小小的冲突就会引起轩然大波，有的甚至会酿成悲剧事件。

（4）潜在性。潜在性是指大学生心理危机并非以直接爆发的方式体现，而是潜藏在个体中，当易感的个体遭遇危机事件时，就容易引发心理危机。

（5）双效性。大学生心理危机事件与任何事物一样，都有两面性。一方面，它会对大学生、学校乃至社会产生消极后果，具有破坏性；另一方面，危机的发生能使管理者积累经验，可教会大学生如何生存发展，也能使大学生学会如何面对复杂的社会，变得成熟等。只要当事者尤其是决策者能抓住机会，认真总结经验教训，变被动为主动，变消极为积极，转机就会出现，危机后就可能出现新的良好发展态势。

（四）大学生心理危机的表现

根据对有过心理危机的大学生的不良心态及行为所进行的调查分析，并结合郑希付的《临床心理学》，我们把大学生心理危机的表现归纳为情绪、认知、行为、躯体四个方面。

1. 情绪方面

良好的情绪是心理安全的重要标准之一，不良的情绪体验是心理出现问题的主要因素，异常情绪所造成的负面影响足以产生心理危机。当大学生的情绪突然发生改变，明显不同于往常，出现不良情绪反应时，如情绪低落、悲观失望、焦虑不安、意识范围变窄、忧郁苦闷、喜怒无常、自我评价丧失、自制力减弱等，就有发生心理危机的可能性。恶劣的情绪是判定个体发生抑郁症的重要临床表象。

2. 认知方面

危机事件中的大学生，难以集中注意力进行学习，极为敏感和多疑，形成疑病倾向，甚至丧失对人的基本信任；偏听、偏信，难以区分事物的异同，体验到的事物关系含糊不清，做决定和解决问题的能力受到影响，有时害怕自己发狂等；健忘，效能降低，不能把思想从危机事件上转移。这些都是在应激状态下认知功能受到损害的结果。

3. 行为方面

人的行为是心理活动的反映，正常的行为活动是一个人心理安全的重要表现之一。如果大学生出现异常行为，不能专心学习或劳动；回避他人或以特殊方式使自己不孤单；令人生厌或具有黏着性；不敢出门，害怕见人，与社会联系断裂，拒绝帮助；言语行为和思维情感不一致；饮食、睡眠出现反常，卫生习惯变坏，不讲究修饰，自制力丧失，不能调控自我，孤僻独行等非常态行为，就要注意大学生是否出现心理危机了。

4. 躯体方面

其主要特征是躯体方面出现失眠、头晕、食欲不振、胃部不适、呼吸困难、肌肉紧张等症状。临床实践研究表明，心理危机的发生必须满足下列三个条件：①生活中出现了导致心理压力的重大或意外的事件；②躯体和意识出现不适感觉，但尚未达到精神病程度，不符合任何精神病诊断要求；③当事人用寻常解决问题的手段不能应付。这三种情况在个体身上同时出现，并伴有上述四个方面中的两个或两个以上的表现，就认为该生出现了心理危机。

二、心理危机干预

（一）干预的对象

《北京高校学生心理素质教育疾病预防与危机干预大纲》列出的心理危机的干预对象包括以下12类。

（1）遭遇突发事件而出现心理或行为异常的大学生，如家庭发生重大变故、遭遇性危机、受到社会或自然意外刺激的学生。

（2）患有严重心理疾病者，如抑郁症、恐怖症、强迫症、癔症、焦虑症、精神分裂症、情感性精神病等疾病的学生。

（3）既往有自杀未遂史或家族中有自杀者的学生。

（4）身体患有严重疾病、个人很痛苦、治疗周期长的学生。

（5）学习压力过大、学习困难而出现心理异常的学生。

（6）个人感情受挫后出现心理或行为异常的学生。

（7）人际关系失调后出现心理或行为异常的学生。

（8）性格过于内向、孤僻、缺乏社会支持的学生。

（9）严重环境适应不良导致心理或行为异常的学生。

（10）家庭贫困、经济负担重、深感自卑的学生。

（11）由于身边的同学出现个体危机状况而受到影响，产生恐慌、担心、焦虑、困扰的学生。

（12）其他有情绪困扰、行为异常的学生。

对大学生中同时出现上述多种病症的，由于危险程度更大，应该成为重点干预的对象。

（二）干预的形式

根据心理危机干预对象规模，可以分为个体干预、团体干预。根据心理危机干预的方式、作用和目的，可以把大学生心理危机干预划分为隐性干预和显性干预两种模式。

（1）个体干预是大学生心理危机干预最常见的形式，也是最传统的干预方式。危机干预工作者与当事人采取一对一的方式进行交流。个体干预特别适用于心理危机比较严重的大学生或者对保密性要求较强的大学生。依照当事人的要求和危机的紧急程度，危机干预工作者可以进行上门干预、来访干预或在指定地点进行干预。个别干预有利于良好咨询氛围的营造和双方信任关系的建立。危机干预工作者也可以对当事人进行较为密切的关注，各种干预技术也可以得到很好的采用。

（2）团体干预是相对于一对一的个体干预而言的，它是将心理问题相同或相似的人组成几组同时进行干预，让小组成员通过团体内的人际交互作用，分担紧张和焦虑，进而接纳自己的危机反应，并通过观察别人的行为来反思自己，考虑应付危机的方法，解除心理困扰。经历重大突发事件的危机人群适合进行团体干预。比如，对地震的经历者、入学适应困难的大学生、自卑的贫困生、网络成瘾的大学生等都可以通过团体心理活动进行干预。

（3）隐性干预模式主要是针对全体大学生，而并不仅限于危机中的个体，它重事前预防、重教育与辅导，是一种预防教育和危机预警，使大学生在群体的学习中得到潜移默化的感染，增强自我的防范意识，具有普遍性、隐蔽性、投资小和作用深远的功效。其基本目标在于防患于未然，把有可能发生的心理危机遏制在萌芽状态。更高层次的目标在于增强个体抵御危机的能力，培养健全的心理机能，促进大学生成长和发展。隐性干预模式主要包括危机预防和危机预警两个方面。危机预防就是构建教育机制，进行预防教育。危机预警就是要构建预警机制，制订处理预案。根据收集的各种信息，按照应激源指标、应激反应指标、危机易感因素指标等对易感人群进行危机等级评定，根据以往个案的经历总结，提前制订各种危机干预方案。

（4）显性干预模式主要是针对面临急性危机当事人及行为人群的一种紧急救助，一种在紧急情况下的短程心理治疗，它不求根治，只是在短时间内帮助当事人渡过难关，以解决问题为目的，不涉及行为人群的人格矫治，是对当事人的一种特别关注和陪护，具有选择性和针对性，同时还具有效果的不确定性。显性干预包括危机确认、危机控制、危机解决和危机恢复。危机确认即要构建处理机制，积极应对危机。危机控制即要构建协调机制，联动化解危机。危机解决即要构建恢复机制，消除不良影响。危机恢复即要构建转化机制，开创新的局面。除了以上干预形式，还存在着电话干预、网络干预等形式，因其不用跟干预者直接接触而被广泛使用，但是，由于缺少表情、手势、姿态等的交流，对危机干预工作者的素质要求更高，需要其有一定的工作经验及判断能力。在实际的干预过程中，危机干预工作者可以将各种干预形式相结合，以便更好地帮助大学生解决心理危机。

三、塑造积极心理品质

生活中有许多不确定性，让人担忧，但从另一个角度看，不确定也意味着机会。现实生活并不总是一帆风顺的。有时尽管我们做好了周密的计划，但也会遭遇意外的突发事件。有些人在意外的偶发事件中，会消极、抱怨，会为事情没有朝着自己所期待的方向进展而苦恼。然而，有些人在变化无常的情境下，不仅临危不乱，反而独具慧眼，在偶发事件中找到成功的契机。我们生存和成长的环境中，充满着无数的意外事件，而这些事件有正面的也有负面的，它们的产生不以我们的意志为转移。如果我们能够把每个偶发事件都看作机会，对此保持好奇，以乐观及冒险的精神去面对，就能够从中发现更多的机遇和惊喜。这是善用机缘的方法。

社会学家托马斯认为："如果人们把某种情境定义为真实的，那么这种情境就会造成真实的影响。"这是一种积极的自我暗示心理。在逆境中，特别是在重大突发事件生命攸关的紧急时刻，积极期待的心态能够极大提升人们对于健康、道德、意义、幸福等的感受，能极大地激发人的主动精神、集体主义、英雄气概和乐观态度。那么，如何获得积极期待呢？

方法一，我们认识到凡事都有两面性，要看到事件的积极面，进行积极的自我对话。如同学们经常会说，一年级距离毕业还很远，不需要在一年级思考就业的问题。这是一种消极的自我对话，如果你持这样的想法，便不会有紧迫感，不会为就业做好充分准备。你可以这样想：现在就业形势很严峻，要找到一份满意的工作，需要多掌握一些技能，多参加实践活动，积累社会经验。这样你就会积极行动起来，为就业做好了充分准备，大学生活也会丰富多彩。

方法二，运用成长性思维。我们安慰别人时经常会说："明天比今天更好，努力就可以做到更好。"这就是一种成长性思维。

方法三，从多种视角进行观察。看问题时，既要从自身角度考虑，也要从领导、老师、辅导员、同学、朋友、父母等他人角度考虑。

方法四，既要比上，也要比下。比上是和比自己厉害的人比，你会感到焦虑，激发动机，提高效率。比下是和比自己差的人比，你会感到心理轻松。

塞利格曼说，幸福是战胜障碍和问题的最佳武器。如何获得幸福呢？幸福需要我们去奋斗，奋斗者最幸福。让我们现在就行动起来，努力学习、积极上进，争取属于自己的幸福。

应急防护训练

一、开展应急防护训练，对呼吸停止者进行一次人工呼吸。

1. 准备工作

（1）解开患者衣服、裤带等。

（2）清除口腔鼻腔内的血块、黏液、泥沙、杂草等，以开放气道。

（3）若是有假牙，需要先将其摘除，以免误入气道中。

（4）昏迷的病人，舌体可能会蜷缩，阻塞喉部，可以一手托后颈部，另一手将额部向后下方轻压，令头后仰，再上托下颌。也可以使用纱布、手帕或毛巾将舌头拉出来。

2. 人工呼吸

采用仰卧式完全放松。令患者仰躺于地面，双臂分别于体侧打开30°角，手心向上；双腿自然分开。然后用以下几种人工呼吸方法进行操作。

（1）口对口式人工呼吸。适用于呼吸道无阻塞的病人，将病人下颌托起，捏住鼻子，深呼吸后，用口紧贴患者的口将气吹入，如图8-1，在患者胸壁扩张后，停止呼气，并马上移开自己的口，患者将自行呼出空气，如此重复，每分钟16～20次。

图8-1　口对口式人工呼吸

（2）仰卧压胸式人工呼吸。适用于一般窒息者，不适用于胸部有外伤者。将患者仰卧，腰背部垫枕，使胸部抬高，上肢置于身体两侧，头转向一侧，然后跪在患者的大腿两侧，两手掌贴在患者两胸部下侧，拇指向内，其余四指向外，向胸部后上方压迫，使空气压出肺部，如图8-2，放松手掌，利用胸廓弹性自动复原，这时为吸气，如此重复，每分钟16～20次。

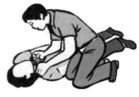

图 8-2　仰卧压胸式人工呼吸

（3）俯卧压背式人工呼吸。适用于溺水者。将患者俯卧，腹部下垫枕，头向下稍低，面部转向一侧，一臂伸直置于身边，另外一臂弯曲垫在头下。然后跪跨在患者大腿两侧，如仰卧压胸式般，置于患者背部下方，用力压迫和放松，如图 8-3，患者将自行呼出空气，如此重复，每分钟 16～20 次。

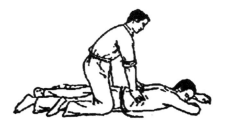

图 8-3　俯卧压背式人工呼吸

3. 注意事项

（1）应将患者置于空气新鲜、流通处的地面（用褥单、毛毯等垫起），以便施术。在软床上抢救时，应加垫木板。

（2）在现场抢救时，如必须搬动患者，需用手抬，并及时进行人工呼吸，以免延误时机。

（3）口内如有异物，应及时清除。头应侧向一边，以利口鼻分泌物流出。必要时用纱布包住舌头牵出，以免舌后缩阻塞呼吸道。

（4）人工呼吸频率为 12～20 次／分，节律均匀。

（5）患者恢复自主呼吸后，可停止人工呼吸，但应继续观察，如呼吸又停，应继续人工呼吸。

（6）非经确诊患者已死亡，人工呼吸不得停止。

（7）除口对口人工呼吸法外，其余方法，须注意勿用力过猛过大，以免造成肋骨骨折。

（8）人工呼吸仅适用于短时间急救之用，如有条件应尽早行气管插管或气管切开，连接呼吸机进行机械通气。

二、开展一次抗挫教育团辅活动

1. 目的

培养积极进取、勇于尝试、不惧怕失败的精神。

2. 方法

（1）设置四种角色：鸡蛋、小鸡、大鸡、凤凰。四种角色呈现四种状态，鸡蛋角色蹲着,小鸡角色弯背,大鸡角色站着,凤凰角色飞着走,回到座位。

（2）用彩带将场地分成四个区域,一、二、三、四区域分别是鸡蛋、小鸡、大鸡、凤凰四种角色活动区。

（3）全体成员的初始状态是鸡蛋,都蹲在鸡蛋活动区中。

（4）通过剪刀、石头、布来猜拳决定胜负,胜利者进化,进化的顺序依次是"鸡蛋—小鸡—大鸡—凤凰",同时分别前进到相应区域,最终状态是凤凰。失败者退化,退化的顺序依次是"大鸡—小鸡—鸡蛋",同时分别后退到相应区域,最终状态是鸡蛋。

（5）猜拳时,配上口诀,增加氛围,如鸡蛋—鸡蛋鸡蛋快快醒;小鸡—小鸡小鸡快长大;大鸡—大鸡大鸡快快飞,飞回窝里变凤凰;等等。

（6）同类角色才能猜拳,不同角色之间不能猜拳。最终场中只剩 3 人,状态分别是鸡蛋、小鸡、大鸡。

3. 分享讨论

（1）分别采访场内处于鸡蛋、小鸡、大鸡三种状态的三个人。

① 采访鸡蛋:你现在的心情怎样?你有没有最接近成功的时候?失败了这么多次,你有没有想过放弃?

② 采访小鸡:你有过几次失败?你如何看待处于鸡蛋状态的同学的处境?如何看待自己目前的处境?

③ 采访大鸡:在你最接近成功的时候,活动结束了,你有什么想法?

④ 教师总结:这次活动是一个生活的隐喻。不管有多少人参加,最后总有人不能成功进化为凤凰。在成长的道路上,我们都会遇到挫折和失败,虽然让人沮丧,但是这是难免的。通过今天的活动,我们都深刻体会到了。但我们都看到了大家都在不断努力,让我们为自己、为同伴的努力鼓掌。

（2）采访成功者。

① 教师提问:有哪些人从来没有经历过失败,一口气成为凤凰的?

② 选择一人采访:你现在的心情怎样?当你顺利成为凤凰,回到座位上,看到别人还在捉对厮杀时,你的心情怎样?

③ 教师总结:从来没有经历过失败,顺利成为凤凰的人很少。可见,生活中一帆风顺的人或事是极少的,当你遇上时,一定要珍惜。

（3）采访有过失败经历但最终成功者。

① 教师提问:有哪些人经历过失败,但最终成功变为凤凰?

② 选择一人采访:你是怎么看待自己成功路上经历的失败?在失败时,你想过放弃吗?

③ 教师总结:大多数人都有过失败的经历,但能屡败屡战,最后获得了成功。生活中不能因为一点挫折就放弃,永远保持一颗积极进取、勇于尝试的心,成功就会离你不远。

第九章　实验室安全

案例 9-1　　　　　　　　　　实验室典型安全事故

时　间	地　点	人员伤亡或财产损失情况	主要原因
2019.08	上海某研究所	1 人双眼受伤	一名实验人员在使用化学试剂时，没有戴防护眼镜，结果化学试剂溅到眼睛上
2020.03	上海某高校	1 人手部皮肤严重腐蚀，需要植皮	一名实验人员在使用腐蚀性化学试剂时，不小心将其弄到了手上，他没有戴防护手套，出事后也没有立刻用大量清水清洗
2021.07	某科技大学	1 人烧伤	实验室火灾
2021.10	南京某高校	2 人死亡、9 人受伤	实验室爆炸
2022.05	湖北某高校	1 人身体大面积烧伤，食道和气管也受到损伤	一名学生做实验时吸入大量高温铝粉

引导讨论：

1. 高校实验室安全事故类型有哪些?

2. 发生实验室安全事故的原因是什么?

案例 9-2　　　　　　　　　　静电引爆实验室 [1]

　　某大学一实验室内正在进行垃圾渗透液污水处理的科研实验，实验室突然发生了爆炸，事故造成三名学生死亡。调查事故原因，发现反应产生的氢气遇静电火花引起闪燃，后又引燃镁粉，最终发生了爆炸。

引导讨论：

1. 静电放电有哪些危害?

2. 实验室静电安全防护措施有哪些?

案例 9-3　　　　　　　　　　生物实验发生病毒感染事故 [2]

　　据官方媒体报道，东北某农业大学动物医学院有关教师，未按国家实验动物管理规定，从

---

① 李志刚、王桂梅、张一帆，实验室安全技术，化学工业出版社，2022.

② 黄志斌、赵应声，高校实验室安全通用教程，南京大学出版社，2021.

某养殖场购入 4 只山羊。在以上述 4 只山羊为实验动物的 5 次实验前，未按规定对实验山羊进行现场检疫，同时在指导学生实验过程中未能切实按照标准的实验规范，严格要求学生遵守操作规程，进行有效防护。上述违规行为导致 27 名学生及 1 名教师确诊感染布鲁氏菌病。出现发热、关节肌肉疼痛、乏力病症。经调查，学校事故相关责任人给予严肃处理。

引导讨论：

1. 对于用于生物实验的动物有哪些要求？

2. 生物实验的防范措施有哪些？

案例点评：

案例 9-1 列举的是化学实验安全事故，这类事故人为因素占主要地位，如危化品储存和管理不善、安全防范意识淡薄、缺乏必要的危化品安全管理及事故应急处理常识等。案例 9-2 是一起典型的由静电火花引燃易燃易爆气体所发生的安全事故。案例 9-3 是一起因学校相关责任人在生物实验教学中违反有关规定造成的安全事故。如何避免实验室安全事故发生，《教育部关于加强高校实验室安全工作的意见》中明确指出，要建立安全定期检查制度、安全风险评估制度、危险源全周期管理制度、实验室安全应急制度，完善实验室安全管理制度。

第一节　实验室安全概述

实验室是高校的基本组成单元，是教师进行实验教学和科学研究的重要基地，也是培养学生实验技能、知识创新和科技创新能力的平台。能否营造安全、舒适的实验室环境关系到高校的和谐稳定与持续发展，关系到师生员工的人身和财产安全，是建设"平安校园、和谐社会"的重要组成部分。

教育部和各省（区、市）对高校的实验室安全十分重视。2019 年 1 月，教育部办公厅发布《关于进一步加强高校教学实验室安全检查工作的通知》。2019 年 5 月，教育部发布《关于加强高校实验室安全工作的意见》，要求高度重视实验室安全，进一步加强高校实验室安全建设。根据《教育部办公厅关于做好 2020 年度高等学校科研实验室安全工作的通知》文件部署，教育部科技司于 2020 年 10 月 19 日召开 2020 年高校科研实验室安全现场检查启动暨培训会，推动全国高校实验室安全教育与管理的各项工作进一步深入。要确保实验室安全，需要实验室中的工作人员、研究人员牢固树立安全意识，从"要我安全"转变为"我要安全"。意识、观念的改变会带来行为和习惯的改变，促使其养成实验室安全习惯。此外，其还需要具备安全知识，掌握安全技术。

一、实验室安全事故类型

（一）常见的安全事故类型

高校实验室安全事故主要有以下 8 类。

1. 火灾事故

造成这类事故的主要原因是实验室用电不当、供电线路老化，超负荷运行，导致线路发热，引发火灾；高电压实验室电气设备发生火花或电弧静电放电产生火花等引发火灾；操作人员用电不慎或操作不当引起电气火灾等。

2. 爆炸事故

爆炸性事故多发生在具有易燃易爆物品和压力容器的实验室，酿成事故的主要原因有：违反操作规程，引燃易燃物品，进而导致爆炸；易燃气体在空气中泄漏到一定浓度时遇明火发生爆炸；压力气瓶遇高温或强烈碰撞引起爆炸等。

3. 辐射事故

实验室违规使用放射性同位素或违规操作含有放射源的装置时有可能引发辐射事故。这类事故对人体造成的伤害主要有：短时间大剂量的射线照射会导致人体肌体的病变；长时间小剂量的射线照射有可能产生遗传效应；大量吸入放射性物质可能导致人体内脏发生病变。此类事故是看不见摸不着的杀手。

4. 生物安全事故

随着现代生物技术的迅速发展，生物安全的问题日益凸显。在微生物实验室，由于管理上的疏漏或技术上的缺陷造成的意外事故不仅可能导致实验室工作人员的感染，还可能造成大面积的人群感染或者环境的污染。生物实验室的废弃物甚至比化学实验室的更加危险，生物实验室的废弃物中可能含有传染性的病菌、病毒以及放射性物质等，对人类的健康和环境都可能造成极大的危害。

5. 机电伤人事故

这类事故多发生在高速旋转或冲击运动的机械实验室，或者是带电作业的电气实验室和一些高温实验室。造成事故的主要原因是操作不当或缺少防护。

6. 危险化学品人身毒害事故

化学实验室往往需要使用各种各样的化学试剂，有些化学试剂是有毒有害的，有些甚至是有剧毒的。实验人员在做化学实验时，如不了解化学药品的性质，可能因错误操作导致事故发生；化学药品配置使用不当引起爆炸或者液体飞溅而伤害人体。有些化学药品易燃易爆，或具有腐蚀性，或有毒害性，或者是致癌物质，事故轻者损伤皮肤，重者烧毁皮肤，损伤眼睛和呼吸道，甚至损伤人的内脏和神经等。

7. 环境污染事故

有毒有害的化学、生物废液、废弃物，如果不能有效回收和恰当处置，则可能会污染环境。这类事故的主要表现是：废液、废弃物不能有效回收和恰当处置，导致污染大气、土壤地下水等；随意倾倒废液或乱扔废弃物，不仅污染环境，而且伤及无辜。

8. 设备损坏事故

此类事故是指在实验室内发生了设备的损坏。设备损坏主要有客观原因和人为原因两大类。客观原因主要是突然停电、线路故障、雷击等自然灾害等，人为原因主要是实验人员操作不当，违反操作规程，缺少防护措施或者保护装置。人为原因造成的事故不仅包括设备的损坏，有时还伴有人员伤害。

（二）常见的安全事故诱因

1. 电气线路及用电设备

实验室电气系统的危险因素主要表现在以下几个方面。

（1）加热设备长时间处于高温环境。

（2）实验仪器超龄"服役"。

（3）插座、接线板电源设备的不规范使用。

（4）电线破损及火线外露。

（5）电炉、电热套、烘箱等操作不当。

（6）实验仪器在实验中接触潮湿的抹布、腐蚀介质电器及线路等物。

实验室电气安全事故主要表现如下。

（1）触电事故。主要有电击和电伤两种。电击是电流通过人体内部，直接对内部器官、组织造成伤害，最危险的形式有通过心脏的电流引起心室颤动导致心脏停止跳动而致人死亡、通过中枢神经系统的电流导致人因中枢神经系统失调而死亡、通过胸肌的电流引起胸肌收缩导致人因窒息而死亡、通过头部的电流使人立即昏迷、通过人体脊髓的电流引起人体肢体瘫痪等。高压电击穿空气与人体形成电流回路也会引发电击伤害事故。电伤是电流的热效应、化学效应或机械效应对人体造成的局部伤害，包括电流的热效应和电弧对皮肤烧伤产生的电灼伤、电流化学效应和机械效应产生的皮肤肿块、硬化等电烙印伤害、金属高温熔化、蒸发并飞溅渗透到皮肤表层引起的皮肤粗糙、硬化等金属溅伤伤害。

（2）电气火灾。这包括因电气设备过热产生火灾和因电火花、电弧产生火灾。电路短路、超负荷、接触不良、漏电等易导致电气设备过热。电火花是电极间击穿放电时产生的强烈流注，大量电火花可以汇集成电弧，电弧的温度可高达数千度，不仅能直接引起可燃物燃烧，还能使金属熔化、飞溅，构成二次火源。在有可燃、爆炸危险的场所，电火花和电弧都是十分危险的因素。电弧除了可以引发火灾，还能对人体产生电弧灼伤。

（3）静电伤害。一是对实验结果造成干扰，静电会降低实验室里电子产品工作的可靠性，如使敏感电子元器件潜在失效，引起电子设备、仪器的运转故障、信号丢失、误码等。二是引起爆炸和火灾，如在有可燃液体、气体、蒸气爆炸型混合物或有粉尘纤维爆炸性混合物的实验室作业场所，静电放出的电火花可能引起火灾和爆炸。此外，静电电击也可能引起火灾爆炸事故。三是发生静电电击，带静电的人体接近带电物体时，带电体发生静电放电造成瞬间冲击性电击，使人失去平衡，发生坠落、摔伤，造成二次伤害，也可能引起火灾爆炸。

2. 危险化学品

危险化学品是指具有毒害、腐蚀、爆炸、燃烧、助燃等性质，对人体、设施、环境具有危害的剧毒化学品和其他化学品。实验室危险化学品主要有以下几种。

（1）易爆化学试剂。这是指在外界作用（如受热、受压、撞击）下，能发生剧烈的化学反应，瞬时产生大量的气体和热量，使周围压力骤然上升，发生爆炸，对周围环境造成破坏；也包括无整体爆炸危险，但具有燃烧、抛射及较小爆炸危险等。

（2）易燃化学试剂。这是指闪点不高于28 ℃的液体，大多易挥发，遇明火即可燃烧。

（3）有毒品化学试剂。有毒品化学试剂进入肌体后，累积达一定的量，能与体液和器官组织发生生物化学作用或生物物理学作用，扰乱或破坏肌体的正常生理功能，引起某些器官和系统暂时性或持久性的病理改变，甚至危及生命。如氰化物，口服氰化钠 50 mg ～ 100 mg 即可引起猝死；受高热或与酸接触会产生剧毒的氰化物气体；与硝酸盐、亚硝酸盐、氯酸盐反应剧烈,有发生爆炸的危险;遇酸或露置空气中能吸收水分和二氧化碳分解出剧毒的氰化氢气体。

（4）强氧化性化学试剂。强氧化性化学试剂易分解并放出氧和热量的物质,包括含有过氧基的无机物,其本身不一定可燃,但能导致可燃物的燃烧,与松软的粉末状可燃物能组成爆炸性混合物,对热、震动或摩擦较敏感。

（5）放射性化学试剂。这是指放射性比活度大于 7.4×104 Bq/kg 的物品。

（6）腐蚀性化学试剂。腐蚀性化学试剂能灼伤人体组织并对金属等物品造成损坏,与皮肤接触在 4 h 内出现可见坏死现象。如各类酸碱、苯酚。

（7）遇水易燃试剂。遇水易燃试剂遇水或受潮时,发生剧烈化学反应,放出大量的易燃气体和热量的物品。有的不需明火,即能燃烧或爆炸。

实验室危险化学品事故除爆炸、火灾外,对人体的危害表现在以下方面。

（1）急性毒性。单剂量、多剂量口服、皮肤接触,或吸入接触后出现有害反应。

（2）皮肤腐蚀、刺激。表皮和真皮坏死,对皮肤造成不可逆损伤。

（3）严重眼损伤、眼刺激。发生严重视觉物理衰退,对眼部造成不可逆的组织损伤。

（4）呼吸或皮肤过敏。出现气管、皮肤超过敏反应。

（5）生殖细胞致突变性。导致人的生殖细胞发生可传播给后代的突变。

（6）致癌性。导致癌症或增加癌症的发生率。

（7）生殖毒性。对人的性功能和生育功能产生有害影响。

（8）吸入毒性。液态或固态化学品通过口腔或鼻腔直接进入或因呕吐间接进入气管和下呼吸道系统,导致产生化学性肺炎、不同程度的肺损伤,吸入后死亡等严重事故。

（9）其他危险,如特异性靶器官系统毒性、急慢性水生毒性。

3. 生物性污染

实验室生物性污染指致病的微生物菌落、病源形成的大量气溶胶、导致死亡的外源性病源等引起的安全事故。如乙型脑炎病毒、艾滋病毒、巨细胞病毒。根据生物因子对个体和群体的危害程度,将其分成 Ⅰ、Ⅱ、Ⅲ、Ⅳ 共 4 个等级,其中 Ⅰ 级危害程度最小,Ⅳ 级危害程度最大。国际上以 BSL-1、BSL-2、BSL-3、BSL-4 表示。

（1）BSL-1：低个体危害、低群体危害。不需要有特殊需求的安全保护措施,不需要生物安全柜的存在,操作人员只需经过基本的实验室实验程序培训,在科研人员指导下开展生物实验。实验室感染不会导致健康工作者和动物致病。代表病原体有麻疹病毒、腮腺炎病毒等。

（2）BSL-2：中等个体危害、有限群体危害。操作者必须经过相关研究的操作培训,并且由专业科研人员指导;对于易于污染的物质或者可能产生污染的情况,要进行预先的处理准备;一些可能涉及或者产生有害生物物质的操作过程,应该在生物安全柜内进行,最好使用二级的生物安全柜。实验室感染不会导致严重疾病,有成熟的预防措施和治疗手段,且传播风险有限。代表病原体有流感病毒等。

（3）BSL-3：高个体危害、低群体危害。一般是本土或者外来的能通过呼吸传染使人们致病,或者有生命危险可能的生物物质;需要操作者免于暴露在这些有潜在危险的物质中,通常使用二级或者三级的生物安全柜。实验室感染能引起人或动物严重疾病，或造成严重经济损失，能够使用相关药物进行治疗。代表病原体有炭疽芽孢杆菌、鼠疫杆菌、结核分枝杆菌、狂犬病毒等。

（4）BSL-4：高个体危害、高群体危害。这个等级的是一些极高危险性并且可以致命的有毒物质，可以通过空气传播，并且没有有效的疫苗或者治疗方法来处理。操作者必须经过熟练的关于进行这种极高危险性物质研究的培训，并且需要很熟悉一些相关操作、保护设施，同时必须由在此研究领域非常有经验的科研人员进行指导，严禁独自在4级实验室工作。对进出实验室的人进行严格控制。实验室一定要单独建造，或者建造在一栋大楼中、与其他任何地方都分离的独立房间内，使用三级生物安全柜。实验室感染能够引起非常严重的疾病，一般不能治愈，且易在人与人、人与动物、动物与动物之间传播。代表病原体有埃博拉病毒、马尔堡病毒、拉沙病毒。

4. 特殊仪器设备

（1）高压类仪器设备安全事故。有压力容器爆炸和压力容器泄露两种。爆炸产生巨大的冲击波，其破坏力和杀伤力极大。爆炸事故发生后，有毒物质大量外溢，会造成人畜中毒的恶性事故；如泄漏的是可燃性物质，还会引起重大的火灾和二次爆炸事故，后果十分严重。

（2）高速运转类设备安全事故。有卷绕和绞缠、卷入和碾压、挤压、剪切和冲撞、飞出物打击、物体坠落打击、切割和擦伤、碰撞、跌倒和坠落等安全事故。

（3）高温仪器设备安全事故。高温设备因线路过载而引发火灾、触电等安全事故；高温设备因隔热材料破损导致外壳达到很高温度，引发火灾；高温设备长时间维持在上限温度，引发安全事故；用电热烘箱烘干易爆物，引发着火或爆炸；高温马弗炉使用不当出现炸膛、炸裂等安全事故。

（4）激光使用安全事故。这包括对眼睛的伤害与对皮肤的伤害两种。前者表现在大量的光能在瞬间聚焦在视网膜上，使视网膜的感光细胞层温度迅速升高，以致使感光细胞凝固坏死，造成永久性的失明。后者表现在皮肤的热烧伤、红斑、炭化，甚至引起癌变。

二、重视实验室安全工作

（一）做好实验室安全防范和应急处理

（1）实验室应留有观察窗，门口张贴安全责任人信息或信息牌。内容包括安全风险点的警示标识、安全责任人、涉及危险类别、防护措施和有效的应急联系电话等，并及时更新。

（2）实验室的各种物品应堆放整齐，保持室内通风、地面干燥，及时清理废旧物品，保持消防通道通畅，便于取用防护用品、消防器材和关闭总电源。

（3）指定工作人员对实验室安全工作进行监督和检查。

（4）凡进入实验室的人员必须进行危险源安全知识、安全技能、操作规范等相关培训，未经相关安全教育并取得合格成绩的人员不得进入实验室。

（5）进入实验室开展实验之前，指导老师须首先讲明与本实验室、本实验内容相关的安全知识和要求。

（6）实验人员应熟悉实验室环境。熟悉水、电、气阀门以及安全通道的位置，铭记急救电话。熟悉各类灭火和应急设备的位置和使用方法。

（7）实验室内禁止吸烟、饮食、睡觉、使用明火电器，禁止放置与实验室无关的物品。严禁打闹、追逐，严禁穿露趾鞋、短裤进入实验室。

（8）进入实验室要做好必要的个人防护。特别注意危险化学品、易燃易爆品、辐射、生物危害、特种设备、机械传动、高温高压等对人体的伤害。

（9）实验人员必须遵守实验室的各项规定，严格执行操作规程，做好各类记录，了解实验室潜在的实验风险和应急方式，采取必要的安全防护措施。

（10）开展实验时要密切关注实验进展情况，不得擅自离岗，进行危险实验时至少2人在场。严禁将实验室内任何物品私自带出实验室。实验中发生异常情况，应及时向指导教师报告并及时进行安全处理。

（11）实验结束后，最后一个离开实验室的人员必须检查并关闭整个实验室的水、电、气、门窗。

（12）一旦发生火灾、爆炸以及危险品被盗、丢失、泄露、严重污染和超剂量辐照等安全事故，应立即根据情况启动事故应急处理方案，并采取有效应急措施，同时向学校主管部门、保卫处报告，必要时向当地的公安、环保、卫生等行政主管部门报告，事故经过和处理情况应详细记录并存档。

（二）熟记实验室安全标识 [1]

实验室安全标识是向进入实验室的人员警示实验场所或周围环境的危险状况，指导相关人员采取合理行为的标识。安全标识能够提醒相关人员预防危险，从而避免事故发生；当危险发生时，能够指示相关人员尽快逃离，或者指示相关人员采取正确、有效、得力的措施，对危害加以遏制。

实验室常用安全标识有禁止标识、警告标识、指令标识和提示标识。其中禁止标识用于禁止人们实施不安全行为；警告标识用于提醒人们对周围环境引起注意，以避免可能发生的危险；指令标识用于强调人们必须做出某种动作或采用防范措施；提示标识用于向人们提供某种信息（如标明安全设施或场所）。除此之外，还有专用标识，这主要用于针对某种特定的事物、产品或者设备所制定的符号或标志物，用以标示，便于识别。

第二节　高校实验室安全管理与防范措施

邓静音对近十年全国高校、科研院所实验室发生的典型事故进行统计，发现实验室安全事故的主要类型有：火灾爆炸事故、毒害事故、漏电伤人事故和机械伤人事故。其中，火灾爆炸事故约占据事故总数的80%，火灾爆炸事故在实验室事故中占主导地位。毒害事故占事故总数的10.8%，通常是实验过程中有毒有害物质引起的。漏电伤人事故占事故总数的5%，通常由电线老化、设备漏电等所致，漏电可以引起火灾等更严重的事故。机械伤人事故占事故总数的3.3%，通常发生在高转速等机械实验室中。数据表明，火灾与爆炸事故总是一起发生的，火灾往往伴随着爆炸，爆炸也会逐渐演变为火

---

[1]　江苏省教育厅，高校实验室安全手册，2019。

灾,这与实验室中所用的危险化学品有着不可或缺的关系,实验中经常用到的易燃、易爆、腐蚀等性质的化学品,其运输、储存和使用需要在高温高压、超低温、真空等较高要求的条件下进行,如果操作不慎或者不安全操作,很有可能发生火灾、爆炸事故。

一、实验室危险化学品安全管理与防护

(一)危险化学品的使用

1. 一般原则

(1)进行实验之前应先阅读使用化学品的安全技术说明书,了解化学品特性、影响因素与正确处理事故的方法,采取必要的防护措施。

(2)实验人员应佩戴防护眼镜,穿着适合的实验工作服,长衣长裤,不得穿短裤短裙以及露趾凉鞋。

(3)严格按实验规程进行操作,在能够达到实验目的和效果的前提下,尽量减少化学药品用量,或者用危险性低的化学药品替代危险性高的化学药品。

(4)使用化学药品时,不可直接接触药品、品尝药品味道、把鼻子凑到容器口嗅闻药品的气味。

(5)严禁在开口容器或密闭体系中用明火加热有机溶剂,不得在普通冰箱中存放易燃有机物。

(6)使用剧毒化学品、爆炸性物品或强挥发性、刺激性、恶臭化学品时,应在通风良好的条件下进行。

(7)不得一起研磨可引起燃爆事故的性质不相容物,如氧化剂与易燃物。

(8)易制毒化学品只能用于合法用途,严禁用于制造毒品,不挪作他用,不私自转让给其他单位或个人。

(9)为加强流向监控,使用剧毒化学品、易制毒化学品、爆炸品、易制爆化学品应逐次记录备查。

(10)禁止个人在互联网上发布危险化学品信息。

2. 特别要求

实验室最常用的化学试剂是强酸、强碱。强酸主要包括硫酸、盐酸、硝酸,强碱包括氢氧化钠、氢氧化钾等。

(1)使用强酸或使用强酸配制试剂安全要求。①取用浓硫酸时要戴防护手套,如果试剂瓶瓶盖较紧要使用镊子等工具,并佩戴护目镜,防止酸液溅出灼烧皮肤和眼睛。②浓硝酸、浓盐酸具有挥发性,使用时要佩戴口罩。③配制试剂要严格遵守操作规程,例如配制硫酸溶液切记不能将水倾入浓硫酸,正确的方法是将浓硫酸沿玻璃棒缓慢注入水中,并不断搅拌。如果强酸不慎滴溅在皮肤或眼睛里,接触部位因受腐蚀会肿胀、有灼痛感,导致人呼吸困难,脉快而弱,瞳孔放大,剧痛者可能休克或虚脱,甚至死亡。

(2)使用强碱(氢氧化钠、碳酸钠、氨水)安全要求。①操作人员工作时必须穿戴工作服、口罩、防护眼镜、橡皮手套等劳保用品。②接触片状或粒状烧碱时,工作场所应有通风装置,并保持空气清新。③配制氨水溶液要在通风橱内进行。④稀释或制备溶液时,应把碱加入水中,并不断搅拌,避免沸腾和飞溅。强碱不慎接触人体时,接触

部位一般会因腐蚀而灼热、或使人剧烈疼痛、血性呕吐、下泻等，严重者可产生虚脱。

（二）危险化学废弃物的处置

（1）化学废弃物通常有毒、有害，处理不当就会污染环境甚至造成事故，应妥善收集和处置。

（2）化学废弃物送入废弃物收集站前应严格按照规定进行分类。

（3）生活垃圾不要送入化学废弃物收集站。生活垃圾是指没有接触过化学品的各种塑料袋、纸盒、卷纸、泡沫、瓜皮果壳等。

（4）实验垃圾需送入化学废弃物收集站。实验垃圾是指实验过程中产生的、被化学药品沾染的各种垃圾物品，如使用过的一次性手套、一次性口罩、称量纸、粘有药品的卷纸、滤纸、枪头、吸管、针头、注射器、橡皮管、乳胶管、保鲜膜等。

（5）尖锐的针头等物品应专门存放。被化学品污染的塑料垃圾制品不得流入废品收购站。

（6）破损的玻璃仪器（试管、量筒、烧杯、烧瓶等）应专门存放，不得和上述实验垃圾混放。

（7）废试剂瓶倒尽残液后应使用专用纸箱包装存放。

（8）化学实验废液不得倒入下水道。一般化学实验废液遵循兼容相存的原则，用小口带螺纹盖子的 25 L 白色塑料方桶分类收集，做好标识。桶口应密封良好，不能有破损。收集废液后应随时盖紧盖子（含内盖），存放位置要阴凉并远离热源、火源。废液桶盛放不得超过最大容量的 80%。

（9）运送化学实验废物时，至少需两人同行，并穿着实验服，佩戴口罩和手套，做好防护。配合管理人员检查并称重，填写入库记录，粘贴危险废物标签。

（10）含卤素的有机废液、含汞的无机废液、含砷的无机废液和含一般重金属的无机废液应单独收集，不可与其他废液混存。

（11）使用剧毒品产生的残留物和剩余物应做无害化处理，不允许随意排放。

（三）危险化学品事故的防范

1. 毒害性化学品的防护措施

（1）改革实验方案，尽量以无毒、低毒物质代替有毒、高毒物质进行实验、生产；尽量选择自动化、密闭化、管道化、连续化的实验，减少人与毒物的接触机会和毒物泄漏现象。

（2）保持通风，可以是自然通风，也可以机械通风；配备通风柜、换气扇等设施；环境中有害物质浓度不得超过最高容许浓度。

（3）采取个人防护措施，特别是环境中有害物质浓度超过最高容许浓度时，通过穿戴防护服、口罩、鞋帽、防护面罩、防护手套、防音器等防护物资，佩戴防护眼镜、呼吸防护器等防护物资，起到隔离屏蔽、吸收过滤有毒物质的作用。

（4）养成良好的个人卫生习惯；掌握正确洗漱方法，定期清洗工作服装等，防止有毒化学品附着在皮肤上，防止有害物质通过皮肤、口腔、消化道侵入人体；禁止在有毒作业场所发生吃饭、饮水、吸烟等行为。

（5）实验前仔细检查盛放有毒物质的容器是否存在泄露，管道、阀门是否连接正确。

2. 腐蚀性化学品的防护措施

（1）保持通风，存放腐蚀性物品的容器应具有良好的密封性，应避开易被腐蚀的物品。

（2）装有腐蚀性物品的容器必须采用耐腐蚀的材料制作。例如，不能用铁质容器存放酸液，不能用玻璃器皿存放浓碱液等。使用腐蚀性物品时，要仔细小心，严格按照操作规程，在通风柜内操作。

（3）产生腐蚀性挥发气体的实验室，应有良好的局部通风或全室通风，且远离有精密仪器设备的实验室；应将使用腐蚀性物品的实验室设在高层，以使腐蚀性挥发气体向上扩散。

（4）对散布有酸、碱气体的房间内的易被腐蚀器材，要设置专门防腐罩或采取其他防护措施，以保证器材不被侵蚀。

（5）搬运、使用腐蚀性物品时，要穿戴好个人防护用品；酸、碱废液，应经过处理达到安全标准后才能排放，不直接倒入下水道；应经常检查，定期维修更换腐蚀性气体、液体流经的管道、阀门。

（四）危险化学品事故的应急处置

发生化学安全事故，应立即报告老师，并积极采取措施进行应急救援，然后送医院治疗。

1. 化学烧灼伤

应立即脱去沾染化学品的衣物，迅速用大量清水长时间冲洗，避免扩大烧伤面。烧伤面较小时，可先用冷水冲洗 30 分钟左右，再涂抹烧伤膏；当烧伤面积较大时，可用冷水浸湿的干净衣物（或纱布、毛巾、被单）敷在创面上，然后就医。处理时，应尽可能保持水疱皮的完整性，不要撕去受损的皮肤，切勿涂抹有色药物或其他物质（如红汞、牙膏等），以免影响对创面深度的判断和处理。

2. 化学腐蚀

应迅速除去被污染衣服，必要时可以用剪刀将衣服剪开，及时用大量清水冲洗（紧急喷淋器冲洗 15 分钟）或用合适的溶剂、溶液洗涤受伤面。保持创伤面的洁净，以待医务人员治疗。若溅入眼内，应立即用细水长时间冲洗（洗眼器冲洗 10 ~ 15 分钟）；如果只溅入单侧眼睛，冲洗时水流应避免流经未受损的眼睛。经过紧急处置后，马上到医院进行治疗。

3. 化学冻伤

应迅速脱离低温环境和冰冻物体，用 40 ℃ 左右的温水将冰冻融化后将衣物脱下或剪开，然后对冻伤部位进行复温，并尽快就医。

4. 吸入化学品中毒

（1）采取果断措施切断毒源（如关闭管道阀门、堵塞泄漏的设备），并打开门、窗，降低毒物浓度。

（2）迅速将伤员救离现场，搬至空气新鲜、流通的地方，松开领口、紧身衣服和腰带，以利呼吸畅通，使毒物尽快排出。

（3）对心跳、呼吸停止者，应现场进行人工呼吸和胸外心脏按压，同时拨打 120 求救。

（4）救护者在进入毒区抢救之前，应佩戴好防护面具和防护服。

5. 误食化学品中毒

（1）误食一般化学品。可立即饮服牛奶、淀粉、水等，引吐或导泻，同时迅速送医院治疗。

（2）误食强酸。立刻饮服牛奶、水等，迅速稀释毒物，再服食10多个打溶的蛋做缓和剂，同时迅速送医院治疗。急救时，不要随意催吐、洗胃。

（3）误食强碱。立即饮服500毫升食用醋稀释液（1份醋加4份水）或鲜橘子汁将其稀释，再服食蛋清、牛奶等，同时迅速送医院治疗。急救时，不要随意催吐、洗胃。

（4）误食农药。对于有机氯中毒，应立即催吐、洗胃，可用1%～5%碳酸氢钠溶液或温水洗胃，随后灌入60毫升50%硫酸镁溶液，同时迅速送医院治疗。对于有机磷中毒，一般可用1%食盐水或1%～2%碳酸氢钠溶液洗胃，同时迅速送医院治疗。

6. 危化品爆炸、火灾

应立即切断电源和气源、疏散人员、转移其他易爆品，并拨打火警电话报警。

二、实验室生物安全管理与防护

（一）进入要求

（1）在处理危险度Ⅱ级或更高危险度级别的微生物时，实验室门上应标有国际通用的生物危害警告标志。

（2）只有经批准的人员方可进入实验室。

（3）实验室的门应保持关闭。

（4）儿童不允许进入实验室。

（5）进入动物房应当经过特别批准。

（6）与实验室工作无关的动物不得带入实验室。

（二）操作要求

（1）严禁将实验材料置于口内，严禁贴标签。

（2）所有的技术操作应按尽量减少气溶胶和微小液滴形成的方式来进行。

（3）应限制使用皮下注射针头和注射器。除了进行肠道外注射或抽取实验动物体液，皮下注射针头和注射器不能用于替代移液管或做他用。

（4）应制定和执行处理溢出物的操作程序，当出现溢出事故或不慎接触感染性物质时，应向实验室主管报告，并留存书面报告。

（5）排放到生活污水管道以前，应采用化学或物理学方法清除液体中的污染。根据所处理微生物因子的危险度评估结果，使用相应的污水处理系统。

（6）需要带出实验室的手写文件，应保证在实验室内没有受到污染。

（三）工作区要求

（1）实验室应保持清洁整齐，严禁摆放和实验无关的物品。

（2）发生具有潜在危害性的材料溢出以及在每天工作结束后，应清除工作台面的污染。

（3）所有受到污染的材料、标本和培养物在废弃或清洁再利用之前，应清除污染。

（4）在进行包装和运输时应遵循国家和国际的相关规定。

（5）如果窗户可以打开，则应安装防止节肢动物进入的纱窗。

（四）废弃物处理

（1）实验室废弃物应按照各级相关规章制度执行。

（2）实验使用过的锐器，包括皮下注射用针头、手术刀、刀子及破碎玻璃等，应将其完整地收集在带盖的不易刺破的容器中，不能随意丢弃于垃圾场。

（3）对感染性物质及其包装物应遵守相关规定进行鉴别和分类处理。

（五）实验动物要求

（1）实验动物购买。实验动物应从取得实验动物生产许可证的单位购买，禁止从市场购买；野生保护动物不能直接用于动物实验；严禁购买不合格的动物用于教学、科研。

（2）实验动物饲养。使用的实验动物，应有合格证；实验动物饲育环境及设施符合国家标准；实验动物饲料符合国家标准；有经过专业培训的实验动物饲养和动物实验人员；具有健全有效的管理制度。

（3）动物实验操作。做好必要的安全防护措施，比如穿戴防护服、口罩、手套等，避免被动物咬伤或抓伤。同时，严格按国际公认程序实施各种处理，包括麻醉、术后护理、安乐死等，保障好动物的福利。

（4）实验动物尸体处理。实验动物的尸体、肢体和组织须先进行消毒灭菌，再用专用塑料密封袋密封，贴上标志，放置在专用冰室或冰箱冷冻保存，严禁当作生活垃圾直接丢弃。

（六）生物安全防范

1. 个人防护

（1）在实验室工作时，应穿着连体衣、隔离服或工作服。

（2）进行可能直接或意外接触到血液、体液以及其他具有潜在感染性的材料或感染性动物的操作时，应戴上合适的手套。手套用完后，应先消毒再摘除，随后洗手。

（3）处理感染性实验材料和动物后，以及离开实验室前，都应洗手。

（4）为了防止眼睛或面部受到泼溅物、碰撞物或人工紫外线辐射的伤害，应戴安全眼镜、面罩或其他防护设备。

（5）严禁穿着实验室防护服离开实验室，如就餐或去办公室、休息室和卫生间。

（6）不得在实验室内穿露脚趾的鞋子。

（7）禁止在实验室工作区域进食、饮水、吸烟、化妆和处理隐形眼镜。

（8）禁止在实验室储存食品和饮料。

（9）实验室内用过的防护服不得和日常服装放在同一柜子内。

2. 生物性污染的防范[①]

（1）实验废弃的生物活性实验材料，特别是细胞和微生物（细菌、真菌、病毒等），必须及时进行灭活和消毒处理。

（2）固体培养基等须经高压灭菌处理，未经有效处理的固体废弃物不能作为日常垃圾丢弃，以最大限度地减轻对周围环境的影响。

（3）实验完成后，动物尸体或被解剖的动物器官必须联系有资质的单位进行焚烧处理。

（4）动物排泄物、与动物有关的垃圾必须存放在指定的塑料垃圾袋内，及时用过氧乙酸消毒处理后方可运出。

（5）实验器械、耗材、塑料制品应用特制的耐高压超薄塑料容器收集，定期灭菌后

① 黄凯，大学生实验室安全基础，北京大学出版社，2022。

进行回收处理；废弃的玻璃制品和金属物品应使用专用容器分类收集，统一回收处理。

（七）生物安全事故应急处置

1. 病原微生物污染事故处置措施

（1）立即组织现场人员撤离到安全地带，封闭被病原微生物污染的实验室或可能造成病原微生物扩散的场所，避免病原微生物扩散。

（2）迅速安排有关人员进行医学观察或者隔离治疗。

（3）立即报告卫生部门，组织有经验的工作人员和卫生防护人员进入事故区，消除可能导致病原微生物污染事故扩大的隐患，对污染区进行必要的安全处理，包括对污染区进行彻底的消毒或销毁，对隔离区进行终末消毒等。

2. 动物源疫病传播事故处置措施

（1）对染疫或疑似染疫的动物进行隔离、扑杀，对饲养室和实验室内外环境采取严格的消毒、杀虫、灭鼠等措施。

（2）发生实验动物烈性污染病和人畜共患病时，按操作规程立即隔离、处死患病动物，进行无害化处理，并立即报告相关部门。

（3）配合上级行政部门实施预防和控制方案，包括开展流行病学调查，对病人进行隔离治疗，对相关人员进行医学检查，对密切接触者进行医学观察等。

三、实验室水电安全管理与防范

（一）用电安全

（1）实验室内的电气设备的安装和使用管理，应符合安全用电管理规定，大功率实验设备用电应使用专线，谨防因超负荷用电着火。

（2）实验室内应使用空气开关并配备必要的漏电保护器；电气设备和大型仪器须接地良好，对电线老化等隐患要定期检查并及时排除。

（3）熔断装置所用的熔丝应与线路允许的容量相匹配，严禁用其他导线替代。

（4）定期检查电线、插头和插座，发现损坏，立即更换。

（5）严禁在电源插座附近堆放易燃物品，严禁在一个电源插座上通过接转头连接过多的电器。

（6）不得私拉乱接电线，墙上电源未经允许，不得拆装和改线。

（7）实验前先连接线路，检查用电设备，确认仪器设备状态完好后，方可接通电源。实验结束后，先关闭仪器设备，再切断电源，最后拆除线路。

（8）严禁带电插接电源，严禁带电清洁电器设备，严禁手上有水或潮湿时接触电气设备。

（9）电器设备安装应具有良好的散热环境，远离热源和可燃物品，确保设备接地可靠。

（10）在使用高压灭菌锅、烘箱等电热设备的过程中，使用人员不得离开。

（11）对于长时间不间断使用的电气设施，需采取必要的预防措施；若较长时间不在房间，离开前应切断电源开关。

（12）高压大电流的电气危险场所应设立警示标志，高电压实验应注意保持一定的安全距离。

（二）用水安全

（1）了解实验楼自来水各级阀门的位置。

（2）水龙头或水管漏水、下水道堵塞时，应及时联系修理、疏通。

（3）应保持水槽和排水渠道畅通。

（4）杜绝自来水龙头打开而无人监管的现象。

（5）输水管应使用橡胶管，不得使用乳胶管；水管与水龙头以及仪器的连接处应使用管箍夹紧。

（6）定期检查冷却水装置的连接胶管接口和老化情况，发现问题应及时更换，以防漏水。

（7）实验室发生漏水和浸水时，应第一时间关闭水阀。发生水灾或水管爆裂时，应首先切断室内电源，转移仪器，防止其被水淋湿，组织人员清除积水，及时报告维修人员处置。如果仪器设备内部已被淋湿，应报请维修人员维护。

（三）静电安全防护

（1）接地。这是指设备和人员的接地，通过截面积符合标准的金属导线将设备接地。工作人员进入易产生静电的实验室前，应先徒手触摸金属接地棒，以消除人体从室外带来的静电；坐着工作的场合，可在手腕上佩戴接地腕带。

（2）增湿控温。采用喷雾、洒水、空调加湿等方法，使环境相对湿度提高到45%～75%，温度控制在18～26摄氏度。

（3）使用防静电材料。在防静电工作区使用防静电台垫、防静电地板、防静电包装盒等；工作人员穿戴防静电衣服、鞋、手套，不得穿化纤衣物。

（4）搭接（或跨接）。将两个以上独立的金属导体进行电气上的连接，使其相互间大体上处于相同的电位。

（5）屏蔽。高压带电体应有屏蔽措施，以防人体感应产生静电。

（6）塑料、橡胶地板、地毯等材料绝缘性好，几乎不能泄漏静电，可以采用抗静电剂以增大电导率，或铺设导电性地板，使静电易于泄漏。

（四）触电事故应急处置

1. 脱离电源

（1）脱离低压电源方法。①立即拉掉开关，切断电源。②如电源开关距离太远，用绝缘良好的钳子或用木柄的斧子断开电源线。③用木板等绝缘物插入触电者身下，以隔断流经人体的电流。④用干燥的衣服、手套、绳索、木板、木桥等绝缘物作为工具，拉开触电者及挑开电线使触电者脱离电源。

（2）脱离高压电源方法。①立即通知网电变电站停电。②戴上绝缘手套，穿上绝缘鞋，用相应电压等级的绝缘令克棒拉开高压保险。

（3）注意事项。①救护人不可直接用手或其他金属及潮湿的构件作为救护工具，而必须使用适当的绝缘工具。救护人要用一只手操作，以防自己触电。②防止触电者脱离电源后可能的摔伤。特别是当触电者在高处时，应考虑防摔措施。即使触电者在平地，电要注意触电者倒下的方向，注意防摔。③如事故发生在夜间，应迅速解决临时照明，以利于抢救，并避免扩大事故。

2. 进行现场急救

（1）触电者脱离电源后，应根据触电者的具体情况，迅速采取对症救护。

（2）触电者伤势不重，应使触电者安静休息，不要走动，严密观察并请医务员处理或送往医院。

（3）若触电者失去知觉，但心脏跳动和呼吸还存在，应使触电者舒适、安静地平卧，周围不要围人，使空气流通，解开他的衣服以利呼吸。同时，要速请医务员处理并送往医院。

（4）触电者呼吸困难、稀少，或发生痉挛，并速请医务员处理并协同值班车送往医院，路途应注意心跳或呼吸，如突然停止，要立刻进行人工呼吸和胸外挤压。

（5）如果触电者伤势严重，呼吸及心跳停止，应立即施行人工呼吸和胸外挤压，并速请医务员处理并协同值班车送往医院。在送往医院途中，不能终止急救。

四、实验室特殊仪器设备使用安全规范

实验室机械加工等一般设施设备，使用前需了解其操作程序，规范操作，采取必要的防护措施。对于精密仪器或贵重仪器，应制定操作规程，配备稳压电源、UPS 不间断电源，必要时可采用双路供电。设备使用完毕需及时清理，做好使用记录和维护工作。设备如出现故障应暂停使用，并及时报告、维修。实验室特殊仪器设备使用安全规范如下。

（一）压力设备

（1）压力设备需定期检验，确保其安全有效。启用长期停用的压力容器须经过特种设备管理部门检验，合格后才能使用。

（2）压力设备从业人员须经过培训，持证上岗，严格按照规程进行操作。使用时，人员不得离开。

（3）工作完毕，不可放气减压，须待容器内压力降至与大气压相等后才可开盖。

（4）发现异常现象，应立即停止使用，并通知设备管理人。

（二）气体钢瓶

（1）使用单位需确保采购的气体钢瓶质量可靠，标识准确、完好，专瓶专用，不得擅自更改气体钢瓶的钢印和颜色标记。

（2）气体钢瓶存放地严禁明火，保持通风和干燥、避免阳光直射。对涉及有毒、易燃易爆气体的场所应配备必要的气体泄漏检测报警装置。

（3）气体钢瓶须远离热源、火源、易燃易爆物品和腐蚀物品，实行分类隔离存放，不得混放，不得存放在走廊和公共场所。严禁氧气与乙炔气、油脂类、易燃物品混存，阀门口绝对不许沾染油污、油脂。

（4）空瓶内应保留一定的剩余压力，应与实瓶分开放置，并有明显标识。

（5）气体钢瓶须直立放置，并妥善固定，防止跌倒。做好气体钢瓶和气体管路标识，有多种气体或多条管路时，需制定详细的供气管路图。

（6）开启钢瓶时，先开总阀，后开减压阀。关闭钢瓶时，先关总阀，放尽余气后，再关减压阀。切不可只关减压阀，不关总阀。

（7）使用前后，应检查气体管道、接头、开关及器具是否有泄漏，确认盛装气体类型，并做好可能造成的突发事件的应急准备。

（8）移动气体钢瓶使用手推车，切勿拖拉、滚动或滑动气体钢瓶。严禁敲击、碰撞气体钢瓶。

（9）若发现气体泄漏，应立即采取关闭气源、开窗通风、疏散人员等应急措施。切

忌在易燃易爆气体泄漏时开关电源。

（10）不得使用过期、未经检验和不合格的气瓶。

（三）冰箱

（1）冰箱应放置在通风良好处，周围不得有热源、易燃易爆品、气瓶等，不得在冰箱附近、上面堆放影响散热的杂物。

（2）存放危险化学药品的冰箱应粘贴警示标识；冰箱内药品须粘贴标签，并定期清理。

（3）危险化学品须贮存在防爆冰箱或经过防爆改造的电子温控冰箱内。存放易挥发有机试剂的容器应加盖密封，避免试剂挥发至箱体内积聚。

（4）存放强酸强碱及腐蚀性的物品应选择耐腐蚀的容器，并且存放于托盘内。

（5）存放在冰箱内的容量瓶和烧瓶等重心较高的容器应加以固定，防止因开关冰箱门时造成倒伏或破裂。

（6）食品、饮料严禁存放在实验室冰箱内。

（7）若冰箱停止工作，应及时转移化学药品并妥善存放。

（四）加热设备

（1）使用加热设备，应采取必要的防护措施，严格按照操作规程进行操作。使用时，人员不得离岗；使用完毕，应立即断开电源。

（2）加热、产热仪器设备须放置在阻燃的、稳固的实验台上或地面上，不得在其周围或上方堆放易燃易爆物或杂物。

（3）禁止用电热设备直接烘烤溶剂、油品和试剂等易燃、可燃挥发物。若加热时会产生有毒有害气体，应放在通风柜中进行。

（4）应在断电的情况下采取安全方式取放被加热的物品。

（5）实验室不允许使用明火电炉。

（6）使用管式电阻炉时，应确保导线与加热棒接触良好；含有水分的气体经过干燥后方能通入炉内。

（7）使用电热枪时，不可对着人体的任何部位。

（8）使用电吹风和电热枪后，需进行自然冷却，不得阻塞或覆盖其出风口和入风口。用毕应及时拔除插头。

（五）通风柜

（1）通风柜内及其下方的柜子不能存放化学品。

（2）使用前，检查通风柜内的抽风系统和其他功能是否运作正常。若发现故障，切勿进行实验，应立即关闭柜门并联系维修人员检修。

（3）应在距离通风柜至少15厘米的地方进行操作；操作时应尽量减少在通风柜内以及调节门前进行大幅度动作。

（4）切勿用物件阻挡通风柜口和柜内排气通道。

（5）定期检测通风柜的抽风能力，确保通风效果。

（6）进行实验时，人员头部以及上半身绝不可伸进通风柜内；操作人员应将玻璃视窗调节至手肘处，使胸部以上受玻璃视窗屏护。

（7）人员不操作时，应确保玻璃视窗处于关闭状态。

（8）每次使用完毕，应彻底清理工作台和仪器。对于被污染的通风柜应挂上明显的警示牌，并告知其他人员，以免造成不必要的伤害。

（六）激光器

（1）除非得到允许，否则不要使用激光或靠近激光工作。

（2）除非得到允许，否则不要进入激光器正在运作的房间或者范围。

（3）在给激光器通电前，确认该设备预定的安全装置得到正确使用。包括：不透明挡板、非反射防火表面、护目镜、面具、门联锁和为防备有毒物质而进行通风的设备。

（4）确保脉冲激光器不会在不经意下通电，在离开激光器前，将电容放电并且关闭电源。

（5）不要直接注视激光光束，在激光调试和激光操作过程中佩戴合适的护目镜；激光调试程序必须在最低的工作功率下进行。

（6）限制对激光设施的接触，一个办法是明确指定有权进出安放有激光器的房间的人员。可通过给门上锁，在门的外面安装警示灯和警示标志等方式进行进出限制。

（7）当激光器正在工作时，不要让激光器无人看管。

（8）进入激光实验室前，摘下所有珠宝首饰，以避免无意间对激光的反射。

应急防护训练

一、制订一份实验室危化品事故应急预案

1. 目的

（1）了解发生危化品事故时的处理流程。

（2）掌握处理危化品事故的急救办法。

2. 方法

（1）为各种危险品建立档案和使用记录，发现遗失、不当存放，立即处置。

（2）严格执行安全巡查制度，及时发现、消除隐患，对存在不安全行为的人员，有安全隐患的设备设施、用品用具，及时预警通知，提醒相关人员提高警惕。

（3）在实验过程中，需要监控实验室内的状况，包括仪器主机、附件，特别是气体贮存容器及其主要连接件（管路、阀门等）是否正常；水、电、气状态是否正常；实验室内有无异常气味、响声；非正常火苗、火花；空气中有无不明烟雾，地面上有无不明液体、固体等。

（4）安全事故发生后，应在自救的同时立即向学校负责人汇报，及时启动应急预案。如经初步处理仍无法控制，要立即报告分管校领导、保卫处、国有资产与实验室管理处、校医院等部门。由保卫处和国有资产与实验室管理处立即通报学校办公室。实验室突发事故确认后1小时内，由学校办公室负责向省教育厅报告，由保卫处向当地公安部门报告。如果造成人员伤害、环境污染，应由国有资产与实验室管理处报当地环保部门，由校医院报当地卫生部门。

二、对触电心脏骤停者进行心肺复苏

1. 先要判断患者意识

大声地呼叫他，或者摇摇他，看是否有反应。凑近他的鼻子、嘴边，感受是否有呼吸。摸摸他的颈动脉，看是否有搏动，如图9-1a，切忌同时触摸两侧颈动脉，否则容易发生危险。

2. 开放气道

将患者置于平躺的仰卧位，昏迷的人常常会因舌后坠而造成气道堵塞，这时施救人员要跪在患者身体的一侧，一手按住其额头向下压，另一手托起其下巴向上抬，标准是下颌与耳垂的连线垂直于地平线，如图9-1b，这样就说明气道已经被打开。

3. 人工呼吸

如患者无呼吸，立即进行口对口人工呼吸两次，然后摸颈动脉，如果能感觉到搏动，那么仅做人工呼吸即可。

4. 胸外心脏按压

如果患者一开始就已经没有脉搏，或者人工呼吸进行一分钟后还是没有触及，则需进行胸外心脏按压。

方法：施救者先要找到按压的部位。沿着最下缘的两侧肋骨从下往身体中间摸到交接点，即剑突，以剑突为点向上在胸骨上定出两横指的位置，也就是胸骨的中下三分之一交界线处，这里就是实施点。施救者以一手叠放于另一手手背，十指交叉，将掌根部置于刚才找到的位置，依靠上半身的力量垂直向下压，胸骨的下陷距离约为6厘米，双手臂必须伸直，不能弯曲，压下后迅速抬起，频率控制在每分钟80～100次，如图9-1c。

注意事项：必须控制力道，不可太过用劲，因为力道太大容易引起肋骨骨折，从而造成肋骨刺破心、肺、肝、脾等重要脏器。

5. 单人施救和双人施救的比例

单人施救时，每做15次人工呼吸，就做两次胸外心脏按压；双人施救，则是每做10次人工呼吸，就做两次胸外心脏按压，如图9-1d。

6. 停止心肺复苏的指征

在施救的同时也要时刻观察患者的生命体征。触摸患者的手足，若温度有所回升，则进一步触摸颈动脉，发现有搏动即可停止心肺复苏，尽快把患者送往医院进行进一步的治疗。

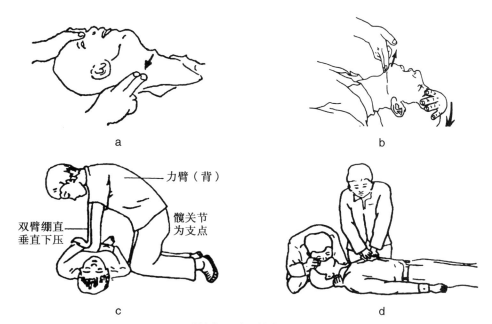

a

b

力臂（背）

双臂绷直
垂直下压

髋关节
为支点

c

d

图 9-1　对触电心脏骤停者进行心肺复苏

第十章　实践与实习安全

案例导入 >

案例 10-1　　　　　　　　　　**淘宝上兼职刷单被骗一万多元**

晓云是南京一所高校的大学生。9 月的一天，晓云在网上看到"在淘宝上帮忙刷单，坐在家里就能轻松赚钱"，于是加了对方客服的 QQ 号，并详谈刷单流程。对方表示自己在淘宝卖衣服，需要晓云买店里的衣服。帮忙刷单把信誉刷上去之后就算完成任务，每刷三单为一个任务，完成一个任务后对方根据截图将本金及佣金一并打给晓云。没多久，对方发来了一个淘宝链接。晓云迫不及待地开始兼职刷单工作。首次任务晓云买了 3 件衣服共 345 元，完成任务后，晓云将截图发给对方。对方称如果想多拿点佣金的话就要多买几件衣服，这样就能多赚点钱。于是晓云想都没想又买了 7 件衣服共计 805 元，将截图发给对方后，对方称还不到 1 000 元，佣金还是很少。为了多赚点钱，晓云又买了 25 件衣服共计 3 335 元，并将截图发给对方。可这次对方却称晓云的钱暂时没有到账，需要再购买 78 件衣服，才能将本金加佣金一并打给晓云。此时晓云的钱已经不够。经过协商，对方同意再买 50 件后，就将佣金和本金一起支付给晓云。可等晓云支付了 50 件衣服的钱，再联系对方时，对方竟直接将晓云拉黑。晓云共被对方通过假冒网站骗走了一万多块钱。

案例 10-2　　　　　　　　　　**宿舍批发用品被骗 1 500 元**

A 宿舍 6 名女同学叙述：昨天中午一点，有三个打扮成学生模样的女人到她们宿舍推销文具。三个女人声称她们的文具都是正品，直接从厂家拿货，而且价格便宜，主要包括 0.9 元两支的笔芯，0.9 元一件的笔记本，另还有台灯、充电器等。并称如果同学们可以与她们长期合作，进货自卖的话，会赚很多钱。于是，A 宿舍 6 位女同学每人购买了 350 元文具，以笔芯居多，总共订货 2 100 元。在清点货物的时候，女同学们只清点了笔记本、台灯、充电器，对于笔芯并没有一一细数，只是按照包装盒上写的数目计算。后来，等三个推销员离开后，宿舍 L 同学感觉不对劲，认真数数笔芯，发现一盒笔芯的数目根本就不是盒子上面写的数目，每盒少了六百多支。发现数额不对后，A 宿舍同学立即拨通了对方的电话，但对方推说"厂家点错货了，迟点再跟她们联系"。之后，一直关机。顿时，A 宿舍同学才醒悟自己已被骗了，总计被骗 1 500 多元。

引导讨论： 大学生进行勤工俭学会出现哪些安全问题？如何防范？

案例点评：

案例 10-1 告诉我们，正在找工作的同学，一定要找正规渠道，从事正规工作。同时，一定要注意此类骗局，不要盲目地相信高回报，一定要核实对方有效信息，如电话地址和银行账号等，这样不仅可以有效防止被骗，也有助于警方早日破案。案例 10-2 中的女生，希望锻炼自己。所以，当不法分子装扮成学生模样混进来拉拢她们的时候，她们都积极响应，以为做兼职的机会来了。她们受骗后才恍然大悟，对不法分子的欺骗行为感到非常的愤怒，可是为时已晚。

第一节　实践与实习安全概述

一、社会实践

大学生社会实践是大学生按照学校培养目标的要求，有计划、有组织地参与社会政治、经济、文化生活的教育活动。马克思主义认为，实践是人们为了满足一定的需要而进行的能动改造和探索物质世界的活动。实践不仅能为人类的发展创造物质前提，还能够改造人类的思维，起到特殊的教育作用。大学生社会实践是人类实践整体的一个子系统，是社会实践的重要组成部分。作为课堂教育的必要延伸，让大学生参加社会实践，不仅能够提高大学生认识世界和改造世界的能力，还能够使大学生了解国情、服务社会、增长才干。

按照实践的组织者来划分，可以分为以下几类。

（1）由教学部门主管的教学性社会实践。这部分社会实践纳入教学计划的实践环节，有明确的学分要求，是大学生为完成学业或课程结业所必须完成的环节，如专业实习、课程见习、教学观摩、军事训练等形式。

（2）由团组织主管的寒暑假及平时社会实践活动。这部分社会实践主要是指大学生在课余时间利用自己所学的知识参与到为社会做贡献和为人民服务中去，通过实践活动体现自己的社会价值，如"三下乡"社会实践、志愿服务、参观访问、社会调查等。

（3）由学生处、勤工助学中心等主管的有偿性社会实践。这部分社会实践主要是指学生在学校的组织下利用课余时间，通过劳动取得合法报酬，用于改善学习和生活条件的实践活动，如勤工助学、家教服务、钟点工、推销员等。

（4）由学生自己联系的自发性社会实践。这部分社会实践主要是指学生在课余时间自己到社会上寻找工作，参加劳动，从而获得或不获得报酬的社会实践活动。如大学生在假期参加商业活动，推广企业产品，为企业做销售调查等。

二、实习

大学生实习是一种继续学习，是学校专业理论学习的一种延续和升华，是把已经习得的理论知识放到实际工作中去应用和检验，以锻炼工作能力并进一步提升。实习不同于一般意义上的劳动，其首要和最终的目的仍然是学习，经济报酬则不在主要考虑范围内。对于能在相关专业岗位实习的大学生来说，实习过程本身就是一种回报。

（一）实习的分类

本章所指的实习特指独立于社会实践的实习，包括校内实习与校外实习两类。校内实习主要是指校内课程实习,校外实习又分为认识实习与岗位实习。

1. 校内实习

这也称校内课程实习(实训),是指根据实践性教学大纲要求,课程教师精心安排实验实训内容和时间,准备好实验实训材料。实验实训时,老师首先讲明实验实训目的、要求、操作步骤及注意事项等,然后将学生分成若干小组实施操作过程,其间老师巡回指导并适时进行示范操作和统一讲解。实验实训结束后,要求学生认真分析,并上交实验报告或实训总结。

2. 校外实习

认识实习指学生由职业学校组织到实习单位参观、观摩和体验,形成对实习单位和相关岗位的初步认识的活动。岗位实习指具备一定实践岗位工作能力的学生,在专业人员指导下,辅助或相对独立参与实际工作的活动。

(二)岗位实习过程管理

根据教育部等八部门关于印发《职业学校学生实习管理规定》的通知(教职成〔2021〕4号)要求,学校和实习单位结合岗位实习的特点和内容,共同做好岗位实习期间学生的教育教学工作。

(1)学校组织学生岗位实习应当遵守相关法律法规,并依据相关法律法规制定具体的管理办法和《职业学校学生实习管理规定》等文件,并报主管的教育行政部门和行业部门备案。

(2)学校对学生岗位实习的单位、岗位进行实地考察。考察内容应包括:学生实习岗位工作性质、工作内容、工作时间、工作环境、生活环境以及健康、安全防护等方面。

(3)学生到实习单位岗位实习前,学校、实习单位、学生应签订三方岗位实习协议,明确各自责任、权利和义务。学生应及时将协议内容告知家长。对于未满18周岁的学生,还应提供监护人知情同意书。岗位实习协议应当包括但不限于以下内容:①各方基本信息;②实习的时间、地点、内容、要求与条件保障;③实习期间的食宿、工作时间和休息休假安排;④实习报酬及支付方式;⑤实习期间劳动保护和劳动安全、卫生、职业病危害防护条件;⑥责任保险与伤亡事故处理办法;⑦实习考核方式;⑧各方违约责任;⑨三方认为应当明确约定的其他事项。

(4)学校和实习单位结合岗位实习的特点和内容,共同做好岗位实习期间的教育教学工作,对学生开展职业技能教育,开展敬业爱岗、诚实守信为重点的职业道德教育,开展企业文化教育和安全生产教育。

(5)学校和实习单位为学生提供必要的岗位实习条件和安全健康的岗位实习劳动环境,要依法保障实习学生的基本权利,并不得有以下情形:①安排、接收一年级在校学生进行岗位实习;②安排、接收未满16周岁的学生进行岗位实习;③安排未成年学生从事《未成年工特殊保护规定》中禁忌从事的劳动;④安排实习的女学生从事《女职工劳动保护特别规定》中禁忌从事的劳动;⑤安排学生到酒吧、夜总会、歌厅、洗浴中心、电子游戏厅、网吧等营业性娱乐场所实习;⑥通过中介机构或有偿代理组织、安排和管理学生实习工作;⑦安排学生从事Ⅲ级强度及以上体力劳动或其他有害身心健康的实习。

(6)实习单位应遵守国家关于工作时间和休息休假的规定,除相关专业和实习岗位有特殊要求，并事先报上级主管部门备案的实习安排外，不得有以下情形：安排学生从事高空、井下、放射性、有毒、易燃易爆，以及其他具有较高安全风险的实习；安排学生在休息日、法定节假日实习；安排学生加班和上夜班。

（7）进行岗位实习的学生，可取得适当的实习报酬。在实习岗位相对独立参与实际工作、初步具备实践岗位独立工作能力的学生，原则上应不低于本单位相同岗位工资标准的80%或最低档工资标准。实习单位按照实习协议约定，以货币形式及时、足额、直接支付给学生，原则上支付周期不得超过1个月，不得以物品或代金券等代替货币支付或经过第三方转发。学校和实习单位不得向学生收取实习押金、培训费、实习报酬提成管理费、实习材料费、就业服务费或者其他形式的实习费用。不得扣押学生的学生证、居民身份证或其他证件，不得要求学生提供担保或者以其他名义收取学生财物。

（8）学生遵守学校和实习单位的规章制度，努力完成规定的岗位实习任务，积极参加学校和实习单位组织的文化教育及相关培训活动，服从管理。对擅自离开实习单位等违反岗位实习纪律的学生，应按学校与实习单位的相关规定处理。

（9）建立学校、实习单位定期信息通报制度。学校和实习单位指导教师要定期向学校和实习单位报告学生岗位实习情况，遇到重大问题或突发事件，实习指导教师及时向学校和实习单位报告。

（10）学校组织学生到外地实习，应当安排学生统一住宿。具备条件的实习单位应当为实习学生提供统一住宿。职业学校和实习单位要建立实习学生住宿制度和请销假制度。学生申请在统一安排的宿舍以外住宿的，须经学生法定监护人（或家长）签字同意，由职业学校备案后方可办理。安排学生赴国（境）外实习的，应当事先经学校主管部门同意，按程序报省级主管部门备案，并通过国家驻外有关机构了解实习环境、实习单位和实习内容等情况，必要时可派人实地考察。要选派指导教师全程参与，做好实习期间的管理和相关服务工作。

（11）实习指导教师应当建立实习日志，定期检查岗位实习情况，及时处理岗位实习中出现的有关问题，确保学生实习工作的正常秩序。

三、勤工助学

勤工俭学是一边求学读书，一边工作、劳动。它是学校实施劳动教育活动的形式之一，它与教学活动、科技活动、文体活动和公益劳动一样，都是学校教育活动的一种。《高等学校学生勤工助学管理办法》（下称"办法"）对"勤工助学"的界定是，"学生在学校的组织下利用课余时间，通过劳动取得合法报酬，用于改善学习和生活条件的实践活动"。"办法"第六条规定："勤工助学活动由学校统一组织和管理。学生私自在校外兼职的行为，不在本办法规定之列。"由此可见，大学生勤工助学有别于兼职。勤工助学活动是在学校组织下进行的，而大学生兼职属于个人外出打工，无须经过学校就业管理等相关机构同意，不在勤工助学范围之内。大学生兼职追求的主要是经济回报，其工作形式和内容也往往与所学专业无关，两者在本质上是不同的。另外，国家设立了专门的"勤工助学基金"，用于资助经济困难学生参与学校组织的勤工助学活动。因此，勤工助学是学校、社会和国家共同对贫困学生进行优抚的一种措施，而大学生兼职则属个人行为，与国家优抚政策无关。

四、兼职

大学生兼职也称大学生打工，指在校大学生利用课余时间到校外为用工单位提供劳动，以获取经济利益的行为。大学生兼职有别于勤工助学，也有别于岗位实习。首先，岗位实习是指临近毕业的大学生的准就业行为。面对越来越严峻的就业形势，绝大多数的大学生会在临近毕业的当年开始实习，联系工作甚至直接就业，临近毕业的大学生虽然还是在校大学生，但那时的大学生大都已完成学业，并持有学校统一发放的就业推荐表，管理部门与高校是鼓励这样的应聘求职行为的，这也是符合中央提倡鼓励就业政策的。对于大学生以就业为目的的准就业行为，普遍认为此时的大学生已经具备签订劳动合同的主体资格，其与用人单位形成的是劳动法律关系。大学生兼职指的是非临近毕业的在校大学生，以获取经济利益为目的，利用课余时间从事的为用工单位提供劳动，对方支付劳动报酬的活动。其次，岗位实习是在学校组织下有计划进行的，纳入教学计划进行考核，而大学生兼职属于个人外出打工，无须经过学校就业管理等相关机构同意。

五、常见实践与实习安全问题

（一）社会实践安全问题

（1）水土不服。有些人到了实践地，可能会对新环境不适应，有不适应症状发生，通常在经历一段时间适应环境后可自愈。

（2）中暑。天气炎热时，如果长时间在阳光下从事社会实践活动，有可能会引起中暑。中暑的主要症状是头痛、晕眩、烦躁不安、脉搏强而有力，呼吸有杂音，体温可能上升至 40 ℃ 以上，皮肤干燥泛红。

（3）抽筋。腿抽筋要就地坐下休息，用手捏拿大脚趾，伸直脚部，轻轻按摩，并少走路。

（4）传染病。在外地陌生的地方，要注意病毒性肝炎等传染病。尽量不用公共毛巾、浴巾、茶具和餐具，不要喝生水。

（5）风寒。气候变化的迅速与突然，再加上路途辛劳，抵抗疾病的能力变弱，很容易感染风寒。尤其要注意不要被雨淋湿，如果出现风寒要立即服用药物或去医院治疗。

（6）晕车。容易晕车的人一定要提前服用预防晕车的药，尽可能坐在靠窗通风的地方。

（7）毒蛇咬伤。患者会出现出血、局部红肿和疼痛等症状，严重者几小时内就会死亡。

（8）被犬咬到或沾到其唾液。必须去医院注射狂犬疫苗。

（二）实训安全问题 [①]

1. 金工实训操作安全问题

（1）机械的危害。

① 静止的危险。设备处于静止状态时存在的危险，即当人接触或与静止设备做相对运动时可引起的危险。包括：切削刀具有刀刃；机械设备突出的较长的部分，如设备表面上的螺栓、吊钩、手柄等；毛坯、工具、设备边缘锋利和粗糙表面，如未打磨的毛

① 吴超、陈沅江，高职学生安全教育（第三版），高等教育出版社，2022。

刺、锐角、翘起的铭牌等；引起滑跌的工作平台，尤其是平台有水或油时更为危险。

② 直线运动的危险。这是指做直线运动的机械所引起的危险，又可分接近式的危险和经过式的危险。

a. 接近式的危险。机械进行往复的直线运动，当人处在机械直线运动的正前方而未及时躲让时受到运动机械的撞击或挤压。一是纵向运动的构件，如龙门刨床的工作台、牛头刨床的滑枕、外国磨床的往复工作台。二是横向运动的构件，如升降式铣床的工作台。

b. 经过式的危险。这是指人体经过运动的部件引起的危险。包括单纯做直线运动的部位，如运转中的带链、冲模。做直线运动的凸起部分，如运动时的金属接头。运动部位和静止部位的组合，如工作台与底座组合，压力机的滑块与模具。做直线运动的刀具，如牛头刨床的刨刀、带锯床的带锯。

③ 机械旋转运动的危险。这是指人体或衣服被卷进旋转机械部位引起的危险，包括以下几类情况。

a. 卷进单独旋转运动机械部件（如主轴、卡盘等单独旋转的机械部件以及磨削砂轮、各种切削刀具，如铣刀、锯片等加工刃具）的危险。

b. 卷进旋转运动中两个机械部件间（如朝相反方向旋转的两个轧辊之间，相互啮合的齿轮之间）的危险。

c. 卷进旋转机械部件与固定构件间（如砂轮与砂轮支架之间，有辐条的手轮与机身之间）的危险。

d. 卷进旋转机械部件与直线运动部件间（如皮带与皮带轮、链条与链轮、齿条与齿轮、滑轮与绳索间、卷扬机绞筒与绞盘之间）的危险。

e. 旋转运动加工件（如伸出机床的细长加工件）打击或绞轧的危险。

f. 旋转运动件上凸出物（如皮带上的金属皮带扣、转轴上的键、定位螺丝、联轴器螺丝）打击的危险。

g. 孔洞部分有些旋转零部件，由于有孔洞部分而具有更大的危险性。如风扇、叶片、带辐条的滑轮、齿轮和飞轮。

h. 旋转运动和直线运动引起的复合运动所带来的危险。

④ 机械飞出物击伤的危险。如飞出的刀具或机械部件，包括未夹紧的刀片、紧固得不牢的接头、破碎的砂轮片等；飞出的切屑或工件，包括连续排出或破碎而飞散的切屑、锻造加工中飞出的工件，都存在危险性。

（2）非机械的危害。

① 电击伤。这是指采用电气设备作为动力的机械以及机械本身在加工过程中产生的静电引起的危险。静电危险如在机械加工过程中产生的有害静电，将引起爆炸、电击伤害事故。触电危险如机械电气设备绝缘不良，错误地接线或误操作等原因造成的触电事故。

② 灼烫和冷危害。如在热加工作业中被高温金属体和加工件灼烫的危险，在深冷处理或与低温金属表面接触时被冻伤的危险。

③ 振动危害。在机械加工过程中使用振动工具或机械本身产生的振动所引起的

危害，按振动作用于人体的方式，可分为全身振动危害和局部振动危害。

a. 全身振动危害。由振动源通过身体的支持部分将振动传布全身而引起的振动危害。

b. 局部振动危害。如在以手接触振动工具的方式进行机械加工时，振动通过振动工具、振动机械或振动工件传向操作者的手和臂，从而给操作者造成振动危害。

④ 噪声危害。机械加工过程或机械运转过程所产生的噪声而引起的危害。机械引起的噪声包括以下几类。

a. 机械性噪声。由于机械的撞击、摩擦、转动而产生的噪声，如球磨机、电锯、切削机床在加工过程中发出的噪声。

b. 电磁性噪声。由于电机中交变力相互作用而发生的噪声，如电动机运转时发出的噪声。

c. 流体动力性噪声。由于气体压力突变或流体流动而产生的噪声，如液压机械、气压机械设备在运转过程中发出的噪声。

⑤ 电离辐射危害。这是指设备内放射性物质、X 射线装置、γ 射线装置等超出国家标准允许剂量的电离辐射危害。

⑥ 非电离辐射危害。非电离辐射是指紫外线、可见光、红外线、激光和射频辐射等，当超出卫生标准规定剂量时引起的危害。如从高频加热装置中产生的高频电磁波或激光加工设备中产生的强激光等非电磁辐射危害。

⑦ 化学物危害。机械设备在加工过程中使用或产生的各种化学物所引起的危害。包括以下几类。

a. 易燃易爆物质的灼伤、火灾和爆炸危险。

b. 工业毒物的危害，是指机械加工设备在加工过程中使用或产生的各种有毒物质引起的危害。工业毒物可能是原料、辅助材料、半成品、成品，也可能是副产品、废弃物、夹杂物，或其中含有毒成分的其他物质。

c. 酸、碱等化学物质的腐蚀性危害，如在金属的清洗和表面处理时产生的腐蚀性危害。

⑧ 粉尘危害。这是指机械设备在生产过程中产生的各种粉尘引起的危害。粉尘来源包括以下几种。

a. 某些物质加热时产生的蒸气在空气中凝结或被氧化所形成的粉尘，如熔炼黄铜时，锌蒸气在空气中冷凝、氧化形成氧化锌烟尘。

b. 固体物质的机械加工或粉碎，如金属的抛光、石墨电极的加工。

c. 铸造加工中，清砂时或在生产中使用的粉末状物质，在混合、过筛、包装、搬运等操作时产生的以及沉积的粉尘，由于振动或气流的影响再次浮游于空气中的粉尘。

d. 有机物的不完全燃烧，如木材、焦油、煤炭等燃烧时所产生的烟。

e. 焊接作业中，由于焊药分解，金属蒸发所形成的烟尘。

⑨ 异常的生产环境的危害。主要包括以下几个方面。

a. 照明原因造成的危害。工作区照度不足，照度均度不够，亮度分布不当，光或色的对比度不当，以及存在频闪效应、眩光效应。影响眼睛健康。

b. 气温原因造成的危害。工作区温度过高、过低或急剧变化，会对身体健康造成危害。

c. 气流原因造成的危害。工作区气流速度过大、过小或急剧变化，会对身体健康造成危害。

d. 湿度原因造成的危害。工作区湿度过大或过小，会对身体健康造成危害。

2. 金属热加工安全问题

（1）高温与中暑。金属冶炼操作，如炼钢、炼铁是在千度以上的高温下进行的。当进行高温作业时，人体受高温的影响，出现一系列生理功能改变，如体温调节功能下降。当生产环境温度超过 34 ℃时，很容易发生中暑。如果劳动强度过大，持续劳动时间过长，则更容易发生中暑。严重时可导致休克。

（2）爆炸与灼烫。钢铁工厂为了提高效益，降低消耗，常常采用强化冶炼的措施，如喷煤粉和吹氧等，这就使得炼钢、炼铁生产中容易发生钢水、铁水喷溅和爆炸事故。

（3）煤气中毒。煤气中的主要有害成分为一氧化碳。在炼钢、炼铁生产中，特别是炼铁生产中生产的废气，即高炉煤气，含有浓度很高的一氧化碳，因此在炼钢、炼铁生产中，处理不好容易发生煤气中毒事故。

3. 汽车维修实训安全问题

（1）汽车举升机安全问题。汽车举升机也叫举重机，利用四个支架将汽车平稳地支起来，举升到半空中后可以方便地对汽车底盘进行维修作业。一般可分为剪式举升机和柱式举升机。汽车进行举升作业时有一定的危险性，如果出现操作不当、支撑不可靠或举升机有故障等，可能造成严重事故。常见的安全问题有：举升机出现声音异常现象、举升机紧急下降等。

（2）汽车整车检修安全问题。汽车技术实训室根据教学的需要，配置了多台整车，包括轿车、吉普车、面包车、货车等，在教学中需要使用整车进行整车结构认知、汽车维护、故障诊断、汽车电器检修、汽车性能检测、汽车音响改装等课程的教学。汽车使用的燃料为汽油或柴油，均属易燃和可燃液体。如果油箱破裂，油料外溢，很容易发生火灾、爆炸事故。汽车上的电器设备及导线如果出现短路，也容易引起火灾。汽车具有机动性且有较大自重，如果在驾驶或维修时有人违规操作，可能导致严重事故。常见的安全问题有以下几个。

① 车辆发生火灾。

a. 电气线路引发火灾。当不慎将电源线相接或相碰时，电流突然增大，超过导线正常工作发热量，从而将绝缘层引燃起火。

b. 燃油泄漏引发火灾。当车内燃油泄漏时，机动车本身就有很多可以引燃燃油着火的火源，像点火系统产生的高压电火花、蓄电池外部短路时产生的高温电弧、发动机排气管产生的灼热高温或喷出的积炭火星等，都可能因引燃燃油而起火。

c. 车辆检修时违规操作引发火灾。其一为在焊补车厢、车架、油箱时，由于未对焊补进行严格清理，引起爆炸起火。其二为在检修车辆时的照明灯具破碎或打火引燃可燃物造成火灾。其三为在保养或从油箱内抽去汽油时，使用火柴或打火机照明，引起燃油或可燃物起火。其四为车辆上物品引发火灾。在炎热的夏天，汽车上存放的一次性打火机在太阳的直接照射下会爆炸，引起火灾的发生。

② 车辆突然向前（后）移动及漏水漏油。

a. 车内人员违规启动发动机、挂挡及松手刹。

b. 停车后忘记拉紧停车制动器。

c. 停车制动器突然损坏。

d. 发动机水管漏水或突然爆裂。

e. 发动机油管突然漏油（燃油、机油）。

（3）汽车发动机台架。汽车发动机台架用于发动机结构认知、发动机维护、发动机各系统检测、发动机故障诊断等课程的教学。发动机台架使用的燃料为汽油或柴油，均属易燃物品。如果油箱破裂，油料外溢很容易发生火灾、爆炸事故。发动机上的电路如果出现短路，也容易引起火灾。发动机工作时如果出现水温过高，也可能导致烫伤。发动机启动后，高速运转，如果学生着装不符合规定，违反操作规程，可能导致损毁发动机，甚至人身伤亡事故。常见的安全问题有以下几类。

① 发动机台架发生火灾。一是电气线路出现故障，使电源线相接或相碰，造成电流突然增大，超过导线正常工作发热量，将绝缘层引燃起火。二是发动机燃油系统泄露引发火灾。

② 发动机冷却水管突然爆裂。如果发动机水温过高，散热不好会导致水管内压力过大而将水管撑破。

③ 排水管将人烫伤。

（4）钣金喷涂作业。在汽车钣金与涂装作业中，涉及对身体有害的化工材料较多。这些物质主要是苯、甲苯、二甲苯、正己烷、环己烷、丙酮等，它们长时间地侵入人体，可抑制骨髓造血功能，对健康造成事实上的影响和损害，出现各种临床症状，如头晕、头痛、乏力、恶心、食欲缺乏、失眠、四肢酸软、低热、畏寒、心慌、慢性鼻炎、慢性咽炎及白细胞数量降低等。

（三）勤工俭学安全问题

大学生利用业余时间勤工俭学，有人是为了赚取报酬维持生计，也有人是想多积累点社会实践经验。大学生在进行勤工俭学活动中，要随时注意安全问题。常见的安全问题有以下几种表现形式。

1. 虚假信息

一些不规范的中介机构利用学生急于在假期打工的心理，夸大事实，无中生有，以"急招"的幌子引诱学生前来报名登记。一旦中介费到手，便将登记的学生搁置一边，或找几个关系单位让学生前去"应聘"，其实只是做个样子。

2. 预交押金

一些用人单位在招聘时，往往收取不同金额的抵押金，或要求学生将身份证、学生证作为抵押物。这类骗局通常在招聘广告上称有文秘、打字、公关等比较轻松的岗位，求职者只需交一定的保证金即可上班。但往往是学生交钱后，用人单位推说职位暂时已满，要学生回家听消息，接下来便如石沉大海，押金自然也不会退还。

3. 不付报酬

一些学生被个人或流动服务的公司雇用，约定以月为单位领取工钱，但雇主往往在 8 月份找个借口拖延一下，而到 9 月份学校开学后就消失得无影无踪，令学生白白辛苦一个假期。

4. 临时苦工

一些学生只是想利用假期临时赚些"零花钱"，因此对所从事工作的内容往往不太计较。而个别企业正是利用了这一点，平日积攒下一些员工不愿从事的脏活、累活，待假期一到，找一些学生突击完成，然后给一点钱打发了事。

5. "高薪"招工

有些娱乐场所以高薪来吸引学生从事所谓的"公关"工作，包括陪客人唱歌、喝茶，甚至从事不正当交易。年轻学生在这些场所打工，很容易受骗上当或误入歧途。

6. 变相传销

不法分子以勤工俭学活动为名，唆使学生在校园内从事传销和经商活动，违反了有关规定。

（四）岗位实习安全问题

1. 岗位实习中易发生的伤害事故

从影响安全的因素来看，岗位实习中易发生的伤害事故可分为人的不安全行为导致的事故、物的不安全状态导致的事故、环境的不安全因素导致的事故和管理的缺陷导致的事故四类，具体情况见表 10-1。

表 10-1　岗位实习中可能出现的伤害事故 [1]

事故原因	类　型	表　现　形　式
人的不安全行为	上班时间不安全行为	不遵守工作管理制度，违反工作岗位安全操作规程等。例如，进入建筑工地不戴安全帽，高空作业不系安全带，女生操作机床不戴帽子，带电作业只有一人单独操作，在严禁烟火的场所抽烟等
	非上班时间不安全行为	违反交通规则，擅自到江河游泳、与人斗殴、酗酒等
物的不安全状态	物体（设备）静止时不安全状态	失控物体造成的人身伤害，如落物、坍塌
	物体（设备）运动（搬起）时不安全状态	起重作业伤害、机械加工作业伤害、车辆行驶伤害等
环境的不安全因素	腐蚀性液体、气体，易燃易爆物质、机械、物料等	燃烧、爆炸、碰撞、跌倒等
管理的缺陷	未按要求签订岗位实习三方协议，学生岗位期间人身意外及医疗保险合同，未进行有效的安全教育等	带电作业人员没有上岗证，实习学生进入危险区域或擅自离岗，发生伤害事故等
	非上班时间管理的缺陷	被他人伤害、煤气或食物中毒等

2. 人的不安全行为产生的原因

（1）心理预期与现实工作反差较大。岗位实习前，不少同学对"正式"走上工作岗位都有新奇感，也有许多憧憬，往往好的方面设想得多，困难和不足估计得少。一旦正式走上工作岗位，面对严格的要求，以及各种工作中的实际问题和困难，往往容易产生

---

① 张效民，大学生安全教育与应急处理训练（修订版），商务印书馆，2014。

畏难消极情绪,甚至逃避懈怠。

(2)劳动强度大。工厂、公司多是高强度劳动的企业,一种简单重复的劳动,从上班到下班连轴转,体力消耗较多,加之有时工厂为了完成订单任务,一天工作时间可能超过8小时,体力消耗同在学校时相比要多出许多倍,使得一些同学感觉太苦太累,不愿意岗位实习。

(3)适应能力差。从学校到工厂、公司,从课堂到车间市场,这里面有一个观念转变问题。转变观念就要去适应工厂、公司的要求。而有的同学对专业期望值较高,认为专业同实习岗位联系不紧密,因此不能尽快适应工厂、公司生活和工作方面要求,违规、违纪现象时有发生。

(4)沟通能力欠缺。从学校到工厂、公司,工作生活环境变了,要适应环境,适应工作要求,就离不开沟通。良好的沟通能力,是实习中提高工作效率、有效工作、同工人师傅融合在一起的基础。但在具体的岗位实习中,一些同学缺乏必要的沟通能力,工作中抱怨多沟通少,影响了与实习单位的有效融合。

(5)要求责任不同。在岗位实习中,学生是作为工厂、公司的实习员工看待与管理的,无论工作强度、范围、责任、要求都高于以往的教学实习。面临的风险隐患相对增加,稍有不慎,极易发生安全事故。

第二节　实践与实习安全的防范措施

一、社会实践安全防范

社会实践安全防范包括以下两个方面。

(一)安全准备

安全准备包括以下几个方面。

(1)做好各种准备和安全预案。

(2)学生实践班组或实践团队进行编组时,要注意男、女同学混合编组,并禁止一人单独进行校外实践。

(3)如果有教师带队,要绝对服从教师指挥。

(4)在校外实践时要集体行事,应指定专人负责安全工作。每到一个实践地,先要了解当地的治安情况及风俗习惯,并针对可能发生的问题采取切实可行的措施。

(5)在野外进行社会实践时,要穿着有护踝及鞋底有凸纹的防滑旅游鞋或运动鞋,穿着适合野外活动的衣服和鞋袜,避免短衣短裤,最好戴帽子。

(6)带好随身物品:包括通信工具、水、药品、雨具、记事簿和笔等。

(二)安全防范及处理

安全防范包括以下几个方面。

(1)切勿采摘不熟悉的野生果实或蘑菇,避免饮用不确定的水源。切勿离开人行道而随意步入车行道或草丛、树林等。避免站立岸边或攀爬石头拍照或观景。

(2)皮肤被晒红并出现肿胀、疼痛时,可用冷水毛巾敷在患处,直至痛感消失。如出现水泡，不要去挑破，应请医生处理。

（3）夏天时要避免中暑。当出现中暑症状时，要立即到阴凉处降温休息，并用清凉油涂于太阳穴等处。若症状严重，应及时送医院救治。

（4）预防蜂蜇。最好穿戴浅色光滑的衣帽，因为蜂类的视觉系统对深色物体在浅色背景下的移动非常敏感。若有人误惹了蜂群，而招致攻击，唯一的办法是用衣物保护好自己的头颈，反向逃跑或原地趴下。千万不要试图反击，否则只会招致更多的攻击。被蜂蜇后，可用针或镊子挑出蜂刺，但不要挤压，以免剩余的毒素进入体内。用氨水、牛奶、苏打水或尿液涂抹被蜇伤处，中和毒性。用冷水浸透毛巾敷在伤处，减轻肿痛。

（5）毒蛇咬伤处理。迅速用布条、手帕、领带等将伤口上部扎紧，以防止蛇毒扩散，然后用消过毒的刀在伤口处划开一个长1厘米，深0.5厘米左右的刀口，用嘴将毒液吸出。如口腔黏膜没有损伤，消化液可以起到中和作用，因此不必担心中毒。同时，尽快联络救护人员。

（6）昆虫叮咬。用冰或凉水冷敷后，在伤口处涂抹氨水。

（7）关节损伤。切不可搓揉、转运受伤的关节，应立刻垫上纱布，用冰或冷水毛巾在所损伤处冷敷15分钟～30分钟。

二、实训安全防范

（一）金属加工安全防范 [①]

1. 安全准备

（1）机械设备。

① 机械设备的布局要合理，应便于操作人员装卸工件、加工观察和清除杂物。

② 机械设备的零部件的强度、刚度应符合安全要求，安装应牢固。

③ 机械设备根据有关安全要求，必须合理、可靠、不影响操作的安全装置：做旋转运动的零部件，应安装防护罩或防护挡板等安全防护装置，以防发生绞伤。超压、超载、超温度、超时间、超行程等能发生危险事故的零部件，应装高保险装置，如超负荷限制器、行程限制器、安全阀、温度继电器、时间断电器等，防止事故的发生。某些动作需要对人们进行警告或提醒注意时，应安设信号装置或警告牌等，如电铃、蜂鸣器、各种灯光信号。

④ 机械设备的电气装置必须符合电气安全的要求。

⑤ 机械设备的操纵手柄以及脚踏开关等应符合如下要求。

a. 重要的手柄应有可靠的定位及锁紧装置，同轴手柄应有明显的长短差别。

b. 手轮在机动时能与转轴脱开，以防随轴转动打伤人员。

c. 脚踏开关应有防护罩或藏入床身的凹入部分，以免掉下的零部件砸在开关上，启动机械设备而伤人。

d. 机械设备的作业现场光照度要适宜，温度与湿度要适中，噪声和振动要小，零件等要摆放整齐。

e. 每台机械设备应根据其性能、操作顺序等制定出操作规程和检查、润滑、维护

---

① 吴超、陈沅江，高职学生安全教育（第三版），高等教育出版社，2022。

等制度，以便操作者遵守。

（2）机械加工车间常用防护装置。

① 机械加工车间常见的防护装置有防护罩、防护挡板、防护网和防护栏杆。防护罩用于隔离外露的旋转部分，如皮带轮、齿轮、链轮、旋转轴等。防护挡板、防护网有固定和活动两种形式，起隔离、遮挡金属切屑飞溅的作用。防护栏杆用于防止高空作业人员坠落或划定安全区域。防护装置的主要形式有固定防护装置、联锁防护装置和自动防护装置。

② 在机械设备的传动带、明齿轮接近于地面的联轴节、转动轴、皮带轮、飞轮、砂轮和电锯等危险部分，要装设防护装置。

③ 压力机、碾压机、压延机、电刨、剪板机等压力机械的旋压部分要有安全装置。

（3）机械设备操作人员。

① 正确穿戴好个人防护用品。该穿戴的必须穿戴，不该穿戴的一律不要穿戴。如机械加工时要求女工戴护帽，如果不戴就可能将头发绞进去。同时要求不得戴手套，如果戴了，机械的旋转部分就可能将手套绞进去，从而将手带入绞伤。

② 操作前对机械设备进行安全检查，而且要空车运转一下，确认正常后，方可投入运行。

③ 机械设备在运行中也要按规定进行安全检查，特别是坚固的物件，要看看是否由于振动而松动，以便重新紧固。

④ 设备严禁带故障运行，以防出事故。

⑤ 机械安全装置必须按规定正确使用，绝不能将其拆掉不用。

⑥ 机械设备使用的刀具、工夹具以及加工的零件等一定要装卡牢固，不得松动。

⑦ 机械设备在运转时，严禁用手调整，也不得用手测量零件，或进行润滑、清扫杂物等，如必须进行，则应首先关停机械设备。

⑧ 机械设备运转时，操作者不得离开工作岗位，以防发生问题时无人处置。

⑨ 工作结束后，应关闭开关，把刀具和工件从工作位置退出，并清理好工作场地，将零件、工夹具等摆放整齐，打扫好机械设备的卫生。

2. 应急处理措施

（1）金属热加工事故。

① 防止中暑。合理地设计工艺流程，改进生产设备和操作方法，消除或减少高温、热辐射对人体的影响。这是改善高温作业劳动条件的根本措施，用水或导热系数小的材料进行隔热，也是防暑降温的重要措施。采用机械通风和自然通风，则是经济有效的散热方式。

② 防止钢水、铁水喷溅。造成钢水、铁水喷溅、爆炸的原因很多，从原料开始生产出钢、铁的全部生产工艺过程，均隐藏着不安全因素。必须从每一道工艺上加强防范措施。一是各生产岗位人员必须掌握生产规律，熟悉操作规程，认真观察事故先兆并懂得处置办法。二是加强原料的管理和挑选工作，严防爆炸品、密封容器进入炉内。三是经常检查冷却系统，保护系统畅通。控制好冷却水压和水量，以防止水冷系统强度不够造成钢板烧穿，导致钢液遇水爆炸。四是炼铁生产车间应严格执行热风炉工作

制度，防止由于换炉事故造成热风炉爆炸；炼钢车间要严格执行从补炉、装炉、熔炼到出钢整个生产过程的操作规程，避免由于操作不当造成熔炼过程中的喷溅、爆炸事故。五是出铁、出钢时，要事先对铁沟、铁水罐、钢水包、地坑和钢锭模进行加热干燥。严防因潮湿而引起爆炸。

③ 预防燃气中毒。有效的预防办法，是注意加强生产现场的通风、监测、检修和个人防护。

（2）小型机械设备伤害事故。

一是先切断电源，再根据伤害部位和伤害性质进行处理。二是根据现场人员被伤害程度，一边通知急救医院，一边对轻伤人员进行现场救护。三是对重伤者或不明伤害部位和伤害程度的，不要盲目地进行抢救，以免引起更严重的伤害。

（3）大型机械设备伤害事故。

第一，迅速确定事故发生的准确位置，可能涉及的范围，设备损坏的程度，人员伤亡等情况，以根据不同情况进行处置。第二，划出事故特定区域，禁止非救援人员进入特定区域。迅速核实事故机械上的作业人数，如有人员被压在倒塌的设备下面，要立即采取可靠措施加固四周，然后拆除或切割压住伤者的杆件，将伤员移出。第三，抢救受伤人员时一定要考虑所采取措施的安全性和风险，经评估确认安全无误后再实施救援，避免因采取措施不当而引发新的伤害或损失，具体有以下几种情况。

① 确认人员已死亡，立即保护现场。

② 发生人员昏迷，伤及内脏、骨折及大量失血时，要立即拨打 120 或联系距现场最近的医院，也可根据伤情联系专科医院。对外伤大出血的伤者，可在急救车到达前，现场采取止血措施。如发现伤者已骨折则须注意搬运时的保护。对昏迷、可能伤及脊椎、内脏或伤情不详者，一律用担架或平板，移送不得一人抬肩、一人抬腿。

③ 对一般性外伤，可视伤情送往医院，防止破伤风。对轻微内伤者，应送医院检查。

（二）汽车维修实训安全防范

1. 汽车举升机

（1）安全准备。①找汽车坚硬部位支撑；②保持平衡；③防止支撑点打滑，支撑处加垫皮子防滑；④不可大幅度地晃动悬挂汽车；⑤落车时车下不可有人；⑥不可升得过高；⑦挂好保险。

（2）应急处理。

① 举升机出现声音异常现象的处理办法。举升超载，检查举升重量。电机固定螺栓松动，拧紧螺栓。滑块处缺润滑油，加注润滑油。

② 举升机紧急下降的处理办法。当突然断电或无压缩空气时，保险钩子不能打开，举升机不能下降，车辆不能开出举升机。要先将举升机周围的保险钩子打开取出来，用东西把它固定住不让它钩回去，确保举升机周围和下面没有车辆和人员，拉下下降手柄慢慢下降举升机，将举升机降到最低点后，去掉固定钩子的东西。

2. 汽车整车检修

（1）安全准备。

① 汽车驶入工位后应用车轮挡块挡住前后车轮。

② 将换挡杆置于 P 挡（自动挡车）或空挡（手动挡车），拉紧驻车制动器。

③ 严禁违规启动发动机、挂挡、松手刹、乱搭线等操作。

④ 启动发动机或车辆起步前应通知其他在场人员。

⑤ 举升车辆前必须将举升机托臂胶垫对准车辆规定的支撑点。

（2）应急处理。

① 车辆发生火灾的处理办法。应迅速帮助车内人员撤离，切断电源，使用干粉灭火器将火扑灭，及时检查维修电气、线路；及时检查维修燃油系统。

② 车辆突然向前（后）移动。在车内的人员违规启动发动机、挂倒挡及松手刹时，要立即制止驾驶者继续操作，及时采取措施使车辆停止。停车后忘记拉紧停车制动器，要立即使用车轮挡块、方木等挡住车轮，使车辆停止，拉紧停车制动器。停车制动器突然损坏，要立即使用车轮挡块、方木等挡住车轮，使车辆停止，检修停车制动器。发动机水管漏水或突然爆裂，要立即将发动机熄火，采取措施，避免被水蒸气烫伤。一旦烫伤，立即用凉水冲洗，并马上就医。发动机油管突然漏油（燃油、机油），要立即将发动机熄火，采取措施，堵住或切断油管，必要时疏散人群。

3. 汽车发动机台架

（1）安全准备。

① 按规定着装整齐，符合工作安全要求。

② 启动发动机前应仔细检查各油管是否密封良好，各线路是否安全可靠。

③ 在发动机运行时密切留意发动机的状况，如发现异常应立即将发动机熄火。

④ 禁止在发动机台附近吸烟。

⑤ 启动发动机应通知在场其他人员。

（2）应急处理。

① 发动机台架发生火灾。要立即切断电源，封堵油管，使用干粉灭火器将火扑灭。待火扑灭后再及时检查维修电气、线路，及时检查维修燃油系统。

② 发动机冷却水管突然爆裂。应立即疏散人群，避免水蒸气将人烫伤，等发动机冷却后检修冷却系统。一旦烫伤，立即用凉水冲洗，并马上就医。

③ 排水管将人烫伤。迅速用冷水冲洗，必要时，将伤者送往医院。

4. 钣金喷涂作业

（1）安全准备。

① 涂装作业。进行打磨作业时，须佩戴防尘口罩及防尘眼镜。进行喷漆作业时，需佩戴活性炭过滤面罩、防漆雾眼镜、抗稀释料乳胶手套，穿喷漆防护服。不用煤油、稀释料或溶剂清洗皮肤。处理危险液体时，不要将它们倒在地上或倒入下水道。不要用吹尘枪清理工作服上的灰尘。它更容易将粉尘吹到皮肤上，带来更严重的伤害。穿的鞋子要能充分保护脚，不受掉落工具、尖锐物或重物的伤害。鞋底应保持良好状态以免尖的或热的金属片向上嵌入穿透。

② 溶剂和其他易燃物品。不允许在喷漆车间抽烟和点燃明火。输送桶装溶剂时要用专用泵通过桶上的孔抽送，不允许侧倒装运。抽送完毕，应将容器盖关紧。用散装容器运送易燃溶剂时，要特别小心，溶剂桶应接地，以防静电引起火灾。用于喷漆的

漆料，必须存放在金属柜中，切勿用木柜。喷漆时按下列程序进行：喷漆之前移开手提灯；打开通风系统；开启喷漆场地光源；清除可燃残余物；油漆干燥过程中保持通风。切勿在蓄电池附近打磨，以防蓄电池放出的氢气爆炸。

③ 钣金作业。第一，工作前将工作场地清理干净，以免其他杂物妨碍工作；认真检查所用的工具、机具技术状况是否良好，连接是否牢固。第二，进行校正作业或使用车身校正台时应正确夹持、固定、牵制，并使用适合的顶杆、拉具及选好站立位置，谨防物件弹跳伤人。第三，使用车床、电焊机时，必须事先检查焊机接地情况，确认无异常情况后，方可按启动程序开动使用。第四，电焊条要干燥、防潮，工作时应根据工作大小选择适当的电流及焊条，电焊作业时，操作者要戴面罩及劳动保护用品。第五，焊补油箱时，必须放尽燃油，彻底清洗确认无残油，敞开油箱盖谨慎施焊。第六，氧气瓶、乙炔气瓶要放到离火源较远的地方，不得在太阳下曝晒，不得撞击，所有氧焊工具不得粘上油污、油漆，并定期检查焊枪、气瓶、表头、气管。第七，搬运氧气瓶及乙炔气瓶时必须使用专门搬运小车，切忌在地上拖拉。第八，进行氧焊点火时，先开氧气后开乙炔气，熄火时先关乙炔气阀，发生回火现象时应迅速卡紧胶管，先关乙炔气阀再关氧气阀。

（2）应急处理。当漆料或溶剂溅落皮肤或眼睛里时，要用大量清水冲洗，并尽快就医治疗。

三、校外勤工助学安全防范 [①]

学生在校内勤工助学尤其是通过学校勤工助学服务中心渠道参加工作的，一般比较安全。原因在于大学生就生活在校园中，对有些情况比较熟悉，服务对象大多是校内师生员工，即使出现一些问题，也会在学校勤工助学服务中心指导下很快得到解决，学生自身的合法权益容易受到有效保护。但从事校外勤工助学活动，需防范以下几点。

（1）识破虚假广告真面目，以防上当受骗。"高薪诚聘"小广告的主要手段是以收取押金为名进行诈骗。

（2）防止中介的诈骗。要看清中介是否有劳动部门颁发的职业介绍许可证，或进行网上查询，了解其经营范围是否与营业执照相符，要看营业执照正本，最好到有资质、信誉好的中介公司找工作，而不要去找小中介。

（3）确认用人单位的合法性。对于自己满意的工作，在正式工作之前，一定要确认用人单位是否具备法人资格，是否具备工商管理部门颁发的营业执照，是否拥有固定的营业场所。如果没有合法的执照、固定的营业场所等，一定不要同意工作。

（4）不轻易缴纳任何押金。如果确实要缴纳押金，应将费用的性质、返还时间等明确写入劳动协议中，以免被随意克扣。

（5）防止陷入传销陷阱。有些学生在高回扣的诱惑之下，不惜欺骗自己的同学、亲戚、老师和朋友，结果是骑虎难下，使自己身心受到巨大伤害。

（6）不抵押任何证件。拒绝用人单位以学生本人的有关证件做抵押的要求，谨防证件流失到不法分子手中，成为非法活动的工具，证件的复印件也要谨慎使用。

① 张效民，大学生安全教育与应急处理训练（修订版），商务印书馆，2014。

（7）不到娱乐场所工作。有的娱乐场所以特殊行业的高薪来吸引求职者，如代客泊车、侍者，甚至是不正当交易。学生到这些场所工作，容易误入歧途。同时，娱乐场所鱼龙混杂、良莠不齐，常常有不法分子出没。为保障人身安全，尽量不要到酒吧、歌舞厅等一类的娱乐场所工作。

（8）不做高危工作。有些工作危险系数高、劳动强度大，如建筑工地、机械零件加工等工作，容易发生意外，学生身体容易受到伤害，但是因为勤工俭学的保障不一定到位，所以尽量不要从事此类工作。

（9）要签订劳动协议。工作开始前要与用人单位协商，签订劳动协议。协议书要权责明确，有关工资额度、发放时间、安全等关系到学生切身利益的条款在协议中要有详细说明，以防工作结束时单位以各种理由克扣学生工资，侵害学生利益。

（10）女生不单独外出约见陌生人。有的女生自我保护和防范意识比较差，在陌生人约见时，不加考虑就去见面，有时会遇到危险。建议女生不要单独外出约见陌生人，尽量不要在夜间工作，如果可能的话，可以和同学结伴外出工作。如果确实需要一个人外出，也要随时和老师、同学等保持联系。

（11）防止网上欺骗。有的个人和小公司在网上发布信息，要求应聘者通过电子邮件等方式工作，如翻译、创作等。但当学生从网上把创意等内容发过去后，会被告之不能采用，其实他们已经利用了学生的信息或智力资源，但在网上很难取证。

（12）注意交通安全。不要乘坐非正规营运车辆，如"黑摩的"。同时，夜晚返校一定要有人同行，特别是女生，不要单独乘坐除公交车以外的车辆，以确保自己的人身、财产安全。一旦发生交通安全事故，要及时拨打110报警。

（13）保留好相关证据。学生在外勤工俭学期间，如果发现自己上当受骗，一定要收集、保留好相关证据，并及时报警。

（14）避免在校外租房引起纠纷的意外事故。学生在校外租房，要坚持双方签订房屋租赁书或协议书，越详细越好。尽量不要与不认识的人合租房子。同时，注意租房里面水、电、燃气的使用安全。

四、岗位实习的安全防范

（一）安全准备

（1）自觉接受岗位安全教育和安全技术培训，遵守实习安全上岗制度。

（2）实习操作时，不得动用他人的设备、器具；在操作过程中如发现不正常现象，应及时向指导老师报告。

（3）在实习场地严禁乱闯、打闹、喧哗。

（4）工作完毕，应认真清理作业场地，将用过的设备和工具按要求整理好，并放回原处。

（5）正确穿戴和使用劳动防护用品，不准穿钉有铁掌或铁钉的鞋子，以防走路时与地面摩擦产生火花，引起火灾或爆炸；女生的长发必须盘在头顶，必须佩戴工作帽，以防头发被转动设备卷入，造成伤亡；女生不准穿裙子、高跟鞋，以防在攀梯或行走时造成扭伤或摔伤。

（6）了解实习单位内特殊危险工区、地点及物品，避免发生意外事故。

（7）实习现场，严禁同学间相互嬉戏，以防发生交通事故、高空坠落、机械伤害等恶性事故，造成人员伤亡。

（8）实习现场，严禁进入任何废弃的设备内，以防发生窒息死亡事故。

（9）在没有可靠的安全保障的条件下，不要随便登高。

（10）不触摸裸露的管道与设备，以防烫伤；更不要随便动现场的阀门与按钮，以防发生紧急停车、物料放空等生产事故，造成重大经济损失。

（11）有其他特殊规定的，必须按其规定严格执行。

（二）应急处理

（1）在实习过程中被划伤、扎伤时，应迅速用干净的手帕、纸巾包住伤口，止血后送往医院。

（2）在实习过程中，发生事故一定要冷静，尽快通知教师、企业相关负责部门，听从指导教师、企业相关负责人的安排。

（3）在实习过程中，不慎从高处或从楼梯上滚落扭伤关节、碰伤骨头时，千万不要随意移动，就保持着地姿势，并拨打急救电话。

（4）在实习过程中，如发现同学触电，要迅速切断电源，千万不要用手去拉触电者，应设法用绝缘体挑开电线。如果发现触电者昏迷，应及时做人工呼吸，并送往医院进行救治。

（5）在实习过程中，如果发生其他安全应急事件，应立即拨打急救电话，并将伤者送医院救治。

（三）其他安全注意事项

（1）学生岗位实习单位的联系采用学校集中联系与学生自主联系相结合的方式进行。学生自己联系实习单位的，应首先向系部提出自主联系实习单位的申请，并提交实习单位接收函。实习开始后，要将自己的实习单位名称、地址、联系方式、食宿安排、交通安排等情况如实报告自己的实习指导老师。

（2）学生在实习期间，要牢固树立"安全第一"的思想。在乘车、与人交往以及实习和生活的每一个环节中，都要紧绷安全这根弦，谨防人身受到伤害，谨防落入传销陷阱，谨防上当受骗或财物被盗。

（3）学生实习期间，由于自己不慎、不注意安全而发生安全事故，造成自身或他人人身伤害和财产损失的，由学生本人承担后果；如果因违反有关制度和管理规定，给本人、他人和实习单位带来损失的，由学生本人承担相应责任。

（4）保持与指导教师、辅导员、班主任的联系，至少每周与指导教师联系一次，汇报实习情况；联系方式和工作地点发生变动时要及时通知校内指导教师和辅导员、班主任，并保证提供的联系方式正确有效。

五、新生军训安全防范

根据《中华人民共和国国防法》《中华人民共和国教育法》《中华人民共和国兵役法》《中华人民共和国国防教育法》和《中共中央关于教育体制改革的决定》等文件的

要求，新生入学后要安排军训。军训是学生接受国防教育的基本形式，是培养"四有"人才的一项重要措施之一，是培养和储备我军后备兵及预备役军官、壮大国防力量的有效手段。

对学生实施军训，是全面贯彻党的教育方针，改革教育内容，加强学生思想政治教育，全面提高学生素质，培养有理想、有道德、有文化、有纪律的社会主义建设者和接班人的重要措施。通过严格的军训，提高学生的政治觉悟，激发爱国热情，发扬革命英雄主义精神，培养艰苦奋斗、刻苦耐劳的坚强毅力和集体主义精神，增强国防观念和组织纪律性，养成良好的学风和生活作风，掌握基本军事知识和技能。

（一）生活安全

（1）军训是个体力活，军训期间一定要按时吃饭，饮食注意荤素搭配、营养均衡，少吃无安全保障的食物。不管食物是否可口，都应该吃饱，不能挑食，以免能量不够，导致因低血糖而晕倒，影响身体健康。早餐更为重要。

（2）及时补充水分，适当喝淡盐水。高温加上艰苦的训练必然导致大量汗水的分泌，需立即补充水分，并适当饮用一些淡盐水或葡萄糖水，不宜只喝白开水或矿泉水。

（3）少喝碳酸饮料。训练后大量出汗本就容易虚脱，如果再喝碳酸饮料，会造成电解质紊乱，影响身体健康。

（4）少食夜宵。有些学生有吃夜宵的习惯，建议不要吃得太多，这样会加重肠胃的负担，而且影响睡眠质量。

（5）禁止饮酒。不得参加任何聚会聚餐等饮酒活动，一方面避免酒后失德失态，更重要的是饮酒影响身体状态，对军训有很大影响。

（6）注意作息。晚上按时休息，切忌熬夜过度；天气昼夜温差大时，还要注意早晚保暖，小心感冒。

（7）谨防崴脚烫伤。军训前做好准备活动，谨防扭伤。如遇崴脚、烫伤，不要盲目施救，注意及时就医。

（8）预防中暑。军训期间正值高温天气，要预防中暑。如果感觉头晕眼花、要晕倒，切忌硬挺，应立即喊"报告"或拽一下同学的衣角，原地坐下，待眩晕过后再到阴凉地休息。尽量避免直接扑倒，以免猝然倒地引发摔伤。

（9）注意校内交通安全。晨跑、往返军训场地要注意交通安全。

（10）谨防诈骗。因军训期间不能携带手机，所以需要提前告知父母军训的时间安排、辅导员姓名及电话，提醒家长接到陌生人电话后一定要和学生本人或辅导员进行确认，防止诈骗者以辅导员或者其他老师的名义在军训期间给家长打电话进行诈骗。

（二）纪律安全

（1）听从教官安排，不擅自离队，出现意外情况及时向教官、老师或学生会值班人员反映。

（2）遵守军训场地秩序，避免物品的遗失，不要将贵重物品（首饰、移动电话等）带入军训场地。

（3）做好情绪管理，合理化解冲突矛盾。如有特殊情况与同学或教官发生分歧，请以尊重他人为前提，克制情绪并及时与教官或辅导员联系沟通，避免影响正常军训以及后续的学习生活。

（4）军训期间要求统一着装。由于体能训练强度相对较大，建议每天换洗内衣、军训后洗澡，保持个人清洁卫生。

（5）严禁私自离校外出或无故不参加训练，做到不迟到、不早退，因故不能参加军训、入学教育活动者，要向教官、辅导员履行请假手续。

（6）军训休息期间严禁到指定区域以外活动，严禁在军训场打闹嬉戏，互相推搡，做危险动作、游戏。尤其是在有晨露时、雨后注意防滑，小心摔倒。

六、体育运动安全问题

体育课大多是全身性运动，活动量大，要用到很多体育器械，如跳箱、单双杠、铅球，需要采取以下安全措施。

（一）衣着安全

（1）上衣、裤子口袋里不要装钥匙、小刀等坚硬、尖锐锋利的物品。

（2）不要佩戴各种金属的或玻璃的装饰物。

（3）头上不要戴各种发卡。

（4）患有近视眼的同学，尽量不要戴眼镜上体育课。如果必须戴眼镜，做动作时一定要小心谨慎。做垫上运动时，必须摘下眼镜。

（5）不要穿塑料底的鞋或皮鞋，应当穿胶底布鞋或球鞋。

（6）衣服要宽松合体，最好不穿纽扣多、拉链多或者有金属饰物的服装。有条件的应该穿着运动服。

（二）运动项目安全

（1）短跑等项目要按照规定的跑道进行，不能串跑道。这不仅仅是竞赛的要求，也是安全的保障。特别是快到终点冲刺时，更要遵守规则，因为这时人身体的冲力很大，精力又集中在竞技之中，思想上毫无戒备，一旦相互绊倒，就可能受伤严重。

（2）跳远时，必须严格按老师或专业教练的指导助跑、起跳。起跳前前脚要踏中木制的起跳板，起跳后要落入沙坑之中。这不仅是跳远训练的技术要领，也是保护身体安全的必要措施。

（3）在进行投掷训练时，如进行投手榴弹、铅球、铁饼、标枪等运动时，一定要按老师的口令进行，令行禁止，不能有丝毫的马虎。这些体育器材有的坚硬沉重，有的前端装有尖利的金属头，如果擅自行事，就有可能击中他人或者自己被击中，造成受伤，甚至发生生命危险。

（4）在进行单、双杠和跳高训练时，器械下面必须准备好厚度符合要求的垫子，如果直接跳到坚硬的地面上，会伤及腿部关节或后脑。做单、双杠动作时，要采取各种有效的方法，使双手握杠时不打滑，避免从杠上摔下来，使身体受伤。

（5）在做跳马、跳箱等跨跃训练时，器械前要有跳板，器械后要有保护垫，同时要有其他成年人在器械旁站立保护。

（6）前后滚翻、俯卧撑、仰卧起坐等垫上运动的项目，做动作时要严肃认真，不能打闹，以免发生扭伤。

（7）参加篮球、足球等项目的训练时，要学会保护自己，也不要在争抢中蛮干而伤及他人。在这些争抢激烈的运动中，自觉遵守竞赛规则对于安全是很重要的。

（三）课堂管理安全

（1）自由活动时不要追逐，追逐会导致摔跤，可能摔断手脚、摔到头部等。

（2）打球的时候不要把球丢到同学头部或脸部。

（3）跑步的时候不能倒过来跑，也不能一边跑一边嬉戏。

（4）不能在没有老师在场的情况下使用举重、哑铃、铁饼等运动用具。

（5）在进行跳绳活动时要注意相互间的距离，不要把绳打到其他同学身上（包括头部）。

（6）上课前要先做些准备运动以防拉伤筋骨。

（7）在跳远与跳高项目中，老师应该严格把关，做足安全措施，（包括先清理沙池、每跳完一次扒沙一次；跳高要注意垫子是否足够、距离是否正确等）。

（8）老师要认真上好每一次运动课，不能让学生自由活动，责任事故往往就出现在自由活动的时候。

（9）进行打羽毛球、踢毽子等活动时要注意合理分配，以防因学生相争而造成混乱、打闹等问题。

应急防护训练

一、拟订一份实践（实习）安全承诺书

1. 目的

（1）增强学生安全意识。

（2）落实学校安全管理规定，维护教育教学秩序。

（3）维护实习单位管理规定。

2. 方法

（1）将学生分组，并选出组长，制定口号，确定组名。

（2）小组选定一个主题（如军训、体育运动、主题实践、实习），讨论易出现的安全问题，制定相应防范措施。

（3）根据讨论结果，撰写一份安全承诺书，全体小组成员签字。

（4）小组分享，教师点评。

二、拟订一份实践（实习）安全应急预案

1. 目的

（1）防范实践（实习）中安全事故发生。

（2）快速、及时、妥善处理实践（实习）中的安全事故。

（3）减少安全事故危害。

2. 方法

（1）教师讲解安全应急预案的格式与内容。

（2）学生选定主题，分组讨论。

（3）学生撰写应急预案并展示。

（4）教师点评。

附　录

全国大学生安全知识竞赛模拟试题及参考答案

模拟试题（一）

一、单选题（40题，每题1分，共40分）

1. 面对不法侵害发生时，我们应该（　　）。
   A. 快速逃跑　　　　　　　　　　B. 利用别人的经验帮助自己
   C. 靠勇敢和智慧将侵害减到最小　D. 尽量答应歹徒的要求

2. 防卫过当的主观罪过是（　　）。
   A. 过失　　　　　　　　　　　　B. 既可以是直接故意、间接故意，也可以是过失
   C. 故意　　　　　　　　　　　　D. 既可以是间接故意，也可以是过失

3. 甲与乙发生口角后，甲声称要把乙杀死，并去商店买了一把匕首，乙怕甲杀死自己，就在甲从商店回来的路上，用猎枪打死了甲，乙的行为属于（　　）。
   A. 正当防卫　　B. 故意犯罪　　C. 紧急避险　　　　D. 防卫过当

4. 发生抢夺、抢劫案件时，错误的做法是（　　）。
   A. 大声呼救　　B. 自认倒霉　　C. 牢记罪犯特征　　D. 向人多的地方跑

5. 女大学生晚上外出时，正确的做法是（　　）。
   A. 身上带很多现金，以备不时之需
   B. 尽量与其他同学结伴而行
   C. 在公园、绿化带偏僻处散步
   D. 单独出行

6. 发现他人被抢时，正确的做法是（　　）。
   A. 事不关己　　　　　　　　　　B. 赶紧逃跑
   C. 看情况再说　　　　　　　　　D. 及时报警，注意罪犯特征

7. 在校园周边发生的抢劫、抢夺案件，其特点通常是（　　）。
   A. 位置隐蔽，时间不规律　　　　B. 地点隐蔽，时间有规律
   C. 除了抢劫、抢夺没有其他后果　D. 与其搏斗，可以阻止抢劫、抢夺案件的发生

8. 某网站上，要求以购买化妆品、美体内衣等套餐产品取得加盟资格，然后以每个会员直接、间接发展下线的数量作为返利依据，这是（　　）。
   A. 商家欺诈　　　　　　　　　　B. 新创业加盟模式

C. 网络传销　　　　　　　　　D. 厂家直销

9. 面对复杂的社会环境，女大学生尤其要警惕（　　　）。

　　A. 被盗　　　B. 交友诈骗　　　C. 假冒商品　　　D. 银行卡诈骗

10. 宗教诈骗中，为让人们捐"香火钱""功德钱"，消灾祈福，骗子一般不会采取（　　　）的手段。

　　A. 解签　　　　B. 赠送法物　　　C. 言语胁迫　　　D. 身体强制

11. 宗教诈骗的手段主要跟（　　　）有关。

　　A. 数学　　　　B. 文学　　　　C. 心理学　　　　D. 武术

12. "绝密"是国家的（　　　）秘密。

　　A. 特别重要的　　B. 最重要的　　　C. 重要的　　　D. 一般的

13. 美国发生"9·11"事件后，人们开始意识到，（　　　）也是对人类安全构成的严重威胁。

　　A. 走私犯罪　　　B. 跨国犯罪　　　C. 恐怖活动　　　D. 毒品犯罪

14. 违反交通管制的规定，强行通行，不听劝阻的，公安交管部门可处（　　　）。

　　A. 200～2 000 元罚款　　　　　　B. 200～2 000 元罚款，并处十五日以下拘留

　　C. 100～1 000 元罚款　　　　　　D. 100～1 000 元罚款，并处十五日以下拘留

15. 交通事故损伤赔偿不正确的处置方法是（　　　）。

　　A. 双方愿意可自行协商处理　　　B. 请公安交通管理部门调解

　　C. 向人民法院提起民事诉讼　　　D. 请教育行政部门调解

16. 交通事故发生后，依法处理事故的部门是（　　　）。

　　A. 公安交管部门　　　　　　　　B. 保险公司

　　C. 学校保卫部门　　　　　　　　D. 学院、系

17. 机动车辆行驶时，行为不正确的是（　　　）。

　　A. 驾驶人必须系安全带

　　B. 乘坐人员必须系安全带

　　C. 摩托车乘坐人可以不戴安全头盔

　　D. 摩托车驾驶人及乘坐人员必须按照规定戴头盔

18. 面对学业或资格考试，大学生正确的态度应是（　　　）。

　　A. 认真复习准备　　　　　　　　B. 做小抄

　　C. 花钱找枪手代考　　　　　　　D. 临阵磨枪

19. 在处理校园伤害事故纠纷的调解中，应遵循（　　　）原则。

　　A. 自愿　　　B. 强制　　　C. 监管　　　D. 过错

20. 大学生之间发生矛盾时，我们应该（　　　）。

　　A. 坦诚交流，消除误会，相互帮助，团结友爱

　　B. 不报告老师，自行处理

　　C. 支持一个反对一个

　　D. 远离他们

21. 乙肝传染需要一定条件，如（　　　）。

　　A. 血液传播、母婴传播和性生活、共同聚餐或日常生活上的接触

B. 血液传播、母婴传播和性生活或生活上密切接触

C. 唾液传播

D. 接触传播

22. 成功治疗丙肝的关键是(　　　)。

　　A. 选择良好的治疗方案　　　　　　B. 早检测、早发现、早治疗

23. 艾滋病的全称是(　　　)。

　　A. 先天性免疫缺陷综合征　　　　　B. 血液病

　　C. 获得性免疫缺陷综合征　　　　　D. 同性恋病

24. 正确使用个人密码,应当(　　　)。

　　A. 在完成操作以后,使用网站提供的"退出登录"功能,消除机器上的残留信息

　　B. 在完成操作以后,不要使用网站提供的"退出登录"功能,消除机器上的残留信息

　　C. 可以在人多眼杂的情况下输入账号密码进行登录

　　D. 输入账号密码的时候,无须确认是正确的网址

25. 某高校学生小陈,他发现有一个网站能玩"真钱斗地主",只要把钱充值到该网站规定的账号,就能与其他玩家用现实货币玩"斗地主"游戏。自从小陈迷上"真钱斗地主"后,一发不可收,先是用父母给的生活费、零用钱玩,为了翻本,甚至从父母那里骗钱玩。你认为小陈的行为属(　　　)。

　　A. 违纪行为　　　　　　B. 违法行为　　　　　　C. 玩耍行为

26. 互联网作为一种新兴的媒体日益成为一种不容忽视的知识传播方式,它(　　　)。

　　A. 有知识产权　　　　　　B. 无知识产权

　　C. 没有相关法律规定约束　　　D. 不受法律法规的约束

27. 使用网络资源的正确做法是(　　　)。

　　A. 不下载来历不明的文件,从可信任网站下载的文件也须先杀毒

　　B. 可下载来历不明的文件,从可信任网站下载的文件无须杀毒

　　C. 无论是图片、MP3、文本还是软件,任何格式的文件都不可能在其中捆绑木马病毒

　　D. 常用的软件、游戏等资源,不一定要选择在官网或正规下载网站下载。下载后无须杀毒

28. 非法侵入计算机信息系统的犯罪行为应(　　　)。

　　A. 处三年以下有期徒刑或者拘役,并处或者单处罚金

　　B. 处三年以上七年以下有期徒刑,并处罚金

　　C. 情节特别严重的,处三年以上七年以下有期徒刑,并处罚金

　　D. 口头教育

29. 通常意义上的网络黑客是指(　　　)通过互联网利用非正常手段。

　　A. 上网的人　　　　　　B. 入侵他人计算机系统的人

　　C. 在网络上行骗的人　　　D. 在网上进行经营的人

30. (　　)是以二氧化碳气体为动力喷射干粉灭火剂的器具，主要用于扑救油类、易燃液体、可燃气体（固体）和电气设备的初起火灾。

  A. 二氧化碳灭火器　　　　　　B. 干粉灭火器

  C. 泡沫灭火器　　　　　　　　D. 清水灭火器

31. 危险作业场所必须设置安全通道，通道和入口保持畅通，出入口不少于(　　)个。

  A. 2　　　　　B. 3　　　　　C. 4　　　　　D. 5

32. 在实验过程中，液体燃料引发明火，用(　　)灭火。

  A. 水　　　　B. 黄沙　　　C. 水剂灭火器　　D. 二氧化碳灭火器

33. 扑救可燃气体火灾，应用(　　)灭火。

  A. 泡沫灭火器　B. 水　　　　C. 干粉灭火器　　D. 二氧化碳灭火器

34. 大学生在进行明火作业时，现场(　　)。

  A. 必须配备消防灭火器材　　　B. 不必配备消防灭火器材

  C. 人少时不要配备消防灭火器材　D. 可以不配消防灭火器材

35. 任何单位和个人发现失火时，都有(　　)打"119"电话迅速准确地向公安消防部门报警。

  A. 责任　　　B. 职责　　　C. 义务　　　D. 权利

36. 高层楼寓发生火灾时，我们应该(　　)。

  A. 乘坐电梯　B. 从楼梯逃生　C. 跳楼　　　D. 冲出火海

37. 心理健康的人对世界的知觉是客观的，他们能按照生活的真实面目来看待生活，他们能按照自己的本来面目来正视自我，并能够坦然地接受现实中的自己，包括现实中自己的缺点和不足。以下说法正确的是(　　)。

  A. 表述正确

  B. 不正确，心理健康的人有时也狂妄自大

  C. 心理健康与目空一切没有关系

  D. 有的人能正视自我，但心理不健康

38. 心理咨询是借助一种特殊的人际关系，运用心理学理论、知识和方法，通过语言、文字及其他信息传递方式，给咨询对象以帮助、启发和指导的过程。以下说法正确的是(　　)。

  A. 正确　　　　　　　　　　　B. 心理咨询是一种迷信

  C. 心理咨询是一种治病的方法　D. 心理咨询没有作用

39. 人际关系和谐是指乐于与人交往，既有广泛而深厚的人际关系，又有知心朋友；在交往中保持独立而完整的人格，有自知之明，不卑不亢；能客观评价别人和自己，善取人之长补己之短，宽以待人，乐于助人，积极的交往态度多于消极态度，交往动机端正。以下说法正确的是(　　)。

  A. 人际关系和谐是心理健康的内容之一

  B. 人际关系和谐与心理健康无关

  C. 人际关系和谐与否不好衡量

D. 人际关系和谐没有衡量标准

40. 烫伤发生后，下列处理方法不正确的是（　　　　）。

    A. 用冷水冲洗   B. 将烫伤的小水疱弄破再消毒

    C. 立即到医院治疗   D. 用防烫伤药涂

二、多选题（20 题，每题 1 分，共 20 分）

1. 引起大学生打架斗殴的原因是多方面的，（　　　　）等几个方面是直接原因。

    A. 争风吃醋   B. 猜疑与嫉妒

    C. 性格与个性   D. 酗酒

2. 世界卫生组织定为急性症状发生后 6 小时内死亡者为猝死者。猝死的特点有（　　　　）。

    A. 死亡急骤   B. 死亡出人意料

    C. 自然死亡或非暴力死亡   D. 暴力死亡

3. 网络陷阱有（　　　　）。

    A. 色情陷阱   B. 游戏陷阱   C. 恋爱陷阱   D. 社交陷阱

4. 火灾等级可划分为（　　　　）。

    A. 特别重大火灾   B. 重大火灾   C. 较大火灾   D. 一般火灾

5. 大学生就寝前和外出前应做的检查有（　　　　）。

    A. 检查电气是否关闭   B. 烟火是否熄灭

    C. 煤气是否关闭   D. 门窗是否关闭

6. 心理障碍咨询范畴主要包括（　　　　）。

    A. 神经衰弱症   B. 社交恐惧症   C. 紧张焦虑症   D. 行动不自由

7. 大学生心理咨询的类型主要有（　　　　）。

    A. 发展型   B. 适应型   C. 障碍型   D. 常规型

8. 气象灾害的类型有（　　　　）。

    A. 山洪暴发   B. 热带气旋   C. 低温冰冻   D. 连绵阴雨

9. 纠纷的性质可分为（　　　　）。

    A. 刑事纠纷   B. 治安纠纷   C. 民事纠纷   D. 经济纠纷

10. 如果发现宿舍被盗，我们应该（　　　　）。

    A. 立即向公安机关和学校保卫部门报案

    B. 保护好现场，不要让同学进入被盗的房间

    C. 如发现存折被盗或可能被盗，立即到银行挂失

    D. 如实回答公安保卫人员的询问，力求全面、准确，积极向公安保卫人员提供情况、线索，协助破案

11. 少数大学生容易上当受骗，是因为（　　　　）。

    A. 思想单纯，缺乏生活经验   B. 疏于防范，感情用事

    C. 有求于人，轻率行事   D. 贪财、好占便宜

12. 在利用求助诈骗案件中，不法分子通常假冒（　　　　）身份进行诈骗。

    A. 名校学生   B. 记者   C. 亲友   D. 领导子女

13. 诈骗罪是指（　　　）的行为。

    A. 以非法占有公私财物为目的　　　B. 虚构事实或隐瞒真相的方法

    C. 骗取数额较大的公私财物　　　　D. 骗取数额较小的公私财物

14. 作为当代大学生，维护国家安全（　　　）。

    A. 要始终树立国家利益高于一切的观念

    B. 要积极了解国家安全的相关法律、法规

    C. 要善于识别各种伪装

    D. 要积极配合国家安全机关的工作

15. 保守国家秘密，应当（　　　）。

    A. 增强意识，内外有别，不带保密资料外出

    B. 不参与境外调查

    C. 不为境外人员提供内部资料

    D. 遵守"八不"规定

16. 行人、骑车人违反道路交通安全法律法规，视情节可能受到的处罚有（　　　）。

    A. 处警告

    B. 处 5～50 元的罚款

    C. 非机动车辆驾驶人拒绝接收罚款处罚的，可扣留其非机动车辆

    D. 行政拘留

17. 安全乘船，正确的做法是（　　　）。

    A. 不携带危险物品上船

    B. 不乘坐缺乏救护设施、无证经营的小船

    C. 上船后仔细阅读紧急疏散示意图

    D. 了解救生衣的位置，留意观察和识别安全出口

18. 处理大学生意外伤害事故，应当遵循（　　　）的原则，做到事实清楚、定性准确、责任明确。

    A. 依法客观　　　B. 公正　　　　　C. 合理适当　　　D. 公开

19. 正当防卫的构成要件有：正当防卫的前提条件是必须存在不法侵害，（　　　）。

    A. 正当防卫的时间条件是必须针对正在进行的不法侵害

    B. 正当防卫的对象条件是不法侵害者本人

    C. 正当防卫的主观条件是正当的防卫意图

    D. 正当防卫的客观条件是有防卫条件

20. 下列校园事故中属于学生个人责任的是（　　　）。

    A. 上体育课时因心脏病突发死亡，患有先天性心脏病未告知学校

    B. 外出时不慎受伤

    C. 玩耍时不慎坠楼，经查是学校楼梯栏杆不符合建筑规定

    D. 上课时打闹，不慎将同学误伤

三、判断题（40题，每题1分，共40分）

1. 某日，杜某因琐事将韦某打伤。韦某回家后找了两个朋友商量，准备对杜某进行报复。次日，韦某和他的两个朋友前往杜某家中将杜某打成重伤。韦某的行为属于防卫过当。（　　）

2. 在不法侵害已经终止后，再对侵害人进行的防卫，属于防卫过当。（　　）

3. 不管在何处，大学生都要防止他人给自己造成伤害或自己给他人造成伤害。（　　）

4. 对正在进行行凶、杀人、抢劫、强奸、绑架以及其他严重危及人身安全的暴力犯罪，采取防卫行为，造成不法侵害人伤亡的，不属于防卫过当，不负刑事责任。（　　）

5. 在宿舍里发现身份不明的人，应主动询问。（　　）

6. 发现有人对自己实施抢劫，一定要机智沉着，大声呼救，向人多的地方奔跑，物品可以放弃。（　　）

7. 宿舍有空床位时，可以留宿他人，为他人提供方便。（　　）

8. 传销活动销售的通常是十分珍贵的商品。（　　）

9. 遭遇求助却又不能确定对方情况真假时，可以先给钱。（　　）

10. 收到"有人为你点歌，请回复……"的手机信息后，最好是不予理睬。（　　）

11. 学生张某在一网吧门口碰到自称是附近一所高校的职工，称自己银行卡被吞，向张借银行卡一用，张欣然同意。（　　）

12. 有合法的传销组织。（　　）

13. 任何人不得在电子公告服务系统中，发布含有反对宪法所确定的基本原则、危害国家安全、泄露国家秘密、颠覆国家政权、破坏国家统一的信息。（　　）

14. 保守国家秘密是国家工作人员的事，与大学生无关。（　　）

15. 因各地区道路情况不同、车辆种类不同，道路交通信号设置具有差异性。（　　）

16. 在校园里骑车，可以戴着耳机学外语。（　　）

17. 在校外发生交通事故后，没有必要告诉自己的老师。（　　）

18. 电动自行车在非机动车车道内行驶时，最高时速不得超过15千米。（　　）

19. 行人过马路时，按照交通信号灯示意或者听从交通警察的指挥通行。（　　）

20. 购买赃车与销赃，都是违法行为。（　　）

21. 学校安全工作的重心是最大限度地预防和减少校园伤害事故的发生。（　　）

22. 家长明知学生有特异体质、特殊疾病，但未及时书面告知学校的，在校期间造成学生伤害的，学校应承担法律责任。（　　）

23. 在外出活动中与陌生人交流后，可以接受陌生人赠送的饮品或食物。（　　）

24. 乙肝病毒携带者需要及时治疗，否则会造成肝细胞重大损伤。（　　）

25. 只要发现身边有人晕倒，所有晕倒的病人都可以实施心肺复苏术。（　　）

26. SARS主要传播方式是人与动物、禽鸟类的近距离接触。（　　）

27. 丙型肝炎由于其症状不明显，病情会在不知不觉中持续进展，如果得不到及时

诊治,将发展成为肝硬化和肝癌。这是一种被称为"沉默杀手"的传染性疾病。( )

28. 网络发布的信息不会是虚假的信息,也不可能实施骗财害人的违法犯罪。
( )

29. 在网络交往中,由于网络交往的双方一般只是通过对方的语言以及自己的直觉、想象来感知和认知对方,极易因为了解得不全面以及直觉和想象的偏差,美化对方,正因为如此,网络交往要提高警惕。( )

30. 虚假客服电话、虚假退票电话类信息充斥着整个互联网,稍不留神,就会上当受骗。对此,我们束手无策。( )

31. 网络设备种类繁多,组成一个网络要有网络服务器、路由器及网络操作系统和数据库系统。这些硬件与操作系统都具有自己的安全状况和保密机制,配置不当,极易造成安全漏洞。( )

32. 网络色情是个人行为,不犯法。( )

33. 公众场所未经消防检查验收或检查不符合消防安全要求的,不能投入使用、营业。( )

34. 当你所在的建筑物发生火灾时,一定要冷静、沉着,用湿毛巾捂住口鼻,沿着消防疏散通道迅速撤离。( )

35. 发生火灾时,跑到楼顶站在烟火的上风方向。( )

36. 意志健全者在行动的自觉性、果断性、顽强性和自制力等方面都表现出较高的水平。( )

37. 现代医学研究表明,信仰破灭、自卑、多疑、压抑、骄傲等都是心理不健康的表现,都会不同程度地影响人的身体健康。( )

38. 只有心理有疾病的人才有必要进行心理咨询。( )

39. 大学生心理障碍就是人们通常所说的"精神病"。( )

40. 一旦发生地震,应迅速离开建筑物。( )

模拟试题(二)

一、单选题(40题,每题1分,共40分)

1. 大学生之间常因小事而引发打架斗殴,但一旦酿成( ),轻则受到退学、开除的处理,重则触犯法律、法规,将受到法律的严厉制裁,断送自己的美好前程。
   A. 刑事案件　　B. 治安案件　　C. 刑事、治安案件　　D. 治安灾害事故

2. 对造成学生伤害事故负有责任的学生,学校依照学校有关规章制度给予相应的处分;触犯刑律的,由( )依法追究刑事责任。
   A. 政府部门　　B. 检察机关　　C. 司法机关　　D. 公安机关

3. 明知产品存在缺陷仍然使用,造成大学生死亡或者健康严重受损的,被害人有权请求相应的( )。
   A. 补偿　　B. 赔偿　　C. 惩罚性赔偿　　D. 惩罚性补偿

4. 校园里发现可疑人员时,正确的做法是( )。
   A. 不管不问　　B. 及时报告　　C. 不报告　　D. 等警察来了再说

5. 在宿舍里防盗，错误的认识是（　　　）。

    A. 注意宿舍钥匙流失　　　　　　B. 注意闲杂人员进出

    C. 注意门窗关闭情况　　　　　　D. 有人值班就行

6. 学生宿舍如何防范内盗，正确的做法是（　　　）。

    A. 留宿他人　　　　　　　　　　B. 要保管好自己的物品

    C. 他人的物品不需多管　　　　　D. 高校不会发生内盗现象

7. 携带贵重物品参加集体活动时，错误的做法是（　　　）。

    A. 随便放置贵重物品　　　　　　B. 贵重物品自己看护好

    C. 注意可疑人员进出场　　　　　D. 主动帮助和提醒他人注意保管贵重物品

8. 遇到进入宿舍区推销产品，推广"二级代理模式"的外来人员，应该采取的做法是（　　　）。

    A. 以礼相待，再行商询　　　　　B. 请其出去，恕不接待，视情况报警

    C. 不报警　　　　　　　　　　　D. 以上方式都可

9. 传销活动通常以（　　　）为由。

    A. 学术活动　　　　B. 慈善活动　　　　C. 介绍工作　　　　D. 专业培训

10. 利用人们为亲朋好友担心的心理，实施的骗术属于（　　　）诈骗。

    A. 馅饼类　　　　　B. 亲情类　　　　　C. 震撼类　　　　　D. 信息类

11. 以招生培训名义为幌子的诈骗手段，最主要的后果是（　　　）。

    A. 伤害大学生身体　　　　　　　B. 不兑现承诺

    C. 造成秩序混乱　　　　　　　　D. 收费过高

12. 我国《宗教事务条例》规定，信教公民的集体宗教活动，一般应当在（　　　）举行。

    A. 经登记的宗教活动场所内　　　B. 商业场所

    C. 中小学内　　　　　　　　　　D. 公开场所

13. 下列社团组织哪些是不合法的（　　　）。

    A. 法律法规允许的　　　　　　　B. 通过一定程序审批的

    C. 同学建议成立的　　　　　　　D. 团委领导下的

14. 高速公路限速标志标明的最高时速不得超过（　　　）千米／小时。

    A. 100　　　　　　　B. 120　　　　　　　C. 130　　　　　　　D. 150

15. 交通事故发生后，肇事者如想逃离，不正确的处置方法是（　　　）。

    A. 拨打"110"报警　　　　　　　B. 向周围的群众求助

    C. 记住肇事车辆牌号、车型、颜色　D. 听之任之，等警察来处理

16. 交通事故损伤赔偿不正确的处置方法是（　　　）。

    A. 双方愿意可自行协商处理　　　B. 请公安交通管理部门调解

    C. 向人民法院提起民事诉讼　　　D. 请教育行政部门调解

17. 增强道路安全危机意识，正确的宣传口号是（　　　）。

    A. 防止自己伤害他人　　　　　　B. 防止他人伤害自己

    C. 既要防止他人伤害自己，也要防止自己伤害他人

D. 在校外主要防止他人伤害自己

18. 发生了校园伤害事故，学校应在（　　）内向教育行政等部门报告。

  A. 30 日   B. 15 日   C. 40 日   D. 60 日

19. 下列行为中，不构成拘留处分的违法行为有（　　）。

  A. 故意毁损、移动、涂改交通设施，造成严重后果，尚不构成犯罪的

  B. 违反交通管理管制的规定强行通行，不听劝阻的

  C. 未取得机动车驾驶证驾驶机动车的

  D. 机动车行驶超过规定时速 50% 的

20. 向同学借东西时，应当（　　）。

  A. 打招呼，得到同意   B. 先用后还

  C. 自己要用时就拿，等他要了再还 D. 无所谓

21. 预防乙肝最好的办法就是打疫苗。研究表明，注射一次疫苗可（　　）有抗体。

  A. 五至十年 B. 十至十五年 C. 十年甚至终身 D. 短时间内

22. 国际禁毒日是（　　）。

  A. 每年 12 月 1 日   B. 每年 12 月 6 日

  C. 每年 12 月 16 日   D. 每年 12 月 26 日

23. 心肺复苏时，若按压和人工呼吸同时进行，其比例为（　　），交替进行。双人操作按 5:1 进行。吹气时应停止胸外按压。一旦心跳开始，在立即停止心脏按压的同时，尽快把患者送到医院继续诊治。

  A. 15:10   B. 10:2   C. 15:2   D. 10:5

24. 正规的人才网站会对个人简历中的重要信息：电话、E-mail、家庭住址等做一定程度的保密处理，只有向网站提供合法资质证明的招聘单位才能看到。下列说法正确的是（　　）。

  A. 在网上求职的时候，填写个人信息不要如实填写

  B. 应当按照网上提供的简历模板将个人详细情况填写在相应的位置

  C. 在各类人才网上不停地发电子邮件寻找招聘信息

  D. 泄露个人信息，不会造成严重后果

25. 某高校学生小叶在网上认识了一名女网友，二人聊得非常投机，该女子主动给叶某发了自己的照片，并邀约其出来见面。见该女子相貌乖巧，小叶欣然赴约。见面后，该女子将小叶带至一家茶楼消费。结账时小叶发现二人消费竟高达 2 000 余元，遂找茶楼经营者理论，老板叫来数名彪形大汉，威胁叶某。叶某此时应该（　　）。

  A. 自认倒霉

  B. 称钱不够，借打电话叫同学送钱之机，发短信请同学帮忙报警

  C. 继续理论

  D. 请女友付

26. 下列对安装反病毒软件并随时更新病毒库的说法正确的是（　　）。

  A. 反病毒软件可以实时发出警报、主动防御以及解除威胁，保护您的计算机

免受攻击

  B. 互联网上的卡巴斯基、瑞星、金山毒霸、江民、诺顿等不是反病毒软件

  C. 反病毒软件不会根据互联网上新出现的病毒，及时更新病毒库，保护用户计算机安全

  D. 定期对计算机进行全盘病毒扫描，没有什么作用

  27. 某高校在校学生谭某为了让自己的帖子赢取更多的点击率，竟然在网上发了62篇色情文章，这些文章的点击率高达2万多次。他的行为是（ ）。

  A. 违法行为 B. 违纪行为 C. 道德问题 D. 正常行为

  28.《信息网络传播权保护条例》于（ ）颁布。

  A. 2000 年 5 月 18 日   B. 2004 年 5 月 18 日

  C. 2006 年 5 月 18 日   D. 2008 年 5 月 18 日

  29. 有人认为大学生可以在网络上自行订购各类化学药品，来开展感兴趣的各项科学活动。以下说法正确的是（ ）。

  A. 可以在网上订购   B. 化学品是控制物品，不可以随便买卖

  C. 只要注意安全，可以进行 D. 只要老师不知道，就可以进行

  30. （ ）不是电气设备引起火灾的原因。

  A. 短路   B. 用电量小   C. 超负荷   D. 电线老化

  31. 高层建筑、公共娱乐场所等在进行室内装修时应采用的装修材料是（ ）。

  A. 可燃材料 B. 阻燃材料 C. 塑料材料 D. 钢筋混凝土

  32. 高层楼寓发生火灾时，我们应该（ ）。

  A. 乘坐电梯 B. 从楼梯逃生 C. 跳楼   D. 冲出火海

  33. 火灾逃生时（ ）。

  A. 大声呼叫

  B. 要用湿毛巾，捂住口鼻，屏住呼吸，且须采取匍匐式前进逃离

  C. 用湿毛巾折叠，捂住口鼻

  D. 有烟雾时，要站直行走

  34. 火灾报警时，（ ）。

  A. 一定要讲清发生火灾单位的详细地址，包括街道名称、门牌号码，楼宇发生火灾要讲明第几层楼等

  B. 只要报告火势大小就行

  C. 只要讲清楚报案人的姓名就行

  D. 把情况报告学校

  35. （ ）是以二氧化碳气体为动力喷射干粉灭火剂的器具，主要用于扑救油类、易燃液体、可燃气体（固体）和电气设备的初起火灾。

  A. 二氧化碳灭火器   B. 干粉灭火器

  C. 泡沫灭火器   D. 清水灭火器

  36. 在火灾中死亡的人，大部分是因为（ ）。

  A. 被火直接烧死   B. 被烟气窒息致死

C. 跳楼或惊吓致死 D. 被建筑物砸死

37. 大学生在学校群体生活中，要时刻注意养成良好的学习生活习惯，学会有规律地生活。有利于大学生科学用脑，排除心理障碍，促进心理健康。以下说法正确的是（　　）。

    A. 良好的学习生活习惯，有利于身心健康

    B. 良好的学习生活习惯与心理健康无关

    C. 有规律地生活与排除心理障碍没有关系

    D. 狂喜狂欢有利于心理健康

38. 人的健康通常指（　　）。

    A. 生理健康   B. 心理健康   C. 生理健康和心理健康   D. 四肢健全

39. 人格完整是指：人格结构的各要素完整统一；具有正确的自我意识，不产生自我同一性混乱，以积极进取的人生观作为人格的核心，并以此为中心把自己的需要、目标和行动统一起来。以下说法正确的是（　　）。

    A. 心理健康的内容之一   B. 与心理健康无关

    C. 人格完整与否不好衡量   D. 人格完整没有衡量标准

40. 野外防雷击，正确的办法是（　　）。

    A. 迅速跑到树下躲避

    B. 留在空旷地带，并用手机向他人报告情况

    C. 找凹地藏身或立即下蹲，双脚并拢，双臂抱膝，尽量降低身体的高度

    D. 以上都对

二、多选题（20题，每题1分，共20分）

1. 戒交损友就是（　　）。

    A. 戒交低级下流之辈   B. 戒交挥金如土之士

    C. 戒交吃喝嫖赌之徒   D. 戒交游手好闲之人

2. 预防食物中毒要做到（　　）。

    A. 勿食路边摊点禽畜肉等食品

    B. 不要吃不认识的鱼和蘑菇

    C. 严禁采摘和食用刚喷洒过农药的瓜、果

    D. 做好食具、炊具的清洗消毒

3. 网络陷阱有（　　）。

    A. 色情陷阱   B. 游戏陷阱   C. 恋爱陷阱   D. 社交陷阱

4. 火灾等级可划分为（　　）。

    A. 特别重大火灾   B. 重大火灾   C. 较大火灾   D. 一般火灾

5. 学生宿舍预防火灾，应注意（　　）。

    A. 不在宿舍使用"热得快"等违章电器

    B. 不在宿舍使用酒精炉，离开宿舍时拔下电源插头

    C. 不卧床吸烟和乱扔烟头

    D. 不在宿舍焚烧纸张等

6. 个别心理咨询具有(   )。

    A. 教育功能   B. 预防功能   C. 发展功能   D. 治病功能

7. 大学生克服网络依赖的方法有(   )。

    A. 强制约束   B. 兴趣替代   C. 心理咨询   D. 药物治疗

8. 在购买衣物的过程中发生争执,同行的同学应(   )。

    A. 了解原委,公正调解   B. 耐心劝说,防事态升级

    C. 维护同学,据理力争   D. 劝说双方,妥善处理

9. 女大学生遭遇性侵害时的防卫措施主要方式有(   ),抓紧时机、迅速脱身。

    A. 头脑清醒、控制情绪   B. 意愿明确、态度坚决

    C. 沉着理智、机智反抗   D. 奋力反抗、不顾后果

10. 校园里容易发生盗窃案件的时间是(   )。

    A. 上课时间   B. 新生报到时   C. 夜间休息时   D. 放假时

11. 在大学生防诈骗的自我保护中要做到(   )。

    A. 多了解防骗安全知识   B. 不外借个人证件

    C. 不向不了解的人透露个人信息 D. 不生贪财之心

12. 手机骗术通常有(   )。

    A. 馅饼类   B. 亲情类   C. 震撼类   D. 信息类

13. 常见的诈骗银行卡手段有(   )。

    A. 窃取卡号密码   B. 假吞卡

    C. 假的插卡装置   D. 复制银行卡

14. 识别邪教的基本方法是(   )。

    A. 看"教主"是否活着。如果所拜的"教主"是活着的人,有可能是邪教

    B. 看所宣扬的内容。如果所宣扬的内容违背国家法律,背离伦理道德,对抗现实社会,要求信徒舍弃一切追随"教主",有可能是邪教

    C. 看对现实的态度。污蔑这个世界已经坏到极点,应当破坏并尽快离开它,到"另外一个世界"里去的,有可能是邪教

    D. 看活动方式。实行单线联系,聚会活动鬼鬼祟祟,并有人望风的,有可能是邪教

15. 张某在国家安全部门工作,在一次同学聚会上,为了显示自己知道许多内幕新闻,就向大家泄露了一些国家秘密。张某的行为(   )。

    A. 属于故意泄露国家秘密   B. 属于过失泄露国家秘密

    C. 危害了国家安全   D. 维护了国家安全

16. 乘车人以下做法,不正确的是(   )。

    A. 同驾驶人员攀谈   B. 催促驾驶人员开快车

    C. 让驾驶人员看手机信息   D. 让驾驶人员做其他事情

17. 在校园里发生交通事故后,可以拨打(   )请求处理事故。

    A. 119   B. 110   C. 120   D. 学校保卫部门电话

18. 大学生在校外消费发生纠纷时，应该（　　　　）。

    A. 与其论理，请有关部门处理　　B. 坚持自己的观点与店家争取

    C. 与店家论理，再请同学来帮忙　D. 理智对待，协调解决

19. 大学生对待外部滋扰的处置方式主要有（　　　　）。

    A. 提高警惕，做好准备，正确看待，慎重处置

    B. 充分依靠组织和集体的力量，积极干预和制止违法犯罪行为

    C. 注意策略，讲究效果，避免纠缠，防止事态扩大

    D. 自觉运用法律武器保护他人和自己

20. 下列校园人身意外伤害事故，学校行为并无不当，可免除学校责任的是（　　　　）。

    A. 洪水、海啸、地震　　　　　　　B. 学生自杀、自伤

    C. 学生本人或学生之间偶发的意外行为　　D. 学生突发疾病

三、判断题（40题，每题1分，共40分）

1. 在不法侵害已经终止后，再对侵害人进行的防卫，属于防卫过当。（　　）

2. 正当防卫只有在不得已的情况下才能实施。（　　）

3. 防卫过当，从其性质上讲，应该是防卫行为，只是超出了防卫的必要限度。（　　）

4. 对正当防卫行为和紧急避险行为不能实行正当防卫。（　　）

5. 贵重物品应妥善保管，最好放入保险柜。（　　）

6. 在公交车上被扒后，应立即赶回学校向保卫处报案。（　　）

7. 盗窃案件不可杜绝，因此我们防范不了。（　　）

8. 有合法的传销组织。（　　）

9. 非常关注对方身份地位的交友方式对于大学生交友是有益的。（　　）

10. 在与陌生人的接触交往中，不要轻信对方的花言巧语；不要随意将自己的家庭住址等情况告诉陌生人。（　　）

11. 学生张某在一网吧门口碰到自称是附近一所高校的职工，称自己银行卡被吞，向张借银行卡一用，张某同意了。（　　）

12. 利用人们遭遇意外打击后大脑的短暂空白，操控事主转账汇款的骗术属于馅饼类。（　　）

13. 利用信息与网络系统从事危害国家、社会、国防安全等方面的犯罪，是危害国家安全罪和危害社会公共安全罪。（　　）

14. 任何组织和个人不得在学校进行宗教活动。（　　）

15. 大学校园内道路窄、人员多，易发生交通事故。（　　）

16. 大学生在校外常见的交通事故，主要发生在行走时和乘坐交通工具时。（　　）

17. 为了出行方便，可乘坐私人摩托车或面包车。（　　）

18. 同朋友一起骑车时，可扶身并行。（　　）

19. 在校园里骑车，可以戴着耳机学外语。 （　　）

20. 为了防止学生集体外出活动时发生交通、人身伤亡事故，外出之前必须向所在院系和学校有关部门报告，说明活动的目的、人数、时间、地点和负责人的姓名，进行必要的安全教育，落实安全责任人，经批准后方可外出。 （　　）

21. 在大学生人身意外伤害事故中，过错方应承担相应的责任与经济损失。 （　　）

22. 大学生因伤致残的，赔偿费用除正常赔偿费用外，还包括残疾赔偿金、残疾辅助器具费以及继续治疗的康复费、护理费、后续治疗费。 （　　）

23. 在外出活动中与陌生人交流后，到了机场、车站、码头，需要时可以请陌生人帮助提携行李物品进出。 （　　）

24. 人们摄入含有细菌或细菌毒素的食品而引起的食物中毒称作细菌性食物中毒。 （　　）

25. 猝死指自然发生、出乎意料的突然死亡，是指貌似健康而无明显症状的人由于潜在某种疾病或机能障碍而出现突然意外的非暴力性死亡，其完整术语为急速的意外的自然性疾病死亡。 （　　）

26. 丙型肝炎由于其症状不明显，病情会在不知不觉中持续进展，如果得不到及时诊治，将发展成为肝硬化和肝癌。这是一种被称为"沉默杀手"的传染性疾病。（　　）

27. 结核是传染病中的常见病，劳累（包括劳力、劳心、熬夜）、减肥节食、体质弱、免疫力差等人容易感染结核病。 （　　）

28. 违反国家规定，侵入国家事务、国防建设、尖端科学技术领域的计算机信息系统的，可以不判刑或者拘役。 （　　）

29. 网络交往是现实人际交往的延伸，在网络中不要随便制造、传播谣言，扰乱网络秩序；不能进行行骗活动，不能传播病毒。网络交往还要真诚，不要总把自己说得天花乱坠，诱骗那些涉世不深的少男少女，让他们受到情感的伤害。 （　　）

30. 计算机病毒是一种破坏计算机功能或者毁坏计算机中所存储数据的有害软件。 （　　）

31. 网络可用性指系统在正常情况下允许用户使用和在部分受损或需要降级时仍能为授权用户提供服务等。 （　　）

32. 网络使大容量的信息得以快速传递，为我们了解时事，学习知识，与人沟通，休闲娱乐等提供了便捷的条件，这无疑映射了人类的文明与进步。 （　　）

33. 为了抓紧时间学习，可以在宿舍里用电加热器加热石蜡，开展科学实验活动。 （　　）

34. 在宿舍里，可以使用各类家用电器。 （　　）

35. 为了宿舍内的整洁，可以将电源线、电源插座埋在地毯下。 （　　）

36. 大学生的社会适应正常包括：个体与客观现实环境保持良好秩序。做客观观察以取得正确认识，以有效的办法应对环境中的各种困难，不退缩，还要根据环境的特点和自我意识的情况努力进行协调，或改变环境适应个体需要，或改造自我适应环境。 （　　）

37. 大学生正确的自我评价包括：自我观察、自我认定、自我判断和自我评价，做到自知，恰如其分地认识自己，摆正自己的位置，能够自我悦纳，喜欢自己，接受自己，自尊、自强、自制、自爱适度，正视现实，积极进取。   （   ）

38. 只有心理有疾病的人才有必要进行心理咨询。   （   ）

39. 失恋、落榜、人际关系冲突造成的情绪波动不属于心理障碍。   （   ）

40. 建筑物上各种金属构件如广告招牌、天线等与避雷带的搭接点应不少于 1 处。

                （   ）

模拟试题（三）

一、单选题（40 题，每题 1 分，共 40 分）

1. 甲某见乙某入室盗窃，即操起木棍将乙某击倒，见乙某昏倒在地，随即又持棍朝乙某腿上、身上连击数下，致乙某下肢被打断成重伤，甲某的行为属于（   ）。

    A. 正当防卫   B. 假想防卫   C. 防卫过当   D. 故意犯罪

2. 防卫人实施防卫行为，造成不法侵害人伤亡，防卫人负刑事责任的是（   ）。

    A. 不法侵害人利用麻醉的方法抢劫被害人的财物

    B. 不法侵害人使用威胁的方法强迫妇女卖淫

    C. 不法侵害人采用暴力的手段强奸妇女

    D. 不法侵害人采用暴力手段杀人

3. 大学生受到人身侵害，应当正当防卫，采取一切手段给予反击。你认为（   ）。

    A. 完全正确   B. 不能这样，有效制止即可

    C. 不逃避，不反击   D. 逃避，不反击

4. 发现自行车被盗时，正确的处理方法是（   ）。

    A. 报警备案   B. 拿别人的自行车先用

    C. 买便宜的赃车   D. 无所谓

5. 发现有人来校园推销商品，正确的做法是（   ）。

    A. 价格便宜，买下商品   B. 鼓动其他同学一起购买

    C. 向学校保卫处报告   D. 当作没看见

6. 大学生宿舍内保管个人贵重物品的较好方法是（   ）。

    A. 放在自己的床上   B. 放假时放在宿舍，关好门窗

    C. 只要宿舍有人就不用担心   D. 锁在柜子里或委托可靠人员保管

7. 学生宿舍如何防范内盗，正确的做法是（   ）。

    A. 留宿他人   B. 要保管好自己的物品

    C. 他人的物品不需多管   D. 高校不会发生内盗现象

8. 利用人们为亲朋好友担心的心理，实施的骗术属于（   ）诈骗。

    A. 馅饼类   B. 亲情类   C. 震撼类   D. 信息类

9. 大学生在遭遇求助却又不能确定对方情况真假时，不可以（   ）。

    A. 直接给钱   B. 向老师和同学征求意见

C. 婉言拒绝　　　　　　　　　　D. 建议去民政局求助站求助

10. 如果你接到电话或信息，称你的快递包裹里有毒品或信用卡被透支，请速与某司法机关联系，而你对此一无所知。你很可能遇到了（　　）诈骗。

　　A. 馅饼类　　　B. 亲情类　　　C. 震撼类　　　D. 信息类

11. 在公共场所出现莫名其妙的"纠纷"，并指责你是"中间人"的行为，极可能是（　　）。

　　A. 诈骗　　　B. 盗窃　　　C. 报复　　　D. 抢劫

12. 现代邪教一般打着（　　）、气功、传统文化等旗号招揽信众，对此，人们要保持清醒的认识。

　　A. 宗教　　　B. 政治　　　C. 经济　　　D. 旅游

13. 上网时发现邪教宣传内容，正确的做法是（　　）。

　　A. 仔细阅读相关内容　　　　　B. 向别人传播
　　C. 不听、不看、不信、不传　　　D. 下载并保存

14. 非机动车辆通行规定，说法正确的是（　　）。

　　A. 非机动车辆可以在机动车道内行驶
　　B. 电动自行车在非机动车道内行驶时，最高时速不得超过 40 千米
　　C. 非机动车辆应当在规定地点停放
　　D. 电动自行车不可以在非机动车道内行驶

15. 交通事故发生后，肇事者如想逃离，不正确的处置方法是（　　）。

　　A. 拨打"110"报警　　　　　　B. 向周围的群众求助
　　C. 记住肇事车辆牌号、车型、颜色　　D. 听之任之，等警察来处理

16. 行人、乘车人、非机动车驾驶人违反道路交通安全法中有关道路通行规定的，处警告或者（　　）。

　　A. 5～50 元罚款　　　　　　B. 20～200 元罚款
　　C. 3～30 元罚款　　　　　　D. 5～100 元罚款

17. 处理交通事故不正确的方法是（　　）。

　　A. 及时报案　　B. 抢救伤者保护现场
　　C. 不向家人和老师报告　　　　D. 控制肇事者

18. 发生校园伤害事故的范围是指（　　）。

　　A. 在校园内发生的所有事故
　　B. 在上课期间发生的
　　C. 在学校发生，与教育教学活动有关的
　　D. 由学校组织的，与教育教学有关的活动，包括校内与校外

19. 高校与在校大学生之间的法律关系的定位，不包括（　　）。

　　A. 教育法律上的教育与被教育的关系
　　B. 教育法律上的管理与被管理的关系
　　C. 教育法律上的保护与被保护的关系
　　D. 教育法律上的监护与被监护的关系

20. "在校大学生谈恋爱是自由的，不受国家法律的限制，所以自己想怎么样就怎

么样。"以下说法正确的是（　　　）。

  A. 对的

  B. 谈恋爱是个人的自由，但要遵守社会道德

  C. 谈恋爱，无所谓

  D. 谈恋爱要限制

21. 2013 年 3 月，在人体上首次发现的新禽流感（　　　）亚型。

  A. H7N3   B. H7N7   C. H9N2   D. H7N9

22. 用挤压呼吸法急救病人时，通常要持续坚持（　　　）小时。

  A. 0.5   B. 1   C. 1.5   D. 2

23. 世界艾滋病日是哪天？（　　　）

  A. 每年 12 月 1 日   B. 每年 12 月 6 日

  C. 每年 12 月 16 日   D. 每年 6 月 12 日

24. 在学校机房上网时，正确的做法是（　　　）。

  A. 应遵循国家和学校关于网络使用的有关规定

  B. 可以登录非法网站

  C. 可以传播有害信息

  D. 以上都不对

25. 网络交友是一种很好的途径，方便而且形式多样，成本也不高，但是我们要知道网络上的很多信息是虚拟的，所以在网络上交友要特别警惕和小心，（　　　）。

  A. 不要轻易暴露自己的身份

  B. 如实告知自己身份

  C. 可以随时随地与网友见面

  D. 可以委托网友办事

26. 正确使用个人密码，（　　　）。

  A. 在完成操作以后，应使用网站提供的"退出登录"功能，消除机器上的残留信息

  B. 在完成操作以后，不必使用网站提供的"退出登录"功能，也不必消除机器上的残留信息

  C. 可以在人多眼杂的情况下输入账号密码进行登录

  D. 输入账号密码的时候，无须确认是正确的网址

27. 小陈是个影视剧迷。自从买了计算机后，她更是为"剧"疯狂，经典老剧、韩剧、美剧和新发行的电影"统统都不放过"，看影视剧成了生活的主打内容。往往是在看得两眼都睁不开时，借着休息的机会，飞奔到食堂打饭，然后又坐在计算机前，一边吃，一边看，宿舍里来了什么人，说了什么话，全然不知。你认为小陈（　　　）。

  A. 是典型的网瘾综合征患者   B. 兴趣专一

  C. 培养了兴趣爱好   D. 过度满足了自己的爱好

28. 某高校大学生萍萍，因未经允许转载中国知网的论文摘要，她的行为（　　　）。

  A. 侵犯了杂志社的著作权   B. 没有关系

  C. 是道德问题   D. 是正常行为

29. 发现自己被手机短信或互联网站上的信息诈骗后，应当及时向（　　）报案，以查处诈骗者，挽回经济损失。

    A. 消费者协会   B. 电信监管机构   C. 公安机关   D. 学校

30. 故意损坏建筑物内设置的火灾自动报警系统、防火门、室内消火栓、灭火器、灭火毯、应急照明灯、疏散指示灯等消防器材、设施，（　　）。

    A. 违纪行为   B. 是违法行为

    C. 既不是违纪，也不是违法行为   D. 只能算是恶作剧

31. 消防安全重点部位的值班、管理、服务人员应实行（　　）制度，及时纠正违章行为。

    A. 隐患排查   B. 每日巡查   C. 安全检查   D. 消防抽查

32. 火灾扑灭后，起火单位应（　　）。

    A. 速到现场抢救物质   B. 尽快抢修设施争取复产

    C. 予以保护现场   D. 拨打 119

33. 当发现有人触电时，正确的处置方法是（　　）。

    A. 用手快速将触电者与电源分开

    B. 将触电者留置在地上，等待医务人员到来

    C. 脱离电源后，立即对触电者进行人工呼吸和胸外心脏按压等现场施救

    D. 以上都对

34. 有人认为大学生在春游、秋游过程中，可以用酒精灯、煤油炉作为燃具搞野炊活动。以下说法正确的是（　　）。

    A. 完全可以   B. 不可以，非常危险

    C. 在野营帐篷中可以用   D. 在草地上可以用

35. 发生火灾时，如何逃生？以下说法正确的是（　　）。

    A. 跟别人跑   B. 要有主见

    C. 哪边人少就往哪边逃   D. 只要从楼上往下跑就行

36. 从触电（　　）分钟开始救治者，90% 有良好效果。

    A. 1   B. 2   C. 3   D. 5

37. 心理行为符合大学生的年龄特征：大学生是处于特定年龄阶段的特殊群体，大学生应具有与年龄、角色相应的心理行为特征。以下说法正确的是（　　）。

    A. 这是心理健康的内容之一

    B. 这与心理健康无关

    C. 心理行为符合大学生的年龄特征正常与否不好衡量

    D. 心理行为符合大学生的年龄特征正常没有衡量标准

38. 心理障碍是在特定情境和特定时段中，由不良刺激引起的心理异常现象，属于正常心理活动中暂时性的局部异常状态。以下说法正确的是（　　）。

    A. 属于正常心理活动中暂时性的局部异常状态

    B. 属于疾病状态

    C. 心理障碍是精神病，不可治

    D. 心理障碍不是病，不要治

39. 大学生在学校群体生活中，要时刻注意养成良好的学习生活习惯，学会有规律地生活。有利于大学生科学用脑，排除心理障碍，促进心理健康。以下说法正确的是（　　）。

    A. 良好的学习生活习惯，有利身心健康

    B. 良好的学习生活习惯与心理健康无关

    C. 有规律地生活与排除心理障碍没有关系

    D. 狂喜狂欢有利于心理健康

40. 处理大学生意外伤害事故一般采用归责原则，其中不包括（　　）。

    A. 过错原则   B. 公平原则   C. 无过错原则   D. 优先原则

二、多选题（20题，每题1分，共20分）

1. 大学生在日常生活、工作、学习过程中会发生一些问题，如：有同学把臭袜子扔在床底下，影响宿舍环境卫生。对此，你认为应该（　　）。

    A. 做同学思想工作，劝说别乱扔   B. 把臭袜子扔掉

    C. 报告辅导员，要求他注意环境卫生   D. 打他一顿，要求他改正

2. 预防戊肝重点是切断"粪—口"传播途径，关键是养成清洁卫生的生活习惯。只要做到（　　），戊肝是完全可以预防的。

    A. 饭前便后用流水洗手

    B. 尽可能地不吃生食，不饮生水

    C. 生食蔬菜水果一定要认真冲洗干净

    D. 尽量不在卫生条件不好的小吃摊就餐

3. 大学生容易网络成瘾，是因为（　　）。

    A. 网络吸引人   B. 学习方式改变了，放松了

    C. 生活环境不适应   D. 自我控制能力差

4. 防止火灾，注意用电安全，（　　）。

    A. 不要乱拉乱接电线，不超负荷用电   B. 外出时要关闭电源开关

    C. 及时更换老化电器设施和线路   D. 尽量减少电灯的开关次数

5. 走进不熟悉的公共场所，应注意楼梯、安全出口的位置，以便发生意外时就近逃离危险区。以下说法正确的是（　　）。

    A. 最好从原路逃生   B. 就近安全出口处逃生

    C. 寻找逃生标志指示逃生   D. 朝人多的地方逃生

6. 不良情绪调节的方式有（　　）。

    A. 宣泄   B. 转移   C. 控制   D. 大吃大喝

7. 树立正确的人生观、价值观，主要方式有（　　）。

    A. 参加社会实践活动   B. 听先进模范人物报告会

    C. 听政治思想教育课   D. 参观红色场馆、革命纪念馆等地

8. 近年来高校大学生安全情况发生了变化，（　　）等也成为非正常死亡的重要因素。

    A. 淹死   B. 烧死   C. 猝死   D. 自杀

9. 有下列情形之一的，处十日以上十五日以下拘留，并处五百元以上一千元以下罚款（　　　　）。

    A. 结伙殴打、伤害他人的

    B. 殴打、伤害残疾人、孕妇、不满十四周岁的人或者六十周岁以上人的

    C. 多次殴打、伤害他人或者一次殴打、伤害多人的

    D. 殴打他人的，或者故意伤害他人身体的

10. 当陌生人向你借手机打电话时，你可以（　　　　）。

    A. 答应　　　　　　　　　　　　B. 不答应

    C. 借故婉言拒绝　　　　　　　　D. 在可控的条件下借用

11. 求职诈骗的一般作案手段有（　　　　）。

    A. 包推荐工作，收取种种费用　　B. 无限期试用

    C. 与医疗机构勾结，骗取体检费用　D. 高薪许愿

12. 在车站遇到陌生人主动要求帮忙提携行李物品进出车站时，（　　　　）。

    A. 不可以，防止被坏人利用　　　B. 无所谓

    C. 确认并判断对方身份可靠后，可以　D. 做好事，可以

13. 防范诈骗要做到（　　　　）。

    A. 常自警　　　B. 慎交友　　　C. 友师生　　　D. 守校规

14. 2013 年 5 月，时任美国副总统的拜登在演说时称中国是不能"另类思考""自由呼吸"的国度，引起了在场中国学生的强烈不满。学生要求拜登做出正式道歉。这体现了中国学生（　　　　）。

    A. 对世界和平问题的热切关注　　B. 实施了正义行为，具有强烈正义感

    C. 对祖国对人民的高度责任感　　D. 履行了维护国家尊严和利益的义务

15. 保守国家秘密，应当（　　　　）。

    A. 增强意识，内外有别，不带保密资料外出

    B. 不参与境外调查

    C. 不为境外人员提供内部资料

    D. 遵守"八不"规定

16. 关于交通信号灯，正确的说法是（　　　　）。

    A. 交通信号灯共由三种颜色的灯组成　B. 红灯表示禁止通行

    C. 黄灯表示警示　　　　　　　　D. 绿灯表示允许通行

17. 驾驶机动车应遵守相关规定（　　　　）。

    A. 依法取得机动车驾驶证

    B. 驾驶机动车辆时，可不携带机动车驾驶证

    C. 只有公安交管部门可以收缴机动车驾驶证

    D. 机动车驾驶证应定期接受公安交管部门审核

18. 正当的防卫意图是为了保护（　　　　）合法的人身、财产和其他权利免受不法侵害。为了保护非法利益而实行防卫，就不是正当防卫。

    A. 国家利益　　　B. 公共利益　　　C. 本人利益　　　D. 他人利益

19. 治安管理处罚以（　　　　　）为依据。

    A. 事实   B. 性质   C. 情节   D. 社会危害程度

20. 处理大学生意外伤害事故，应当遵循（　　　　　）的原则，做到事实清楚、定性准确、责任明确。

    A. 依法客观   B. 公正   C. 合理适当   D. 公开

三、判断题（40题，每题1分，共40分）

1. 大学生酗酒不仅损害身体健康，而且容易引发校园暴力事件。经常喝酒还会给自己带来额外的经济负担。（　　　）

2. 无法预见到对方的行为是不是不法侵害，则实施防卫措施所造成的损害属于意外事件，不负刑事责任。（　　　）

3. 符合限度条件的防卫行为就是正当防卫。（　　　）

4. 遇到不法分子勒索钱财时，要在确保自己生命安全得到保障的前提下，与不法分子开展斗争，并且及时报警。（　　　）

5. 宿舍有空余床位时，可以让亲戚、朋友暂住。（　　　）

6. 加强校园安全管理，经常查验校园进出人员的证件，目的是控制学生进出校园。（　　　）

7. 大学校园比较封闭，预防盗窃案件主要是防止内盗。（　　　）

8. 对到大学生宿舍来推销物品的人，要提供方便，因为这些东西价廉物美，又送货上门。（　　　）

9. 诈骗罪是指以非法占有公私财物为目的，用虚构事实或隐瞒真相的方法骗取款额较大的公私财物的行为。（　　　）

10. 在与陌生人的接触交往中，不要轻信对方的花言巧语；不要随意将自己的家庭住址等情况告诉陌生人。（　　　）

11. 在求职诈骗中，诈骗分子以收取各类费用为其真实目的。（　　　）

12. 在求职诈骗"无限期试用"模式中，通常不会签订协议。（　　　）

13. 涉密不上网，上网不涉密。（　　　）

14. 高校是进行教学、科研的地方，不是国家的党政机关，不掌握国家秘密。（　　　）

15. 交通警察指挥不属于交通信号。（　　　）

16. 校园内的机动车驾驶人，遇到行人和非机动车辆应主动让行。（　　　）

17. 严禁酒后驾车，不但是保护驾车人安全，同时也是保护他人安全。（　　　）

18. 自行车应该靠右行驶，不要载人。（　　　）

19. 将机动车辆交给未取得机动车驾驶证人员驾驶的，本人不应受到处罚。（　　　）

20. 学生在教育教学活动期间擅自离开教育教学活动区域，学校已尽到管理职责的，造成的意外伤害事故，学校行为并无不当的，不承担法律责任。（　　　）

21. 大学生因伤致残的，赔偿范围除正常赔偿费用外，还包括残疾赔偿金、残疾辅

助器具费以及继续治疗的康复费、护理费、后续治疗费。　　　　　　（　　）

22. 为了防止学生集体外出活动时发生交通、人身伤亡事故，外出之前必须向所在院系和学校有关部门报告，说明活动的目的、人数、时间、地点和负责人的姓名，进行必要的安全教育，落实安全责任人，经批准后方可外出。　　　　　　（　　）

23. 在外出活动中与陌生人交流后，可以接受陌生人赠送的饮品或食物。　（　　）

24. SARS 的预防，除通常传染病的预防措施外，还要注意避免接触可疑的动物类。　　　　　　　　　　　　　　　　　　　　　　　　　　　　（　　）

25. 只要发现身边有人晕倒，所有晕倒的病人都可以实施心肺复苏术。　（　　）

26. 食品添加剂或使用非食品原料可引起中毒。　　　　　　　　　　（　　）

27. 河豚鱼的卵巢和肝脏有剧毒，其次为肾脏、血液、眼睛、鳃和皮肤。肌肉不含毒素，可以食用。　　　　　　　　　　　　　　　　　　　　　　　（　　）

28. 网络是我们共同的生活空间，我们都有建设文明、健康的网络环境的责任。在网络世界，可以自由驰骋，可以潇洒无羁；在网络世界，可以娓娓细说，可以表达自己的心声，但我们要遵守网络的基本道德。　　　　　　　　　　　　（　　）

29. 由于网络的开放性和便捷性，一些非专业人士出于某种善意或非善意而自称为专业人士提供某些专业信息，例如"祛痘偏方""美容秘诀"，值得我们相信。（　　）

30. 网络使大容量的信息得以快速传递，为我们了解时事、学习知识、与人沟通、休闲娱乐等提供了便捷的条件，这无疑映射了人类的文明与进步。　　　（　　）

31. 网上购物，对方要求支付押金的行为，事主应该同意。　　　　　（　　）

32. 虚假客服电话、虚假退票电话类信息充斥着整个互联网，稍不留神，就会上当受骗。对此，我们束手无策。　　　　　　　　　　　　　　　　　（　　）

33. 大学生在进行明火作业的实验或工程训练时，旁边一定要配备消防灭火器材。
　　　　　　　　　　　　　　　　　　　　　　　　　　　　　　　（　　）

34. 电器着火时，可用自来水将其扑灭。　　　　　　　　　　　　　（　　）

35. 火场上扑救原则是先人后物、先重点后一般、先控制后灭火。　　（　　）

36. 大学生在学习过程中，不会产生什么心理障碍。　　　　　　　　（　　）

37. 大学生在学校群体生活中，要时刻注意养成良好的学习生活习惯，学会有规律地生活。这样有利于大学生科学用脑，排除心理障碍，促进心理健康。　（　　）

38. 失恋、落榜、人际关系冲突造成的情绪波动不属于心理障碍。　　（　　）

39. 管理心理学认为：人的心理状态虽然受社会生活环境的制约，但是人们仍可以通过各种努力来进行预防和调适，以维护心理平衡，达到心理健康之目的。　（　　）

40. 一旦发生地震，应迅速离开建筑物。　　　　　　　　　　　　　（　　）

参考答案

模拟试题（一）

一、单选题

1—5 CDBBB　6—10 DBCBD　11—15 CBCBD　16—20 ACAAA

21—25 BBCAB　26—30 AACBB　31—35 ABCAC　36—40 BAAAB

二、多选题

1—5 ABD、ABC、ABCD、ABCD、ABCD

6—10 ABC、ABC、ABC、ABCD、ABCD

11—15 ABCD、ABCD、ABC、ABCD、ABCD

16—20 ABCD、ABCD、ABC、ABC、ABD

三、判断题

1. 否　2. 否　3. 是　4. 是　5. 是　6. 是　7. 否　8. 否　9. 否　10. 是

11. 否　12. 否　13. 是　14. 否　15. 否　16. 否　17. 否　18. 是　19. 是　20. 是

21. 是　22. 否　23. 否　24. 否　25. 否　26. 否　27. 是　28. 否　29. 是　30. 否

31. 是　32. 否　33. 是　34. 是　35. 是　36. 是　37. 是　38. 否　39. 否　40. 否

模拟试题（二）

一、单选题

1—5 CCCBD　6—10 BABCB　11—15 BACBD　16—20 DCADA

21—25 CDCBB　26—30 AACBB　31—35 BBBAB　36—40 BACAC

二、多选题

1—5 ABCD、ABCD、ABCD、ABCD、ABCD

6—10 ABC、ABC、ABD、ABC、AB

11—15 ABCD、ABCD、ABCD、ABCD、BC

16—20 ABCD、BD、AD、ABCD、ABCD

三、判断题

1. 否　2. 否　3. 是　4. 是　5. 是　6. 否　7. 否　8. 否　9. 否　10. 是

11. 否　12. 否　13. 是　14. 是　15. 是　16. 是　17. 否　18. 否　19. 否　20. 是

21. 是　22. 是　23. 否　24. 是　25. 是　26. 是　27. 是　28. 否　29. 是　30. 是

31. 否　32. 是　33. 否　34. 否　35. 否　36. 是　37. 是　38. 否　39. 否　40. 否

模拟试题（三）

一、单选题

1—5 CBBAC　6—10 DBBAC　11—15 AACCD　16—20 ACDDB

21—25 DBAAA　26—30 AAACB　31—35 BCCBB　36—40 AAAAD

二、多选题

1—5 AC、ABCD、ABCD、ABC、BC

6—10 ABC、ABCD、CD、ABCD、CD

11—15 ABCD、AC、ABCD、BCD、ABCD

16—20 ABCD、ACD、ABCD、ABCD、ABC

三、判断题

1. 是　2. 否　3. 是　4. 是　5. 否　6. 否　7. 否　8. 否　9. 是　10. 是

11. 是　12. 是　13. 是　14. 否　15. 否　16. 是　17. 是　18. 是　19. 否　20. 是

21. 是　22. 是　23. 否　24. 是　25. 否　26. 否　27. 否　28. 是　29. 否　30. 是

31. 否　32. 否　33. 是　34. 否　35. 是　36. 否　37. 是　38. 否　39. 是　40. 否

（资料来源：搜档网）

主要参考文献

［1］中共中央宣传部中央国家安全委员会办公室.总体国家安全观学习纲要［M］.北京：学习出版社，人民出版社，2022.

［2］中共中央宣传部中央全面依法治国委员会办公室.习近平法治思想学习纲要［M］.北京：人民出版社，学习出版社，2021.

［3］中共中央党史和文献研究院.习近平关于总体国家安全观论述摘编［M］.北京：中央文献出版社，2018.

［4］李志刚，王桂梅，张一帆.实验室安全技术［M］.北京：化学工业出版社，2022.

［5］刘晓芳，郭俊明，刘满红，等.化学实验室安全与管理［M］.北京：科学出版社，2022.

［6］张丽芬，张威.大学生安全教育［M］.2版.北京：高等教育出版社，2021.

［7］韩娟.大学生安全教育［M］.西安：西安电子科技大学出版社，2021.

［8］卢长征.大学生安全教育教程［M］.苏州：苏州大学出版社，2021.

［9］宋杨，张秦龙.大学生安全教育［M］.北京：人民邮电出版社，2021.

［10］黄勇林.大学生安全教育［M］.天津：天津大学出版社，2020.

［11］颜怡.大学生安全教育［M］.北京：中国人民公安大学出版社，2020.

［12］黄志斌，赵应声.高校实验室安全通用教程［M］.南京：南京大学出版社，2021.

［13］刘士健，明建，王建晖.食品安全典型案例剖析［M］.北京：化学工业出版社，2021.

［14］吕明泉.化学实验室安全操作指南［M］.北京：北京大学出版社，2020.

［15］南京大学国家级化学实验教学示范中心.高校实验室常用危险化学品安全信息手册［M］.北京：高等教育出版社，2020.

［16］叶珊.社会保险法［M］.北京：高等教育出版社，2020.

［17］中国法制出版社.中华人民共和国食品安全法［M］.北京：中国法制出版社，2020.

［18］刘辉.西部高校大学生意识形态安全教育研究［D］.桂林：广西师范大学，2021.

［19］孟玉桂.新时代大学生国家安全教育研究［D］.成都：四川师范大学，2021.

［20］左殿升.网络时代大学生政治认同差异研究［D］.济南：山东大学，2020.

［21］胡洪彬 . 中国国家安全问题研究：历程、演变与趋势［J］. 中国人民大学学报,2014(4).

［22］贾庆国 . 对国家安全的特点与治理原则的思考［J］. 国家安全研究,2022,40(01).

感谢您使用本书。为方便教学，我社为教师提供资源下载、样书申请等服务，如贵校已选用本书，您只要关注微信公众号"高职素质教育教学研究"，或加入下列教师交流QQ群即可免费获得相关服务。

"高职素质教育教学研究"公众号

资源下载：点击"**教学服务**"—"**资源下载**"，或直接在浏览器中输入网址（http://101.35.126.6/），
　　　　　注册登录后可搜索下载相关资源。（建议用电脑浏览器操作）
样书申请：点击"**教学服务**"—"**样书申请**"，填写相关信息即可申请样书。
样章下载：点击"**教材样章**"，可下载在供教材的前言、目录和样章。
师资培训：点击"**师资培训**"，获取最新直播信息、直播回放和往期师资培训视频。

 **联系方式**

职业素养和创新创业教师交流QQ群：310075759
联系电话：（021）56961310　　电子邮箱：3076198581@qq.com